ANNE SINCLAIR
FEMME DE TÊTE, DAME DE CŒUR

Alain Hertoghe et Marc Tronchot

ANNE SINCLAIR

FEMME DE TÊTE, DAME DE CŒUR

calmann-lévy

COUVERTURE
Maquette : Atelier Didier Thimonier
Photographie : © Eric Fougere/Kipa/Corbis

ISBN 978-2-7021-4122-9

À Kristine

À Patricia

Avant-propos

Cette biographie part d'une évidence pour le photographe : le bon cliché n'est pas celui que prennent tous les chasseurs d'images, massés au même endroit. Le personnage le plus intéressant ne figure pas toujours au premier plan. Le meilleur portrait naît d'un angle original, d'une position haute ou d'un décentrement, bref, d'un parti pris différent des autres.

Dès lors que tous les regards commençaient à se tourner, en 2009, vers un homme – Dominique Strauss-Kahn –, il paraissait plus audacieux, voire séduisant, de se décaler pour faire la mise au point sur la femme qui l'accompagnait. D'autant qu'Anne Sinclair a été une star, un phénomène de popularité bien avant que son époux ne le devienne. Quand elle présentait *7 sur 7*, le dimanche soir sur TF1, elle réunissait entre huit et douze millions de téléspectateurs. Dans ce couple que forment l'ex-journaliste de TF1, titulaire de quatre Sept d'or, et le directeur général du Fonds monétaire international (FMI), à qui l'opinion française promet alors un avenir présidentiel, la première citée a peut-être, sans doute, sûrement, le destin et la personnalité les plus captivants…

Il nous paraissait important d'associer Anne Sinclair au projet. À l'automne 2009, il lui est soumis. Elle réfléchit. Pèse. Soupèse. Entre Paris, son port d'attache, Washington, où la carrière de son mari l'a conduite, et Marrakech, le lieu de villégiature familiale. Une retenue naturelle la dissuade. Une fausse modestie s'invite. Une tentation narcissique s'insinue. La femme de tête évalue les risques, pèse les avantages, mesure les inconvénients. Imagine assurément pour son mari des retombées positives pour sa communication de candidat potentiel. La dame de cœur, flattée par le projet, pense à l'homme dont elle partage la vie et qui partage la sienne. À l'ambition de « Dominique », ambition qu'elle appuie autant qu'elle en craint les conséquences. Les oracles d'Euro RSCG sont évidemment consultés. Et les « communicants » rendent apparemment un avis favorable. Pour l'ultime feu vert, la dame de cœur consulte les six enfants qui forment leur famille recomposée. Une fois les données saisies, additionnées, mixées, la décision est prise. Un mois s'est écoulé.

Anne Sinclair nous dit oui, un beau matin, autour d'une boisson chaude, dans l'arrière-salle du restaurant *Ma Bourgogne*, l'un de ses endroits favoris, pas loin de son appartement de la place des Vosges. Ce jour-là, Jack Lang, en voisin, prend son petit déjeuner avec un journaliste. L'ancien ministre se lève quelques minutes plus tard, se dirige vers la sortie et salue au passage. « Anne, il faut absolument qu'on dîne ensemble », glisse-t-il, avant de s'éclipser. Un léger sourire sur les lèvres de la dame, après coup, semble traduire l'amusement que lui procure cette perspective d'avoir de plus en plus d'amis dans les mois qui vont suivre… Jack Lang n'avait-il pas pris parti, trois ans plus tôt, lors des primaires socialistes de 2006, pour… Ségolène Royal. Plaisant.

Le travail peut commencer. Anne Sinclair nous a ouvert son carnet d'adresses, facilité certains rendez-vous. Elle s'est entretenue avec nous, lors de ses fréquents passages à Paris, quand son emploi du temps le permettait. Plus d'une trentaine d'heures d'interview avec notre « héroïne ». Près du Luxembourg, en plein cœur du G20, à la cafétéria du Newseum de Washington ou face au Picasso du vaste salon de sa maison de Georgetown, dans un bar d'hôtel de la place des Vosges, au lendemain de l'« essai » d'une Porsche immortalisé par un photographe de l'AFP, ou au Flore et au Lutetia. Elle s'est par ailleurs patiemment prêtée au jeu des questions-réponses par e-mail entre Paris et Washington. Nous a reçu dans son univers américain et, une semaine durant, nous l'a fait découvrir. Nous avons même été les hôtes du couple, un soir, à son domicile.

Pour notre part, nous avons fait notre métier de journaliste. Dont elle connaît mieux que quiconque l'essence, les exigences et les devoirs. Nous l'avions prévenue que nos seules limites seraient celles de notre déontologie. Sans autocensure. Elle l'a accepté. Même si, parfois, nos questions étaient rudes ou indiscrètes, même si nos interrogations successives portaient souvent le poids du doute. Ses réponses ont aussi parfois fait naître chez nous l'intuition du calcul, de la réponse ou du plan inspirés par une équipe de communicants. Aux personnes qu'Anne Sinclair nous a suggéré de voir, nous avons rajouté nombre d'autres, pas forcément désirées, parfois simplement oubliées, mais indispensables à nos yeux pour compléter une version, en équilibrer une autre, nuancer ou parfois contester. Au total, quelque soixante-dix témoins rencontrés, parfois plus d'une fois.

À aucun moment nous n'avons été dupes de ce que ce livre pouvait être, au bout du compte, un intéressant vecteur de communication pour un candidat, un camp, un parti. À tout moment, nous avons eu cette réalité en tête pour garder la distance nécessaire au travail de biographe.

L'arrestation de Dominique Strauss-Kahn à New York, le 14 mai 2011, nous a surpris, comme tout le monde. Et nous a immédiatement renvoyés à notre précédent entretien avec Anne Sinclair, à peine trois jours auparavant, le 11 mai, à Paris.

À cent mille lieues d'imaginer la bourrasque à venir, elle était alors en colère après avoir découvert le dossier consacré par *L'Express*, cette semaine-là, au train de vie de son couple. Être présentée en héritière plutôt qu'en journaliste lui était insupportable. Et elle en voulait personnellement à Christophe Barbier, le directeur de la rédaction de l'hebdomadaire, qu'elle juge hostile à « Dominique ». Quant aux estimations sur le coût de la cuisine de sa maison de Georgetown, réalisées à partir du visionnage d'un documentaire de Canal +, elles ne lui paraissaient pas faire honneur au magazine un jour dirigé par Jean-Jacques Servan-Schreiber et Françoise Giroud.

Mais le sujet du jour allait rapidement la radoucir. Elle s'était replongée dans le journal de guerre de son père pour préciser quelques ultimes détails. La mauvaise humeur laissa rapidement la place à l'émotion, la nostalgie, la tendresse filiale. Elle s'apaisa, à nouveau souriante, sous le soleil inondant la place des Vosges. Interrogée, une fois de plus, sur une candidature de DSK pour 2012, elle répétait ne pas la désirer personnellement, mais ne pas vouloir y faire barrage. Nous étions repartis convaincus que, bientôt, nous aurions rendez-vous avec l'épouse d'un prétendant à l'Élysée.

L'événement du Sofitel a fait bouger les lignes et s'inverser les horizons. Nous en avons pris acte et tenté d'en mesurer les conséquences. Après un délai de décence et de courtoisie, nous avons recommencé à échanger par e-mail avec Anne Sinclair. Qu'il lui soit ici rendu hommage pour avoir poursuivi le dialogue et nous avoir reçus, à New York, au cœur de l'été, en dépit de ce qu'elle vivait au quotidien, confrontée à un avenir incertain dont des pans entiers venaient de s'écrouler. À aucun moment, et nous tenons à remercier notre éditeur de ne pas nous y avoir encouragés, nous n'avons été disposés à précipiter de façon opportuniste la parution de ce livre. Dans l'espoir d'en faire un succès de plage ou un roman de vacances. Tout au contraire, il nous a paru essentiel de continuer notre enquête, afin de démonter patiemment les mécanismes psychologiques et les ressorts de l'action de cette femme qui en font un exemple de courage, d'amour et de dignité pour les uns, une source de déception et d'indignation pour les autres.

Prologue

Manhattan, 28 juillet 2011. Au seuil de l'*Holiday Inn*, à l'intersection des rues Lafayette et Howard, nous suivons quelques minutes des yeux la silhouette de cette femme, vêtue d'une élégante robe blanche ceinte d'un gros ceinturon noir, qui peu à peu s'éloigne puis se fond, anonyme, dans la foule cosmopolite de Chinatown, pour finalement obliquer vers la droite... et disparaître en direction du quartier branché de Tribeca. Dans la moiteur étouffante de la ville, que viennent encore renforcer les bouffées de chaleur tout droit sorties des bruyantes grilles d'aération du métro souterrain, nous restons là, à griller une cigarette, l'esprit ailleurs, le cerveau en roue libre. Frappés par ce mélange de sensibilité à fleur de peau, de peine contenue et de force de caractère apparu progressivement, lors des deux longs entretiens qu'a bien voulu nous accorder, depuis notre arrivée, celle qui, depuis des semaines, à son cœur défendant, fait la une, avec son mari, de la presse du monde entier.

Anne Sinclair a accepté, après quelques réticences vite balayées, de nous revoir, ici, à New York. Pour continuer le dialogue que nous avons entamé avec elle, voilà presque deux ans. Ultime rencontre que nous avons souhaitée, à la veille de conclure notre manuscrit. Afin, comme nous en étions tombés d'accord avant l'arrestation de Dominique Strauss-Kahn, le 14 mai, d'aborder en tête à tête quelques points sensibles révélés par notre enquête, de vérifier avec elle la cohérence de certains faits, de la faire réagir à d'autres ou d'évaluer la réelle importance de personnages surgis à la faveur de telle ou telle rencontre, à l'image de bulles d'air un temps prisonnières des profondeurs et soudain propulsées à la surface de l'eau.

L'épouse de DSK revient du Canada. Elle s'y est rendue discrètement, à la recherche d'un peu de calme et d'apaisement au cœur de l'Alberta, chez ses amis Daniela et Jean Frydman, dans ce ranch où, en juillet 1981, le couple avait accueilli Valéry Giscard d'Estaing, souverain déchu, à la recherche, pour y jeter sa rancune et y noyer son dépit, d'une rivière qu'il ne devait jamais trouver. Et tenter d'oublier les images de son successeur, François Mitterrand, sa remontée triomphale des Champs-Élysées, puis, plus tard, celle de la rue Soufflot afin de déposer, en ce jeudi 21 mai 1981, quelques roses rouges sur le tombeau des grands hommes de son Panthéon. Une marche solennelle qu'une certaine Anne Sinclair avait suivie cérémonieusement, heure par heure. Trente ans plus tard, la voici qui trouve refuge là où Giscard était venu chercher de quoi panser les plaies de son amour-propre déchiré. Étrange retour de l'histoire.

Anne Sinclair attend aujourd'hui Elie, son fils cadet, qui arrivera par un vol du soir, pour « prendre la relève » de Laurin, dit-elle dans un maigre sourire. Laurin, agrégé de mathématiques, fils de Dominique Strauss-Kahn, présent depuis quelques jours déjà dans la capitale américaine. La veille au soir, l'ex-patron du FMI jouait au scrabble et imaginait, à partir du jeu de mots croisés, des calculs et des modèles de probabilité complexe sur ordinateur. Ce qui a très vite lassé sa femme, laquelle a préféré s'éclipser. L'arrivée d'Elie la réjouit d'avance. Les enfants prennent ainsi leur tour de garde. Protecteurs et bienveillants. L'heure n'est à rien d'autre, à l'en croire. Pour eux comme pour elle. Du moins pour le moment.

Le 28 juillet 2011, nous avons donc pris congé d'une femme en pleine tourmente qui, lors de cet ultime entretien, trouva pourtant la force de sourire quand un message mal lu sur son téléphone portable lui fit croire un instant que son compte bancaire américain n'était pas approvisionné. Un instant d'incertitude… puis la voilà rassurée, après une deuxième lecture plus attentive. Fausse alerte. « Ce ne serait pas le moment ! » lâche-t-elle, comme s'il s'agissait d'une plaisanterie. Une décontraction apparente, seulement apparente, qui, quelques minutes plus tard, dans le lobby de l'hôtel où nous sommes attablés, laissera subitement la place à une émotion paralysante quand, sur un des écrans de télévision, apparaît le visage de DSK. Images d'archives d'une de ses comparutions au tribunal. Le corps d'Anne Sinclair se raidit alors, le regard devient fixe. Plus un mot ne sort de sa bouche, l'espace de quelques instants. Comme si une nouvelle catastrophe était à craindre. Comme si le cauchemar, jamais, n'allait s'arrêter. Dans cette ville qu'hier elle chérissait. Dans cette ville où, le 15 juillet, il y a soixante-trois ans, elle voyait le jour.

Chapitre 1

Ce jeudi 15 juillet 1948, il est le plus heureux des hommes. Et New York, le plus bel écrin de l'univers pour sa fille nouveau-née. Il affiche le sourire béat des jeunes papas. La guerre dans les rangs de la France libre, le décès d'un père suite à son internement à Drancy, ces longues années de fureur et de douleur semblent soudain bien loin. Laissant derrière lui le gratte-ciel Art déco abritant l'hôtel Carlyle, Robert Schwartz, dit Sinclair – son nom de combattant du général de Gaulle –, traverse à pied l'avenue Madison, poursuit sur la 76e rue jusqu'à Central Park et tourne à gauche sur la 5e avenue. La voix de Doris Day, chantant *It's Magic*, se fait entendre par la fenêtre ouverte d'un appartement.

L'odeur apaisante des grands arbres du poumon vert de New York accompagne une bonne partie de sa demi-heure de promenade jusqu'au consulat général de France, situé au Rockefeller Center. Arrivé dans le bureau de l'état civil, il déclare la naissance d'Anne-Élise Schwartz dite Sinclair. Il fait chaud et humide. Ce qui, l'été à *Big Apple*, n'a rien d'exceptionnel. Le thermomètre grimpe jusqu'à vingt-huit degrés.

Il y a moins de vingt-quatre heures, il se passionnait encore pour Berlin-Ouest et le jeune État d'Israël, menacés respectivement par le blocus de Staline et l'offensive des armées arabes. Mais à l'instant précis d'officialiser sa paternité, il n'a de pensées que pour sa fille et son épouse. Anne, un beau bébé de 3,320 kg comme l'atteste son bulletin de sortie de la maternité, et Micheline se reposent à l'hôpital Gotham, nommé d'après le sobriquet dont New York a été affublé par un écrivain du XIXe siècle. Face à l'imposant building Carlyle, ce petit établissement hospitalier ne compte que quatre étages et moins de cent lits.

La veille au soir, dans leur appartement, Robert et Micheline Sinclair ont suivi à la radio la convention du Parti démocrate qui s'apprête à introniser le président sortant Harry Truman comme candidat à sa réélection en novembre suivant. Mais les débats de Philadelphie se poursuivent sans eux quand Micheline informe son mari qu'il est temps de prendre la direction de la maternité.

L'Amérique dans laquelle Anne Sinclair a vu le jour regorge de joie de vivre et d'optimisme. Elle occupe la première place dans tous les domaines de l'économie et dispose d'une longueur d'avance scientifique et technologique. L'Union soviétique ne possède pas encore l'arme nucléaire. CBS annonce la création du *Long Playing*, le 33 tours. L'art moderne a quitté Paris pour New York et l'*American Way of Life* fait rêver l'Europe. En 1948, Humphrey Bogart et Lauren Bacall partagent l'affiche de *Key Largo*, réalisé par John Huston, et Tennessee Williams obtient le prix Pulitzer pour sa pièce de théâtre *A Streetcar Named Desire (Un tramway nommé Désir)*...

Le 21 juillet 1948, au volant de sa vieille Buick, Robert Sinclair ramène sa femme et sa fille de la maternité à leur domicile, un modeste trois pièces de l'avenue Madison, situé une cinquantaine de rues plus au sud de Manhattan, dans le Flatiron District, où les attendent les parents de Micheline : Paul et Marguerite Rosenberg, eux-mêmes installés à New York depuis le début de la Seconde Guerre mondiale.

Neuf ans plus tôt, avant le conflit, les futurs parents d'Anne Sinclair vivaient tous les deux à Paris, mais ne se connaissaient pas. En 1939, Robert Schwartz, qui n'a pas poursuivi d'études au-delà du baccalauréat, occupe un poste de direction dans la branche parfumerie de Lucien Lelong, célèbre couturier et fabricant de parfums de l'entre-deux-guerres. Robert Schwartz, 30 ans, est un bel homme brun, grand et athlétique, dont l'allure et la prestance en imposent à tous ceux qui le rencontrent. Intelligent mais réservé, il a un caractère bien trempé et ne manque pas d'humour. Léonce Schwartz, son père, est marchand de dentelles. Les Schwartz sont des grands bourgeois juifs venus d'Alsace. Margot, la mère de Robert Schwartz, est née, quant à elle, à Alger, dans la famille également juive des Valensi.

En septembre 1939, suite à la *Blitzkrieg* hitlérienne en Pologne et aux déclarations de guerre anglaise et française à l'Allemagne, le futur père d'Anne Sinclair est appelé sous les drapeaux. Durant la « drôle de guerre », il se retrouve simple soldat dans le service météo de l'armée, sur la ligne Maginot.

Après l'invasion de la France en mai 1940 et l'armistice le 22 juin, il est démobilisé et rentre à Paris. Depuis le jour de leur entrée dans la capitale – le 14 –, les Allemands défilent quotidiennement sur les Champs-Élysées. « Il a eu un haut-le-cœur, a pleuré comme beaucoup d'autres et dit : "Je pars !" », raconte Anne Sinclair, à partir des souvenirs qu'elle a du récit de son père[1]. Robert Schwartz voudrait rejoindre le général de Gaulle à Londres. Pour une raison que sa fille ignore, il n'y parvient pas, mais décide de rallier l'Amérique en passant par le Portugal, chemin d'exil emprunté à l'époque par beaucoup de fugitifs et de patriotes.

A-t-il appris par son patron Lucien Lelong que Jacques de Sieyès, représentant des parfums Patou à New York et Saint-Cyrien comme le général de Gaulle, y a créé la Délégation de la France libre dès juillet 1940 ? De Sieyès deviendra d'ailleurs le « représentant personnel » de l'homme du 18 juin à New York, avec pour mission de rassembler des fonds et des volontaires. Sans écarter l'hypothèse, Anne Sinclair ne se souvient pas que son père ait fait allusion à une connexion entre parfumeurs. Par contre, elle détient son ordre de mission, daté du 15 septembre 1942, à en-tête de la *Délégation de la France libre aux États-Unis*, adresse : *626, 5e avenue, New York*. Le *Sergent-chef Robert Sinclair* est *mis en route sur Brazzaville, Afrique-Équatoriale française* sur instruction du *Lt. Colonel Roger Brunschwig, Chef du Service des Volontaires*, signataire du document.

Entre l'été 1940 de la défaite et l'engagement dans les forces du général de Gaulle, à la fin de l'été 1942 à New York, s'écoulent donc plus de deux années de la vie de son père sur lesquelles Anne Sinclair a peu d'informations.

En tout état de cause, entre ces deux années, il quitte Paris. Probablement en embarquant dans le *Sud-Express* qui relie en

1. Toutes les citations de ce livre sont issues des entretiens menés par les auteurs, sauf indication contraire.

deux nuits la gare d'Austerlitz à celle de Lisbonne après le passage obligé de la frontière franco-espagnole à Irún. L'exilé laisse derrière lui sa famille dont il n'aura aucune nouvelle jusqu'à la Libération. Ses parents resteront à Paris, porteront un temps l'étoile jaune avant de se cacher sous le nom de Sabatier. Sa sœur Denise, son mari Édouard Weil – devenus Warin – et leurs deux premiers enfants, Gérard et Marielle – la future photographe Sarah Moon –, passeront clandestinement en Suisse neutre.

Sa fille ne sait pas non plus comment il sort de la zone libre du territoire français pour l'Espagne, ce qui est officiellement interdit aux hommes en âge de se battre. Toujours est-il que le voilà arrivé dans le port de Lisbonne. Doit-il attendre longtemps pour obtenir un visa américain très demandé et difficile à obtenir à l'époque ? L'obtient-il par le réseau des parfumeurs parisiens ? Même avec un bon garant, un délai de plusieurs mois n'est pas rare. Finalement, il embarque à bord d'un bateau à destination de New York.

Fin 1940, plus probablement courant 1941, après une semaine de traversée de l'Atlantique en compagnie d'une foule d'autres réfugiés européens, le futur père d'Anne Sinclair aperçoit la statue de la Liberté, à l'embouchure du fleuve Hudson. Entrant dans le port de New York, il contemple pour la première fois l'île de Manhattan et sa ligne de gratte-ciel que domine l'Empire State Building.

Quand Robert Schwartz pousse-t-il la porte de la Délégation de la France libre dont le Rockefeller Center abrite les bureaux ? Dans les jours qui suivent son arrivée ? On l'imagine. Mais est-il enrôlé sans délai ou lui demande-t-on de patienter à nouveau plusieurs semaines, voire plusieurs mois, le temps de lui trouver une mission ou un moyen de transport ? En attendant, il a pu croiser, dans un couloir du Rockefeller Center, Micheline Rosenberg, sa future femme qui, elle aussi, s'est mise au service de la France libre à New York.

Le jour de son incorporation venu, l'officier recruteur lui tend un bottin de téléphone de la ville et lui demande de se choisir un nom de guerre. Et cela afin que les Allemands, dont les services de renseignements ont déjà réussi à se procurer des listes d'officiers de la France libre, ne puissent pas exercer de représailles sur sa famille. Robert ouvre le bottin à la lettre S et choisit « Sinclair », patronyme écossais à la fois courant à New York et à consonance française en raison de son origine normande. Et puis, petite coquetterie, son nouveau nom correspond ainsi aux initiales brodées sur ses chemises.

Robert Schwartz, devenu « Sinclair », entre ainsi officiellement dans les rangs de la France libre. *À mon Père, qui m'apprit la résistance*, écrira Anne Sinclair, quarante ans plus tard, en exergue de son premier livre[1].

Le 16 septembre 1942, il reçoit sa carte d'identité de sous-officier des « Forces françaises libres au Levant ». Il n'ira donc pas à Brazzaville, mais au Proche-Orient comme on dit aujourd'hui. Il embarque à bord du *HMS Aquitania*, le dernier paquebot à quatre cheminées sorti d'un chantier naval, avec huit mille soldats américains et... deux officiers français. Une fois à bord, Robert Sinclair entame la rédaction du journal de guerre que sa fille a relu avec émotion, trente ans après son décès, pour l'écriture de ce livre.

Un long voyage l'attend pour rallier Beyrouth, sa destination finale. Le navire britannique largue d'abord les amarres pour Rio de Janeiro. Dans les zones de l'Atlantique où rôdent les redoutables sous-marins allemands, il zigzague tous feux éteints. Du Brésil, il vogue ensuite vers Le Cap, traverse le canal de Suez et fait une dernière escale au Caire, alors sous occupation britannique, avant d'accoster dans le port de la capitale du Liban. Depuis juillet 1941 et la victoire des Alliés sur les troupes de Vichy, la France libre gouverne à Beyrouth, ainsi qu'à Damas, la capitale de la Syrie voisine.

Le cabinet du général Georges Catroux, haut-commissaire au Levant nommé par de Gaulle, transfère le futur père d'Anne Sinclair à Damas comme « adjoint du conseiller pour le ravitaillement du gouvernement syrien ». Cette première mission ne dure guère, car il tombe gravement malade. Si, dans son journal, il ne dit mot de l'affection qui l'emporte presque, il passe effectivement plusieurs mois à l'hôpital militaire français de Damas.

En 1943, changement d'affectation et retour à Beyrouth où il est nommé – ses documents officiels en témoignent – directeur à Radio-Levant. Il y croise forcément un certain Frédéric Pottecher, le futur chroniqueur judiciaire, alors éditorialiste dans la station sous le pseudonyme Jean des Vosges. Robert Sinclair signe également un billet politique à l'antenne chaque soir. Ce qui lui vau-

1. *Une année particulière*, Fayard, 1982.

dra les foudres personnelles de Joseph Goebbels, ministre du Reich à l'éducation du peuple et à la propagande. Un motif de fierté partagé par sa fille. « Papa m'a montré le télex de Goebbels condamnant à mort *le sale juif gaulliste Sinclair vendu aux Américains*, se souvient-elle. Le *juif* à tout hasard, c'était bien tombé... Il était très fier de ça, et le prenait comme une décoration ! »

À la date de la libération de Paris, le 25 août 1944, Robert Sinclair se trouve au Caire depuis huit mois. Le voilà secrétaire général, sous les ordres du baron Louis de Benoist, de la délégation locale du Gouvernement provisoire de la République française (GPRF), créé le 3 juin à Alger. Comme en témoigne son journal, il n'a plus qu'une obsession : rentrer en France pour retrouver sa famille. En septembre, il reçoit de cette dernière des nouvelles pour la première fois depuis son départ de Paris. Tout le monde a survécu, mais son père est malade. Raison de plus pour redoubler d'impatience. En date du 12 novembre, il note : « On me fait rentrer. » Mais il devra encore attendre un bon mois.

Le 14 décembre 1944, le général de Gaulle, de retour de Moscou où il a assisté avec Staline à la signature du premier traité d'alliance entre la France et l'Union soviétique, fait escale au Caire. Grâce à un officier ami, le futur père d'Anne Sinclair obtient une place dans le second avion de la délégation du chef du GPRF. Il décolle le 15 et, après une étape nocturne à Tunis, survole le territoire français. L'apercevant du ciel, Robert Sinclair verse des larmes de joie.

Ce 16 décembre, rue de Tocqueville, dans le XVIIe arrondissement, la famille Schwartz accueille son héros. D'évidence, à quelques jours des premières fêtes de fin d'année de Paris libéré, les retrouvailles débordent de bonheur. Une ombre plane toutefois sur la joie collective. Léonce, le père, souffre du cœur et des poumons. Il ne s'est jamais remis de son internement dans la cité de la Muette à Drancy, dans la région parisienne, le principal lieu de départ vers les camps d'extermination nazis. Après trois mois de détention, cet homme, à la santé déjà fragile, ne pesait plus que 35 kilos. Les privations de l'occupation n'ont rien arrangé. N'a-t-il trouvé la force de survivre que pour revoir une dernière fois son fils aîné ? Il décline en quelques mois et décède le 18 mai 1945, dix jours après la capitulation du IIIe Reich. Sur sa tombe, au cimetière du Montparnasse, ses proches ont fait graver : *Victime de la barbarie des Allemands.*

Sur l'épisode de son grand-père paternel au camp de Drancy, on aime croire, comme Anne Sinclair, l'histoire familiale tant elle est romanesque. Léonce Schwartz aurait été arrêté durant le premier semestre 1944. Et ce serait Margot, inquiète de l'état de santé de son mari et de la perspective de sa déportation, qui l'aurait fait évader. « Avec un courage inouï, ma grand-mère a emprunté une tenue d'infirmière de la Croix-Rouge et, avec une fausse ambulance et de faux documents, a sorti mon grand-père de Drancy », relate Anne Sinclair. Elle croit aussi savoir que sa grand-mère aurait bénéficié de la complicité d'un officier français sensible à ses charmes et qui avait ses entrées à Drancy.

Sans remettre en doute la totalité du récit familial, il semble plus vraisemblable que Léonce Schwartz ait fait partie des quelque 4 200 hommes juifs – dont 1 500 Français – arrêtés trois ans plus tôt, du 20 au 24 août 1941, lors de la première rafle à Paris. C'est en tout cas ce qu'on comprend à la lecture de la décision d'un tribunal arbitral suisse d'attribuer, le 7 août 2003, un compte bancaire ouvert par Léonce Schwartz dans un établissement genevois en 1933 et en déshérence depuis 1941, à sa fille Denise : « Selon la requérante, son père, qui était juif, avait été un des premiers juifs parisiens à être déportés par les nazis, et il avait été interné au camp de concentration de Drancy. La requérante ajoute que son père tomba malade et fut transféré au Val-de-Grâce. »

À l'époque, il est exact que les juifs ne sont effectivement pas encore envoyés dans les camps de la mort. Ils sont en revanche affamés sur ordre du SS Theodor Dannecker, alors chef du service des affaires juives de la Gestapo en France. En novembre 1941, profitant d'une absence de plusieurs semaines de ce dernier, l'administration française du camp fait libérer environ 1 200 détenus très affaiblis. Ce serait alors du Val-de-Grâce que Margot Schwartz organisa, par un audacieux stratagème, leur passage à tous deux dans la clandestinité sous le nom de Sabatier.

En dépit du drame familial qui attend le futur père d'Anne Sinclair à son retour à Paris en 1944, il reste un soldat de la France libre. À Beyrouth, il s'était lié à Étienne Burin des Roziers qui travaillait au cabinet militaire du général Catroux. Il le retrouve chargé des affaires étrangères auprès du général de Gaulle. Son frère d'armes du Levant va lui permettre de faire deux expériences ministérielles au sein du premier gouvernement provisoire. D'abord au cabinet de Pierre Mendès France, éphémère ministre de l'Économie nationale, puis dans celui de Georges Bidault, ministre des Affaires étrangères. Mais cette vie-là ne l'intéresse pas vraiment. Il veut retrouver une place dans l'industrie cosmétique où il avait débuté sa carrière avant la guerre.

Démobilisé en octobre 1945, Robert, qui ne se présente plus que sous le nom de Sinclair – il s'appelle maintenant *Schwartz* dit *Sinclair* sur ses papiers d'identité –, voit à nouveau s'ouvrir les portes de la maison Lucien Lelong. Un an plus tard, son employeur va précipiter son destin amoureux en lui proposant de travailler pour lui dans sa branche new-yorkaise.

« J'ai croisé aujourd'hui une jeune femme… Je ne sais pas si je la reverrai… mais j'aimerais bien qu'elle soit ma femme… » Par ces quelques mots jetés sur son journal, quelques semaines après son retour à New York, Robert Sinclair témoigne de son coup de foudre pour Micheline Rosenberg, sa future femme. Nous sommes à l'automne 1946. Une connaissance commune les a présentés. Ils vont très vite se revoir. La cour de Robert Sinclair relève de l'assaut romantique. Quant à Micheline Rosenberg, elle n'oppose pas une grande résistance. Heureuse sans doute à la perspective d'échapper à un « père étouffant », comme elle le décrit à son soupirant. Les choses vont alors s'accélérer. Les deux « Français libres » se marient à peine quelques mois plus tard, le 27 mai 1947, à l'hôtel de ville de New York. La cérémonie civile est suivie d'une bénédiction par un rabbin au domicile des parents Rosenberg. Leur fille y tient absolument.

Contrairement à Robert Sinclair, Micheline Rosenberg a passé toute la guerre à New York avec ses parents. Fin 1940 ou début 1941, elle s'est portée volontaire au service de presse de France Forever, le Comité de la France libre aux États-Unis qui, fort de cinquante mille adhérents américains et français à son apogée, fait de la « propagande » gaulliste à destination des Américains. À 23 ans, c'est une jolie jeune femme un peu introvertie, mais chaleureuse et qui aime rire. Micheline deviendra secrétaire générale de l'organisation. « Ce fut sans doute la période la plus heureuse de la vie de ma mère, pense Anne Sinclair, peut-être parce qu'elle fut la seule durant laquelle elle a travaillé. »

C'est le 14 juin 1940, jour de l'entrée des troupes allemandes dans Paris déclarée ville ouverte, que Micheline Rosenberg et ses parents se sont présentés au poste frontière franco-espagnol d'Irún. Eux aussi, ils empruntent le chemin de l'exil qui passe par Lisbonne. Ils devront y patienter trois mois pour avoir des visas et quitter le Vieux Continent. Les précieux sésames donnés au compte-gouttes aux réfugiés leur sont obtenus par Alfred H. Barr J.-R., le premier directeur du MoMA (musée d'Art moderne) de New York. De son côté, le frère de Micheline, Alexandre, 19 ans, rallie Londres et le général de Gaulle, avec ses deux cousins, après avoir embarqué en cachette sur un paquebot de soldats polonais en escale à Saint-Jean-de-Luz.

À la veille de la guerre, les parents de Micheline savaient par des amis suisses qu'ils figuraient sur la liste noire des nazis et qu'ils devaient absolument fuir la France. Comme les Schwartz, les Rosenberg appartiennent à la haute bourgeoisie juive. Mais les racines de leur famille sont, elles, dans l'ancien Royaume de Hongrie, à Bratislava, aujourd'hui capitale de la Slovaquie. En 1939, Paul Rosenberg, 57 ans, est l'un des galeristes et marchands d'art les plus actifs et les plus influents au monde pour la peinture française des XIXe et XXe siècles. Sa galerie et son domicile parisiens sont sis 21, rue La Boétie, dans le VIIIe arrondissement. Et il possède une autre galerie à Londres. Les plus grands collectionneurs et les musées sont ses clients.

Lucide, le futur grand-père d'Anne Sinclair ne se faisait guère d'illusions. Dès 1935 à Nuremberg, puis en 1937 à Munich, ensuite dans d'autres villes allemandes, les nazis ont organisé des expositions dénonçant l'« art dégénéré », selon les termes consacrés par Goebbels. Or, dans l'entre-deux-guerres, aux cimaises des galeries Rosenberg, furent suspendues les œuvres de dizaines de peintres emblématiques de l'impressionnisme et du postimpressionnisme ou des divers courants de l'art moderne – forcément « judéo-bolcheviques » – mis à l'index par le régime hitlérien. Parmi les plus cotés du catalogue Rosenberg : Monet, Cézanne, Renoir et Pissarro, ainsi que Toulouse-Lautrec, Bonnard, Gauguin ou Van Gogh, mais aussi Léger, Modigliani, Braque, Matisse, Picasso…

C'est en 1906, à l'âge de 25 ans, que Paul Rosenberg avait repris avec son frère aîné la galerie parisienne de leur père antiquaire devenu marchand d'art. Mais ils ne vont pas réussir à travailler ensemble longtemps. Le père de Micheline Rosenberg ouvre alors sa galerie de la rue La Boétie. Et son ascension commence.

Dès 1910, il prend Marie Laurencin sous contrat. Huit ans plus tard, il devient l'agent de Pablo Picasso. Son précédent représentant, l'Allemand Daniel Henry Kahnweiler, avait dû fuir en Suisse durant l'été 1914, au déclenchement de la Première Guerre mondiale. Les autorités françaises avaient saisi son stock comme « bien ennemi ». Paul Rosenberg signera encore avec Georges Braque (1922), Fernand Léger (1927) ou Henri Matisse (1936), mais le tournant de sa vie restera son partenariat avec le peintre des *Demoiselles d'Avignon* et de *Guernica.* « C'étaient des contrats de *première vue*, précise Anne Sinclair, c'est-à-dire qu'ils montraient leurs tableaux d'abord à mon grand-père qui marquait son intérêt ou pas. Libres à eux, si Paul Rosenberg ne souhaitait pas acheter certaines de leurs toiles, de les présenter ensuite aux autres marchands. »

Paul Rosenberg rencontre Picasso, à Biarritz, pendant l'été 1918. Le 12 juillet, à Paris, l'artiste a épousé Olga Khoklova, danseuse des Ballets russes. Une amie et collectionneuse de ses œuvres cubistes, la Chilienne Eugenia Errazuriz, invite le couple à passer sa lune de miel dans sa villa, *La Mimoseraie.* Durant la même période, comme par hasard, Paul Rosenberg a loué une maison de vacances à Biarritz pour sa petite famille. Il convainc l'artiste de devenir son principal représentant en France et à l'étranger. Durant le même été, il s'associe avec Georges Wildenstein et Jos Hessel, deux autres marchands d'art qui l'épauleront financièrement sur le plan international et, plus particulièrement, sur le marché américain.

Pablo Picasso, ravi de cet accord prometteur, accepte – pour la première et dernière fois de sa vie – une commande. Le grand-père d'Anne Sinclair lui demande, afin de sceller leur contrat artistique et commercial, de peindre un double portrait de son épouse Marguerite et de sa fille Micheline, âgée d'un an et demi. L'artiste exécute ce *Portrait de femme et enfant* durant le même mois d'août 1918. Paul Rosenberg adore sa fille. Le peintre va le combler. En 1919, à l'occasion de sa première exposition au 21, rue La Boétie, il dessine Micheline, une première fois tenant un lapin, une deuxième, déguisée en infirmière[1]. Et c'est lors de la seconde

1. *Micheline au lapin*, *L'Infirmière.*

exposition Picasso à la galerie Rosenberg, en mai-juin 1921, que le *Portrait de femme et enfant* est présenté publiquement.

Entre les deux conflits mondiaux, les Rosenberg ont donc vécu de très belles années. Mais, à la fin des années trente, la menace nazie se précise. Après l'annexion de l'Autriche et des Sudètes en 1938, puis l'occupation de la Bohême-Moravie début 1939, le père de Micheline décide de mettre une partie de son catalogue à l'abri. D'abord à Londres, dans sa galerie. Ensuite aux États-Unis, où il envoie des tableaux à la Foire internationale de New York, inaugurée le 30 avril 1939. Et il expédie aussi outre-Atlantique trois cents Picasso pour une exposition rétrospective conjointe du MoMA et de l'Art Institute de Chicago, dont le vernissage doit avoir lieu en novembre de la même année. Mais, début septembre, l'invasion allemande de la Pologne et la déclaration de guerre franco-britannique à Hitler le surprennent en villégiature avec sa famille dans la vallée de la Loire.

Après avoir fait fermer sa galerie de la rue La Boétie, Paul Rosenberg estime plus prudent de mettre le cap plus au sud avec Marguerite, Micheline et Alexandre. Il loue une grande villa à Floirac, cinq kilomètres à l'est de Bordeaux. Ils y vivront plus d'un an et demi. C'est là qu'il fait venir les tableaux les plus précieux qu'il a conservés en France. Parmi les quelque deux cent soixante ou deux cent soixante-dix toiles – le chiffre précis varie selon les sources – déménagées dans le Sud-Ouest et réparties entre sa demeure provisoire et les coffres de la Banque nationale pour le commerce et l'industrie de Libourne, on trouve des chefs-d'œuvre comme *L'Étang aux nymphéas* de Monet, *L'Odalisque, harmonie bleue* de Matisse ou la *Femme en rouge et vert* de Léger, mais aussi, d'une valeur sentimentale inestimable, le double portrait de sa femme et sa fille, ainsi que les deux dessins de cette dernière par Picasso.

Suite à la brutale et rapide offensive allemande de mai 1940, les événements vont se précipiter pour les Rosenberg. Confronté à l'exode de millions de leurs compatriotes sur les routes de l'Hexagone et au départ de la capitale, le 11 juin, du gouvernement Reynaud pour Bordeaux, le grand-père d'Anne Sinclair n'a plus guère le choix. Il prend précipitamment la route de la frontière espagnole avec les siens, en espérant que ses tableaux pourront bientôt le suivre. Et c'est New York, où il compte nombre d'amis dans le monde de l'art, qui s'est imposé dans son esprit comme la destination la plus évidente.

Quand Paul, Marguerite et Micheline Rosenberg débarquent à Manhattan, en septembre 1940, la traversée a certes été éprouvante, et ils ressentent bien sûr l'effrayant vertige des exilés qui vont devoir s'inventer une vie nouvelle loin de leur pays et de leurs amis. Mais leur arrivée est célébrée comme un événement dans les cercles artistiques et ils ne sont pas financièrement dans le besoin. Ils s'installent d'abord au Madison Hotel, dans la 58e rue. Puis la petite famille élit domicile au 16 Est 57e rue, où le père de Micheline installe également sa première galerie new-yorkaise et le siège de la Paul Rosenberg & Company qu'il vient de créer. Il récupère par ailleurs la partie de sa collection dépêchée outre-Atlantique en 1939.

En revanche, il attendra longtemps celle laissée derrière lui à Paris, Libourne et Floirac. Les Allemands n'ont eu besoin de personne pour trouver la galerie de la rue La Boétie et emporter les toiles qui s'y trouvaient. Dans le Sud-Ouest, c'est grâce à deux antiquaires dont la délation sera récompensée par trois Pissarro, qu'ils le dépouillent des joyaux de son catalogue. *L'Étang aux nymphéas* sera ainsi accroché dans le bureau de Joachim von Ribbentrop, le ministre des Affaires étrangères d'Hitler. Mais rien n'empêchera toutefois Paul Rosenberg de poursuivre ses affaires pendant la guerre.

Si sa fille Micheline s'est engagée à France Forever, son fils Alexandre, lui, a intégré les Forces françaises libres, le 1er juillet 1940, avec le grade de lieutenant. Il combat en Afrique du Nord avec la colonne du chef d'escadron Philippe Leclerc qui participe à la guerre du désert et à la campagne de Tunisie. Il n'a pas démérité sur le champ de bataille car, le 1er août 1944, c'est avec le grade de colonel qu'Alexandre Rosenberg pose le pied sur le sol français à Utah Beach, en Normandie. La colonne est devenue entre-temps la légendaire 2e division blindée (DB) du général Leclerc. L'unité participera ensuite aux libérations de Paris et Strasbourg et terminera la guerre à Berchtesgaden, le nid d'aigle d'Hitler, dans les Alpes bavaroises. Démobilisé en 1946, Alexandre Rosenberg rejoint sa famille à New York et s'associe à son père.

Dans l'intervalle, l'oncle d'Anne Sinclair a été l'acteur central d'un épisode véridique qui dépasse la fiction. Au point d'ailleurs d'inspirer John Frankenheimer, vingt ans plus tard, pour son film

Le Train (1965), avec Burt Lancaster dans le rôle principal. Durant le courant du mois d'août 1944, Rose Valland, la conservatrice du musée du Jeu de Paume – utilisé par les Allemands comme dépôt central de leur butin artistique –, avertit le général Leclerc qu'un dernier convoi va quitter Paris, destination Berlin. Le colonel Rosenberg se porte volontaire. Avec un commando, il prend le contrôle du train en gare d'Aulnay-sous-Bois, dans la banlieue parisienne. Et quelle n'est pas sa surprise quand, en ouvrant un wagon, il reconnaît des tableaux appartenant à son père !

En dépit des faits d'armes de son fils, la Libération aura un goût amer pour Paul Rosenberg. D'abord, le trafic par bateau étant réservé à l'effort de guerre, il doit attendre la défaite hitlérienne pour pouvoir enfin embarquer sur un transatlantique à destination de la France. Et ce n'est qu'à son retour à Paris, à l'été 1945, qu'il prend véritablement conscience de l'outrage fait à son univers d'avant-guerre. Pendant l'Occupation, le 21, rue La Boétie a été le siège de l'Institut d'étude des questions juives créé par la *Propagandastaffel* pour diffuser son message antisémite. « Quand mon grand-père a récupéré le local, il a trouvé à la cave des documents de propagande antijuive à lever le cœur, s'indigne, aujourd'hui encore, Anne Sinclair. Il a vendu sa galerie car il ne voulait plus demeurer à Paris. »

Pour le marchand d'art, l'avenir a en effet traversé l'Atlantique. Et puis c'est maintenant à New York que se trouvent l'argent et les connaisseurs. Mais, avant de définitivement tourner la page française de sa vie, Paul Rosenberg se démène pour récupérer son stock pillé par les nazis. Avant de s'exiler en 1940, il avait photographié et référencé tous ses tableaux. Les Alliés lui en rapportent une bonne partie d'Allemagne. Il doit aussi ferrailler avec d'autres marchands qui ont su tirer profit de la tragédie pour enrichir leur propre collection. Parfois, il rachète ses propres toiles aux indélicats. Bientôt, il ne lui manque plus qu'environ soixante-dix œuvres. Et, grand bonheur, il récupère le double portrait de sa femme et sa fille par Picasso que le maréchal du Reich Hermann Goering avait rebaptisé *Mère et enfant*[1] après se l'être accaparé. Par contre, les deux dessins de Micheline restent, eux, disparus à ce jour.

1. Ce tableau ne retrouvera pas le nom d'origine – *Portrait de femme et enfant* – que lui avait donné Picasso, mais sera définitivement nommé *Portrait de Madame Rosenberg et sa fille* par le marchand d'art.

Nous sommes au mois d'août 1948, plus probablement en septembre, quelque part sur l'océan entre les États-Unis et la France. Sur le pont du paquebot, les Schwartz – ils ne deviendront officiellement les Sinclair par décret que l'année suivante – profitent du soleil.

Anne n'a que quelques semaines, et ils traversent l'Atlantique pour la présenter à sa grand-mère paternelle, Margot. Soudain, une apparition fait tourner toutes les têtes : une resplendissante Suédoise blonde s'avance qui n'est autre qu'Ingrid Bergman. À 33 ans, elle est une star internationale depuis qu'elle a joué dans *Casablanca*, *Pour qui sonne le glas* et *Hantise*, le film qui lui a valu l'Oscar de la meilleure actrice en 1945.

L'histoire racontée par sa mère à Anne Sinclair – et cette dernière la soupçonne d'avoir un peu enjolivé l'épisode – veut que l'actrice se soit penchée sur le berceau, puis ait demandé le nom du bébé. « Anne Sinclair ? C'est un nom de star ! » aurait commenté la belle Ingrid qui, à la fin du mois de septembre 1948, allait recevoir, au Louvre, une Victoire du cinéma français des mains de Jean Cocteau.

Si Robert Sinclair choisit ce moment précis pour se rendre en France, c'est sans doute également parce qu'il a rendez-vous au siège parisien de son employeur. Lucien Lelong s'apprête en effet à fermer sa maison de couture parisienne pour raisons de santé, en août 1948. Il va continuer son activité de parfumeur, mais le père d'Anne Sinclair ne travaillera plus très longtemps pour lui.

Si New York a offert à Robert Sinclair une France libre, une épouse et une fille, le « rêve américain », lui, n'aura pas été au rendez-vous. Après avoir perdu son emploi chez Lucien Lelong il va « galérer pas mal », pour reprendre l'expression d'Anne Sinclair. Il tentera bien de monter une affaire de reproduction de tableaux. Une idée qu'on imagine inspirée par les Rosenberg, mais qu'il va vite abandonner pour retourner définitivement en France. En 1951, Elizabeth Arden, l'une des sociétés américaines de cosmétiques les plus en vue du marché et en pleine expansion internationale, lui a en effet offert un poste intéressant. À Paris.

Chapitre 2

À leur retour à Paris, les Sinclair s'installent au numéro 9, avenue du Maréchal-Maunoury, dans le très chic XVIe arrondissement de la capitale. Se pose tout de suite, pour les parents, la question du choix de l'école qu'Anne fréquentera. Ils veulent le meilleur pour l'éducation de leur fille chérie. Leur « Toute Petite », comme ils la surnomment.

Le cours Victor-Hugo, institution laïque de jeunes filles de la bourgeoisie, les séduit dans un premier temps. Mais les concours de rangs de perles ne sont pas la compétition à laquelle ils souhaitent voir leur fille participer. Hypothèse donc très vite écartée, comme le seront les instituts La Tour ou Sainte-Marie. Trop confessionnels ! Janson-de-Sailly n'accepte alors que les garçons, donc affaire réglée. Reste la solution des lycées Molière ou La Fontaine, mais leur réputation n'est pas jugée assez bonne par les parents d'Anne.

Leur choix se porte finalement sur le cours Hattemer-Prignet, sis rue de la Faisanderie dans le XVIe, de petits hôtels particuliers face au commissariat, plus tard rue de Londres, où se trouve aujourd'hui le cours, non loin de la gare Saint-Lazare, un établissement strict et bien fréquenté qui peut s'enorgueillir, encore aujourd'hui, d'avoir formé sur différentes générations de grands noms de la politique, de la finance, du journalisme : Jacques Chirac, Christine Ockrent, Édouard de Rothschild, Jean-Louis Debré et tant d'autres. Une dépense que seules les familles disposant d'un certain niveau d'aisance et de surface financières peuvent véritablement se permettre. Anne fréquentera cette « institution » du cours préparatoire à la quatrième, rue de la Faisanderie, et de la troisième à la terminale, rue de Londres.

Au cours Hattemer, l'organisation est originale : des classes mixtes de quinze à vingt élèves, très peu d'heures de cours, le latin y est couramment pratiqué, le travail à la maison ou en équipes encouragé, un classicisme atypique, climat très XIXe siècle. L'objectif est autant d'apprendre aux enfants à travailler que de les faire rentrer dans le monde de la connaissance. L'intelligence, la performance et les résultats y sont honorés et valorisés. Au cours Hattemer, ce n'est ni la façon dont on est habillé ou coiffé, ni l'endroit où une famille se rend en vacances qui importent.

Les enfants de la bourgeoisie aisée fréquentent le cours Hattemer, de cette bourgeoisie que l'on baptiserait aujourd'hui « bobo » à la bourgeoisie plus conservatrice, de la bourgeoisie catholique à la bourgeoisie juive, en passant par des fils et filles de diplomates, auxquels se mêlent parfois quelques aristocrates nostalgiques. Toute la classe d'Anne a ainsi gardé en mémoire le jour où la jeune princesse belge de Ligne, future femme du prince Alain de Polignac, arriva, flanquée de sa suivante, toutes deux vêtues de noir, un 21 janvier, jour anniversaire de la mort de Louis XVI sur l'échafaud… D'autres ne sont rien de tout cela, parmi lesquels, de temps à autre, les enfants de familles moins favorisées. Mais, dans la grande majorité, ce sont des « enfants de » que des voitures, avec chauffeur parfois, passent chercher. Anne, c'est sa mère qui vient. Belle et grande femme glamour à l'allure un peu froide. Si Robert Sinclair, directeur général France d'Elizabeth Arden, circule dans une Renault Dauphine, son épouse, elle, attend Anne devant Hattemer dans une Austin deux portes rouge à toit noir, sac Hermès « Kelly » sur le siège passager. La classe…

Hattemer est un établissement hors contrat mais laïc, une école « classico classique » où belles-lettres et cahiers bien tenus forment l'alpha et l'oméga d'un projet éducatif. Une pédagogie qui est celle de l'époque, élémentaire, basique, une pièce de Corneille ou de Racine sera supposée apprise « par cœur » comme une simple déclinaison latine de base. La technique des exposés « Sciences Po », c'est-à-dire dix minutes, introduction, deux parties, deux sous-parties, conclusion, y est déjà la règle. Car structurer les esprits, apprendre aux jeunes têtes à ranger leur intelligence, est bel et bien l'objectif. Quant à la discipline, elle règne le plus naturellement du monde. La direction et le corps professoral aiment ainsi à répéter aux élèves qu'il sera bon et toujours bien vu de montrer la « docilité de leur caractère »...

Atmosphère studieuse et ambiance aujourd'hui surannée. Les responsables embrassent les enfants à leur arrivée. Pas de révérence, pas de baisemain, non, mais les garçons en cravate. Et les filles, en jupe plissée pour les unes, kilt ou twin-set à la mode pour d'autres. Chaussettes montantes, l'hiver. Socquettes blanches, au printemps. Guimpe obligatoire pour certaines, aux parents un peu plus collet monté. Sur fond de rivalité jalouse entre les filles dont les mocassins s'ornent des mors dorés d'une célèbre marque et celles qui n'arborent que les traditionnelles boucles rectangulaires classiques.

Le matin est consacré aux « Études », l'après-midi aux « Cours ». Deux possibilités : assister simplement aux enseignements magistraux, puis travailler chez soi aidé de son précepteur, maman, nanny, ou bien suivre les études du matin et enchaîner sur le « Grand Cours », ainsi avait-on baptisé l'enseignement magistral, dispensé l'après-midi, dans les matières au programme.

Programme plus littéraire à en croire ceux qui sont passés par là. Les mathématiques n'intéressaient pas trop cette école. La physique et la chimie, non plus. En revanche, un cours de latin fort long, comme celui de lettres au demeurant. Il durait quatre heures. Un cours d'histoire et géographie, un peu de géométrie, deux doigts de sciences naturelles (ah, le « mode de gisement et origine de la craie » !), mais guère davantage. De l'éducation physique réduite au minimum, dans une cour minuscule. Pas de travail manuel ni de couture. Et pas plus de cours de catéchisme. La religion n'a pas droit de cité dans cette école agnostique.

« Dans les petites classes, c'était le bonheur absolu, même si le vieux système du préceptorat demandait des parents très disponibles » : Anne avouera plus tard avoir détesté le « Grand Cours » auquel assistaient les parents, depuis qu'une mère l'avait dénoncée en composition d'histoire pour avoir passé un renseignement à sa voisine sur un bout de buvard. Une colle sévère avait suivi. Car les parents, c'est une des particularités de l'endroit, assistent en spectateurs aux cours de leur progéniture. Dans un décor d'époque. Celui d'une salle de classe logée dans un hôtel particulier

Napoléon III. Lambrissé, poussiéreux. Estrade, tableau, carte Taride au mur, bureau du professeur, pupitres en bois, très vieux, très laids (chewing-gum collé dessous en option), un encrier, devenu simple élément de décoration depuis la victoire nette et sans bavure du stylo à bille sur la plume Sergent-Major, sans oublier les classiques graffitis sculptés par quelques générations de potaches.

Au fond, derrière ou à côté, des chaises sont installées pour les mères, les gouvernantes, ces « demoiselles » comme on les nomme, à qui il est proposé d'assister à ces cours magistraux. C'était parfois une corvée pour elles, mais elles y allaient. Elles suivent, prennent des notes en prévision de la masse de travail à venir, quand il va falloir vérifier, une fois rentré à la maison, que l'enfant a correctement mémorisé et compris le cours. Si une mère ne venait pas, c'était mal vu. Celle d'Anne ne ratait aucun cours de lettres ou de latin. Et si, de temps à autre, durant ces longues heures, elle s'ennuyait, elle faisait de la tapisserie. Des voisines tricotaient. D'une de ses aiguilles, il arrivait même à la gouvernante de Jean-Jacques Chaban-Delmas de piquer les fesses du gamin si, d'aventure, il lui arrivait de mal répondre ou de se conduire de façon inconvenante. D'autres mamans s'assoupissaient, mais la mère d'Anne, jamais. Elle était là, un œil sur sa fille. Elle la surveillait de près, comme un metteur en scène le jeu de son acteur en titre. Interdiction pour ces observateurs particuliers d'intervenir : ils n'étaient autorisés à commenter qu'à la sortie.

Les professeurs de cette époque semblent tout droit sortis d'une photo de Robert Doisneau. Le professeur de référence, celui d'Anne comme celui de Sylvie Laussel, sa seule vraie amie à Hattemer, se nomme Pierre-Marie Quervelle, un professeur à l'ancienne, un « monsieur » un peu corpulent, la soixantaine « vieille France », veste en tweed, cravate, grosse montre, chevalière à armoiries. Professeur principal, de latin et de français. « Il nous faisait réciter les temps primitifs de nos verbes latins. On pouvait avoir 0, 10 ou 20, raconte Sylvie Laussel. On ne se trompait pas, on avait 20 ; on faisait une erreur, on avait 10 ; on faisait deux erreurs, on avait zéro. » M. Quervelle, par ailleurs excellent spécialiste des civilisations grecque et romaine, est un homme sévère qui sait transmettre sa passion pour la littérature. En dépit de ses dictées qui ont inspiré la terreur… ou presque, à plusieurs générations : « Il nous avait fait faire une dictée des Goncourt et nous demandait, se souvient Sylvie, d'expliquer et commenter des expressions comme "les marronniers étaient fleuris de girandoles pâles" ou "l'éblouissement blanc d'un diamant dans une goutte d'eau". » Anne garde pour sa part en mémoire ce texte de Péguy sur la cathédrale de Chartres qui décrivait les vitraux « ineffables d'un bleu irrésolu », expression qui avait manifestement plongé la classe dans l'inconnu.

Les élèves de ces années-là se souviennent aussi du professeur d'histoire-géographie, Mme Isquin, une vraie « demoiselle » qui avait la passion des voyages et sur qui l'Égypte exerçait une véritable fascination. Son cours sur ce pays était un bonheur. De M. Eoche-Duval qui, en philosophie, ne notait jamais au-dessus de 12 sur 20, ce qui permit à certains de bonnes surprises au baccalauréat, Anne en particulier. Ils n'ont pas oublié non plus la poitrine de Mlle Hocquart, importante et baladeuse malgré les remises en place permanentes de sa propriétaire. Ou Mlle Frelat, professeur de mathématiques, dont les curieux bruits de langue avaient convaincu Anne de l'existence d'un problème de dentier. Enfin Mlle de la Belleissue, ça ne s'invente pas, qui aidait Anne en géométrie à la demande exceptionnelle de ses parents.

Un petit monde que menait de main de maîtresse la directrice d'Hattemer, Mme Parizot. Elle ne faisait pas cours, siégeait dans son antre et faisait un peu peur. Elle, c'était « Madame ». Dans son bureau était affiché le tableau d'honneur assorti des félicitations des professeurs, tableau auquel Anne était abonnée immuablement, trimestre après trimestre.

Sa scolarité, Anne la passe en effet au premier rang. Seul rival, le fils Chaban-Delmas. Entre sixième et troisième, tous deux se disputent prix d'excellence et tableaux d'honneur. Anne restait la meilleure, attestent certains de ses camarades de classe. Il fallait qu'elle le soit. Elle était entraînée comme un champion sportif, au maximum des performances. Elle sera d'ailleurs prise en hypokhâgne, au lycée Janson-de-Sailly, sur livret, avant même d'avoir obtenu son bac. Première en tout, sauf peut-être en récitation, matière qu'elle n'a jamais goûtée. Une première de la classe, mais pas de ces binoclardes qui cachent leur cahier. Une gamine bien dans sa peau, gaie, joyeuse, heureuse de vivre, une élève consciencieuse et terriblement « bon genre », une vraie petite fille modèle que révolte, en revanche, le « je-m'en-foutisme absolu » d'une

Véronique Sanson, cette fille de député gaulliste, ami d'enfance du père d'Anne en dépit des divergences politiques, qui joue volontiers les cancres au fond de la classe et passe le plus clair de son temps à écrire des paroles de chansonnettes… « Elle ne rendait pas ses devoirs, ni ses compositions mais elle était formidablement douée musicalement. Nous n'étions pas copines, nous avions peu de points communs. J'étais encore très petite fille et, elle, déjà une artiste. »

Une petite fille à qui Mme Parizot accroche souvent au revers du manteau la croix d'honneur du Cours. Décernée aux élèves méritants dans les petites classes. Assortie d'un ruban bleu pour les seconds, rouge pour les premiers. Pour Anne, ce fut souvent le rouge. « Un jour d'hiver, aux États-Unis, alors que je portais fièrement ma croix ridicule sur ma parka, quelqu'un dans l'autobus a demandé à ma mère si j'avais fait un coup d'éclat, ou sauvé un autre enfant pour être ainsi décorée. Ma mère avait été un peu gênée de répondre que j'avais simplement dû avoir 20 en composition de français ! »

À la fin de l'année scolaire, l'école organise une grande cérémonie avec parents et enfants au cinéma Marignan sur les Champs-Élysées. Grande salle tendue de rouge où les « bons enfants » montent sur la scène à l'appel de leur nom pour recevoir des livres souvent ennuyeux. « À chaque fois que je vais au cinéma Marignan, ces journées de distribution des prix me reviennent comme un réflexe pavlovien. On avait même droit à une attraction. C'est la première fois que j'ai vu Raymond Devos, venu spécialement pour nous. C'est la première fois que j'ai entendu le fameux sketch sur Caen. »

Des atomes crochus, ils seront deux, Sylvie Laussel et Jean Paraf, à en avoir tout particulièrement avec Anne. Ariel Pierre-Kahn viendra plus tard, aux alentours de la classe de seconde, une fois Sylvie exilée dans un lycée confessionnel. Sylvie Laussel, fille unique comme elle, issue du meilleur monde comme elle, excellente élève comme elle. Obéissante et disciplinée comme elle. L'une catholique, l'autre juive, sans que cela nuise à leur relation, toutes deux sachant néanmoins très tôt qu'il leur faudra rester dans leur milieu d'origine pour ne pas ramener un jour un

« monsieur inapproprié » à la maison. « C'est plus facile quand on est bleu que l'autre comprenne le même bleu », concède aujourd'hui en ces termes Sylvie (Laussel) de la Sablière, devenue épouse d'ambassadeur.

Les deux écolières partagent enfin à l'école et au quotidien cette pression familiale et notamment maternelle, parfois exercée au détriment du lien affectif avec l'auteur de leurs jours. Ce qui crée des liens et favorise la complicité. « Ni Anne ni moi ne savions ce qu'est la présence d'un frère ou d'une sœur. Donc, il y a à la fois un manque qu'on ressent et une terrible pression des parents. On doit être mieux parce qu'on est tout seul. On a un peu l'impression qu'on a une plus grande chambre, qu'on a plus de ceci ou plus de cela, parce qu'il n'y a pas à partager avec quelqu'un. Le sentiment, si on est une fille, qu'on doit être à la fois la fille et le garçon. Comme une obligation de résultat qui est plus forte et qu'on perçoit. Même si ce n'est pas violent, c'est tout de même fort. »

Avec Jean, la relation est d'une tout autre nature. Peut-être a-t-il été ce frère qui n'existait pas... Jean Paraf est fils de préfet, milieu différent, notes différentes sur le plan scolaire comme dans le registre musical. C'est lui qui, sans intention aucune de la dévergonder, mais simplement pour lui faire partager d'autres horizons, fera connaître les Chaussettes noires, Johnny Hallyday et quelques autres rockers invités réguliers de l'émission d'Europe N°1 *Salut les copains*, à cette gamine au regard bleu océan qui baigne davantage depuis sa naissance dans le répertoire classique et ignore tout, par exemple, d'un Elvis Presley qu'elle va finir, grâce à Jean, par adorer.

Au début des années soixante, ces gamins bien nés se retrouvent l'été, dans le sud de la France, chez un cousin d'Anne, Philippe Warin, et s'initient au twist grâce à une habituée des boîtes de nuit d'Antibes. « Elle nous avait expliqué, raconte Jean, qu'il fallait faire comme si on écrasait une cigarette avec le pied en s'essuyant le derrière sur un tabouret... Et on pouvait s'entraîner, Philippe avait un magnétophone à bandes Gründig, on enregistrait *Salut les copains* sur Europe N°1, et on pouvait se repasser les morceaux et danser sur la musique... » Des jours heureux.

À Paris, Anne et Jean habitent non loin l'un de l'autre, si bien qu'à la sortie de l'école, il est fréquent que Jean raccompagne

Anne ou inversement. « On est devenus très copains, j'étais fou amoureux d'elle, confie Jean. Elle avait, à 11 ou 12 ans, des yeux de rêve, elle était sublimement belle, très fine, un peu BCBG, mais à l'époque toutes les filles étaient comme ça dans ce genre d'institution. » Les deux enfants finiront par se voir régulièrement, le jeudi après-midi. La mère de Jean, qui a pris des abonnements à la Comédie-Française, les y emmène une fois par mois ou bien Mme Sinclair les conduit au château de Versailles. Sylvie est également de la partie, de temps à autre. Ainsi que le cousin Philippe et Ariel, la fille du couple Pierre-Kahn, ami des parents Sinclair, qui va, de 1963 à 1968 – « cinq ans de rires », se souvient la bonne copine –, tenir le rôle de la confidente. Ariel ne fréquente pas Hattemer, mais le lycée Racine. Elles se téléphonent presque tous les jours, échangent des mots, se racontent tout de leur vie d'adolescente et, régulièrement, se retrouvent à la campagne. Car tous ces jeunes gens vont bien sûr être invités à Fleury-en-Bière, maison de campagne des Sinclair, non loin de Barbizon.

Un chemin, puis un portail que surplombe un petit toit. Et une demeure en pierre blonde, dans le style des maisons de village, en fait une ancienne grange reconstituée et rénovée par la mère d'Anne, aidée par le maçon de Fleury.

L'Austin rouge et noir que conduit Micheline Sinclair vient de s'immobiliser devant la *Grange au Coq*, ainsi nommée après l'achat par les parents d'Anne d'une girouette de clocher chinée sur un marché. À bord du véhicule, avec Anne, Jean et Sylvie, Jean ou Sylvie, parfois Ariel et, toujours, la chienne Gina, le setter irlandais de la famille. Nous sommes samedi, le week-end peut commencer.

La *Grange au Coq* n'est pas une propriété immense. Une maison principale, un garage et, dans la cour, un petit logement de gardiens qu'habite un couple de Nivernais à l'accent prononcé, M. Hary, « homme de peine », jardinier, et madame, cuisinière, femme de ménage. La maison se compose d'un grand salon-salle à manger de la hauteur de la maison, dominé par de grosses poutres traversantes. L'une d'elles forme le manteau d'une cheminée de pierre, sur laquelle trône le fameux coq de clocher. Au rez-de-chaussée toujours, une cuisine petite et simplement aménagée (évier, frigo, cuisinière au butane), une étroite salle de bains dépendant d'une petite chambre d'amis. C'est là que dort Jean quand il est invité. Il peut discuter avec ses copines en tapant en morse ou dans un code de gamin – « Trois coups, je suis réveillé, deux coups, je dors… » – sur un tuyau qui monte dans la chambre des petites filles modèles.

Un escalier dans le grand salon permet d'accéder à l'étage, demi-étage en fait, du fait de la pièce cathédrale. Un couloir, où dort la chienne Gina, dessert la chambre d'Anne, toile de Jouy et embrasses de rideaux en crin, cabinet de toilette derrière un paravent, un bureau et deux lits jumeaux pour une copine de passage. Des lits sous lesquels des revues sentimentales et légères, celles que prisent les gamines de 15 ans et qu'il leur arrive de trouver au village, sont parfois cachées, loin du regard de Micheline. La chambre des parents, enfin, grande pièce mansardée, ancien grenier à blé, de belles poutres de charpente et une salle de bains privative.

L'ameublement se veut rustique, canapés et fauteuils ont été couverts par le tapissier du coin, les autres meubles viennent tout droit des brocantes de la région. La décoration, Micheline Sinclair, habile de ses mains, aime à s'en occuper. Comme elle aime à montrer le jardin, entièrement planté par ses soins (avec l'aide d'Anne pour les semis de printemps et les repiquages), une grande pelouse et une abondance de fleurs qu'à chaque venue, Micheline Sinclair taille, arrose, chouchoute. Tout près, un grand cerisier laisse chaque année les oiseaux se régaler de ses fruits devant un vieux puits dont tous les enfants de passage auront vainement cherché l'hypothétique passage secret. Derrière le mur du jardin, un « potager » improvisé : quelques plants de tomates, des salades, des fraises et des framboises. Non loin de là, un bois et de gros rochers que les petits visiteurs, autorisés ou pas, s'amusent volontiers à escalader, quand ils ne jouent pas au tennis sur un court aménagé en quick derrière le jardin. « Anne jouait très bien, se souvient Jean. De toute façon, elle faisait tout très bien… Agaçant, non ? On savait qu'il en allait ainsi. Pas arrogante, non. Mais, en même temps, fière de cette supériorité qu'elle avait sur nous tous. Elle considérait que c'était normal. C'était comme ça. Elle était la meilleure. »

À de nombreuses reprises au cours de l'année scolaire, Anne est ainsi autorisée à faire venir ses amis Jean, Sylvie, Ariel. Au programme : lecture, balades à vélo, ping-pong, jeux de société, marelle et crapette, musique (un électrophone Teppaz et des disques sont à disposition), promenades jusqu'au château Louis XIII de

Fleury-en-Bière – le genre conte de fées, pierre rose et grand parc, devant lequel, chaque 14 juillet, était tiré un feu d'artifice – ou, plus simplement, jeu de cache-cache dans le jardin et courses endiablées... Les enfants vont également, à l'occasion, voir jouer les grands au tennis, assister à ces rencontres acharnées où Robert Sinclair se mesure à ses invités. Ou bien se réfugient, pour refaire le monde et rêver à l'avenir, sur le mur, près d'un champ de maïs ou cachés dans le noyer. Quand elle est seule à Fleury, c'est l'un des deux endroits où Anne aime à trouver refuge, sur une grosse branche, accessible par une échelle de corde et qui fait siège. Un plaid sur les jambes, Anne peut alors profiter pleinement de la compagnie de ses chers livres, *Jeannot Lapin* et des bandes dessinées au début, Alexandre Dumas le bien-aimé par la suite, et de la présence de son inséparable transistor... Un lieu privilégié comme l'est pareillement la cabane au poussin, petite construction en bois près du tennis, où, quelques années plus tard, elle révisera son bac, de mars à juin, emmitouflée dans une couverture...

Des moments de bonheur, d'amitié, de solitude parfois passent à Fleury. Des moments de félicité et de complicité paternelle... souvent. Dans son premier livre, *Une année particulière*[1], Anne Sinclair les évoque en ces termes : « Les routes blanches de terre séchée, l'odeur d'herbe humide, le grincement du frein du vélo, le silence de la voiture qui vient et qu'on entend au dernier moment, la conversation où il faut tourner la tête pour casser le bruit du vent... Je me rappelle mes promenades préférées avec mon Père, l'été après le dîner, entre chien et loup, alors que je me laissais prendre paresseusement par le cou pour que son vélomoteur entraîne ma vieille bécane dans les montées. Et la grande descente récompense qui passait devant le lavoir désaffecté où j'ai imaginé, pendant des années, des cohortes de lavandières à mi-chemin entre Zola et *Violettes impériales*. »

« Mes parents m'ont toujours traitée comme une grande. » Là réside sans doute l'une des clés pour comprendre Anne Sinclair. Mais chacun à sa façon. Il faut imaginer Micheline Sinclair expli-

1. *Op. cit.*

quant à sa fille de 10 ans ce que veut dire être de gauche. Il faut se représenter Robert Sinclair, de retour de son usine dans le Nord, lisant à sa fille son journal de guerre ou, les mains pleines d'échantillons, pressant Anne de se maquiller au seuil de l'adolescence. Gloss ou mascara. « Je faisais chez moi ce que mes copines faisaient en cachette chez elles, dans l'escalier. » Ces mêmes copines rapportent l'impression, en présence des parents d'Anne, d'un comportement inédit pour l'époque, une approche très moderne de l'éducation. « Ils considéraient les enfants comme des personnes, on nous demandait notre avis, témoigne Sylvie de la Sablière. Ils nous expliquaient les choses, pourquoi elles étaient comme ça et pas autrement. Il y avait un véritable échange avec les enfants, nous n'étions pas du bibelot de salon... » Ariel garde en mémoire une mère érudite qui faisait partager sa culture artistique. Quant à son père : « Un sucre ! » Sylvie, pour sa part, se souvient également du Robert Sinclair révolté que les parents de l'amie de sa fille décident, en troisième, de la placer dans une école religieuse, ce qui, dans son esprit, allait la transformer en parfaite « perruche du XVIe ». Mais également de Micheline, la mère, lui demandant d'exprimer ce qu'elle ressent devant une peinture de Braque ou de Picasso, lui expliquant ensuite, avec retenue et sans pontifier, avec juste le souci de transmettre une connaissance, le sens des formes, le choix des couleurs, le parti pris du peintre, la source de son inspiration. Et puis, quelques minutes après, sans transition, elle proposait aux filles... un Choco BN, « le goûter complet, le goûter tout prêt » de la célèbre Biscuiterie nantaise.

« Papa me mettait sur un piédestal. Maman se chargeait de "faire avancer la bête". Papa m'a permis de m'épanouir sans être trop complexée, mais c'est maman qui m'a poussée à travailler, à vouloir réussir. »

Les parents d'Anne se révèlent parfaitement complémentaires, sans prendre peut-être conscience que l'un aura finalement dans ce partage un meilleur rôle que l'autre. Bien meilleur. Le père considère sa fille comme la septième merveille du monde. La mère est exigeante et veille à la croissance du grain. Au nom d'un principe simple qui veut qu'un enfant possède des talents à ne pas gâcher. Le père est émancipateur. La mère, plutôt inspectrice. Un père rassurant et bel homme, qui aimait rire et goûter la vie. Une mère volontiers solitaire. Habitée par la peinture. Anne sera l'œuvre à accomplir. Un père qui lisait les dissertations de sa fille à ses collègues de travail et fermera, plus tard, la porte de son bureau pour écouter les premiers pas d'Anne à la radio. Une mère pour qui le journalisme n'était pas un métier, comparé à ceux de dentiste, de médecin ou d'architecte. Un père, sorte de prince éclairé admiré et admiratif. Une mère belle, élégante, une femme à poigne, attentive, protectrice, mais sans chaleur excessive. Et dont la façon d'aimer peut faire douter un enfant.

« La figure du père, c'est la base d'Anne, affirme Daniela Frydman, l'une de ses quatre amies les plus proches aujourd'hui. Elle a toujours voulu lui prouver quelque chose… » Et quand, à 12 ans, elle apprend, de la bouche de sa grand-mère maternelle, que son père a été marié une première fois en 1932, c'est inévitablement un choc épouvantable. Des larmes. Que sa mère séchera bien vite : « Il n'y a rien à cacher ni à raconter. » Bref, rien de grave, selon Micheline. Anne se remettra vite. « Cette première femme de mon père, maman a dû la rencontrer une ou deux fois. Moi, jamais. Elle m'a écrit lorsque je faisais *7 sur 7*. Un petit mot très gentil : *Je vous ai toujours vue de loin. Je sais qui vous êtes.* »

Entre 4 et 14 ans, Anne passe un Noël sur deux aux États-Unis, chez ses grands-parents maternels. De longues plages de vacances, plusieurs semaines, négociées avec le cours Hattemer. Départ d'Orly en Boeing 707, escale technique à Shannon, en Irlande, et puis New York. Les souvenirs sont restés. Intacts. Une grand-mère gâteau qui la couvre de cadeaux, les moments passés seule avec son grand-père dans la galerie de ce dernier, les délices de la luge dans Central Park enneigé, une lecture intensive des *Peanuts* de Schulz, le MoMA et les antiquités égyptiennes du Metropolitan, les courses chez Bloomingdale's ou l'émerveillement devant les étalages de FAO Schwarz, le plus beau magasin de jouets du monde au coin de la 5e avenue et de la 59e rue. Ou encore la découverte, à Broadway, des comédies musicales à l'américaine, genre inconnu en France, où l'emmène sa grand-mère : *West Side Story* ou *My Fair Lady* que la jeune fille verra cinq fois et dont elle connaît alors tous les airs par cœur. Sans oublier les dessins animés de Walt Disney. La sortie de *La Belle au bois dormant* lui offre une future « madeleine de Proust ».

Pendant ces séjours new-yorkais, sa mère se charge des cours, de maths en particulier. Les problèmes de piquets et de barrières, de trains qui se croisent et de baignoires qui se remplissent lui laisseront des souvenirs d'horreur, mais cela fait partie du « contrat » avec la direction du cours Hattemer. Anne se souvient aussi des longues heures de lecture, dans le salon douillet de ses grands-parents, et des premiers westerns sur une télé noir et blanc, quand il fait trop froid dehors. De ce stylo quatre couleurs, l'un des tout premiers, en métal, découvert au pied du sapin, au début des années soixante. Un rêve de gamine devenu réalité. Les nuits suivantes, il lui arrivera de se relever pour aller l'admirer sur son bureau. À Sylvie et Jean, Anne envoie des cartes postales qui les font rêver. L'Amérique, l'avion, les gratte-ciel, le grand-père marchand de tableaux à New York... Et pourquoi pas chercheur d'or ? Quand elle est de retour en France, c'est un peu comme si elle revenait de la Lune. Et reprenait sa vie, à la page où elle l'avait laissée.

Elle ramène à ses copains de petits souvenirs. Sylvie se souvient encore d'une chemise à carreaux très cow-boy et puis, surtout, de cette pièce de un dollar dans une petite bourse japonaise en tissu lamé turquoise qu'elle garda de longues années. En guise de cadeau porte-bonheur. En souvenir de cette enfance paisible, tranquille, bourgeoise.

Chapitre 3

Anne Sinclair a le goût de la culture dans ses gènes. Ceux que lui ont transmis ses grands-parents maternels, Paul et Marguerite Rosenberg. Une hérédité qui ne se traduit ni par un don ou un talent particulier, Anne en est dénué, mais par une curiosité insatiable que Robert et Micheline, ses parents, développeront et entretiendront tant par souci d'éduquer la sensibilité de leur fille que par la volonté d'être fidèles à un héritage intellectuel. Résultat : une connaissance aujourd'hui encyclopédique de l'histoire de l'art, une capacité d'analyse voire d'expertise et une sensibilité au beau, parfois à fleur de peau, susceptible de lui arracher des larmes ou de lui faire toucher le paradis. C'est parfois de refuge qu'il faut aussi parler. « La musique, la lecture, l'art sont des éléments indispensables de ma vie, confie-t-elle. Et puis, lorsqu'on va mal, ils apaisent les tourments… »

Comme pour tous les enfants, et Anne ne fait pas exception, cette communion artistique ne va pas de soi. Elle a beau s'inscrire dans la filiation d'un des plus grands galeristes du XXe siècle, sauter sur les genoux de Picasso ou faire l'admiration de Marie Laurencin, elle n'est au départ qu'une fillette ignorante de la célébrité de ceux qui passent à la maison et que sa grand-mère – elle n'a que 11 ans quand Paul Rosenberg décède – ou sa mère emmènent visiter leur atelier.

« Un jour, raconte-t-elle, je devais avoir 14 ou 15 ans, Picasso a dit à Maman le genre de phrase en l'air : “Oh, ta fille, je ferais volontiers son portrait !” et il a ajouté : “Je lui vois des yeux partout !" J'ai crié : "Nooon !" Je me suis vue représentée avec une "gueule tordue" à la Dora Maar et me suis enfuie dans le jardin pour aller grimper sur *La Chèvre…* »

La célèbre sculpture de l'artiste n'était alors, vue par ce regard enfantin, qu'un objet ludique, sympathique et protecteur sur lequel elle pouvait, en toute impunité, aller se percher à l'abri de tous et loin de cet atelier que la petite fille trouvait incroyablement désordonné et sale, le sol souillé de taches d'encre et de peinture. *La Chèvre*, elle l'aimait comme un animal de compagnie, apprivoisé et bienveillant.

Ses premières « leçons de peinture », c'est à Paul Rosenberg qu'elle les doit. Un grand-père qui la « traînait » dans les musées ou l'emmenait faire le tour de quelques galeries de tableaux, lors de ses passages à Paris. Anne n'est pas nécessairement fascinée par ce qu'il lui fait voir, mais son orgueil d'enfant la pousse à jouer « à la grande » avec, en tête, l'issue heureuse et incontournable de cette promenade, généralement une orange pressée à *L'Orée du Bois*, dans le bois de Boulogne, sous le regard malicieux des écureuils. Bien plus amusant. Des tableaux, il faut dire qu'elle n'a pas à aller loin pour en voir. La demeure de ses grands-parents en regorge. Braque, Picasso, Matisse, Léger… L'appartement de ses parents en compte également quelques-uns. Ils font un peu partie, reproductions comprises, de l'univers de son enfance, tout comme ces livres d'art qui décorent son environnement et ne demandent qu'à se laisser feuilleter, reposent sur les tables et remplissent la bibliothèque.

Micheline, sa mère, lui fait découvrir, vers 15 ans, l'ouvrage d'Élie Faure, une monumentale *Histoire de l'art* qui reste encore aujourd'hui pour Anne Sinclair la référence absolue. Micheline lui fait travailler et faire ses classes sur le précieux ouvrage. Sa connaissance des primitifs, du Quattrocento, de la Renaissance italienne, etc., date de ces années-là. Son goût pour les musées s'affirme également au cours de voyages avec ses parents. Une recommandation de son grand-père lui reviendra alors en mémoire. Elle deviendra sa règle : ne pas se gâcher les yeux, ne pas tout regarder dans une salle, mais seulement ce qui est fort, puis passer, revenir sur ses pas pour, enfin, apprécier ce qu'on a vraiment aimé.

Le premier choc d'Anne, ce sera Giotto, lors d'un voyage à Padoue avec ses parents. Les fresques de l'église de l'Arena retraçant la vie du Christ et qui passent pour le chef-d'œuvre du peintre. Dès lors, son éducation artistique ne cessera de se compléter. Peu de villes dont elle n'ait fréquenté les salles de musées. À Venise, dont elle connaît l'académie des Beaux-Arts par cœur, au musée de l'Ermitage de Saint-Pétersbourg, au Kunst de Vienne, au Prado à Madrid, aux Offices à Florence, en passant par le Guggenheim de New York ou les Loges de Raphaël au Vatican qui la font davantage rêver que la chapelle Sixtine. Sa curiosité n'a plus de limites. Les classiques, l'art contemporain, l'art moderne, tout y passe. Et quand, aujourd'hui, se présente l'occasion d'arpenter à nouveau les salles de ces lieux de prestige et de culture, c'est comme si l'y poussait une force extérieure, un aimant composite mixé de nostalgie et de désir.

Carpaccio la séduit encore et toujours. Et, dans le même temps, elle nourrit une passion pour Rothko, Mondrian, Hopper. Anne aime les étoffes du Tintoret, apprécie la lourdeur de ses velours rouges, elle sélectionne ce qui lui parle au cœur dans les œuvres du Quattrocento vénitien et florentin. L'ennui la gagne devant les toiles de Véronèse, elle passe… comme elle se détourne de Chagall ou de Klimt qui ne la passionnent pas ou, dans un autre genre, du douanier Rousseau, qui l'indispose. La joliesse d'un Botticelli ne la convainc pas. Boucher, Watteau et Fragonard la laissent de marbre, mais un Titien la fait vibrer, comme lui parlent les belles « gueules » de vieillards de Rembrandt, un paysage de neige de Monet ou bien, chez Renoir, la chevelure blonde et mousseuse d'une fillette au cerceau ou la tournure de la robe immaculée d'une élégante. Renoir, pour l'enterrement de qui, devant une assemblée fort pauvre, le grand-père Rosenberg avait écrit un très joli texte, qu'Anne possède toujours. Sa mère, tout enfant, avait vu Renoir. Les mains du peintre, abîmées par l'arthrite, l'avaient alors fort impressionnée. Son souvenir était celui d'un barbu au pinceau coincé entre les doigts : elle avait eu un peu peur.

Ce qu'Anne aime dans une peinture, c'est sa force. Celle de Van Gogh, de Rouault, de Soutine. « Je ne suis pas une experte, je suis amateur, j'aime la peinture… et j'aime expliquer ce que j'aime. Mais je reproduis ce qu'on m'a appris. Et d'abord, regarder un tableau. Savoir si ça m'émeut ou pas, si ça me fait quelque chose. Il n'y a que comme ça que je suis capable d'apprécier une œuvre d'art, je n'ai pas d'autres critères pour dire si c'est beau ou pas, ça me dit quelque chose ou ça ne me dit rien. Un exemple, très iconoclaste : je n'aime pas Gauguin. Cela ne me parle pas. Je trouve sa peinture plate. Mais il paraît que c'est un sacrilège de ne pas aimer Gauguin ! Alors qu'il y a un Van Gogh à la Phillips Collection, à Washington, pour lequel je me damnerais, que je suis allée voir dix fois. Une place d'Arles avec des platanes tordus, jaune vif, des hommes qui cassent de gros pavés, le tableau s'appelle *Les Cantonniers*, je crois. Il est inouï de beauté, de violence, de force… voilà ! »

Picasso occupe une place à part dans l'univers d'Anne. Pour des raisons qui tiennent bien sûr à la proximité familiale avec le peintre. Le portrait de Mme Paul Rosenberg et sa fille Micheline, tout bébé, sur ses genoux en est sans doute la meilleure illustration. Anne n'a jamais vraiment aimé cette œuvre, cédée sous forme de dation[1] au musée Picasso à Paris, mais accepte volontiers d'en parler, comme l'experte qu'elle prétend ne pas être. Écoutons-la : « C'est un tableau très intéressant d'un point de vue historique, car il a scellé à la fois un accord et, dans le même temps, entraîné une rupture dans le style de Picasso qui avait alors envie de sortir du cubisme et de revenir vers une interprétation plus figurative plus liée à Ingres ou à Renoir. Le bébé qui représente Maman est assez à la manière de Renoir, très joufflu, alors que ma grand-mère a un visage plus géométrique, plus Picasso, avec des yeux fendus dépouillés et un nez très droit. Le tableau est un peu trop académique pour moi, je ne l'ai jamais adoré, et je savais par ailleurs que maman aurait aimé qu'il soit sur les murs du musée Picasso. Je crois que l'État a fait une très bonne affaire parce que je le leur ai laissé pour beaucoup moins que ce qu'il vaut. Mais je ne me voyais pas le vendre fût-ce une fortune à un Texan qui l'aurait mis dans son ranch ! C'est quand même le portrait de ma mère et de ma grand-mère… »

Picasso fait partie de la famille. Il lui arrive de passer à Valbonne, la maison de campagne où Anne passera de nombreux étés et où elle accueillera, adolescente et jeune fille, des amis des années universitaires. Richard Arzt, ami de Sciences Po, se souvient du jour où, arrivant chez les Sinclair à Valbonne, il entend Anne lui dire :

1. La cession à l'État, notamment d'une œuvre d'art, permet en France de s'acquitter d'une obligation fiscale. Anne Sinclair a ainsi réglé les droits sur la succession de sa mère, décédée en 2006.

« Tiens, tu serais venu un peu plus tôt, tu aurais vu Picasso. Je lui ai prêté ce feutre et tu vois tout ce qu'il a dessiné. » Il y avait un paquet de feuilles. Vérité ou légende entretenue par le narrateur, Picasso aurait, ce jour-là, dessiné pour la première fois avec un feutre. Et l'histoire veut aussi qu'il en ait été fort satisfait.

« Anne aimait bien Picasso, témoigne Richard Arzt. Il y avait beaucoup de tableaux chez eux. Mais elle était très naturelle par rapport à ça. C'était pareil dans le XVIe, à La Muette. Je peux dire qu'ils habitaient là-dedans avec une parfaite simplicité. »

L'ombre et la figure de Picasso apparaissent donc indissociables de la famille Sinclair et de l'univers d'Anne jeune fille. Aujourd'hui, la maturité la conduit cependant à juger avec objectivité la peinture du maître. Et elle avoue de nettes préférences. À titre d'exemple, même si *Guernica* est un chef-d'œuvre, c'est l'une des peintures de l'artiste qu'elle apprécie le moins. Comme d'ailleurs toutes celles de la période Dora Maar. Anne est davantage attirée par la période « Marie-Thérèse », la période cubiste, celle où Braque et Picasso jouaient la confusion et signaient l'un pour l'autre… histoire de s'amuser. « Mon grand-père bien sûr arrivait à les reconnaître, et ils sont pourtant durs à discerner l'un de l'autre. Moi, je n'y suis jamais parvenue. »

Paul Rosenberg fut un visionnaire. Qui finançait la création de Picasso à une époque où cela ne se vendait pas. Et quand il est demandé à Anne un point de vue sur la création contemporaine, son avis est nécessairement inspiré par le recul d'une histoire dont son grand-père fut l'un des acteurs : « J'ai tellement entendu d'histoires de quidams qui passaient devant sa galerie en rigolant, dans les années vingt-trente, voyant les Picasso et disant : “Mon fils fait la même chose à l'école”, qu'aujourd'hui, quand j'ai ce réflexe-là, je me dis qu'au fond, j'ai la même réaction qu'eux. »

Si Anne n'a pas l'admiration facile, elle continue cependant de toujours remettre en perspective tout en traquant l'absurde, la tendance artificielle, la tromperie manifeste sur la marchandise : « Je me suis trouvée, un jour, emmenée par des amis, chez des gens qui sont des grands amateurs d'art très contemporain et j'ai joué à l'ignorante la plus crasse parce qu'il y avait un sac de ciment au milieu du salon avec une truelle. Je me suis entendue dire : “Vous êtes encore en travaux ?” J'ai fait l'idiote, en fait ! “Mais non, me dit-on alors, c'est la dernière œuvre de Schmoldu ! – Ah !” ai-je dit, tout en pensant que même si je me conduisais comme une bar-

bare, je me sentais incapable de m'ébahir devant n'importe quoi intitulé "art contemporain". Même du temps de Picasso et Braque il y avait des charlots ! Et on n'est pas obligé de s'extasier devant n'importe quelle œuvre d'aujourd'hui ! »

Dans la même veine, il ne faut pas compter sur elle pour s'extasier devant le grand cœur gonflable de Jeff Koons. « Pour moi ce n'est rien de plus que ce qu'on trouve, soupire-t-elle, les jours de promo pour la Saint-Valentin, flottant au-dessus du rayon parfumerie des Galeries Lafayette. » Un requin dans le formol signé Damien... ne la passionne guère davantage. Et de risquer une explication : « Les gens se sont parfois tellement trompés que, par snobisme, dans un monde où l'art contemporain est surestimé, ils finissent par s'ébahir à propos de n'importe quoi, de peur de passer pour des incultes. » La religion d'Anne tient en fait en quelques mots simples : « Quand on me dit que l'œuvre d'art doit se détacher maintenant du beau pour être simplement originale, c'est quelque chose qui ne me convainc pas. Pour moi, il faut qu'il y ait une dimension esthétique. Est-ce que cela me touche ou est-ce que cela ne me touche pas ? C'est pour moi le seul critère qui vaille... [...] cela dit, j'admets parfaitement qu'on dise que peut-être je n'y connais rien et suis juste nulle. » Un refrain qu'elle entonne toujours volontiers dès qu'il s'agit de se juger...

Cela peut sembler paradoxal, c'est juste amusant : si Anne Sinclair aime assurément beaucoup la peinture, la musique, elle ne peut tout simplement pas s'en passer. La peinture, un plaisir dont sa culture lui permet de profiter pleinement. La musique, comme de l'oxygène, vitale. Une journée sans elle paraît inconcevable. Un élixir de vie. L'amie du bonheur. Le soutien dans l'épreuve. Pas la musique qu'elle joue. Non. Comme pour le dessin, Anne n'a guère de talent en cette matière-là non plus. On ne peut hériter de tout.

« On m'a mise au piano quand j'étais enfant, se souvient-elle, mais je n'étais pas douée du tout du haut de mes 12 ans, j'ai donc trouvé l'argument choc, une réplique géniale qui m'étonne encore et qui a laissé mes parents sans voix : "J'aime beaucoup trop la musique pour la massacrer de cette façon." » Anne prétend avoir de « mauvais quatrième et cinquième doigts, très raides et engourdis » et de toute façon être très maladroite et peu habile de ses mains, et donc peu douée pour quelque art plastique que ce soit.

Cela lui suffit en tous les cas pour convaincre ses parents de son manque évident de motivation et ainsi prendre définitivement ses distances avec le clavier. Ce qu'elle regrette âprement aujourd'hui, est-il utile de le dire ? Rien que du très grand classique.

D'où lui vient ce goût pour la musique ? Pas de sa mère qui n'en jouait pas plus qu'elle. Le hasard voudra pourtant que ce soit Micheline qui offre à sa fille son premier disque. « Quand mon grand-père est mort, se souvient Anne, en 1959, elle a raccompagné sa mère aux États-Unis pour qu'elle ne fasse pas le voyage toute seule. » À 10 ans, Anne voyait sa mère s'éloigner d'elle pour la première fois. Comme pour se faire pardonner son absence et faire prendre patience à sa fille, Micheline lui offre alors *Mozart raconté aux enfants*, par Gérard Philippe, aux éditions du Petit Ménestrel. De là date sans doute le début d'une passion. « J'avais mon Gramophone, se souvient Anne, j'ai écouté ça pendant des jours et des jours : il y avait des extraits, la *Petite Musique de nuit* bien sûr, des passages de *Don Juan*, des variations pour piano, un menuet, et c'était la vie de Mozart. J'ai encore en tête la voix de Gérard Philippe disant : "… et Mozart partit à Vienne…", et je sais exactement sur quel menuet Mozart partit à Vienne… »

L'éveil se fera progressivement. À la faveur des concerts dominicaux au Châtelet, où l'emmène son père, grand amateur de musique à la différence de son épouse. Tous les dimanches matins à 11 heures s'y produit le fameux orchestre Colonne, un des plus grands ensembles associatifs parisiens fondé, en 1873, par Édouard Colonne. Un public de jeunes et de vieux. C'est là qu'Anne voit Arthur Rubinstein pour la première fois.

Mais la véritable initiatrice d'Anne, c'est Marguerite, nom prédestiné pour une passionnée d'opéra. Surnommée Margot, la grand-mère Rosenberg, celle-là même qu'a peinte Picasso. Cette femme à qui Anne doit le bleu de ses yeux. Il aura ainsi sauté une génération tel un gène facétieux et peu récessif puisque les deux garçons d'Anne en hériteront eux-mêmes plus tard. Margot possède une fort jolie tessiture de voix et un amour immodéré de l'opérette et de l'opéra qu'elle interprète à l'occasion devant sa petite-fille. Anne enregistre les notes. Mémorise les livrets. S'enivre peu à peu de cette beauté chorale. Se familiarise avec *La fille de Mme Angot*, éprouve, partage et vit avec fièvre les amours et sentiments que la musique et le chant marient à son imaginaire d'enfant. Mais le souvenir le plus émerveillé est bien celui que provoquent en elle les œuvres d'Offenbach. « Je peux encore chanter, dit Anne, *La Belle Hélène* ou *La Vie parisienne* du début à la fin. J'ai une véritable passion pour Offenbach, ce juif allemand qui est tellement l'incarnation de l'esprit français ! »

C'est encore Margot qui va faire découvrir et aimer l'opéra à sa petite-fille. Et l'emmener pour la première fois, Anne doit alors avoir 13 ou 14 ans, sous les ors du palais Garnier pour assister à une représentation d'un *Faust* de Gounod. Pas très bon, dans le souvenir d'Anne, mais ce n'était pas là le plus important.

La grand-mère adore chanter l'opéra, comme on le faisait au début du siècle, en français, même s'il s'agit d'opéras italiens. « C'est ainsi que je connais *La Bohème* en français, sourit Anne. Un truc insensé, qui évidemment ne se chante jamais. »

Dès lors, une passion s'installe, se nourrit, s'épanouit. Combien de fois Anne va-t-elle entendre sa mère lui demander instamment de fermer les portes de sa chambre ? Le ténor ou la cantatrice chantent parfois un peu trop fort pour les oreilles de Micheline. Pas besoin de trop d'imagination pour les cadeaux d'Anne à Noël ou pour son anniversaire. Un disque fera toujours plaisir. Ils finissent par prendre de la place dans la chambre de la jeune fille. Et dans son cœur. Elle boit l'opéra, s'en imprègne et le vit. *Carmen*, interprétée par Maria Callas, sous la baguette de Georges Prêtre, elle en connaît chaque note. La Callas, à qui elle voue un véritable culte. Qu'elle aurait adoré connaître, interviewer, dont elle a tous les enregistrements téléchargés sur son iPod, qu'elle peut écouter des heures, sur qui elle a conçu un projet de livre – resté sans suite – voilà quelques années. « C'est la voix la plus extraordinaire qui soit, en dit-elle. Une voix avec un vibrato, qui se reconnaît entre tous. Elle n'est pas parfaite, mais si sensuelle et me donne le frisson. »

« Si elle pouvait disposer d'une baguette magique, c'est une voix de chanteuse d'opéra qu'elle demanderait », à en croire Rachel Kahn, une de ses quatre meilleures amies, qui l'a souvent entendue le soupirer.

En dehors des castrats dont les voix la dérangent, Anne apprécie en connaisseuse tous les timbres et tous les registres de voix. Masculines ou féminines. Son opéra fétiche : *Don Giovanni*. Rien à voir avec son père, qui n'avait rien d'un Commandeur, assure-t-elle. Voire. « C'est lors de la projection du *Don Giovanni* de Joseph Losey que je suis tombée amoureuse de cet opéra, raconte Anne. C'était durant l'hiver 1980, j'en ai un souvenir très précis, car mon père était très malade. Je suis allée voir ce film et en suis ressortie bouleversée. J'ai été voir mon père et je lui ai dit : "Papa, il faut que tu voies ça, je t'emmène." C'est un chef-d'œuvre ce film. Tourné dans les villas Palladio, dans les environs de Florence, c'est d'une beauté… Et la distribution ! Ruggero Raimondi – le beau Ruggero Raimondi que j'ai reçu dans une de mes émissions –, Kiri Te Kanawa et Lorin Maazel enveloppant tout cela ! »

Don Giovanni, pour le pire et le meilleur. Le pire, c'est le souvenir du Kennedy Center, à New York. Les Américains avaient traité l'œuvre de Mozart comme une comédie italienne. Et pour le meilleur, selon elle, une mise en scène, la première pour l'opéra, du cinéaste autrichien Michael Haneke : *Don Giovanni*, avec les immeubles de la Défense pour décor. « On se demandait comment don Juan allait pouvoir se jeter dans les flammes de l'enfer. En fait, il se jette par la fenêtre, ce qui est assez bien trouvé. Le Commandeur arrivait, lui, en chaise roulante, ça, ce n'était pas très réussi, mais la soubrette, Suzanne, était "technicienne de surface", et c'était une trouvaille géniale. Pourtant, d'habitude, je ne suis pas très favorable à ce genre de transpositions. Il y a une limite à jouer *La Bohème* en jean. »

Anne a cette chance de pouvoir assouvir ses passions. C'est une habituée des festivals. Parfois seule, parfois accompagnée. Si Dominique Strauss-Kahn, mélomane, ex-pianiste, aime les notes, l'opéra l'ennuie, les récitatifs le rasent. À tel point qu'il lui est arrivé de s'endormir lors d'un concert ou d'un spectacle. Du moins, c'est ce qu'affirme son épouse.

La scène se passe au festival de Bayreuth. Fin des années quatre-vingt-dix. DSK était alors l'invité de son homologue allemand des Finances. Pour l'inauguration de la saison. Au programme, *Tristan et Isolde*, dans une mise en scène de Rainer Müeller.

« C'était grandiose, mais même *Tristan*, qui est un des plus beaux opéras de Wagner à mon avis, je dois reconnaître que c'est un peu long. Dominique prétend que je me suis endormie, moi, j'ai toujours démenti avec la plus grande fermeté ! Il faut dire que ça commence à 4 heures de l'après-midi et dure jusqu'à 11 heures du soir, avec un entracte d'une heure entre chaque acte. Le public est en grande tenue, en robe du soir et smoking depuis le début de l'après-midi, mais ce théâtre, majestueux du reste, est tellement symbolique, signifie tellement de choses... On ne peut pas s'empêcher de penser aux grandes messes wagnériennes qui s'y tenaient et qu'aimait tant le Führer. Les spectateurs sont accueillis par la famille Wagner au complet (enfin ce qu'il en reste !) en rang d'oignons, et le programme, une pièce d'anthologie, mis au point par Wieland Wagner, explique à quel point sa grand-mère Winifred, la muse ou maîtresse d'Hitler et nazie notoire, était une femme formidable... »

Parmi l'un des vœux les plus chers d'Anne Sinclair, il en était un qui surclassait tous les autres : celui d'assister un jour à la soirée d'ouverture de la saison à la Scala de Milan. Il faut savoir qu'à cette occasion, depuis Guiseppe Verdi, les femmes sont en grande toilette et les loges tapissées d'œillets rouges. Une splendeur. Anne en rêvait. Dominique Strauss-Kahn lui en fera cadeau. « C'était le 6 décembre 1991, à mon retour de Moscou, où je venais d'enregistrer une interview de Mikhaïl Gorbatchev pour *7 sur 7*. La dernière qu'il donna avant de quitter le pouvoir quelques jours plus tard. J'arrive à Paris, je vais en salle de montage, je monte pendant trente-six heures, et Dominique me dit "Je t'emmène. Je ne te dis pas où, mais prends une robe du soir..." À peine de retour de Russie, où je venais quasiment d'assister aux dernières heures de l'Union soviétique, et je me retrouve, quelques heures plus tard, à Milan. Dominique me dit alors : "Va faire la sieste, je vais voir le ministre des Finances, et ce soir, nous allons à l'opéra, à la Scala." C'était comme un rêve, pour moi. Le programme n'était pas un Verdi que j'aurais adoré voir en ce lieu qui fut son domaine, mais un Parsifal un peu ennuyeux. Pourtant, c'était extraordinaire, magique, et d'autant plus intense que j'arrivais d'une Moscou de fin du monde et me retrouvais dans un décor de Visconti. L'ambiance était celle de *Senso*, les femmes étaient parées de leurs plus beaux bijoux, vrais ou faux, aucune importance : d'énormes rivières d'émeraudes, des robes incroyables, c'était fou. Et ce décor d'œillets qui embaumaient chaque loge de la Scala, m'a semblé féerique. Un moment inoubliable, pour moi. Tous les ans à la même période, je lui dis d'ailleurs : "Tu ne veux pas retourner à l'ouverture de la saison de la Scala ?" »

Opéra à part, comme hors compétition, Anne peut écouter de la musique classique toute la journée, en particulier ses morceaux préférés : la *Ballade n°1 de Chopin*, les *Impromptus* de Schubert, le *Stabat Mater* de Pergolèse, les *Nuits d'été* de Berlioz ou la *Pavane* de Ravel, morceau favori de son défunt père… « Je ne peux pas écouter la *Pavane* sans penser à Papa dont Ravel était un des compositeurs favoris. »

Anne Sinclair avoue par ailleurs une véritable passion pour le russe Evgueni Kissin. « Il était déjà prodige à l'âge de 6 ans. Il a l'air fou, vit avec sa mère et son professeur de piano. Ce que j'aime chez lui, c'est qu'il a une main gauche extrêmement puissante et puis, j'entends chez lui des sonorités que je n'entends pas ailleurs. Surtout dans le *Concerto n° 3* de Rachmaninov ou dans les *Préludes* de Chopin. Il est pour moi l'égal d'Horowitz, même si ce que je dis là va faire hurler les puristes. »

Les plus grands, qu'elle aura eu parfois la chance de côtoyer et d'interviewer. Avec passion. Un souvenir resurgit alors, celui d'Arthur Rubinstein à la fin de sa vie. « J'ai la chance de l'avoir rencontré après l'avoir entendu tant de fois en concert avec mon père qui se flattait d'entendre les fausses notes dont on a toujours dit que Rubinstein était coutumier. Je pense que mon père se vantait un peu… Quand je l'ai rencontré, dans les années soixante-dix, il ne voyait pratiquement plus de face et m'avait dit : "Mettez-vous sur le côté, que je vous regarde, car il paraît que vous êtes mignonne." »

Choc sensuel, émotionnel, inexplicable. Ainsi Anne ressent-elle la musique. Une compagne de tous les instants, une assistante, une sœur. La musique est son art, son culte, bien davantage que la peinture, où son ascendance la poussait pourtant assez naturellement. « Les toiles que j'ai conservées, confie-t-elle, ce sont vraiment celles que j'aime. Et elles ne sont pas si nombreuses. »

La musique a cet avantage de lui offrir le privilège de partout et toujours pouvoir l'accompagner. De s'adapter en permanence à l'humeur du moment. De se prêter à toutes ses envies, de combler tous ses vides… Et de nourrir en permanence l'insatiable curiosité d'Anne quand elle lit les avis, témoignages, explications des mélomanes croisés sur son blog.

« La culture, je ne sais pas bien ce que c'est. En revanche, pour aimer l'art, il faut à mon sens avoir le souffle coupé et suivre ses penchants. Savoir écouter et accepter. Savoir mélanger les genres et les styles. »

Pour n'en donner qu'une illustration, l'appartement de la place des Vosges date du XVIIe et, du propre aveu de sa propriétaire, il n'aurait pu être meublé autrement qu'en style contemporain.

Accepter l'éclectisme, ne se limiter à rien, laisser parler son âme, donner libre cours à ses sens. Anne peut rêver des heures devant un Picasso ou un Rothko, pleurer en écoutant Maria Callas, réciter par cœur une tirade d'*Othello*, méditer sur le Forum de Rome ou devant la mosquée d'Omar à Jérusalem et s'émerveiller devant les temples grecs de Sicile, les palais persans du Rajasthan ou les tours ultramodernes de Chicago. La pureté, la symétrie et le dépouillement lui parlent. L'art sous toutes ses formes, cet art auquel elle refusera pourtant très tôt, malgré les pressions, de consacrer sa vie. Sa mère lui reprochera d'ailleurs plus d'une fois de ne pas suffisamment s'intéresser aux affaires familiales. Anne Sinclair ne variera jamais.

« J'aimais l'art, mais sans doute moins que la politique. La politique, c'était ma vie, un domaine à moi. Et je ne voulais surtout pas être une héritière… »

Chapitre 4

Son baccalauréat en poche, mention Assez bien, Anne est admise, à la rentrée 1966, dans la classe d'hypokhâgne de Janson-de-Sailly où elle a été admise sur dossier, tout en espérant bien être reçue en Prépa Sciences-Po dont elle a travaillé le concours d'entrée d'arrache-pied tout l'été. Quelques semaines après, arrive la bonne nouvelle. Elle est prise, arrête ses études de lettres et se précipite rue Saint-Guillaume, siège du prestigieux institut. Les constitutions de la République, l'histoire des institutions, la politique de façon générale l'inspirent bien davantage que le thème et la version latine à raison de huit heures par semaine… Cette première année va pourtant lui réserver une bien mauvaise surprise. Recalée en juin 1967 en raison d'une note très basse en géographie, un misérable 2 qui, en dépit d'une moyenne générale pourtant honorable, est éliminatoire. La moyenne est exigée dans toutes les matières. Sur la carte du blé que lui avait demandé l'examinateur, elle avait tout bonnement oublié, un comble pour elle… les États-Unis. Même les bons élèves font des faux pas. Meurtrie, humiliée, son image de bonne élève écornée, et très en colère contre elle-même, la jeune fille fait son examen de conscience. Et un *mea culpa* : sans doute grisée par cette nouvelle vie d'étudiante, elle n'a pas suffisamment travaillé. Ce sera le premier échec de sa vie. Il faudra qu'il lui soit profitable. En attendant sa revanche, et faute de mieux, elle part faire son droit à Nanterre, une faculté dont le campus, quelques mois plus tard, sera le point de départ des événements de Mai 68. Mais qui est plus précisément la jeune femme de ces années-là ? Une étudiante, dont la conscience politique a déjà depuis longtemps commencé son processus de maturation. Un bref retour en arrière s'impose.

Le contexte familial, scolaire, une actualité politique marquée par la guerre d'Algérie, des parents volontiers spectateurs de réunions publiques du soir sous les préaux des écoles de la IVe République, tout cela s'est en effet conjugué au fil des années pour sensibiliser précocement la petite fille à la *res publica*, la « chose publique ». En ordre dispersé, images, sons et souvenirs marquants reviennent. Celui par exemple de la classe de sixième. Jean-Jacques Chaban-Delmas, fils de la deuxième épouse du président de l'Assemblée nationale en exercice, vient à l'école avec un garde du corps, un petit événement, comme le seront ces exercices de sécurité à l'école, organisés sous prétexte que le jeune garçon pouvait être visé par les terroristes de l'OAS… « On nous avait expliqué qu'il fallait se planquer sous les tables. On a attendu l'attentat avec impatience. Il n'est jamais venu. » Anne a également gardé à l'oreille les « ta-ta-ta ta-ta, al-gé-rie fran-çaise » que certains écoliers murmuraient en tapotant le pupitre de leurs doigts. Anne est alors en quatrième, et l'accord futur signé à Évian quelques semaines plus tard, se profile. « Moi, par mimétisme familial, je tapotais en réponse "tatata tatata, algérie algérienne !" »

La famille ou plus exactement les parents sont viscéralement antigaullistes. Robert Sinclair s'est opposé, comme Pierre Mendès France, aux pleins pouvoirs, à la Constitution de 1958 et à la politique algérienne de de Gaulle, et plus généralement à ce que François Mitterrand appellera plus tard « le coup d'État permanent ». C'est une époque troublée où les gens se disputent en famille, où de jeunes garçons partent en Algérie, où des parents perdent des fils, des neveux, des filleuls. Impossible de passer à côté de cette atmosphère à moins d'être sourd ou aveugle. Curieuse et intéressée, Anne veut aller plus loin, comprendre. « Le 13 mai 1958[1], Papa est à Alger pour la première fois de sa vie afin d'y rencontrer des représentants, il travaille alors chez Elizabeth Arden, il en est le directeur général, il allait donc voir des concessionnaires, des parfumeurs, des représentants, dans tous les dépar-

1. Date de la tentative de coup d'État, baptisée « putsch d'Alger », par des généraux partisans de l'Algérie française. Le 13 mai 1958 entraînera le retour du général de Gaulle au pouvoir et la fin de la IVe République.

tements français. Il était parti le 12 mai pour Alger. Et maman lui téléphone le soir du 12, et lui dit : "Ici, on raconte qu'il se passe des trucs terribles." Papa la rassure : "Mais, attends, on dit n'importe quoi, je suis à mon hôtel et je peux te dire qu'il ne se passe rien !" Une heure après, les communications seront coupées. Et je verrai ma mère inquiète. Papa rentrera au bout de trois jours pendant lesquels tous les Français de métropole étaient restés bloqués. Et, à ce moment-là, j'ai envie de comprendre. J'ai 10 ans et je vais me faire expliquer d'un coup la guerre d'Algérie, la IVe République agonisante et qui est ce général de Gaulle qu'on voit apparaître et dont je n'avais jamais entendu parler. »

Période historique, ambiance qui marque les enfants de cette génération. Tous les enfants. Indépendamment des choix de leurs parents. Le père de Sylvie Laussel travaille alors dans un cabinet gaulliste. Un beau jour de 1958, invitée un week-end à Fleury-en-Bière chez sa copine Anne, elle craque : « Mon père était parti à Alger, et je m'étais mise à pleurer... Quelqu'un de malintentionné avait dû dire, pour me faire peur : "Il y aura bien quelqu'un pour balancer une bombe dans le tunnel de Rocher noir... et comme ça, on en sera débarrassé !" Micheline m'a alors prise sur ses genoux, m'a demandé ce qui n'allait pas. C'était une femme affectueuse. Je lui ai expliqué que j'avais peur, que Papa était parti à Alger et qu'il y avait des gens qui ne lui voulaient pas du bien, qu'il y avait un tunnel, etc. Je me souviens qu'elle m'avait consolée, rassurée. Et qu'elle n'a jamais dit quoi que ce soit qui puisse faire penser qu'ils étaient antigaullistes. Quelles qu'aient été leurs opinions personnelles sur le général de Gaulle, ils ne les disaient pas. Il y avait de leur part un grand respect des enfants. J'ai d'ailleurs gardé des parents d'Anne un souvenir assez lumineux... »

La guerre d'Algérie se termine. Mais dans l'esprit de la jeune fille, un sillon se creuse. Trois ans plus tard, à l'âge où d'autres ont pour idole un champion sportif, une actrice vedette ou un héros de bande dessinée, Anne s'enthousiasme, elle, le plus naturellement du monde... pour un homme politique : Pierre Mendès France. Figure tutélaire, un peu à l'image de celle de son propre père, qui avait travaillé un temps auprès de l'ancien président du Conseil et avait gardé pour lui une véritable vénération. C'est dire qu'elle n'en a jamais entendu parler dans sa famille qu'en termes élogieux. Comme s'il s'agissait d'une transmission quasiment héréditaire, Anne va tomber à son tour amoureuse, c'est le terme qu'elle emploie volontiers, de Mendès. Elle a 17 ans, est alors en terminale, et le déclic se fait à l'occasion d'un débat radiophonique organisé par la jeune radio Europe N°1, débat qui opposera, trois soirées de suite, la figure emblématique de la gauche française à l'ancien Premier ministre du général de Gaulle, Michel Debré. Sa mère est venue la chercher, dans sa chambre, alors qu'elle révise péniblement une composition de physique-chimie, pour écouter l'émission. « Tu es mauvaise dans cette matière, tu auras une mauvaise note, alors viens plutôt écouter quelque chose d'intéressant à la radio, dans le salon », lui dit-elle.

« PMF, c'est un peu grâce à lui que j'ai aimé la politique, dira Anne plus tard. J'ai compris avec lui que le pouvoir, la morale, la rigueur, le service de la cité, la *res publica*, la chose publique, pouvaient être de grandes et belles notions. C'est peut-être cela qui m'a formée, sinon politiquement du moins qui m'a donné ce fond idéologique qu'on trimballe avec soi... »

Le mendésisme, à ses yeux, c'est une éthique. Élisabeth Badinter, qui sera plus tard l'une des amies les plus proches de la journaliste, témoigne : « Anne, jeune, avait un point de vue moral sur la politique. Et Mendès incarnait une image morale parce que c'était l'homme de la décolonisation, ce qui était quand même très courageux à l'époque. Ce dont s'écartera François Mitterrand par la suite. Or, Anne, c'était son moteur, bon, c'est un rêve de jeune, après, il faut en faire son deuil... La jeune femme qu'elle était, en tous les cas celle qu'elle m'a raconté être, la jeune étudiante en droit puis en sciences politiques, c'était ça qu'elle cherchait, la morale. Et l'image morale de Mendès était d'autant plus forte que son passage au pouvoir avait été court. C'est ça qui avait séduit nombre de jeunes et Anne en particulier. Alors, peut-on incarner une image morale forte quand on a le pouvoir ? La question mérite d'être posée. Mais la politique, ce sont des négociations perpétuelles. La morale, ce sont des principes intangibles. »

Anne verra pour la première fois en chair et en os celui qui est déjà devenu son maître à penser au lendemain des événements de mai 68, après le meeting du stade Charléty auquel PMF assiste le 27 mai, sans prendre la parole, pour faire seulement acte de présence et apaiser les esprits enfiévrés. Elle est alors à Nanterre. « On avait monté un petit groupe parrainé par Laurence Soudet, qui était la directrice du *Courrier de la République*, le petit mensuel de quatre pages dirigé par Mendès. Les bureaux – si on peut appeler cela des bureaux – du journal se trouvaient dans les locaux de la Convention des institutions républicaines, rue du Louvre, que louaient Charles Hernu et François Mitterrand. Nous étions quelques jeunes à avoir essayé de convaincre Mendès de moderniser un peu son journal, on avait relooké la maquette, ce dont Mendès n'avait strictement rien à faire... L'apparence pour lui était si peu importante. Qu'aurait-il dit de la communication comme elle est vécue aujourd'hui ! Du même coup, cela m'a permis d'assister à quelques réunions de rédaction dans le sous-sol de Laurence Soudet qui habitait Neuilly et où Pierre Bérégovoy écrivait ses notes sociales pour PMF. J'ai eu l'occasion d'y rencontrer Mendès de nombreuses fois, ainsi que lors de reunions qu'il faisait chez lui, rue du Conseiller-Collignon dans le XVIe, et où de Georges Kiejman à Jean Daniel, en passant par les petits jeunes que nous étions, nous buvions les paroles du grand homme. »

Pour l'anecdote, à la même époque, un certain Dominique Strauss-Kahn fait un bref passage à l'UEC, l'Union des étudiants communistes. « On se serait foutu sur la gueule *(sic)*, avoue Anne, si on s'était rencontrés à ce moment-là... »

Évoquer cette période avec Anne Sinclair, aujourd'hui, permet de bien prendre la mesure de ce que furent ces événements pour une part non négligeable de la population étudiante du moment. Du moins pour cette frange d'adolescents de milieux plutot favorisés que ne poussait pas dans la rue une aspiration au grand soir, à la révolution prolétarienne, ou à je ne sais quel paradis communiste, maoïste ou anarchiste. Il ne s'agissait pas de libération ou de révolte personnelle. Ces jeunes étaient issus de familles souvent bourgeoises et ne manquaient généralement de rien. Pour eux, il s'agissait avant tout d'une révolte intellectuelle, cette révolte précisément que notre adolescente va trouver formidable et enivrante. Anne termine alors – elle aura bientôt 20 ans – sa première année de droit à Nanterre, un campus dont les bâtiments de droit et d'économie baignent souvent dans la boue. « Il y avait encore un bidonville à Nanterre. On descendait du train à "Nanterre-La Folie" – tout un programme –, on traversait le bidonville et on pataugeait dans la boue d'une université encore en chantier... J'avais un copain qui avait une voiture, ce qui était très recherché et précieux, et il nous emmenait, quelques-uns d'entre nous, en voiture de temps en temps. Sinon, c'était la galère. »

Aux premiers frémissements, Anne ne participe à rien. L'effervescence, il est vrai, gagne surtout la faculté de lettres, celle de droit restant pour sa part très sage. À la « cafèt' », l'agitation a changé de nature, des affiches, des tags commencent à apparaître sur les murs. La jeune femme sent bien un vent se lever, mais sans se douter encore de la suite. Et sans la redouter, bien au contraire. « Quand ça commence à prendre, je trouve ça formidablement amusant, excitant, exaltant... On se sent très vite révolutionnaire en chambre ! Et puis les cours et examens étaient suspendus. »

L'agitation se transporte alors à Paris, du fait de la rapide fermeture de Nanterre. Anne suit. Des « manifs », oui, mais certainement pas toutes. Celle du 13 mai reste dans sa mémoire : « On écoute le discours de de Gaulle avec les transistors, on siffle, c'était la fête. Je passe ma vie à l'Odéon. Je tiens des discours enflammés, je fais la révolution... dans le salon de mes parents, j'explique à leurs amis qu'ils sont des vieux cons. Mes parents, ils étaient très ouverts, mais leurs amis étaient des bourgeois bien-pensants. Alors je forçais la note et je me faisais ultra-gauchiste. En paroles essentiellement, je n'étais pas déchaînée, à lancer des pavés. »

Déjà tentée par la social-démocratie, elle continue cependant d'être fidèle à Mendès. La présence, parfois décriée, de son mentor en politique le 27 mai au stade Charléty, elle la justifie. « Quand ça a commencé à basculer politiquement, Mitterrand s'est dit prêt à assumer le pouvoir, ce qui lui a été beaucoup reproché. Et Mendès, qui avait toujours refusé les institutions de la Ve République mais qui sentait que quelque chose basculait, a eu très peur qu'il se passe quelque chose de grave à Charléty et donc il y est allé. Ce qui lui a été reproché pendant des années. On lui a dit : "Vous êtes allé vous commettre avec les gauchistes !" Et, en fait, il y est allé – et c'est très Mendès, comme attitude – pour témoigner, pour être là au cas où il se passe quelque chose. Il était assez catastrophiste, il pensait qu'on allait tirer sur les étudiants. »

Anne trouve formidable que Mendès, alors au PSU, le Parti socialiste unifié, s'engage avec les jeunes. Et après 1968, elle se met à lui écrire, à lui demander rendez-vous sur rendez-vous. Elle veut approcher Mendès, le côtoyer, travailler avec lui. Elle adhère en juillet au PSU, contre l'avis de ses parents, mais parce que Mendès est au PSU. Et quand il le quittera, Anne ne renouvellera pas sa cotisation.

Les examens de juin ont été reportés en septembre. Ils seront une formalité. Mai 68 ? Une véritable mutation pour Anne, diront ses amis. Pense-t-elle alors à faire de la politique ? Elle veut y participer, d'une façon ou d'une autre, elle va un peu militer mais toujours « très bon genre », tout de même... Comme s'en amuse volontiers son ex-copain du cours Hattemer, Jean Paraf : « De cette période, elle n'épouse pas la révolution des mœurs, ne devient pas hippie, elle n'envisage pas de rentrer en communauté et ne découvre pas son corps, faut tout de même pas exagérer ! » Jean qu'elle retrouvera un an plus tard, au moment où elle intègre finalement Sciences-Po, directement en deuxième année.

C'est en effet à la fin de sa deuxième année de droit, au début de l'été 1969, qu'Anne décide de passer le concours d'entrée en deuxième année de Sciences-Po. Encore furieuse de son échec en année préparatoire deux ans plus tôt – « je les aurai, je les aurai ! » se dit-elle – et forte de cette volonté de réussite et de revanche, elle décroche le précieux sésame, filière « Éco-Soc ». Dans la foulée, elle terminera sa licence de droit pour ensuite entamer un DESS de droit public l'année de son diplôme de Sciences-Po. Pas de problème de vocation : la politique, toujours, mais comme observatrice, analyste, pas comme actrice. Son expérience de la campagne présidentielle, cette année-là, ne lui a pas fait découvrir de vocation particulière de militante. Elle s'était pourtant personnellement mobilisée. Son cher Pierre Mendès France n'était-il pas en compétition ? En vérité, il avait fait comme on dit un « ticket » avec Gaston Defferre, le puissant maire de Marseille. Une alliance qui au final fut un flop retentissant. Des urnes, ne sortira qu'un tout petit 5 %, le 1er juin. La gauche n'est pas au second tour. Une première. Le gaulliste Georges Pompidou et le centriste Alain Poher restent seuls en lisse. Souvenir cuisant, celui d'une campagne faite sans un sou, sans guère d'enthousiasme, sans électeurs surtout, au bout du compte. De ce fiasco, Anne garde en mémoire un meeting salle de la Mutualité, à Paris, et ce drapeau dans lequel les participants étaient supposés déposer leur obole. À la fin de la réunion, la recette n'avait rien d'un trésor de guerre.

Au siège parisien du *Provençal*, l'un des états-majors de la campagne, arrivaient des lettres signées des responsables de la

SFIO[1] proposant de faire virer directement l'argent… chez Alain Poher, le candidat centriste. Une déroute. À l'image également du trio composé de Gaston Defferre, Pierre Mendès France et du journaliste Roger Priouret, surnommé ironiquement « le joyeux drille », et qui avait tenté de vendre son « affaire » à la télé. Catastrophique, là encore. Seule lumière pour Anne dans cette sombre campagne : la relation nouée avec la deuxième femme de PMF, Marie-Claire, qui apprenait aux jeunes recrues, dont le futur politologue Olivier Duhamel, à « coller les enveloppes ». Un lien d'amitié solide se tisse entre ces représentantes de deux générations différentes. 1969 sera la seule et unique incartade d'Anne Sinclair dans le militantisme. L'Institut d'études politiques (IEP) offre davantage d'ouvertures. Et semble constituer l'élément naturel, l'environnement adéquat, le placenta dans lequel va s'ébaucher, se dessiner, s'esquisser le profil de la future journaliste. Mieux que les états-majors de campagne et les tréteaux des banquets républicains. Et pas seulement pour une question de standing.

Pour se rendre à Sciences-Po, fini le train. De la porte de La Muette, Anne prend le bus 63, avec sa plateforme arrière ouverte d'époque. Le grand sport était de le prendre en marche. Le préposé tirait encore le cordon à chaque arrêt. Il y en avait une vingtaine jusqu'à la rue Saint-Guillaume.

À l'IEP, Anne est essentiellement une bonne élève, pourquoi changer les bonnes habitudes ? Travaillant d'arrache-pied ses « polycops » dans l'immense bibliothèque très *british*, elle sort de temps à autre pour rejoindre la « Péniche », le banc central du hall de l'institut, le point de rendez-vous des étudiants, pour discuter avec les uns ou les autres, puis se remet au travail. Elle ne cherche pas à se mettre en avant, ni à occuper le devant de la scène. Ses amis du moment évoquent plutôt un personnage à deux visages. Une femme de convictions, celles de l'époque, celles qui étaient dans l'air de Mai 68, une femme perméable à la refondation des valeurs à laquelle tous assistaient et prenaient part, mais dans le même temps, une femme qui s'interrogeait beaucoup… sur elle-même, sur la politique, la question juive, en ce lendemain de guerre des Six-Jours…

1. La Section française de l'Internationale ouvrière, créée en 1905, quittée par les communistes en 1920, deviendra, en juillet 1969, le Parti socialiste.

Des professeurs prestigieux la marqueront pour la vie : Georges Vedel, bible de la science politique, Jacques Julliard, l'un de ses maîtres de conférences, René Rémond, l'historien, Raymond Barre l'économiste. Elle dort un peu aux cours du futur Premier ministre, voire s'ennuie à mourir dans le grand amphithéâtre Émile-Boutmy (fondateur de Sciences-Po), ce qui ne l'empêchera pas, trente ans plus tard dans son troisième livre *Caméra subjective*[1], de lui rendre un hommage appuyé : « Ah, ce cher Raymond Barre. Je suis heureuse de le revoir. Comme une étudiante qui dormait un peu à ses cours de Sciences-Po mais qui reste attachée à son vieux prof avec nostalgie. Comme une journaliste qui a toujours apprécié ses analyses intelligentes et modérées. Comme une citoyenne qui a de l'affection pour ce Mendès France de la droite, comme on l'a appelé, et qui a souvent dit la vérité aux Français, même quand elle les fâchait. »

Comme ce monde, son monde, est finalement très petit, Anne retrouve à Sciences-Po certaines connaissances et amis d'Hattemer. Qui s'étaient éloignés, partis vers d'autres cours, d'autres régions, d'autres pays. Son ex-rival, Jean-Jacques Chaban-Delmas, fils de son père. Ce « Chaban » qui, pour la petite histoire, le jour du grand oral à la fin du printemps 1972, aura la chance de tirer comme sujet : « Les gaullistes depuis 40 »… Anne n'a toujours pas digéré une telle injustice.

Elle retrouve également Jean, qu'elle avait déjà croisé auparavant à Nanterre. Et Sylvie, accompagnée de son futur mari, Jean-Marc de la Sablière. Les deux filles fréquentent le café-bar *Le Bizuth*, *La Rhumerie*, plus loin, sur le boulevard Saint-Germain, le *Café de Flore*, pour faire comme les grands, le restau-U de la rue Mabillon, et se retrouvent parfois, même si elles ne sont pas dans la même année, au 34, rue de Grenelle, *Chez Basile*, le café qui est également l'un des QG des étudiants de l'IEP. M. et Mme Basile sont des personnages de roman populaire, veillant sur la moralité et la bonne tenue de celles et ceux qui fréquentent leur établissement. Un des garçons, Roger, originaire du Sud-Ouest, est régulièrement l'objet de plaisanteries de potache. « Si je réussis et que je deviens préfet dans ton coin, s'entend-il parfois promettre, le jour de l'inauguration des fourneaux de Guétary, ton siège sera

1. Éditions Grasset & Fasquelle, 2002.

réservé, au premier rang, avec les officiels. » Et cela suffit au bonheur de Roger. Anne et Sylvie se rencontrent également chez un ami commun. Un certain Laurent Fabius. Sylvie prépare son diplôme de Sciences-Po en binôme avec Élisabeth Huppert, la petite amie de Laurent, et se souvient de dîners chez ce dernier, du côté de la rue Saint-Jacques. Laurent Fabius qui entretient par ailleurs depuis quelques années une relation amicale avec une femme qui comptera beaucoup dans la vie d'Anne et dont elle va faire la connaissance, en ce début de seconde année, à l'occasion d'une conférence de Jacques Julliard à Sciences-Po : Marie-Hélène Uri.

Marie-Hélène était l'une des quatre filles de Pierre Uri, économiste de réputation internationale. Il avait été directeur de cabinet de Jean Monet, concepteur du premier plan de reconstruction de la France après la guerre et l'un des principaux rédacteurs du Traité de Rome de 1957, à l'origine de l'Union européenne. Un homme pour qui les structures mises en place après 1945, ou celles qui avaient accompagné l'avènement du Marché commun n'avaient pas de secrets. Il en connaissait tous les rouages, tous les acteurs.

Comme Anne, Marie-Hélène est rentrée à Sciences-Po directement en deuxième année, après une licence de lettres classiques. « Mon nom de jeune fille devait faire tilt, se souvient-elle, car dès qu'il y avait des exposés sur la gauche à faire, c'est à moi qu'on les attribuait. Systématiquement. »

Les deux jeunes femmes ont toutes les raisons de s'apprécier. Elles se voient alors régulièrement, se retrouvent aux mêmes soirées, fréquentent les mêmes groupes d'amis, sortent ensemble, vont au cinéma, échangent leurs impressions, se retrouvent en bibliothèque. Sur le plan des idées, l'Europe et le mendésisme les rapprochent encore. Anne est très peu chez elle, et ne permet qu'à très peu de gens d'accéder à sa vie privée. Peut-être Michel Cicurel, son voisin, a-t-il ce privilège, mais il est alors l'un des rares. Anne est en revanche très souvent chez les Uri. Marie-Hélène tenait en effet volontiers salon dans l'appartement de ses parents, avenue Wilson. Être invité chez les Uri, c'était un *must* pour un étudiant de Sciences-Po. Et dans un décor bourgeois fait de porcelaines précieuses, de tapis anciens et de paravents japonais, l'assurance d'y croiser quelques grands, Pierre Mendès France, par exemple, un des amis de la famille. Ce n'est donc pas un hasard si Anne fréquente assidûment l'endroit. Elle y vient dans sa Mini, sa première voiture rachetée d'occasion à une amie de ses parents et dont elle est si fière. Les soirées chez Marie-Hélène sont aussi à l'image de ceux qui se donneront rendez-vous dix ans plus tard, comme dans la chanson de Patrick Bruel, *Place des grands hommes…* et des femmes. Les frères Jean et Bernard Attali, Laurent Fabius, Jérôme Clément, Patrick Ponsolle, Christian Blanckaert, pour ne citer qu'eux, s'y croisent et y croisent leurs aînés, PMF, Raymond Barre, Valéry Giscard d'Estaing… et bien sûr, Pierre Uri, dont les jeunes étudiants aiment à écouter les leçons, conseils ou souvenirs. L'appartement de l'avenue Wilson, dont les fenêtres donnent sur la place de l'Alma, est tout à la fois carrefour et point de passage. International. Des amis de Marie-Hélène connus à la première école européenne créée dans le Grand-Duché du Luxembourg s'y retrouvent, néerlandais, belges, allemands… Marie-Hélène Uri est un peu aux salons politiques ce que Madeleine de Scudéry était aux salons littéraires. Anne s'y sent comme un poisson dans l'eau. Tout en s'émancipant au contact de cette jeune femme, brillante comme elle, et devenue son amie. Et conseillère. « Anne était naturellement réservée, et Marie-Hélène la secouait un peu, lui donnait des conseils, un peu comme un coach l'aurait fait », souligne Richard Arzt, autre camarade de rencontre, en deuxième année de Sciences-Po. « D'ailleurs, ajoute-t-il, bien des années après, dans les années quatre-vingt-dix, je me souviens avoir vu un jour Marie-Hélène et Anne ensemble. Elles ne s'étaient pas vues depuis vingt ans. Je les ai emmenées en voiture, on sortait de je ne sais où, et la relation était redevenue ce qu'elle était : Marie-Hélène donnait encore des conseils à Anne qui, à l'époque, présentait *7 sur 7…* »

Ainsi va celle qui n'est encore qu'une future star, et se prépare, sans le savoir, pour le jour où le monde politique sera à ses pieds. Et chavirera dans ses yeux. Anne est d'une beauté puissante, certes. Un regard de myope qui fait regarder les autres de façon vague mais produit son effet. En cette fin des années soixante, Anne n'en est pas consciente. La jeune femme n'est pas si sûre d'elle. Elle se trouve nulle. Souvent. Mais réussit à « frimer », un mot que les jeunes d'aujourd'hui remplaceraient par « assurer ». Comme au grand oral de Sciences-Po, préparé avec l'aide de ses amis Brigitte Douai et Jean-Michel Darrois (respectivement future collaboratrice du Premier ministre Pierre Mauroy et futur avocat d'affaires, défenseur de Laurent Fabius dans le dossier du sang contaminé), un oral où elle se voit proposer de traiter du « ministre des Finances depuis 1945 ». Consciente de sa faiblesse sur le plan économique, elle décide alors de faire comme s'il s'agissait d'un sujet politique. Alain Duhamel figure parmi les membres du jury. Ces derniers ont bien senti que le sujet n'est pas forcément celui que l'étudiante aurait choisi. Et commencent à l'interroger sur la réforme fiscale d'André Philip en 1946. Blanc. « Au final, ils m'ont mis un douze, une note convenable quand même… » En fait, pour la petite histoire, Anne aurait dû avoir treize, ce jour-là, mais Alain Duhamel, très à cheval sur l'étiquette, n'avait guère apprécié que la jeune fille se soit fait accompagner d'un véritable fan-club et pour cette raison avait décidé de lui retirer un point. Ce qui n'empêchera pas Anne d'obtenir son diplôme en cette année 1972. L'avenir lui fera un clin d'œil, trente-sept ans plus tard : elle devient en 2009 présidente de la US Sciences-Po Foundation, la Fondation Sciences-Po aux États-Unis…

Ce défaut d'assurance, pointé par certaines de ses fréquentations durant ses années d'étudiante, ce côté solitaire parfois, pudique et réservé, peut surprendre de la part de cette ravissante jeune femme qui attire le regard des hommes, et rend certaines de ses amies envieuses, voire parfois un peu jalouses. « Je ne comprends pas pourquoi vous écoutez mes cours au lieu de draguer la petite Sinclair », avait coutume de dire René de Lacharrière, pipe au bec, à ses étudiants. Le célèbre professeur de droit de Nanterre avait, lui aussi, été séduit. Il faut dire que ce regard bleu azur exercera une fascination véritable et souvent immédiate sur la gent masculine, mais à cette époque de sa vie, c'est comme si Anne ne s'en rendait pas compte ou jugeait peu convenable voire déplacé d'en user. D'en profiter.

Produit de l'éducation d'une mère exigeante, peu encline aux excès de chaleur, et de l'admiration porté à un père aux traits princiers et à la présence aimante, Anne aborde avec précaution et sous surveillance le terrain miné de l'affectif. Les « surboums » permettent cependant d'approcher les premiers garçons. Certains saisiront la chance qui leur est donnée d'accéder au grade de cavalier. Un certain Daniel Brunschwig le sera trois mois durant. Quelques autres flirts sans lendemain, quelques béguins passagers, lui succéderont. Les frères aînés de ses copines en pincent volontiers pour elle. Des étudiants en médecine qui ont pour eux ces quelques années d'expérience de la vie, si séduisantes aux yeux des filles plus jeunes. Rien que de très classique. Une première approche du sexe opposé. Une reconnaissance du terrain. En faculté, les choses deviennent plus sérieuses. Anne fait la connaissance fin 1967 d'un ami commun d'Ariel Pierre-Kahn, avec qui elle est encore très liée, et d'Alain Wertheimer. Ce dernier, aujourd'hui propriétaire de Chanel avec son frère Gérard, poursuit alors des études de droit, et c'est lui, l'heureux propriétaire de la fameuse voiture, une Renault 8, dont il fait profiter ses amis en les conduisant à Nanterre, leur épargnant par là même le fastidieux trajet en train depuis la gare de Pont-Cardinet. Parmi les amis d'Alain, outre Jean-Pierre Meyers (futur gendre de Liliane Bettencourt), un certain Étienne Dolfi. Étienne est issu d'une famille aussi traditionnelle que bourgeoise ayant pignon sur rue, avenue d'Iéna, et se prépare à prendre la suite de l'affaire de confiserie de son père en bûchant la science économique à Nanterre. C'est là, en cet automne 1967, qu'il tombe littéralement sous le charme de cette ravissante jeune fille qui, à chaque rencontre, se révèle davantage brillante, vive et curieuse. Ce n'est pas son élégance qui subjugue Étienne. Anne ne semble pas chercher à attirer les regards avec sa coiffure mal arrangée et ses tenues vieillottes. Non, c'est son intelligence qui a marqué sa mémoire, et ce caractère déjà affirmé dont Anne sait faire preuve, et qu'exprime son joli regard bleu capable de passer en un instant de la mer calme à l'océan agité.

Tous deux fréquentent les mêmes amis. Des amis qui se retrouvent parfois au Racing pour un après-midi de tennis, même si Étienne préfère le golf. Les parents d'Anne sont membres séparément de ce club très élitiste depuis l'avant-guerre et, malgré le souvenir des panneaux *Interdit aux juifs* qui fleuriront durant l'Occupation à l'entrée du Pré Catelan, ils reprennent leur carte à leur retour en France, au début des années cinquante. Anne s'y rend parfois avec ses cousins mais préfère les week-ends à Fleury. Étienne en sera, bien sûr, parmi d'autres, l'un des hôtes. Puis ne le sera plus. Première rupture. Première meurtrissure pour Anne. Mais une blessure légère. Un petit bleu à son amour-propre. Puisqu'il n'était guère dans les projets d'Anne de si tôt s'attacher. Pas encore. D'autant que d'autres hommes ont fait leur entrée en scène. Et Anne ne déteste pas leur compagnie. Surtout quand ils ont la tête bien faite. Car Anne est assez naturellement une amoureuse de l'intelligence. L'un des prototypes les plus affûtés dans le genre se nomme Jacques Attali. Un collectionneur de diplômes. Quand Anne fait la connaissance de ce brillant sujet, son aîné de cinq ans, il en a déjà quelques-uns à son actif. Polytechnique, ENA, Normale Sup et il en rajoutera par la suite. Un touche-à-tout de génie, pur intello, pointu, très pointu, perdu dans ses recherches de « poisson-pilote », un agitateur d'idées constamment en quête de la dernière thèse, des derniers éléments connus sur des sujets complexes, à l'affût de la contradiction entre les plus récentes publications d'un économiste mexicain et celles de son homologue indonésien. Un historien du futur, un futurologue du passé. En résumé : un penseur. Anne et lui se croisent dans les soirées de Pierre Uri, place de l'Alma, ils font partie de la même bande du Racing, celle où figurent Roger-Gérard Schwarzenberg, jeune maître de conférences à Sciences-Po, Michel Cicurel, futur président du directoire de la compagnie financière Edmond de Rotschild, Ariel Pierre-Kahn, son frère Roland, ou Bernard Attali, le frère jumeau. Anne et Jacques, en toute discrétion, se fréquentent. Une liaison qui durera plusieurs mois. Ils passent des week-ends ensemble, jouent au tennis, vont de temps à autre en boîte de nuit ou dîner chez Castel. Ils parlent politique, échangent sur Mendès, chez qui Anne a traîné Jacques. Ils ne seront jamais d'accord sur l'homme. « C'était affreux, se souvient Jacques Attali. Elle le regardait… comme si elle était "scotchée", et moi je trouvais ce type tellement pessimiste et négatif ! » Leur relation résiste à ce type de désaccord. Mais pèche cependant par trop d'insuffisances. Pas assez passionnelle, trop « plan-plan »… Enrichissant sur le plan de l'échange intellectuel, mais pas débordant de romantisme. Et Anne a besoin d'exister davantage qu'entre deux réunions de cabinet. Elle finira d'ailleurs par développer une théorie selon laquelle l'être humain ne se développe pas de façon harmonieuse si son intelligence prend trop le pas sur son caractère… En fait, le problème de base apparaît plus simple. Jacques n'est pas assez amoureux d'elle. Et Anne le sent. Tente d'attirer son attention en s'habillant de manière plus féminine, en usant des armes de la séduction. Plus tard, elle se rapprochera même quelque temps de Bernard, le frère jumeau, pour se consoler tout en essayant de relancer Jacques en jouant sur le registre de la jalousie. Sans plus de succès. Déjà perdante, Anne décide alors de mettre fin à ce flirt, à cet amour où manifestement elle ne trouvera pas son compte et dont elle a maintenant une idée assez précise des limites. Tout comme elle mesure à regret la trop faible disponibilité affective de Jacques. Elle lui fera comprendre le fond de sa pensée de manière carrée, franche et sincère lors d'un rendez-vous qu'elle organise chez elle. Pour Anne, la rupture est alors consommée. Jacques Attali, pour sa part, sort persuadé, à tort, qu'il a maintenant une décision lourde à prendre, et de façon très masculine, il finira par assurer, plus tard, qu'il a lui-même, après mûre réflexion, mis fin à cette relation. Peut-être serait-il d'ailleurs arrivé à la même conclusion si Anne n'avait pas pris les devants.

Quoi qu'il en soit, ces premières amours gardent un goût d'inachevé. Anne s'en consolera. D'autres passeront. Comme Laurent Fabius, avec qui s'improvisera une « amourette » de quelques mois, un peu plus tard. Anne s'émancipe, les idées de Mai 68 ont produit leurs effets. Tout en restant toujours très dépendante d'un père fort exigeant et très sélectif dès qu'il s'agit des fréquentations de sa fille. Jusque-là, pas un n'a véritablement trouvé grâce à ses yeux. Étienne Dolfi ne l'aura pas convaincu, et il s'agit d'un euphémisme. Il n'aimait pas Bernard Attali, ce n'était un mystère pour personne. Et n'aura manifestement pas trop mal supporté la rupture d'Anne et de Jacques. Ivan Levaï aura plus de chance.

Anne se disait amoureuse de Mendès. La vie est malicieuse. C'est d'une certaine façon grâce à lui qu'elle aborde pour la première fois l'homme dont elle partagera la vie une quinzaine d'années et avec qui elle aura deux enfants. La scène se passe à la Maison des Centraux, rue Jean-Goujon, dans le VIIIe arrondissement parisien. Lieu choisi par Pierre Mendès France pour faire sa première réapparition publique depuis l'accession de Georges Pompidou à la présidence de la République, suite à l'élection de 1969. Au lendemain de ce scrutin désastreux, la gauche a en effet joué profil bas, comme absente du jeu politique. En dépit du peu d'intérêt que portent les médias à l'affaire, Pierre Mendès France s'apprête à présenter la dernière publication de son *Courrier de la République*. Beaucoup de camarades de route sont réunis ce jour-là : Georges Kiejman, Pierre Bérégovoy, Claude Estier pour n'en citer que quelques-uns. Et parmi les journalistes qui ont tout de même fait le déplacement, une journaliste de *L'Express*, Danièle Molho.

Ivan connaît bien Danièle. En 1968, il a couvert les questions universitaires et les événements de mai, comme pigiste pour Europe N°1 et *L'Express*. Ivan ne connaît pas Mendès, qu'il admire, et souhaite profiter de cette occasion pour le rencontrer, principale raison de sa présence ce jour-là.

Anne n'a pas davantage voulu rater la rentrée politique de celui qu'elle vénère. Elle fait alors un stage à *L'Express*, précisément, et elle a convaincu Danièle Molho, en charge de la gauche, de l'accompagner. « Une fois la conférence de presse terminée, raconte Danièle Molho, Anne me dit : "Ivan Levaï est là. Tu le connais ?" Je dis oui. Elle me presse alors de le lui présenter. Ce que j'ai fait très simplement : "Ivan, je voudrais te présenter une jeune stagiaire qui m'accompagne... Anne Sinclair." Et moi, je me suis barrée. Je suis retournée au journal, j'avais du boulot. On devait être jour de bouclage. J'ai laissé Anne avec Ivan, et puis voilà. »

Ce que se diront ce jour-là Ivan et Anne tient en un rapide échange qui laissera la jeune étudiante pour le moins désappointée. Si Ivan a chez ses confrères et consœurs la réputation d'un excellent professionnel de l'éducation, d'un homme très sympathique, rigolo et un peu « déconneur », ce n'est pas sous ce jour qu'il va apparaître à son admiratrice. « J'adore Europe N°1 depuis que j'ai 10 ans, lui dit-elle, je suis étudiante en droit, je voudrais rentrer à Europe, qu'est-ce que je dois faire ? » Et Ivan de lui répondre alors, aux limites de l'aimable : « Écrire au directeur. » Et il part. « Notre premier échange, reconnaît aujourd'hui Ivan, a bien été celui-là. Terrible. Par la suite, c'est devenu un gag entre nous. Mais il faut se remettre dans le contexte. J'avais la tête ailleurs. D'abord, je suis plus âgé qu'elle, onze ans de plus, j'étais marié et j'avais un enfant. Lors de cette première rencontre, je n'ai été sensible ni à sa beauté, ni à sa présence, ni à son rayonnement. Je suis passé à côté d'elle. Elle a été déçue parce que, vraiment, je ne faisais rien. Il aurait dû m'apparaître qu'elle avait une passion pour Europe mais, dans l'instant, je ne l'ai pas vue. »

Pas seulement pour Europe, mais c'est une autre histoire, qui va s'écrire plus tard.

Chapitre 5

« La personnalité est encore mieux que l'image. C'est rare que ce soit dans ce sens-là. Quelqu'un de très sain, sans trace de mégalomanie, jamais contaminé par le milieu. Il n'y en a pas beaucoup dans ce boulot. Anne a même une sorte de distance ironique avec elle-même et un manque de confiance en elle qui est étrange. Et je crois vraiment que ce n'est pas une posture. »

Le jugement que porte Michel Field sur Anne Sinclair est celui d'un ami. Un ami relativement récent, tous deux ne font connaissance qu'en 1997, au moment du passage de témoin entre elle, qui vient d'arrêter *7 sur 7* et lui, qui commence *Public*. Mais un avis qui laisse assez bien entrevoir la complexité parfois inattendue de la petite fille modèle devenue star du paysage audiovisuel français, de la journaliste emblématique d'une génération de femmes avides de reconnaissance, multimédaillée de la profession, et qui va pourtant finir par sacrifier la suite de sa carrière à l'amour d'un homme.

La dame est en fait bien plus complexe qu'il n'y paraît, ou qu'on l'imagine. Plus fragile...

Ses amies les plus proches, les intimes, celles qui sont depuis si longtemps à ses côtés, bons et mauvais moments confondus, sont les meilleurs témoins de cette part de vérité. À écouter Rachel Kahn, cette fragilité serait même la clé pour comprendre Anne. Une fragilité que rien ne guérit. Née de fêlures d'enfance, de liens compliqués avec ses proches. Produit de la dureté d'une mère, peu rassurante, et d'un père idolâtré qui la pousse et la motive.

« C'est vrai, confie Rachel Kahn, que le cours Hattemer d'un côté, cette école horrible où on n'échappe même pas à ses parents sur les bancs de l'école et de l'autre la mère, je crois que j'aurais eu besoin de vingt ans de psychanalyse… » La psychanalyse, Anne y aura recours, plus tard. Elle appellera cela ses *stages de tennis*. Comme de longs échanges avec ses démons en fond de court. Pour prendre la mesure de ses adversaires, regarder en face cette culpabilité qu'elle garde tapie tout au fond d'elle. « La culpabilité et moi, c'est toute une histoire. On dirait presque que je la cultive. Ce doit être mon côté juive ashkénaze… », dit-elle aujourd'hui dans un sourire. Culpabilité vis-à-vis de sa mère. C'est bien l'essentiel du problème. Sensation d'avoir été injuste avec l'auteur de ses jours, de lui en avoir voulu d'être trop possessive, de ce manque de chaleur ressenti dans sa jeunesse mais également culpabilité de ne pas avoir peut-être suffisamment essayé de comprendre cette femme décrite comme complexée et retranchée en elle-même, sans cesse angoissée, inquiète mais pourtant toujours si attentive.

« Franchement, elle a fait son devoir, explique la philosophe Élisabeth Badinter, autre amie et confidente. On est très coupable quand on n'aime pas comme on pense qu'on devrait aimer. C'est un sentiment bien connu. Vous pouvez faire tout ce que vous voulez pour essayer de séduire le parent qui, pour une raison ou une autre, ne répond pas exactement à ce que vous attendez. Ça ne marchera pas et vous vous sentez coupable. Et on ressent d'autant plus cette culpabilité qu'on agit par devoir. Sa mère ne manifestait jamais la moindre joie de ce qui arrivait à Anne. Comme une femme très insatisfaite. Je ne sais pas pourquoi. Peut-être parce que sa fille a eu une superbe carrière. Ce n'était pas une femme chaleureuse. L'impression qu'elle me donnait à moi, c'était d'être jalouse de sa fille. » Tout est dit ou presque. Une mère dont l'image reste celle d'une femme difficile à comprendre ou à aimer. Un père libérateur qui autorise sa fille à nourrir les plus hautes ambitions et la traite comme un fils, comme celui qui transmet. Et Anne de conclure sur le sujet en ces termes, lors d'un de nos entretiens : « Je serais meurtrie de ne pas avoir ici la parole juste sur ma mère. Ce ne serait pas bien. »

Culpabilité à plusieurs visages. Toujours ce côté juif ashkénaze ! Culpabilité d'avoir par exemple trop fait vivre Ivan avec sa mère.

« Ivan a été génial, observe Micheline Pelletier, l'amie photographe. Il a supporté, pendant des années, sa belle-mère qui était là tout le temps. Il trouvait ça normal puisque lui, Ivan, était sans famille ! Il n'avait pas de famille, si ce n'est des parents adoptifs. Il en avait trouvé une : Anne, sa mère et son père. Et donc, pour lui, c'était parfaitement normal de passer les vacances et les dimanches avec sa belle-mère. D'ailleurs, Micheline [Sinclair] adorait Ivan, qui se montrait adorable avec elle. Il y avait peu de voyages à deux. Je ne suis pas sûre qu'ils soient partis trois-quatre jours ensemble... Ce qui n'était pas du tout évident avec Dominique qui, lui, avait une famille. Cela a été aussi peut-être un peu une douleur, pour Anne, de devoir faire ce choix de partir en vacances en laissant sa mère seule. Dominique n'avait aucune raison d'avoir sa belle-mère dans ses chaussons tout le temps. C'est Dominique qui la libère de sa mère, mais ça ne va pas sans une certaine culpabilité de la part d'Anne. »

Culpabilité encore, celle d'être une femme qui travaille, une mère active à qui Elie, son fils cadet, confie un jour ne pas aimer entendre ses copains faire des remarques sur elle, ou lui dire qu'ils ont vu sa mère à la télé. Elie rentrait, le soir, fatigué de la notoriété de ses parents : « Je lui ai alors donné une réponse, une formule, un viatique : “La prochaine fois qu'on te dit m'avoir vue tel ou tel soir, tu réponds : Eh bien moi, je la vois tous les soirs...” »

Les enfants, sentiment bien connu, préfèrent les parents anonymes et discrets, plus exclusifs...

Ce sont sans doute, peut-être paradoxalement, ces questionnements permanents sur elle-même qui font garder à cette *pessimist girl* – ainsi se qualifie-t-elle parfois – les pieds sur terre. Ses amies en sont toutes convaincues. Née fille unique avec une cuillère d'argent dans la bouche, portée par des parents qui ne voyaient que par elle, et compte tenu de son itinéraire professionnel par la suite, elle aurait pu être tellement autre chose, quelqu'un d'imbuvable. « Comment, s'interroge Rachel Kahn, a-t-elle échappé à la paranoïa, au narcissisme, à la mégalomanie ? Comment a-t-elle sauvegardé cette fraîcheur, cette gentillesse ? Peut-être que ce qui la sauve, c'est qu'elle a des fêlures qui n'ont jamais été guéries et que cela lui a enlevé cette confiance en elle que tout son itinéraire, sa beauté, son intelligence, sa naissance auraient pu lui donner.

Cette fragilité, cette simplicité, cette gentillesse qu'elle a en elle, ces qualités sont toujours là, c'est miraculeux. »

Tout comme la puissance de la marée peut être transformée en électricité, ce besoin de se rassurer va naturellement se traduire en énergie, en un travail de tous les instants qui se double d'un perfectionnisme obsessionnel. « Travailler beaucoup, c'est la béquille des gens angoissés et paresseux, dit-elle. Je n'ai pas travaillé par vertu, mais par confort. » Elle ne manque pas de témoins. Sa tranquillité d'esprit passe en fait par le travail. Elle avoue lire sans doute des tas de choses inutiles, qui ne lui serviront pas dans le cours d'une interview. Qu'importe. Cela fait partie du bagage qu'elle s'impose de prendre. Sans limites de poids. Associé à une rigueur et à un souci de l'exactitude permanents, le *fact-checking* à mort, pour reprendre l'expression d'un Bernard-Henri Lévy pour qui elle « fonctionne » un peu comme une journaliste américaine. Quand elle prépare *7 sur 7*, il arrive même parfois à Dominique Strauss-Kahn de s'enquérir ironiquement de la thèse qu'elle prépare !

« Elle s'est toujours considérée nulle, se souvient Jean Paraf, son copain d'Hattemer. À 11 ans, elle disait : "Je ne suis bonne à rien, je ne vaux rien, donc il faut que je travaille, encore et encore !" Jamais satisfaite de ce qu'elle est. Chiante. Avec elle. Pas avec nous. Nous n'étions pas en concurrence ! Quand mon père était en poste pas loin de Paris, à Pontoise, nous étions alors à Sciences-Po, elle venait des week-ends, ou passer quelques jours à la maison, on révisait des trucs ensemble, elle n'arrêtait pas de travailler. Moi, je lui disais, arrête un peu. On pourrait aller faire un tennis, se promener… Non, non. »

Avec son équipe de *7 sur 7*, mêmes souvenirs. Jamais sûre d'elle, toujours le trac, toujours ce sentiment qu'elle n'en savait pas assez. Soucieuse que son travail soit reconnu. Comme Claire Chazal dont elle devient l'amie plus tard à TF1. Le journal de 20 heures commence quand les lumières du studio de *7 sur 7* s'éteignent. Elles se croisent, partagent le salon de maquillage. Anne et elle se rassurent souvent l'une l'autre et se remontent le moral, si besoin. « C'est ce qui la rend merveilleuse, note Marie-Hélène Uri. Ce manque d'assurance. Quand il m'arrivait de la rencontrer, pendant la période *7 sur 7*, je n'avais pas le sentiment d'être devant une immense star, une icône écrasante. Elle a une vraie modestie et savait déjà qu'à la télévision, on pouvait du jour au lendemain ne plus être rien. Elle avait les pieds sur terre. »

Même ceux qui ne partagent pas l'admiration inconditionnelle de ses amies, reconnaissent chez Anne cette âpreté au travail. Mais relativisent néanmoins son côté a priori et forcément sympathique, peut-être pour des raisons qui tiennent à un partenariat professionnel mal vécu. Pierre-Luc Séguillon[1] et Jean-Marie Colombani qui, successivement, animeront avec Anne Sinclair l'émission *Questions à domicile* sur TF1, se souviennent pour leur part d'une femme moins fragile et plus assurée. « Christine Ockrent, je la crois davantage capable de tendresse qu'Anne, assure Jean-Marie Colombani. Anne est un bloc plus dur. Anne est plus calculatrice. Très travailleuse, très ambitieuse, faussement chaleureuse. Elle est infiniment plus dure qu'il n'y paraît ! » Jugement que partage Pierre-Luc Séguillon, rencontré quelques mois avant sa disparition. « Nous n'avons jamais été amis. Il y avait une méfiance réciproque. Chacun était sur ses gardes. On préparait l'émission chez elle. Mais elle avait une méthode de travail qui parfois me faisait difficulté. Il fallait vraiment que tout soit écrit et prévu. Quand on faisait l'émission, ça l'agaçait chaque fois que je sortais du script. Elle ne savait plus où elle en était dans ses fiches. Elle n'aimait pas ça. Elle avait une théorie de la relance, mais elle ne savait pas relancer. Il n'y avait pas de relation hiérarchique entre nous et donc nous trouvions des compromis en cas de désaccord. Une fois, c'était elle qui démarrait, une fois, c'était moi. Je devais faire attention à ne pas me faire bouffer la laine sur le dos. Elle avait les dents qui rayaient le parquet. J'ai rarement connu une femme avec une ambition pareille, une ambition de s'affirmer comme une femme intellectuelle. » L'éternel masculin en duo avec l'éternel féminin posait manifestement quelques difficultés...

Les hommes... Parmi les professionnels qui entourent Anne, ils sont pourtant nombreux à reconnaître à la vedette des médias une certaine humilité. « De toutes les stars de la télé que j'ai connues, reconnaît Étienne Mougeotte – qui la fréquente depuis

1. Décédé le 31 octobre 2010, Pierre-Luc Séguillon nous a accordé un entretien le 6 juillet précédent.

trente-huit ans –, c'est celle qui, non seulement gère le mieux sa notoriété, mais en est le moins dupe. Elle est à la fois sûre d'elle-même, de sa compétence, et, en même temps, elle n'est pas prisonnière de sa notoriété, elle la domine. Elle la soigne, elle la cultive, elle gère son image, mais avec une grande capacité de distanciation, de jugement sur elle-même, de prise de distance et d'analyse du caractère artificiel de la notoriété. » « Femme passionnée, tempérament passionné, grande capacité d'indignation, ajoute Gilles Finkelstein, conseiller en communication de DSK. Il y a ce qui se fait et ce qui ne se fait pas avec elle, le respect de la bienséance, le bien et le mal, le respect de l'éthique. » « Elle aurait pu être une insupportable prétentieuse, ajoute Jean Frydman, un de ses amis les plus proches. La notoriété lui a été précieuse mais elle en a vite fait le tour. » Quant au premier mari d'Anne, Ivan Levaï, il conclut : « Bruno Masure a écrit un livre, *La télé rend fou*[1]. Anne figure dans la liste des gens que la télé n'a pas rendus fous. » D'autres paroles d'hommes…

1. *La télé rend fou… mais j'me soigne !*, Plon, 1987.

Chapitre 6

La scène se déroule, début 1973, autour de la table basse en verre du salon des Sinclair, avenue du Maréchal-Maunoury. La chienne Gina est couchée au pied de la cheminée carrée. Elle règne sur cet univers à la déco défraîchie des années cinquante-soixante. Les canapés et fauteuils qu'elle a détériorés – sans épargner non plus moquettes et rideaux – sont recouverts de tissu.

Ce soir, pour l'apéritif, Robert Sinclair a invité Henri Dié, un ami directeur d'agence publicitaire qui vit à Monaco. Un « vieux monsieur », dans le souvenir de sa fille, mais qui a ses entrées à Radio Monte-Carlo (RMC). Diplômes en poche, Anne Sinclair a pour unique obsession de devenir journaliste. Et pas n'importe où. Face à son ami monégasque, son père n'a pas de mots assez louangeurs pour décrire sa fille et ses ambitions. À l'occasion d'un creux dans la conversation, elle tente sa chance :

« Le plus grand plaisir de ma vie serait d'entrer à Europe N°1, avance-t-elle. Vous n'y connaissez pas quelqu'un ?

– Oui, je connais quelqu'un. Je peux l'appeler...

– Si vous pouviez m'avoir un entretien, ce serait formidable ! Après, je me débrouillerai... »

Quelques jours plus tard, Anne Sinclair reçoit un appel de l'ami de son père. Gros client de RMC mais aussi d'Europe N°1, Henri Dié n'a pas eu de mal à lui obtenir une entrevue avec le directeur de la régie publicitaire, Jacques Abergel, ravi de lui rendre ce service. Déçue initialement que ce dernier n'appartienne pas à la direction de la rédaction, elle décide néanmoins de ne pas manquer ce rendez-vous tant attendu avec la radio de ses rêves.

Europe N°1 et le journalisme, le journalisme « à Europe N°1 »... Dieu sait qu'elle en rêve depuis longtemps ! En 1958, chez les Sinclair, on écoute la jeune station de radio qui va bientôt devenir celle de toute une génération. La fille unique de la maison vient juste de souffler sa dixième bougie d'anniversaire. Fascinée par les reporters qui lui racontent la guerre d'Algérie, elle annonce fièrement à ses parents ce qu'elle fera quand elle sera grande : journaliste à Europe N°1. Quand vient le jour de la rédaction sur le thème « Quel métier aimeriez-vous faire plus tard ? », elle choisit évidemment « journaliste ». À l'adolescence, Europe N°1 devient aussi pour elle synonyme de SLC, *Salut les copains* qu'elle écoute quotidiennement en rentrant du lycée.

L'aventure commence donc à la régie publicitaire d'Europe N°1, au second étage de l'immeuble du 26 *bis*, rue François-Ier, dans le VIIIe arrondissement parisien. Jacques Abergel n'a pas oublié la splendide jeune femme à l'air décidé qui est entrée un jour dans son bureau de directeur. « Ce n'était pas une petite fille qui venait chercher du boulot. Anne Sinclair était déjà Anne Sinclair. » Elle se souvient d'un homme absolument charmant. Mais il ne la désarme pas :

Anne Sinclair. – Je suis très contente d'avoir un rendez-vous avec vous, mais je n'ai pas envie de travailler à Régie N°1. Je voudrais un stage à la rédaction d'Europe N°1. Ne pouvez-vous pas m'aider à rencontrer son directeur, Jean Gorini, que j'admire tant ?

Jacques Abergel. – Mais pourquoi ne voulez-vous pas venir à la régie ? Pour le moment, à Europe, il n'y a pas de poste. Ici, vous aurez déjà un pied dans la maison. Vous verrez, tous les mecs qui étaient à la pub se sont retrouvés à la radio d'une manière ou d'une autre, que ce soit à la rédaction ou aux programmes.

A.S. – Ah, non, non, non, la pub, moi, ça ne m'intéresse pas du tout ! Moi, c'est à la rédaction que je veux aller.

Bluffé par le culot de sa jeune interlocutrice, Jacques Abergel aurait pourtant préféré qu'elle débute en douceur à la régie, car il sait que le directeur de la rédaction, bougon et fort en gueule, cultive une misogynie agressive. Ce dernier considère notamment le journalisme, surtout à la radio, comme un métier d'homme. Pour lui, la voix féminine – forcément aiguë – décrédibilise l'information. Comment va-t-il réagir à la demande de la jeune femme ? « Déterminée comme elle est, elle va peut-être réussir son coup », se dit finalement Jacques Abergel qui décroche à Anne Sinclair un rendez-vous d'un quart d'heure avec Jean Gorini.

La voilà dans l'antre de l'homme qu'elle imagine maître de son destin. Intimidée, mais se promettant de ne se laisser démonter en aucun cas. Le directeur de l'information, cheveux en brosse et moustache sévère, ne sourit pas derrière les volutes de sa pipe. Il observe la belle importune. Et ne tarde pas à doucher son enthousiasme de candidate journaliste :

Jean Gorini. – Mademoiselle, vous êtes une femme, vous avez des diplômes, vous n'avez jamais travaillé, vous n'avez rien à faire ici !

A.S. – Mais j'adore Europe N°1, je suis prête à tout faire, vraiment tout...

Jean Gorini. – Désolé, ma petite, mais je ne changerai pas d'avis.

A.S. – Puisque vous ne voulez pas de moi, je continuerai à passer anonymement sur votre antenne.

Et Anne Sinclair se lève pour prendre congé.

Intrigué par tant de tempérament, Jean Gorini l'invite à se rasseoir et à expliquer ce qu'elle veut dire par là.

Piquée au vif, Anne Sinclair lui raconte que, chaque soir de la semaine, elle joint Europe N°1 sous un nom différent pour interroger l'invité politique du jour, de Michel Debré à Pierre Mendès France. C'est André Arnaud qui anime *Europe Soir*, avec une session d'information qui englobe le journal à 19 heures et l'invité à 19 h 15. Ouvrir l'antenne aux auditeurs pour qu'ils interrogent en direct un homme politique est un genre radiophonique inventé par la station et promis à un bel avenir. Ayant compris comment rédiger sa question pour qu'elle soit retenue, Anne Sinclair passe à l'antenne presque sans coup férir. Mais elle ne précise pas à Jean Gorini que cette habitude remonte à son année de terminale et que, depuis, elle n'appelle plus que rarement.

À 17 ans, elle faisait ainsi déjà ses gammes d'aspirante intervieweuse des grands noms du moment, forçant sa voix pour paraître plus sérieuse. La passion de la politique n'allait plus la quitter. « Je questionnais, j'interpellais, les copains m'entendaient, je pouvais bluffer, je trouvais cela très amusant ! » s'amuse-t-elle. Micheline Sinclair enregistrait les passages à l'antenne de sa fille qui collectionnait les cassettes *Edgar Faure et moi*, *Chaban-Delmas et moi*, etc. Et elle ne résistait pas au plaisir de se faire valoir auprès de ses camarades lycéens : « Écoutez la radio ! Vous allez voir, je vais passer ce soir... »

En écoutant la jeune femme, le directeur de la rédaction se ravise. Il n'est pas insensible à l'engouement dont Anne Sinclair témoigne à l'égard de sa station. « Vous vous intéressez à nous ! lui dit-il. Bon, alors vous méritez qu'on s'intéresse aussi un peu à vous. J'ai peut-être quelque chose à vous proposer. »

À 24 ans, Anne Sinclair entre donc à Europe N°1 en tant que stagiaire et rejoint le groupe d'étudiants embauchés pour aider à préparer les estimations de l'Institut français d'opinion publique (Ifop) pour les soirées électorales des législatives de mars 1973. « Nous étions dans les sous-sols d'Europe, un local pourri sans fenêtre qui est devenu un studio depuis, se remémore-t-elle. Nous n'étions pas payés ou, alors, des Tickets-Repas, et nous aurions aussi bien pu travailler dans une fabrique de yaourts. Mais j'étais très motivée. » Dirigée par Gérard Dalsace, la petite équipe doit s'assurer que les correspondants des neuf cents bureaux de vote tests seront bien au rendez-vous les 4 et 11 mars. Et qu'après la fermeture de leur bureau de vote, à 18 heures, suivie du dépouillement des suffrages, ils donneront au plus vite les résultats afin que les ordinateurs de l'Ifop puissent les traiter.

Anne Sinclair n'en a aucun souvenir, mais Ivan Levaï, son futur premier mari, n'oubliera jamais, lui, le jour de 1973 où il descendit par curiosité jeter un coup d'œil aux préparatifs de l'Ifop. À 36 ans, il est journaliste au service politique. « Gérard Dalsace était là, avec ses petites étudiantes qui ne voyaient jamais le jour, raconte-t-il. Et, soudain, je vois une reine de la nuit, une jeune femme avec des yeux absolument incroyables, je ne vois plus qu'eux. Je suis foudroyé. Mais ma petite voix intérieure m'avertit : “Trop belle pour toi, trop jeune pour toi, rentre sous ta tente !” » Ivan Levaï, déjà marié et père de famille, a donc le coup de foudre pour Anne Sinclair.

Il aura l'occasion de revoir la séduisante stagiaire. Toujours à la recherche d'un prétexte pour monter à la rédaction, elle s'improvise régulièrement porteuse de café. « J'allais traîner au service politique le plus souvent possible parce que c'était la seule chose au monde qui m'intéressait », dit-elle. Ivan Levaï est déjà une grande signature de la station. Gérard Carreyrou aussi. Robert

Namias commence à se faire un nom. À trois, ils se partagent la couverture politique de la radio la plus écoutée de France. Ils sont quasiment tous les jours à l'antenne. Il n'est pas rare qu'ils se succèdent au micro dans le même journal. Et Anne Sinclair, dont le charme est le bienvenu dans la cage de verre du service politique, prend l'habitude de s'asseoir sur un coin de bureau et de participer à leurs discussions d'hommes de gauche.

À l'occasion, elle donne un coup de main aux trois journalistes débordés par la préparation du scrutin législatif de mars 1973. Elle rédige quelques-unes des fiches des circonscriptions électorales indispensables à un service politique digne de ce nom. « C'était une jolie fille cultivée, nourrie au *Monde*, comme tous les jeunes gens de Sciences-Po de l'époque, se rappelle Robert Namias. Elle le lisait, trois heures par jour, de A à Z. Elle en voulait, et elle bossait bien. » Parfois, elle prend son tour d'écoute, en cabine, des débats de l'Assemblée nationale. Il arrive même qu'elle repère la petite phrase qui, le lendemain, fera le bonheur des journaux de la « matinale ».

Les élections passées, le stage d'Anne Sinclair se termine. Mais le hasard fait bien les choses. En avril, Nathalie Duhamel, l'assistante de Jean Gorini, démissionne après le dernier désaccord d'une longue série sur la manière de répondre au courrier des lecteurs. Elle rejoindra bientôt François Mitterrand, premier secrétaire du Parti socialiste, en tant qu'attachée de presse. Le directeur de la rédaction propose alors à Anne Sinclair de la remplacer. « Mais sachez bien que vous ne travaillerez jamais dans *ma* rédaction avec *mes* journalistes ! » la prévient-il. « Pour reprendre le vocabulaire utilisé entre hommes par Gorini : *Une biche comme elle, pas question de l'introduire dans ma harde de cerfs en rut* », traduit Ivan Levaï.

Anne Sinclair est ravie de rester à Europe N°1. Mais elle l'est un peu moins de son salaire de 1 800 francs quand elle réalise que Nathalie Duhamel en touchait 700 de plus. Or cette dernière avait seulement son bac et elles étaient nées le même mois de la même année. Quand elle demande à Jean Gorini la raison de cette différence, il lui répond qu'il y avait eu tout simplement une « petite erreur » concernant le salaire de Nathalie Duhamel. « Mon boulot était celui d'une secrétaire ne sachant pas taper à la machine, raconte Anne Sinclair. Gorini avait un secrétariat par ailleurs.

Moi, je lui faisais des notes pour préparer un dossier, je passais des coups de fil pour lui, etc. C'est moi, par exemple, qui ai fixé leurs rendez-vous à Étienne Mougeotte et à Philippe Gildas quand il a voulu les recruter. Vachement intellectuel comme travail, pas de doute ! »

Aussi ingrate juge-t-elle rétrospectivement son activité d'assistante du directeur de la rédaction d'Europe N°1, l'été 1973 donne toutefois à Anne Sinclair l'occasion de faire deux rencontres qui vont se révéler essentielles dans sa vie. Jean Gorini lui demande en effet d'organiser le tour du monde estival que Jean-François Kahn va accomplir avec sa future femme, Rachel Assouline. En négociant avec Europe N°1 son contrat, l'ancien grand reporter de *L'Express*, devenu présentateur du journal de 8 heures, avait fait de cette expédition annuelle de deux mois une condition *sine qua non* de son arrivée rue François-Ier. Une manière pour Jean-François Kahn, 37 ans, de continuer de prendre le pouls de la planète en s'éloignant de la station dont il ne sort guère durant l'année. Anne Sinclair s'occupe donc de préparer ce long périple qui mènera le couple de Dakar à Alger, en passant par Buenos Aires, Tokyo, Phnom Penh, Karachi ou Le Caire : billets d'avion, hôtels, locations de voitures, bonnes adresses, etc. Et elle le fait dans le moindre détail, avec le perfectionnisme qui sera sa marque de fabrique durant toute sa vie professionnelle.

« Quelle fantastique organisation ! Elle est incroyable la fille qui a échafaudé ce voyage », s'émerveille, pendant le tour du monde, Rachel Assouline, également journaliste à *L'Express*. De retour à Paris, Jean-François Kahn, sachant qu'Anne Sinclair partage sa passion de l'opéra, décide de l'y inviter pour la remercier.

« Nous avions rendez-vous avec Anne Sinclair sur les marches du palais Garnier, se souvient Rachel Kahn. En arrivant, j'aperçois, sans me douter que c'est elle, une sublime fille brune et bronzée dont le regard me happe. Voilà que Jean-François et elle se précipitent l'un vers l'autre. Je ressens instantanément une jalousie intense. Comme il est fou, mon futur mari m'avait tout dit, sauf qu'elle était si belle ! Et, croyez-moi, Anne Sinclair, à l'époque, c'était quelque chose : un mélange d'Ava Gardner et de je ne sais quoi. Jean-François me l'a présentée. Elle était accompagnée de son fiancé, Étienne. Ma jalousie n'a pas duré. Au bout de cinq minutes, j'étais conquise. Depuis, notre amitié ne s'est jamais démentie. »

Le couple Kahn va en effet compter dans la vie d'Anne Sinclair : Jean-François, proche ami d'Ivan Levaï par ailleurs, lui ouvrira, deux ans et demi plus tard, les portes de la télévision, et Rachel reste, trente-six ans après leur première rencontre, une de ses amies intimes.

La relation entre Anne Sinclair et Étienne Dolfi, le jeune héritier d'un fabricant de bonbons rencontré, six ans plus tôt, à l'université de Nanterre et qui l'accompagne ce jour-là au palais Garnier, n'aura donc pas été qu'une amourette de jeunesse. Leur flirt de fac s'est transformé, après la peine de cœur d'Anne Sinclair avec Jacques Attali, en engagement réciproque. « À Nanterre, c'est Étienne qui rompt, croit-elle se souvenir. J'en suis triste, puis je m'en remets. Vous savez comment on est à cet âge-là… Après ne plus s'être vus pendant un temps, on se croise à nouveau. Et quand on ressort ensemble, pour le coup, on décide de se marier. »

À l'automne 1973, les voilà donc fiancés. Mais ils ont échangé leurs vœux en tête à tête, sans cérémonial et, plus surprenant, en l'absence de leurs familles respectives. Étienne Dolfi a offert un beau diamant de chez Chaumet à sa promise. Elle, une jolie montre Cartier à son bien-aimé.

Pourquoi ces fiançailles en catimini ? Parce que Anne Sinclair sait que ses parents n'approuvent pas leur amour. « Ce n'est pas un homme pour toi, il ne sera pas à la hauteur », répète son père. Ce dernier n'a rien de particulier à reprocher à Étienne Dolfi, mais il ne croit tout simplement pas qu'un fils de la bonne bourgeoisie juive parisienne corresponde à la personnalité de sa fille unique. Robert Sinclair ayant toujours été critique à l'égard de ses petits copains, la jeune femme, à laquelle ses parents ont inculqué l'indépendance d'esprit, ne tient pas compte de cet avis négatif dans un premier temps. « Plus papa insistait, et plus je me braquais, se souvient-elle. Mais, au fond de moi, je sentais qu'il avait raison… »

Pour Étienne Dolfi, la discrétion de leur engagement solennel s'expliquerait surtout par la nature turbulente de leur relation, faite de hauts et de bas. « C'était tumultueux, ça allait, puis ça n'allait plus, puis ça allait de nouveau, témoigne-t-il, énigmatique. Nous avions des caractères particuliers… »

De la rédaction d'Europe N°1, Étienne Dolfi ne connaîtra que Jean-François Kahn, croisé à l'occasion de rares dîners à quatre en compagnie de leurs fiancées respectives. « Grâce à elle, j'ai eu l'opportunité de rencontrer, chez les Uri, Laurent Fabius, les frères Attali et Cicurel », précise-t-il. Anne Sinclair cloisonne les différents pans et relations de son existence. Elle l'a toujours fait, et le fera toujours. Quand elle quitte les études supérieures pour la radio, elle entre dans un monde post-soixante-huitard où son gentil fiancé très XVIe arrondissement de Paris, électeur de droite et joueur de golf, n'a pas naturellement sa place. Son absolue priorité étant d'ordre professionnel, elle ne va jamais tenter de l'imposer à son nouveau milieu. Et puis, les hommes étant ce qu'ils sont, n'a-t-elle pas compris qu'une jeune femme à l'allure libre peut se voir offrir plus d'opportunités que la future épouse annoncée d'un marchand de bonbons ?

Rachel Assouline, la nouvelle amie de l'époque, et Marie-Hélène Uri, celle de Sciences-Po, ont été témoins de la mue d'Anne Sinclair. « Quand je l'ai connue, elle voulait rentrer dans le moule de la jeune fille bien élevée, fiancée avec le jeune homme comme il faut, considère la première. À une époque où les filles devenaient anticonformistes, elle faisait les choses dans les règles. » La seconde abonde dans le même sens : « Ces fiançailles étaient étranges. La petite fille sage allait épouser le garçon convenable – charmant et intelligent, au demeurant – qui allait lui assurer un train de vie confortable. Mais, quand elle arrive à Europe, Anne Sinclair s'ouvre alors au monde, puis rencontre Ivan Levaï qui, installé dans le métier avec l'autorité des années, va lui servir de mentor. »

L'homme que la future star de TF1 va épouser, trois ans plus tard, est né à Budapest, en 1937, « entre l'ombre brune de l'oncle Adolf et l'ombre rouge du petit père Staline », comme il le raconte dans son livre *La République des mots*[1]. Sa mère, une juive hongroise – son père reste inconnu –, le fait baptiser catholique. Modiste, elle emmène son fils à Paris, où elle décède des suites d'une intervention chirurgicale. À l'âge de 4 ans, Ivan Levaï se retrouve donc orphelin à l'Assistance publique, avant d'être placé dans une famille protestante dans laquelle il grandira. Après le bac, il devient comptable de la Société des fermetures et applica-

1. Éditions Michel Lafon, 2001.

tions Éclair, puis instituteur, ensuite professeur de lettres. À 21 ans, il se marie une première fois. Un fils naît, un an plus tard. Mais, comme Anne Sinclair, son horizon, son rêve, c'est Europe N°1 qu'il écoute avec passion depuis l'apparition de la station sur les ondes, en 1955. Avant d'arriver au 26 *bis*, rue François-Ier, il tâte toutefois d'abord de la radio et de la télévision à Paris Inter et à la deuxième chaîne de l'ORTF[1]. Et il passe aussi par *L'Express*. Il intègre Europe N°1 en 1969, et pour presque deux décennies. L'année précédente, il avait couvert les événements de mai à la fois pour l'hebdomadaire et pour la radio.

« J'étais pigiste dans les deux maisons en même temps, raconte Ivan Levaï. *L'Express* était rue de Berry ; Europe, déjà rue François-Ier. Je n'avais qu'à traverser les Champs-Élysées pour passer d'une de mes crèches professionnelles à l'autre... Mai 68 a été la chance de ma vie. Je n'avais jamais gagné autant d'argent, je n'avais jamais été aussi heureux. On a brûlé des voitures, moi, j'en ai acheté une ! Les journalistes avaient de l'essence, la plupart des autres, non, et les plus belles filles t'arrêtaient pour que tu les prennes en auto-stop. Le bonheur absolu ! »

Mais, en septembre 1973, Anne Sinclair a rendez-vous avec un autre homme qui jouera un rôle capital au début de sa carrière : Étienne Mougeotte. À 33 ans, il revient avec le titre de rédacteur en chef à Europe N°1, où il avait déjà travaillé quelques mois après Mai 68. Entre-temps, il a fait un détour remarqué par la Première chaîne de l'ORTF, où il a présenté un journal télévisé novateur imaginé par Pierre Desgraupes, et par RTL. Jean Gorini lui offre le journal de 19 heures, plus une interview de vingt-cinq minutes, à 19 h 20. Ce sera *Questions-Réponses*. « Je lui ai proposé un concept tout bête, explique Étienne Mougeotte : cinq questions auxquelles l'invité doit d'abord répondre par oui ou par non, avant de développer dans un deuxième temps. »

Pour préparer son émission quotidienne, Étienne Mougeotte a besoin d'une assistante. Jean Gorini, auprès de qui Anne Sinclair insiste depuis des mois pour intégrer la rédaction, saisit l'occasion. « J'ai une fille épatante pour vous », lui annonce-t-il. Mais Anne Sinclair est avertie qu'elle devra aussi continuer de travailler pour

1. Office de radiodiffusion et de télévision française.

lui : « Vous me feriez un souk terrible si j'engageais quelqu'un pour ce poste. Donc, vous allez faire les deux pour le même prix. »

Anne Sinclair apparaît d'emblée « brillante et séduisante » à Étienne Mougeotte. Avec lui et son émission, elle entre de plain-pied dans le monde du journalisme. Et se retrouve totalement dans son élément car, neuf fois sur dix, l'invité de *Questions-Réponses* est politique. « L'émission était très écoutée, très influente, souligne Robert Namias. Au fil des contacts et des déjeuners, Anne s'est créé un énorme carnet d'adresses. Elle est devenue *de facto* journaliste politique. »

Pour la future présentatrice de *7 sur 7*, pas de doute non plus : « C'est avec Étienne que j'ai appris le métier. » Ils se retrouvent tous les jours de la semaine à 9 heures du matin. Le choix de l'invité du soir fait l'objet entre eux d'échanges de plus en plus égalitaires au fil des mois. Il doit ensuite être avalisé par la direction de la rédaction. Mais c'est ensemble qu'ils bâtissent l'émission, en choisissent les thèmes et les questions. La culture politique de la jeune femme épate Étienne Mougeotte. La quantité de travail qu'elle abat également. Car elle lit tout ce qui lui tombe sous la main : quotidiens, magazines, livres dont elle tire des questions pointues.

« Sur le papier, Anne Sinclair était mon assistante, mais, dans les faits, mon égale, reconnaît-il bien volontiers. Simplement, au moment décisif, moi, j'allais à l'antenne et elle, elle restait derrière. Et avec le sourire en plus. Avec le recul, j'imagine sa frustration. Elle devait se dire qu'elle pourrait faire aussi bien que moi. Mais elle ne l'a jamais dit. »

Au bout de quelques mois, Étienne Mougeotte comble de bonheur sa collaboratrice débutante : « Tu fais un boulot de journaliste, je vais te donner ta carte de presse. » Elle hurle littéralement de joie. Son patron direct ne pouvait pas lui faire plus plaisir. « Mon rêve absolu se réalisait », se rappelle-t-elle. Elle se précipite alors au service politique pour annoncer la nouvelle :

« Ivan, tu te rends compte, je vais avoir ma carte !

– Bon, et alors ?... »

« J'ai été lamentable sur ce coup-là, reconnaît Ivan Levaï. Mais, à l'époque, je trouvais qu'on donnait un peu trop facilement des cartes de presse aux assistantes et aux secrétaires pour qu'elles puissent, comme les journalistes, réduire de 30 % leur déclaration de revenus. »

Si elle est blessée par cette réaction, Anne Sinclair éprouve par contre la satisfaction de faire mentir Roland Cayrol, son maître de conférences à Sciences-Po, qui l'avait mortifiée en lui disant qu'elle ne serait jamais journaliste. Le politologue assure n'avoir jamais affirmé une telle chose. Mais Marie-Hélène Uri, qui déjeuna avec elle le jour où Étienne Mougeotte lui annonça la bonne nouvelle, confirme la version de son amie. Elle se souvient aussi du ton rancunier d'Anne Sinclair ce jour-là : « C'est Roland Cayrol qui va être surpris ! »

Le 2 avril 1974, Anne Sinclair rentre chez elle après une soirée orageuse avec Étienne Dolfi. Ses parents regardent à la télévision *L'Homme de Kiev* de John Frankenheimer, avec Alan Bates et Dirk Bogarde. En bas de l'écran, un bandeau défile : « Georges Pompidou est mort. » Le lendemain, elle annonce qu'en raison du travail qui l'attend, elle ne peut plus se marier au printemps comme prévu. « En réalité, personne n'avait vraiment besoin de moi à la rédaction, je n'étais en rien indispensable à la couverture de la campagne électorale qui s'annonçait, mais je ne savais plus comment me dépêtrer de ma relation avec Étienne, et j'ai bondi sur cette excuse qui ne valait pas un clou », confesse-t-elle. Le mariage est repoussé. Une nouvelle date ne sera jamais fixée. Et Ivan Levaï n'y est pas tout à fait pour rien.

Car, si elle s'épanouit dans son travail aux côtés d'Étienne Mougeotte, Anne Sinclair n'en a pas pour autant perdu ses habitudes au service politique où elle espère toujours travailler un jour ou l'autre. À force de la voir fréquemment, Ivan Levaï est sorti de sa tente et l'a invitée à déjeuner. Une fois, puis deux, puis trois… « Nous parlions d'Europe, de journalisme, de politique, nous étions joyeux et passionnés tous les deux », se remémore Ivan Levaï. « J'ai commencé à me dire que ce mec n'était pas mal, dit Anne Sinclair. C'est en déjeunant ensemble que nous sommes tombés amoureux l'un de l'autre. » Mais il est toujours marié et, elle, fiancée.

« Pour Anne Sinclair, la rencontre avec Ivan Levaï n'a pas été fulgurante mais progressive, témoigne Marie-Hélène Uri. Elle m'en parle d'abord comme d'un journaliste qui l'impressionne. En plus, il a un passé romanesque. Et puis, il est juif, ça tombe bien. » Rachel Kahn, elle, pense qu'Anne Sinclair a été d'emblée bousculée par Ivan Levaï : « Son fiancé était l'archétype d'un certain milieu, d'une certaine éducation, et, soudain, il y a ce fou furieux, drôle, enthousiaste et intelligent qui arrive. Elle a été décoiffée et séduite. »

Jean-François Kahn et Rachel Assouline vont devenir les témoins privilégiés de la double vie d'Anne Sinclair. Ivan Levaï commence à emmener régulièrement cette dernière à l'Assemblée nationale, à des conférences de presse ou des meetings politiques. Un jour, il va voir son ami Jean-François : « J'ai quelque chose à te dire : je suis avec Anne, mais n'en parle à personne. »

De son côté, Rachel, qui avait déjà remarqué quelques échanges de regards, reçoit un appel de sa nouvelle amie :

« Je vais t'annoncer une grande nouvelle !

– Laisse-moi deviner ! Tu es tombée amoureuse d'Ivan... »

Le couple se souvient par ailleurs de dîners avec Anne Sinclair et Étienne Dolfi à l'approche de l'élection présidentielle de mai 1974. « Anne était vachement mobilisée pour Mitterrand, se rappelle Jean-François Kahn. Lui, ça le rendait fou, car il soutenait Giscard. » Rachel Kahn confirme : « Elle le provoquait, ce qui donnait des discussions enflammées. »

Étienne Mougeotte partage aussi le secret d'Anne Sinclair et Ivan Levaï qui vont dîner chez lui, rue Pierre-et-Marie-Curie, dans le Ve arrondissement. « Leur couple était très touchant, se souvient-il. Ivan, c'est un affectif, un écorché vif. Et Anne, en apparence très raisonnée, peut brûler d'un feu intérieur. »

Si, dès l'instant où Ivan Levaï a rencontré Anne Sinclair, il n'a plus envisagé de continuer de vivre avec sa première épouse, la fiancée d'Étienne Dolfi, de son côté, a eu besoin de plus de temps pour accepter l'idée de revenir sur son engagement. « On a dû vivre ainsi jusqu'à ce que je me sépare de mon épouse et qu'elle rompe ses fiançailles. C'était dur pour elle », reconnaît Ivan Levaï. « Anne Sinclair a été bouleversée de réaliser qu'elle allait devoir lâcher Étienne, se remémore Marie-Hélène Uri. C'était l'opposé de ce qu'elle espérait vivre. »

La jeune journaliste rompt définitivement en juillet 1974. « Je devenais schizophrène », se souvient-elle. Ils se rendent les cadeaux de fiançailles, comme il se doit. « Pendant assez longtemps, à *7 sur 7*, elle a mis la montre Cartier », signale Étienne Dolfi qui a racheté, en 2001, *La Mère de famille*, une très belle marque de confiserie, « Anne ne l'avait ni échangée ou revendue. C'était un signe de gentillesse de sa part de ne pas avoir effacé le passé. Notre relation reste un formidable souvenir car c'était une jeune fille exceptionnelle. »

Mais Anne Sinclair n'est pas femme à ressasser longtemps le passé. À l'été 1974, elle vit à cent à l'heure dans le présent. Et celui-ci s'appelle Ivan Levaï, avec Europe N°1 comme décor. Les deux amoureux s'échappent régulièrement de la station pour vivre leur passion naissante. Par une belle journée d'été, Ivan Levaï emmène ainsi Anne Sinclair au square du Vert-Galant, sous le Pont-Neuf, pour un « presque déjeuner sur l'herbe ». Il adore cet endroit et la place Dauphine toute proche qui constituent, pour lui, le « cœur de Paris ». Il fait beau et il a acheté des cerises qu'ils se partagent, assis sur un banc, entre deux baisers.

Malgré leurs efforts pour rester discrets, leur idylle ne va pas tarder à éclater au grand jour. « Le hasard importun vient toujours bousculer les amours clandestines, écrit joliment Ivan Levaï dans *La République des mots*. Par un petit matin, Dudu nous a surpris dans une rue de Paris. Dudu ! Maurice Duverger, le chauffeur de Maurice Siegel[1] [...] Dudu nous a croisés à un moment où il n'aurait pas dû nous croiser. Et tout le monde a su à Europe N°1 qu'il y avait de l'amour dans l'air[2]. »

Rue François-Ier, la liaison surprend. « Le petit juif errant dans la grande famille juive », dit la rumeur rapportée par Catherine Dufresne, la première femme à entrer dans la rédaction en tant que reporter. « Et comme Ivan quittait son épouse pour Anne, l'histoire avait même un côté sulfureux », précise-t-elle. Micheline et Robert Sinclair, eux, accueillent à bras ouverts « ce type de la DDASS sans le sou, le divorcé avec enfant, le juif un peu bricolé », comme Anne Sinclair décrit tendrement Ivan Levaï, trente-sept ans plus tard, encore émerveillée par l'ouverture d'esprit de ses parents et la justesse de jugement de son père sur le type d'homme qui lui conviendrait. Elle l'épousera deux ans plus tard, le 9 novembre 1976.

Le 21 octobre 1974, un tremblement de terre secoue la radio où Anne Sinclair travaille maintenant depuis presque deux ans. Deux décennies après son arrivée rue François-Ier en tant que directeur

1. Directeur général d'Europe N° 1.
2. *Op.cit.*

de la rédaction, Maurice Siegel, devenu directeur général, est débarqué sans ménagement par le conseil d'administration. Entreprise privée, Europe N°1 est de fait contrôlée par l'État à travers la Société financière de radiodiffusion (Sofirad). Et l'État, c'est Valéry Giscard d'Estaing, depuis l'élection présidentielle du mois de mai précédent. « Attitude de dénigrement, voire franche opposition » : le Premier ministre Jacques Chirac n'a pas envoyé dire à Maurice Siegel tout le mal que l'Élysée et Matignon pensent de la ligne éditoriale de sa station. Sollicités pour le remplacer, le directeur général adjoint, qui n'est autre que Jean Gorini, puis le successeur de ce dernier à la direction de la rédaction, Georges Leroy, refusent et démissionnent.

Une page historique se tourne à Europe N°1 rebaptisée Europe 1. Sylvain Floirat, son président depuis 1955, laisse la gestion de la crise à Jean-Luc Lagardère, le dauphin qu'il s'est choisi l'année précédente. Il ne faut qu'une dizaine de jours au nouvel homme fort de la rue François-Ier pour amadouer la rédaction. Après lui avoir concédé l'élaboration d'une charte de liberté de l'information et des indemnités confortables pour les candidats au départ, le patron de Matra nomme Étienne Mougeotte au poste de directeur de l'information, sur une suggestion de Jean-François Kahn. Son adjoint sera Philippe Gildas. Quant à Ivan Levaï, avec sa nouvelle interview politique de 8 h 20 – *Expliquez-vous sur Europe 1* –, il va symboliser l'indépendance confortée de la station pendant dix ans.

Anne Sinclair ne peut qu'être perturbée par l'éviction des « pères » de la radio qui enchanta sa jeunesse. Et surtout par la brutalité de la méthode. Mais son mentor, celui dont elle a partagé l'intimité professionnelle et su se faire apprécier durant un an, dirige maintenant la rédaction. L'assister, quand on a de l'ambition, ne peut pas vous desservir. Et les deux autres aînés qu'elle admire le plus, Kahn et Levaï, ont également décidé de poursuivre l'aventure. Pourquoi, dans ces conditions, aurait-elle des états d'âme ? Si Étienne Mougeotte confie la présentation du journal de 19 heures à Jean-Claude Dassier, il conserve son émission politique *Questions-Réponses*. En raison de ses nouvelles fonctions, il se repose d'autant plus sur son assistante pour les préparer. Par ailleurs, la nouvelle titulaire de la carte de presse peut maintenant sortir des murs de la rue François-Ier pour exercer son métier de journaliste. Bientôt, elle va tendre son micro à un homme politique qu'elle admirera autant qu'elle a aimé Pierre Mendès France.

En février 1975, Anne Sinclair va ainsi rencontrer François Mitterrand. André Arnaud lui demande en effet, pour son journal de 13 heures, une interview du premier secrétaire du PS. Son livre *La Paille et le Grain*[1] vient d'être publié. Personne ne s'intéresse à celui qui, moins d'un an après l'élection de Valéry Giscard d'Estaing, fait figure de *has been*. On envoie donc l'assistante sortie de Sciences-Po, la jeune passionnée de politique.

« Ma première interview, et avec Mitterrand ! s'en amuse-t-elle aujourd'hui. Je la prépare pendant huit jours. J'avais pris des notes, assez pour faire une thèse, alors que je devais poser... quatre questions ! Je ne mange plus et je ne dors plus durant les trois jours qui précèdent la rencontre. » La voilà, morte de tract, son lourd magnétophone Nagra à l'épaule, rue de Bièvre. François Mitterrand la reçoit de façon charmante, l'invite à s'installer sur la petite terrasse de son appartement. Mais, « drame horrible » pour l'apprentie intervieweuse, il y a des travaux dans la rue. Anne Sinclair réalise néanmoins l'entretien et repart avec un ouvrage dédicacé. « Cette interview au son des marteaux-piqueurs », a écrit Mitterrand. Elle rentre à Europe 1, toute fière.

La douche sera d'autant plus froide. « Ma petite, la bande est inaudible », lui dit André Arnaud. Anne Sinclair en pleure de déception. Deux minutes et demie sont finalement sauvées pour l'antenne, avec les marteaux-piqueurs en bruit de fond.

Mais cette mésaventure initiatique ne peut plus faire obstacle à l'ambition de la future star de TF1. Elle en veut. L'expérience de l'interview acquise dans les coulisses de *Questions-Réponses* dope sa confiance en elle. Assez pour la convaincre que l'heure est venue de sortir de l'ombre. Et de dire haut et fort son désir d'antenne à son parrain en journalisme. Une fois encore, Étienne Mougeotte va lui mettre le pied à l'étrier : « Tu veux faire de l'antenne ? Tu vas faire cette nouvelle émission, *Tout peut arriver*, avec Lescure et Desjeunes. »

Repérés par Jean-Luc Lagardère et René Cleitman, directeur des programmes d'Europe 1, Jean-Michel Desjeunes et Pierre Lescure, couple inséparable depuis leurs études au Centre de formation des journalistes (CFJ) de Paris, ont déjà fait le bonheur de RTL, RMC

1. Flammarion, 1975.

et de la deuxième chaîne de l'ORTF. Quant au concept de *Tout peut arriver* – révolutionnaire pour l'époque –, qui mêle l'information, la culture et la variété, l'idée en revient à Jean-Michel Desjeunes.

C'est donc avec eux que la carrière d'Anne Sinclair débute réellement en septembre 1975. « Mougeotte a insisté pour que son assistante rentre dans le *service action*, se souvient Pierre Lescure. Il nous l'a décrite affûtée et cultivée, intelligente et politique. Cela s'est fait d'autant plus facilement que Jean-Michel était un fervent partisan du partage du pouvoir avec les femmes. »

La première impression faite par Anne Sinclair au duo de journalistes n'est pourtant pas des plus flatteuses : « Belle, née avec une cuillère d'argent dans la bouche et croyant que tout lui est dû. » Mais, très vite, elle s'affirme à leurs yeux comme une « bosseuse cultivée », tant dans les « réunions de gamberge » que dans l'élaboration du conducteur de l'émission ou de l'interview de l'invité. Et puis, comme eux, elle est de gauche.

Programmé du lundi au vendredi, *Tout peut arriver* est la grande tranche de la seconde partie de l'après-midi, un super show en public. Pierre Lescure présente les informations et s'occupe de la programmation musicale. Jean-Michel Desjeunes et Anne Sinclair se chargent des invités : des politiques, mais aussi des chanteurs, des écrivains ou des cinéastes. « Le trio Desjeunes-Lescure-Sinclair mêle les genres. Politique et spectacle s'interpénètrent. Michel Jobert répond aux questions de Michel Fugain et Marlène Jobert. Edgar Faure rencontre Michel Delpech. Les politiques parlent spectacle et vice versa. En 1975, déjà », écrit Luc Bernard, dans son ouvrage de référence *Europe 1, la grande histoire dans une grande radio*[1].

En interne à Europe 1, on rebaptise *LSD*, l'émission de Lescure, Sinclair et Desjeunes. Quant à l'interview d'une dizaine de minutes que mène la jeune femme, elle sera présentée à l'antenne tour à tour comme *Le Confessionnal* ou *Les Questions miel fiel d'Anne Sinclair*. Elle va roder, là, l'exercice qui sera le sien durant toute sa carrière. Son ton volontiers acide et mordant n'a rien à voir avec les entretiens classiques, complaisants ou guindés. La femme, peu présente dans l'audiovisuel de l'époque, s'autorise ce

1. Éditions du Centurion, 1990.

que l'homme journaliste ne se permet pas. Anne Sinclair frôle souvent la ligne jaune, exerce son droit de suite, obtient des confidences.

Projetée sur le devant de la scène radiophonique, elle fait un sans-faute aux yeux des deux initiateurs de *Tout peut arriver*. Elle leur en impose dès sa première prestation à l'antenne – elle recevait Eddy Mitchell, précise Richard Arzt, l'ami de Sciences-Po qui assiste à l'émission. « Une belle voix, intelligible, sans affectation de langage, une syntaxe parfaite, du vocabulaire, voilà pour la forme, juge, rétrospectivement, Pierre Lescure. Une sacrée personnalité, une dimension féminine, une grande maturité pour son âge, voilà pour le fond. » Au service politique, on ne perd pas non plus une miette de l'interview réalisée par celle qui, un an et demi auparavant, leur portait encore timidement le café. « Elle a pris le micro et, tout de suite, elle a été bonne », atteste Robert Namias.

Jean Paraf n'a pas oublié, pour sa part, un échange téléphonique avec Anne Sinclair avant le premier *Confessionnal* :

« Je vais avoir ma propre interview de dix minutes. Comment tu vois ça ?

– Comme tu n'as pas à te forcer pour être peau de vache, sois naturelle, fais une interview peau de vache ! »

« Elle a un peu râlé que je la décrive ainsi, mais c'est exactement ce qu'elle a fait, s'amuse Jean Paraf. J'ai été invité à assister à une émission. Elle interrogeait Gilbert Bécaud. Je lui ai dit qu'elle était absolument parfaite. Très impertinente, mais à juste titre. Elle voyait toujours ce qui ne collait pas. »

Un *Confessionnal* mémorable restera celui dont Jean-Jacques Servan-Schreiber est l'invité. Le propriétaire de *L'Express* et député de Nancy a droit à un feu roulant de questions impertinentes sur son manque de sens de l'humour, son carriérisme légendaire et son absence totale de modestie. Elle n'hésite pas ensuite à s'attaquer à l'hebdomadaire créé par JJSS – celui « des grandes causes, des grands combats, comme au temps de la guerre d'Algérie », rappelle-t-elle – et qui, aujourd'hui, Anne Sinclair s'en offusque devant lui, privilégierait « ce qui fait vendre plus que ce qui fait réfléchir, et on a l'impression que ce qui fait vendre, c'est un peu du *Playboy* ». Elle en veut pour preuve la une récente de *L'Express* sur Brigitte Bardot alors que le dictateur espagnol Franco agonisait. Toujours sur le même ton, recevant le cinéaste

Claude Lelouch pour la sortie de son film *Le Chat et la Souris*, elle ouvre l'entretien en lui demandant s'il n'aurait pas mieux fait d'arrêter sa carrière après *Un homme et une femme*, dont l'immense succès a été sans lendemain comparable.

De son côté, Ivan Levaï, lui aussi bluffé par les prestations de l'élue de son cœur, voit déjà au-delà d'Europe 1 :

« Ton lieu, ton média, c'est la télévision.

– La télé ? Je n'oserais jamais m'y montrer... »

Fausse ou vraie modestie ? Bientôt, en tout cas, elle osera.

Si *Tout peut arriver* révolutionne les après-midi radiophoniques de l'époque et joue parfaitement son rôle de tremplin pour Anne Sinclair, elle coûte cher à la station et son audience ne sera jamais satisfaisante pour la régie publicitaire. La première saison se termine en juin 1976, et elle passe en soirée pour la deuxième, à la rentrée. Mais *Le Confessionnal* et son intervieweuse font les frais du changement de format.

Jean-Luc Lagardère ne trouve alors rien de mieux que de lui proposer de devenir... son attachée de presse. Vexée, en dépit du conséquent salaire proposé, elle lui oppose une fin de non-recevoir : « Je lui ai répondu que je ne savais pas si j'arriverais à être journaliste, mais que j'allais m'entêter à essayer. » À Europe 1, refuser une offre du patron ne se fait pas. La suite est courue d'avance. Étienne Mougeotte annonce à Anne Sinclair qu'il n'a rien de précis pour elle dans la grille des programmes. « Tu peux faire des flashs », lui dit-il. En septembre 1976, la future star de TF1 quitte la rue François-Ier.

« Au fond, je ne reste pas très longtemps à Europe 1, même pas quatre ans, constate Anne Sinclair, trente-cinq ans après, mais ça me semble toute une vie, tant j'en ai rêvé, tant j'ai appris. »

Plus tard, bien plus tard, la prédiction d'Ivan Levaï et la démarche de sa future femme par rapport à la télévision se révéleront visionnaires. Au milieu des années soixante-dix, toutefois, rien n'aurait dû inciter la fille de Robert Sinclair à tenter l'aventure du petit écran. Car la radio règne encore en maître sur l'audiovisuel et paie ses vedettes trois fois mieux que la télévision. Mais c'est pourtant exactement ce qu'elle va faire.

Chapitre 7

À Europe, dans un premier temps, puis dans la suite de sa carrière à FR3, Antenne 2 et TF1, c'est dans un monde d'hommes qu'Anne Sinclair doit se faire une place. Ce sont des montagnes de machisme qu'il faut parfois franchir. À Europe N°1, la jeune journaliste sera la première femme à s'investir puis à s'imposer, patiemment, dans un secteur qui n'est pas traditionnellement dévolu à la gent féminine : la politique. Jusque-là, ses aînées, très minoritaires en nombre, se voyaient affectées à l'éducation, à la consommation ou à la santé, à l'image d'une société qui considérait plus volontiers les femmes comme des infirmières, des institutrices ou des ménagères de 50 ans ou moins, et certainement pas comme des ingénieurs, des chirurgiens ou des grands reporters. Constat valable à la radio, dans la presse écrite, à quelques rares exceptions près, et à la télé où les femmes monopolisaient le rôle de speakerines ! Être une femme dans les médias s'apparente alors davantage à un handicap qu'à un atout. Il faudra attendre le début des années quatre-vingt pour que l'état d'esprit change véritablement.

« Les femmes étaient minoritaires à la télévision. Et le privilège d'une minorité est parfois reconnu. C'était une sorte de discrimination positive, puisque celles qui avaient réussi étaient peu nombreuses. Dès que vous aviez franchi la barre de la notoriété, vous deveniez à la mode et tout devenait plus facile. Christine Ockrent et moi en avons profité. Aujourd'hui, ce petit avantage n'existe plus, puisque la parité dans les rédactions est là[1]. » C'est effectivement Christine Ockrent, qui, en présentant en 1981 la « grand-messe » du 20 heures, fait tomber l'édifice jusqu'alors tenu et protégé par les hommes. Cette année-là, Anne Sinclair est, à Antenne 2, coanimatrice d'une émission de l'après-midi assez confidentielle en audience. C'est elle qui transformera l'essai sur TF1 quelques mois plus tard, avec l'émission *Édition spéciale*, puis en prenant la responsabilité, une semaine sur deux, de *7 sur 7*. On oubliera le « remplacement » de Danièle Gilbert début 1982, qui aura surtout prouvé qu'Anne Sinclair est davantage faite pour l'information que pour la présentation d'une émission de « variétés ». CQFD. Anne Sinclair admettra avoir à cette période davantage été portée par une volonté d'équivalence, sinon de revanche... Dans un article du *Monde* de juin 1994, signé Hervé Jane, elle justifie en ces termes la place des femmes dans le monde des médias : « Elles proposent une information autre qui reflète la double dimension de l'actualité en mêlant le froid au chaud, où les enjeux géopolitiques d'une guerre n'occultent pas les souffrances des populations. Elles ne renient ni l'un ni l'autre, tandis que les hommes "s'amputent" volontiers d'une partie d'eux-mêmes, réduisant leur approche au théâtre des opérations martiales. Leurs interviews se veulent plus vraies. Elles savent plus qu'un homme ce qu'est la vie en fréquentant les supermarchés, en allant chercher les enfants à l'école ou en menant la barque familiale... »

Anne a des femmes de chevet, symboles des valeurs dans lesquelles elle se reconnaît ou des caractères qu'elle admire. Parfois les deux. Ces femmes sont les icônes d'une réussite qui l'inspire, dont elle se nourrit, prend le positif et minimise le reste pour finalement sculpter ses convictions, son propre personnage, de manière assez impressionniste. Certaines de ces femmes peuvent surprendre. Qu'Anne Sinclair évoque Louise Michel au détour d'une conversation peut ainsi faire sursauter... ou sourire. On imagine instantanément le désordre qu'aurait mis la pasionaria de la Commune de Paris, et figure majeure de l'anarchisme après sa

1. Entretien avec Anne Sinclair réalisé par Emmanuelle Duverger et Robert Ménard, paru dans *Médias*, juin 2007.

déportation en Nouvelle-Calédonie, dans les nouveaux appartements des Sinclair qui ont déménagé du 9 au 15 de l'avenue du Maréchal-Maunoury. Le drapeau noir flottant sur les balcons du XVIe, le contraste peut choquer les âmes sensibles. Ou provoquer l'admiration devant une telle ouverture d'esprit. Parmi les autres femmes que cite spontanément Anne : Simone de Beauvoir, pour ses combats fondateurs d'une génération. Anne n'aurait pas pour autant, avoue-t-elle, aimé vivre sa vie. Elle aurait en revanche adoré vivre celle de Maria Callas. Autre registre.

Quatre femmes forment le dernier carré : Marie-Claire Mendès France, Simone Signoret, Simone Veil et Françoise Giroud. Elles vont façonner Anne, la marquer, influencer le développement de sa pensée et de son ambition, l'inspirer, chacune à sa façon, pour des raisons différentes ou pour les mêmes raisons. Pas forcément des modèles, plutôt des sources d'inspiration.

Difficile de s'empêcher d'établir un lien, presque une correspondance entre Marie-Claire et Anne. Il suffit d'évoquer le parcours de la femme de l'ancien président du Conseil, elle-même fille de Suzanne Crémieux, personnalité éclatante et moderne dans l'Europe de l'entre-deux-guerres, femme de Robert Schreiber, le fondateur du journal *Les Echos*. Flashback : dans le salon de Suzanne Crémieux passent, dans les années trente, la plupart des hommes politiques de l'époque. Dans le livre d'or de la petite Marie-Claire, qu'elle fait signer aux illustres personnages de passage à la maison, figurent, accompagnées parfois d'un mot personnel, les signatures de Joseph Caillaux, Jacques Kayser, Henri Mondor, Georges Mandel, Édouard Herriot, Léo Lagrange, Édouard Daladier, Jean Prouvost, Louise Weiss, Geneviève Tabouis... et tant d'autres. Marie-Claire, dans son autobiographie[1], se souvient également d'avoir accompagné en 1933, alors qu'elle n'a que 12 ans, ses parents en Belgique, pour rendre visite à un physicien nommé Albert Einstein. Ce dernier avait alors demandé à sa mère de transmettre au président du Parti radical socialiste, Édouard Herriot, un message solennel alertant sur la chasse aux juifs organisée par Hitler et l'existence des premiers camps de concentration...

1. *L'Esprit de liberté*, Presses de la Renaissance, 1992.

Les points de ressemblance et de croisement sont manifestes, indépendamment de la génération. Marie-Claire Mendès France, tout comme sa mère, est une femme du meilleur monde, « née de parents juifs assimilés, laïcs, libres penseurs et radicaux socialistes, dont la réussite sociale n'entamait pas les convictions de gauche ». À peu de chose près, ce pourrait être la description des parents d'Anne. La fréquentation toute jeune des plus grands, chacune dans son monde, apparaît tout aussi évidente, avec le recul. Picasso ou Braque feront partie de la famille Rosenberg-Sinclair comme Édouard Herriot ou Jean Zay appartiennent à l'environnement de la famille Crémieux. Toutes deux admiratrices de Maria Callas... Toutes deux « amoureuses » de Pierre Mendès France. Mais l'une est sa compagne, depuis 1956, l'autre une jeune admiratrice qui pourrait être sa fille.

Le hasard fera que les deux femmes soient en 1968 encartées au PSU. Anne prend sa carte en juillet alors que Marie-Claire la rend et que PMF se met en congé du parti. Mauvaise analyse qu'Anne corrige en ne renouvelant pas cette carte, l'année suivante.

Toutes deux sont là, lors de la campagne calamiteuse de 1969. Marie-Claire organise. Anne colle des enveloppes avec d'autres militants bénévoles. C'est la période où Marie-Claire avouera à ses enfants, Nathalie et Jean-René, issus d'un premier mariage, que Pierre et elle ne sont pas seulement des amis, mais comme mariés. Ils le seront en fait devant la loi deux ans plus tard, en 1971. Mais à cette époque, Marie-Claire n'imagine pas à quel point la jolie jeune fille aux yeux bleus la comprend et l'envie peut-être. Une jolie jeune fille qui a le même âge que la sienne, Nathalie. Née d'un premier mari. En 1948.

Nathalie Duhamel est plus jeune d'un mois. Cette fois encore, les destins vont se croiser comme des personnages mus par un mécanisme d'horlogerie. Le décès brutal de Jérôme Duhamel, jeune mari de Nathalie, quelques mois seulement après leur mariage, pousse la toute jeune mère à arrêter ses études. Période sombre. Jacques Duhamel, père de Jérôme et d'Olivier, intervient. Grâce aux relations amicales qu'il entretient avec Maurice Siegel, il fait rentrer sa belle-fille à Europe N°1. Quand elle décidera d'en partir, c'est Anne qui la remplacera. Le fait du hasard. Ou de la destinée. Qui a décidé pour ces deux femmes que tant de choses auraient pu rapprocher, qu'elles ne seraient jamais proches ? « Oui, ma mère et elle se sont vues. Maman me parlait d'Anne, confie Nathalie Duhamel. Elles avaient des relations, que moi je n'avais pas. Anne et ma mère ont fait connaissance dans les "trucs" autour de Pierre. Les meetings, les réunions publiques, les sorties de bouquin. Je n'étais pas dans ce pré carré. Peut-être a-t-elle connu ma mère avant de me connaître moi ? Peut-être bien... Elles se sont téléphonées. Elles ont dû se voir. La différence, c'est que j'ai un enfant. Je ne me branche alors pas sur le militantisme auprès de Pierre. Alors qu'Anne, qui est de l'extérieur, va le faire. Moi, je ne m'y colle pas. J'ai besoin d'un tribun, ça doit déménager et c'est pour ça que je rejoins plutôt Mitterrand alors que Pierre, je le vois tout le temps, il fait partie de ma famille... Je respecte sa ligne, sa droiture. Mais avec Anne, on a deux trajectoires différentes. » Des trajectoires qui se croisent à nouveau quand François Mitterrand devient le 21e président de la République française. Mais jamais ne se rejoignent. « Peut-être Anne a-t-elle fait plus souvent que moi l'aller-retour Paris-Château-Chinon ? » s'interroge Nathalie, qui n'a pas même le numéro de téléphone d'Anne. Nathalie a-t-elle parfois eu l'impression qu'Anne tentait de « capter » sa mère ? « Non, je crois pas à ça du tout. Il y en a qui voulaient avoir ma mère pour mère. Ça, j'ai bien vu. Mais elle, je ne crois pas. »

Dans ce portrait de groupe avec femmes, deux Simone... Simone Signoret, Simone Veil. « Ma Simone », dit affectueusement Anne de la première, ce qu'elle ne s'autoriserait pas en parlant de la seconde. Et quand Ivan Levaï et elle arrivent, en 1976, à les faire toutes deux se rencontrer, ce jour-là, Simone Veil, ministre de la Santé, a tenu à apporter avec elle le dernier livre de Simone Signoret, *La nostalgie n'est plus ce qu'elle était*[1], pour se le faire dédicacer. Joli geste. Délicat. Distancié. Et généreux de la part d'une rescapée de la barbarie nazie, peu suspecte par ailleurs de porter en son cœur un communisme dont Yves Montand et Simone Signoret ont été un temps les compagnons de route. Jusqu'au printemps de Prague en 1968. Ce qui, au moment

1. Seuil, 1976.

de cette rencontre, appartient déjà au passé. « Tellement symbolique et réconfortant de voir que Simone Veil incarne aujourd'hui la France », lâche Anne. Qui bien sûr l'invitera sur le plateau de *7 sur 7* à plusieurs reprises et renouera avec son fils Jean, avocat d'affaires, à la fin des années quatre-vingt-dix, à l'occasion de l'affaire dite de la MNEF[1], dans laquelle est alors enlisé Dominique Strauss-Kahn.

La relation avec Simone Signoret est sans aucun doute plus fusionnelle. « Elle regardait *7 sur 7* tous les dimanches soirs et, généralement, je trouvais, en revenant chez moi, sur mon répondeur, trois ou quatre messages. Avec ses commentaires sur l'émission, et sur mon invité. Le lundi matin, elle me téléphonait. Elle m'a appris qu'on ne va pas à la télé gratuitement, mais qu'on en profite pour livrer un message. "Quand on a un porte-voix, ma p'tite, on s'en sert", disait-elle. Elle n'abandonnait jamais. » « La complicité entre ces deux femmes était impressionnante », témoigne Richard Arzt, copain de Sciences-Po qui dîne un soir dans un restaurant asiatique réputé avec elles deux, à l'issue d'un spectacle. « Elles sentaient les choses de la même façon, analysaient l'actualité pareillement. On peut dire que Simone Signoret voyait Anne comme une sorte d'héritière. Elles étaient en parfaite osmose, intellectuellement parlant. » Les occasions de rencontre sont fréquentes, que ce soit chez les Bedos, chez Simone et Yves, Anne et Ivan. Ou plus directement sur le plateau de *7 sur 7*, quand il s'agit de faciliter le passage de certains messages. Comme le dimanche 3 février 1985, quand Simone Signoret (huit mois avant sa disparition), invitée de l'émission, montre pour la première fois à l'écran la petite main jaune que SOS Racisme vient de se donner pour symbole. Un de ces exemples qui font dire à Emmanuelle Anizon dans *Télérama* en 2003, dans un portrait consacré à la journaliste : « Anne Sinclair fait fondamentalement partie de ce petit monde de connivence intello-politico-médiatique, dont elle ne comprend même pas qu'il puisse énerver, puisque c'est le sien. »

1. Le dossier judiciaire de la MNEF (Mutuelle nationale des étudiants de France) impliquait des personnalités liées au Parti socialiste dans une affaire d'enrichissement personnel et d'emplois fictifs. DSK, mis en examen pour faux et usage de faux le 15 décembre 1999, sera finalement relaxé par le tribunal correctionnel de Paris, le 7 novembre 2001.

Dans ce « monde de connivence », il est une quatrième femme qui compte. « Une des plus grandes. Une de celles qui, par petites touches, en l'écoutant, m'ont formée au métier », le formule Anne Sinclair comme si elle décrivait un processus de construction. Il s'agit de Françoise Giroud. Si Mendès est la figure tutélaire en politique, la référence en journalisme, c'est elle. « Pas un modèle, je fais le tri », assure-t-elle, comme si Anne avait appris à radiographier avec lucidité et discernement tous ceux qui rentrent dans son champ d'intérêt. Le caractère, la plume, la sensibilité et les passions de son aînée la fascinent. Ses combats, ses jugements, ses valeurs, ses qualités ou ses défauts, rien ne l'indiffère. Son rapport à la vérité… elle n'en est pas dupe. Le concept du « mentir vrai » d'Aragon que Françoise Giroud a, semble-t-il, fait sien, Anne le perçoit avec acuité. Intuitivement. Idéalisée au tout début, considérée comme la femme journaliste d'exception, la pionnière, l'exemple à suivre, elle va devenir et rester, dans la vie d'Anne, un personnage d'importance. Anne a besoin d'admirer pour vivre, pour suivre, et ressembler. Sa première rencontre avec Françoise Giroud dans un ascenseur de *L'Express*, alors qu'elle y est en stage, à la fin des années soixante, est gravée dans sa mémoire. S'imagine-t-elle déjà à la table de cette grande dame, discutant avec elle, d'égale à égale, comme l'occasion s'en présentera souvent quelque quinze années plus tard ? Sans doute pas. La fille de Françoise Giroud, Caroline Eliacheff, en témoigne : « Anne Sinclair et Christine Ockrent étaient les seules journalistes à avoir régulièrement Françoise au téléphone. Et à partir du moment où elle a cessé ses fonctions et qu'elle est redevenue éditorialiste, elle recevait chaque jour quelqu'un à déjeuner en tête à tête. Anne Sinclair faisait clairement partie des personnes qui étaient reçues régulièrement. Et puis, toute sa vie, Françoise a été entourée de journalistes jeunes. Anne Sinclair et Christine Ockrent tranchent par rapport aux autres journalistes femmes que ma mère aimait bien, du fait qu'elles étaient des journalistes télé. Françoise a formé des générations de journalistes de presse écrite, mais elles, c'était la télé, c'était différent. Et ma mère avait non pas une admiration mais un véritable intérêt pour le média télé. Quand Claude Perdriel et Jean Daniel sont revenus la chercher pour *Le Nouvel Observateur*, c'est elle qui a proposé de faire une chronique télé qui, à l'époque, était considérée comme négligeable. Ça l'intéressait, elle faisait ça chez elle, c'était pratique… Elle regardait systématiquement *7 sur 7*. Je pense qu'elle l'appréciait, qu'elle trouvait ses émissions excellentes, qu'elle trouvait qu'elle s'habillait mal, elle lui aurait bien donné des conseils à ce sujet… »

Les deux femmes discuteront d'ailleurs fréquemment. Par lettres ou petits mots. De la fin des années soixante-dix jusqu'à la disparition de Françoise Giroud. Pour telle ou telle occasion, heureuse ou malheureuse. La naissance de David, l'aîné des fils d'Anne, la Légion d'honneur remise à Françoise. Pour remercier Giroud au lendemain d'une émission, faire l'éloge d'un livre qu'elle vient de publier et Anne de dévorer, ou lui faire simplement savoir son regret de ne pas assez la voir. Ou pour lui dire son affection après une chronique chaleureuse et solidaire publiée dans *Le Nouvel Observateur* après la dernière de *7 sur 7*. Françoise Giroud y écrivait, sous le titre « Dix sur dix » :

> *Il faut saluer Anne Sinclair. Elle a réussi sa sortie. Sans doute la reverra-t-on dans d'autres fonctions, d'autres émissions, mais elle a renoncé de plein gré à la tribune politique la plus prestigieuse de la télévision, par pure rigueur, parce que son mari, Dominique Strauss-Kahn, est l'un des poids lourds du nouveau gouvernement. Personne n'a été pendant treize ans plus sollicité, plus courtisé, soumis à plus de pressions dans l'espoir ? voire l'exigence ? de se retrouver sous son regard bleu parmi les élus de* 7 sur 7. *Une sorte de banc d'honneur, il fallait y passer. Elle a su résister, composant rarement, objective toujours. Munie d'une garde-robe ébouriffante, elle avait un style, un ton, une maîtrise adoucie par son charmant visage. Surtout, jamais elle n'a été vaine de son pouvoir. Elle ne se prenait pas pour Anne Sinclair. Bref, c'est quelqu'un de très bien. Le dimanche, à 7 h du soir, elle nous manquera.*

Anne y répondra en ces termes :

> *Chère Françoise,*
>
> *Je n'ai lu que ce matin votre chronique cachée dans le* N. O. *à une place inhabituelle.*
>
> *C'est le plus joli des au revoir. De la plus grande des journalistes à l'une de ses « filles ».*
>
> *J'ai été plus touchée que vous ne le pensez, car notre fâcherie de cet hiver m'avait peinée. Il est vrai qu'animer la plus importante des émissions politiques de la télévision, en étant la femme du ministre des Finances, me paraissait indécent.*

Il est vrai aussi que partir n'est jamais facile. Mais je suis aujourd'hui soulagée et sûre d'avoir pris la bonne décision.

Je vous remercie de cet hommage et je vous embrasse.

Anne

Moins de deux ans plus tard, c'est pour lui témoigner sa reconnaissance après la démission de Dominique Strauss-Kahn du gouvernement qu'Anne prend à nouveau la plume pour remercier celle avec qui sa relation reste à l'évidence privilégiée :

Chère Françoise,

Votre petit mot m'a touchée. Nous venons de vivre quelque chose d'assez violent et j'en suis encore tout écorchée.

Je pense que Dominique a pris la seule décision digne et je suis fière de ce qu'il a fait. Les lettres comme la vôtre nous font chaud au cœur. Je vous embrasse.

Anne

Mais ces échanges ont parfois pu être tendus. Acerbes. Anne a du mal à supporter que Françoise l'étrille après une émission qui ne lui a pas plu ou dont elle a des raisons personnelles de détester l'invité. Il s'agit, en l'espèce, de Jimmy Goldsmith, que Giroud n'a cessé de détester depuis la cession de *L'Express* par Jean-Jacques Servan-Schreiber au financier franco-britannique en 1977. Une blessure qui ne s'est jamais refermée. Et voilà qu'Anne vient, en ce mois d'octobre 1996, de le recevoir sur son plateau… Comme trahie, elle laisse alors courir sa plume après l'avoir trempée dans le vitriol comme elle sait le faire mieux que quiconque. La réponse ne tarde pas. Et les excuses, rares de la part de Françoise Giroud, suivront.

Lettre d'Anne, 22 octobre 1996 :

Chère Françoise,

J'ai hésité à vous écrire mais c'est la stupeur de mes amis, souvent de nos amis, qui m'incite à le faire. Votre chronique du Nouvel Obs *de la semaine dernière m'a choquée. Libre à vous de détester Jimmy Goldsmith et le* 7 sur 7 *qui l'accueillait. Mais feindre de vous interroger sur le fait qu'il aurait pu acheter son passage dans mon émission était proprement insultant. J'ai du mal à croire que votre plume d'ordinaire si maîtrisée, ait pu s'égarer. Alors, que penser ? Ne pas vous avoir invitée à* 7 sur 7 *pour* Cosima[1] *ne justifiait tout de même pas un tel coup bas ? Ou bien si ?*

Bien à vous,

Anne

Réponse de Françoise Giroud à Anne, du 22 octobre 1996 :

Chère Anne,

D'abord pardon. Pardon si je vous ai fait de la peine, ce n'était évidemment pas mon propos. J'ai fait un bon mot, parfois ceux-ci vous échappent, mais personne ne peut sérieusement imaginer que vous êtes stipendiée !

Vous-même, comment pouvez-vous imaginer que je me « venge » de n'avoir pas été invitée pour Cosima ? Un : je n'ai jamais pensé que je le serai, un tel livre n'est pas votre tasse de thé. Deux : j'étais parfaitement contente de faire l'émission de RTL avec vous, pour le plaisir et non pour parler de Cosima.

Allons un peu plus loin : j'ai trouvé Goldsmith odieux et j'ai été choquée – moi aussi – que vous l'ayez invité, sachant les propos qu'il tiendrait. Pourquoi offrir votre tribune à un tel personnage, à un tel discours ? Quelques personnes, et non des moindres, m'ont dit combien elles en avaient été étonnées comme d'un geste irresponsable, inattendu de la part de quelqu'un d'aussi scrupuleux que vous.

Je l'ai ressenti ainsi. J'ai traduit ce sentiment en termes trop vifs peut-être. Mon seul regret est de vous avoir blessée, ce qui me fait horreur. J'essayerai de me faire pardonner dans un prochain article. Je vous embrasse, si vous le voulez bien.

Les mots sont alors durs, incisifs, de part et d'autre, mais la fâcherie finit toujours par s'estomper comme feu de broussaille vite maîtrisé. Une chronique suivante achèvera alors d'en éteindre les dernières braises.

Comme ces quelques échanges en témoignent, Anne se considère volontiers comme une des « filles » de Giroud. Au sens intellectuel et spirituel du terme. C'est l'une des raisons qui lui feront

1. *Cosima la Sublime*, Fayard-Plon, 1996. Biographie de Cosima Wagner écrite par Françoise Giroud.

décliner l'invitation faite au soir de sa vie par sa prestigieuse aînée, de prendre en charge l'écriture de sa biographie.

Françoise Giroud, très réticente au départ, finit en effet, à l'aube du troisième millénaire, par accepter l'idée que sa biographie sera inévitablement écrite un jour… Afin de garder une maîtrise *a minima* sur la conduite de ce travail ou, à l'inverse, pouvoir les yeux fermés laisser l'ouvrage se tisser en confiance, elle préfère à l'option de l'historien celle du journaliste, ou plutôt de la journaliste. Profil souhaité : jeune femme en vue, connue d'elle, bienveillante. Il n'y en a pas trente-six. Dans les premiers mois de 2001, devant son amie de toujours, la photographe Micheline Pelletier, Françoise Giroud avance le nom d'Anne Sinclair. Et lui demande alors d'organiser un déjeuner à trois. « Françoise aimait beaucoup Anne, confirme Caroline Eliacheff, sa fille. Elles se voyaient, elles se fréquentaient et Françoise a clairement exprimé le souhait que ce soit elle. Je suis formelle là-dessus. Parce qu'elle l'aimait bien et sans doute parce qu'elle la sentait capable de le faire. »

Micheline Pelletier partage l'avis de Françoise Giroud. D'autant qu'elle est aussi l'amie d'Anne. Plus que celle de Christine Ockrent, dont le nom a également été évoqué mais avec davantage de méfiance et moins d'illusions quant à la bienveillance. Anne est mise au courant début 2001. Elle est partagée. L'amie lui dit de refuser ce que la journaliste aurait pu envisager. Elle pressent que si elle accepte ce travail, elle trouvera, comme classiquement dans ce genre d'exercice, des choses dérangeantes qui risquent de mettre à mal son amitié pour Françoise. Il faudra s'intéresser à ces lettres anonymes dont le Tout-Paris subodore l'existence depuis longtemps et que Françoise Giroud, par dépit amoureux, aurait envoyées à Jean-Jacques Servan-Schreiber et à sa femme Sabrina. Il faudra revenir sur la complexité du rapport de Françoise à la judéité. Sur les conditions de son baptême pendant la guerre. Anne ne ressent pas l'envie de fouiller ainsi dans la vie de celle qu'elle admire et qu'elle considère un peu comme une icône. Et puis elle n'est pas, à proprement parler, une journaliste d'investigation. Elle n'est enfin pas sûre de sa capacité physique à s'atteler à un tel boulot à cette période-là. Il fait mauvais temps dans sa vie. Depuis qu'elle a arrêté *7 sur 7* en 1997, elle dirige e-TF1, la filiale internet de la chaîne. Mais ce travail ne la passionne plus. Elle se ressent, par ailleurs, encore de la rude bataille aux côtés de DSK, mis en cause par la justice dans l'affaire de la MNEF quelques mois plus tôt : elle déprime, multiplie les absences pour maladie, rêve par ailleurs d'un retour à l'antenne, et ne se sent pas forcément de taille à prendre en charge un tel projet. Elle le dit à Micheline qui organise néanmoins le déjeuner à trois voulu par Françoise au domicile de cette dernière, avenue de la Tour-Maubourg, le 27 avril 2001. « Dans la salle à manger où est accroché un grand tableau d'Alechinsky, raconte Micheline Pelletier, nous faisions face toutes les deux à "Françoise". Elle était toujours aussi brillante mais quand même un peu fatiguée. Au bout d'un moment, elle s'adresse à Anne et lui dit : "J'ai quelque chose à vous proposer. Voilà, on me demande que quelqu'un fasse ma biographie et j'ai pensé à vous, car je n'ai pas envie que ce soit n'importe qui." Anne n'a pas répondu tout de suite. Elle a simplement exprimé à quel point elle était touchée de cette proposition, qu'il lui fallait étudier. Elle a ensuite expliqué ce qu'elle faisait à e-TF1 et le travail que cela représentait. Françoise Giroud était passionnée par tout ce qui était communication nouvelle. Anne était vraiment très tentée d'un côté. Mais, de l'autre, elle ne voulait pas. Elle ne dira jamais du mal de quelqu'un qu'elle aime. Et elle sait que dans une biographie sérieuse, c'est quelque chose qui peut arriver. Elle n'entend simplement pas écrire une hagiographie et, dans le même temps, a l'intuition qu'elle serait inévitablement confrontée aux zones d'ombre qui entachent la vie de la journaliste. Et elle ne souhaite pas devoir affronter un tel dilemme. »

Quelques jours plus tard, elle rappelle Giroud et lui dit : « Je ne peux pas le faire avant deux ans parce que je suis en plein développement d'e-TF1. Quand je fais quelque chose, je le fais à fond, cela va me demander un énorme travail et donc beaucoup de temps. Et, très honnêtement, Françoise, je ne peux pas m'y mettre maintenant… » Ironie du sort : le 5 juin suivant, Anne est débarquée de TF1… La biographie de Françoise Giroud, c'est finalement Christine Ockrent qui la fera. L'affaire s'est faite peu de temps après le refus d'Anne. Dans des conditions dont se souvient Caroline Eliacheff : « Vers la fin de sa vie, ma mère a eu plusieurs micro-accidents vasculaires cérébraux. Elle se retrouvait parfois dans des états de confusion. Une fois, on l'a retrouvée errant près de chez elle dans la rue. La gardienne l'a raccompagnée. Donc, à un moment où elle était vraiment très mal, je me suis occupée d'elle un peu plus qu'avant. J'étais chez elle et un jour, je la laisse parce qu'il y avait quelqu'un avec elle, et c'est alors que Claude Durand[1] m'appelle et me dit : "Caroline, est-ce que je peux venir voir Françoise ?" Je lui réponds : "Claude, je ne suis pas la gardienne du temple, vous l'appelez et vous lui demandez si elle peut vous recevoir", moi, je ne faisais pas les entrées et les sorties. J'appelle ma mère à ce moment-là, je lui dis que Claude Durand va l'appeler : "Il vient voir dans quel état tu es." On dit ça pour rigoler ensemble. "Il vient voir en gros si tu en as encore pour longtemps..." Je lui dis un truc violent, quoi ! On rigole entre nous. En fait, Claude Durand viendra avec Christine, à un moment où vraiment elle était affaiblie. Ils lui font la proposition. Elle signe l'autorisation de rédiger sa biographie. »

Dans un premier temps, Françoise Giroud est satisfaite. Cela ne durera pas. Le 21 septembre 2002, date de son anniversaire, Françoise Giroud apparaît à ses amis très diminuée par la fracture du col du fémur dont elle a été victime pendant l'été, à Aix-en-Provence. Diminuée mais très en colère. Par ce qu'elle sait du travail de Christine Ockrent qui ne lui plaît en aucune manière. Elle ne verra pas la sortie du livre. Elle décède en janvier 2003 d'une fracture du crâne suite à une chute dans un escalier, à la sortie de l'Opéra-Comique.

Comme il est facile de l'imaginer, la version de Christine Ockrent diffère :

Christine Ockrent. – J'ai la faiblesse de penser, nous fera-t-elle observer à l'occasion d'un entretien, que si Françoise m'avait choisie pour m'ouvrir ses archives et me demander de faire sa biographie, alors qu'Anne, je crois, le lui avait demandé, c'est précisément parce qu'elle pensait qu'elle avait plus à gagner d'une certaine forme d'indépendance d'esprit.

Auteurs. – Anne dit avoir refusé parce qu'elle ne souhaitait pas écrire du mal sur Françoise Giroud. Et elle pensait que ce serait inévitable...

C. O. – *No comment.* Je crois qu'il est assez facile de vérifier les faits. Françoise n'était pas gentille. Quelle qu'ait été son affection

1. P-DG des Éditions Fayard de 1980 à 2009.

pour les unes et les autres, elle avait quelques critères aussi qui étaient différents.

Quant à l'éditeur Claude Durand, sollicité sur cette question, son avis est d'une prudente neutralité…

Auteurs. – Françoise Giroud aurait dit à qui voulait l'entendre, en particulier à ses éditeurs : « Anne Sinclair me tanne pour faire ma biographie. Je l'aime beaucoup… mais elle ne sait vraiment pas écrire ! » Qu'en pensez-vous ?

Claude Durand. – La phrase que vous rapportez est bien dans le style de Françoise, mais je ne l'ai pas entendu prononcer [...] Françoise Giroud m'avait dit qu'elle accepterait de voir publier une biographie d'elle émanant d'Anne Sinclair ou de Christine Ockrent. Je pense que Christine Ockrent a été la plus rapide à la convaincre. Je n'en sais pas davantage, si ce n'est que Françoise était heureuse que cette biographie sorte chez Fayard où mon prédécesseur n'était autre que le dernier compagnon de Françoise Giroud, Alex Grall, et où elle-même avait publié l'essentiel de son œuvre. Il est probable qu'une biographie par Anne Sinclair aurait plutôt paru chez Grasset où est sortie celle écrite par Laure Adler.

Marie-Claire Mendes France, Simone Veil, Simone Signoret, Françoise Giroud… Anne Sinclair entend se situer dans la lignée de ces femmes-là. Dans leur aspiration ou inspiration. Peut-être secrètement les a-t-elle imaginées comme mères…

Ces grands caractères féminins peuvent parfois tourner chez elle à l'obsession. C'est ce que croit pouvoir noter Pierre Lescure qui fait la connaissance d'Anne à Europe 1 dans l'émission *Tout peut arriver*, qu'il anime l'après-midi avec son ami Jean-Michel Desjeunes : « L'idolâtrie pour Giroud, par exemple, m'a toujours personnellement paru excessive. Mais elle nous a fait découvrir des femmes. Elle les mettait à égalité dans le discours. Ce que Jean-Michel faisait naturellement, mais la contribution d'Anne aura été importante en l'espèce. » Et Pierre Lescure de noter plus généralement la propension d'Anne à vivre dans le monde de celles et ceux qu'elle admire : « C'est vrai qu'à certains moments, on avait l'impression qu'Anne n'évoluait que dans un petit cercle allant de Bernard-Henri Lévy à Bernard Kouchner en passant par

Signoret et Montand. » Reproche que ses détracteurs lui adresseront souvent par la suite.

Anne Sinclair se pense-t-elle comme une « féministe » ? Son éducation ne va pas dans ce sens. « Papa regrettait que maman ait cessé de travailler, se souvient-elle. Mais plus pour son équilibre à elle que par principe. Car ils étaient tous deux d'accord sur le fait qu'ils ne pensaient pas que le travail était indispensable à l'épanouissement d'une femme. Ils n'étaient pas vraiment conservateurs, mais dans l'air du temps et de la bourgeoisie de leur entourage. Disons que le féminisme n'a jamais été un sujet pour eux. Pour moi, les combats pour l'avortement, la pilule, l'égalité des sexes font partie des batailles de ma génération. Moi, je n'ai pas vraiment souffert de discrimination en temps que femme, parce que les femmes en journalisme étaient encore peu nombreuses quand j'ai commencé, et j'ai bénéficié de l'avantage de la minorité, une fois passé le cap difficile des premières années dans la profession. » Ce qui permettra à Luc Le Vaillant dans *Libération*, le 5 juillet 1997, de parler d'« une vie de femme symbole, mais sans les cicatrices des pionnières de l'égalité des sexes ». On ne saurait mieux dire ou écrire. Le combat féministe a été mené par d'autres. Anne en a profité, bénéficiant d'une évolution et l'accompagnant. Voilà tout.

« Le problème, précise-t-elle, quand j'étais jeune mère, c'est en fait le "non-choix" qu'a fait ma génération qui a décidé d'accumuler les vies plutôt que choisir, jusqu'à mener toutes les vies de front. Les femmes des années quatre-vingt ont tenté de tout concilier. Il y a aujourd'hui des différences évidentes entre générations, entre celle des "nouveaux pères", par exemple, et celle de Dominique ou Ivan. Eux faisaient à la rigueur manger leur purée aux enfants, mais ça n'allait guère plus loin. Il y a une différence fondamentale de comportements avec la génération de mes enfants. Aujourd'hui, à part la grossesse et l'allaitement (dont je ne minimise pas l'importance, bien sûr), les rôles de père et de mère sont quasiment interchangeables. Il y a eu un saut qualitatif beaucoup plus important entre ma génération et la suivante qu'entre la mienne et celle de ma mère. Moi, j'ai toujours voulu travailler. Je pense que j'en aurais voulu à mes enfants si j'avais dû sacrifier ma vie professionnelle. Mais c'est comme un divorce réussi, ça n'a pas empêché le sentiment de culpabilité... »

La culpabilité, encore et toujours...

De l'avis de ceux qui forment son entourage immédiat comme pour celles de ses proches qui gravitent dans les milieux socialistes, Anne n'a pas la fibre féministe. Des femmes l'ont marquée, comme on vient de le voir. Ses amies, Élisabeth Badinter, Micheline Pelletier ou Rachel Kahn sont des femmes à la pensée libre, autonome dont l'indépendance et le professionnalisme forcent le respect. En revanche, le courant animé par Yvette Roudy au Parti socialiste ou par Benoîte Groult, à une certaine époque, ne l'a jamais véritablement intéressée.

Elle ne revendique pas plus, dès lors que le débat pour ou contre les quotas de femmes revient sur le devant de l'actualité. Elle a davantage une vision du mérite. Quant à la parité, il suffit de lire les lignes très pragmatiques que ce thème lui inspire dans le livre *Caméra subjective*[1] : « Les partis qui doivent payer une pénalité s'ils n'ont pas les 50 % de femmes requis préfèrent acquitter l'amende plutôt que de faire de la place aux femmes. C'est comme les communes qui préfèrent payer plutôt que d'avoir sur leur sol le taux de logements sociaux requis par la loi. Ce genre de système n'a jamais bien marché. Les riches sont toujours prêts à payer pour ne pas être dérangés. »

On l'a bien compris, Anne Sinclair ne se reconnaît pas dans le profil de la militante féministe. Même si elle a sans doute contribué, à sa modeste façon, à l'émancipation des femmes dans le monde des médias. « Regardez à TF1, répond-elle à un journaliste du *Soir* de Bruxelles en mars 1997, les grands reporters, ceux qu'on appelait autrefois les correspondants de guerre, sont aujourd'hui des femmes. Ce sont elles qui vont en Algérie ou en Afghanistan. Elles sont souvent plus courageuses, plus volontaires, plus dynamiques et parfois même plus compétentes que les hommes. »

Un leitmotiv qui est le sien et ne date pas d'hier. Et s'il en fallait une preuve, elle est apportée par cet extrait d'une *Radioscopie* (émission de France Inter) de la jeune Anne Sinclair par Jacques

1. *Op. cit.*

Chancel en février 1982, un mois après qu'elle a repris le créneau de 12 h 30/13 heures qu'occupait Danièle Gilbert et à l'occasion de la sortie de son premier livre, *Une année particulière*[1] : « Plus ça va, plus les femmes me sont proches, plus je les comprends bien, plus je sais ce qu'est une vie de femme éclatée [...] Les poids qu'elles portent font que leur épaisseur est souvent plus grande [...]. »

Jacques Chancel. – Vous estimez qu'elles sont supérieures aux hommes [...] C'est dit en deux lignes, dans votre livre : « Les femmes accomplies sont celles qui ont réussi le difficile équilibre de leur vie et dépassent alors les hommes de cent coudées. » Il y a là d'abord un zeste de féminisme et peut-être aussi de contentement de soi, non ?

Anne Sinclair. – S'il y a quelque chose qui m'est totalement étranger, c'est le contentement de soi. Alors, ça, franchement, je suis beaucoup trop angoissée pour ça, je doute beaucoup trop. Je parle des femmes, mes sœurs finalement [...] Quand elles sont accomplies, oui, alors elles dépassent les hommes de cent coudées. Je n'ai pas dit que je l'étais, mon Dieu ! [...] Une femme qui essaie justement de réussir l'harmonie d'une vie, l'équilibre d'une vie, c'est ça une vraie femme réussie, une vraie femme accomplie, ce n'est pas la femme qui a réussi une carrière extraordinaire, c'est celle qui préserve les équilibres parce qu'elle a à préserver les équilibres.

Certaines de ses consœurs n'ont toujours pas compris sa décision d'arrêter *7 sur 7* en 1997. Ou en font un débat sur la place des femmes dans la société. Christine Ockrent fait partie de celles-là : « J'appartiens à une génération de femmes qui s'est suffisamment battue pour parler à la première personne et pour considérer que le travail que l'on effectue, les risques que l'on prend, on le fait par rapport à soi-même et par rapport à ce qu'on est capable de faire et pas en fonction de sa vie privée quels qu'en soient les aléas, les rebondissements ou la félicité. C'est juste étanche, c'est même complètement étanche. »

À l'époque Anne Sinclair déclarait, non sans une pointe de perfidie, à Jacques Buob du *Monde*, qui, en juillet 1997, l'interrogeait

1. *Op. cit.*

sur son choix, différent de celui de Christine Ockrent : « C'est son problème. Il est vrai que Bernard Kouchner n'a pas un poste emblématique au gouvernement et que l'émission de Christine, tardive, ne tient pas la vedette. Mais je crois qu'elle ne pense pas comme moi... »

Son amie Claire Chazal ne partage pas davantage sa position. Tout en confirmant l'existence d'autres raisons, plus personnelles, ayant motivé sa décision : une certaine lassitude, associée à l'évolution des esprits et des attentes vis-à-vis des médias. « Comme il commençait à y avoir moins d'intérêt pour la politique et qu'elle a dû le sentir, ça lui a permis de partir en pleine gloire... » Quant à Élisabeth Badinter, elle sera sans doute la plus dure, dureté sur le principe, accentuée sans doute par les réserves que peut parfois lui inspirer DSK. « Anne a quand même abandonné son métier. Là, c'est une sorte de hara-kiri professionnel. Elle est la seule. Elle a été, comme d'habitude, jusqu'au bout. Cela m'a fait mal au cœur. C'est fini pour Anne... »

Débat sans fin entre celles et ceux qui jonglent avec des principes et d'autres qui tentent d'y introduire des notions de choix personnels de vie et de liberté individuelle, et contestent par la même occasion le fait qu'une vedette de télé, si importante soit-elle, puisse être, à un moment donné, la propriété de tous. « Je pense qu'elle faisait du bien à ce métier-là », pense avec regret son ami écrivain Dan Franck, comme s'il y avait dans ce départ matière à reproche, tandis que d'autres continuent de trouver exemplaire et éthiquement indiscutable le choix d'Anne Sinclair, le mot de la fin revenant sans doute à Vanessa, l'une des filles de DSK. « Je me dis qu'elle aurait pu continuer. Mais cela la mettait dans une position qu'elle ne voulait pas avoir. Je comprends son choix. J'ose espérer que, dans la situation inverse, cela aurait été pareil... »

Ainsi va la vie d'Anne. Et c'est sans doute ce qui explique sa longévité. Avoir voulu et su tout concilier, avoir eu les moyens matériels également de pouvoir le faire. Ce que résumait en ces termes Luc Le Vaillant dans *Libération* après l'annonce de son départ de *7 sur 7* en juillet 1997 :

Peut-être sa longévité vient-elle de sa propension à ménager en elle l'ambitieuse et la bonne vivante, la bosseuse et la gourmande, la glamoureuse et la classique, « femme amoureuse prête à se sacrifier pour son mec », comme dit une amie. Autant qu'en madone de l'info aux trois Sept d'or, elle s'aime en Ariane dans Belle du Seigneur, *en Anita Ekberg entrant dans la fontaine de Trévise, ou en Simone Signoret, l'actrice, la combattante. En fait, Anne Sinclair ne se refuse rien. Ni la fréquentation toujours étonnée des grands de ce monde, ni les petits bonheurs de mère tardive et culpabilisée d'une famille recomposée. Kohl, Clinton, Chirac, mais aussi les voyages en camping-car aux États-Unis, le ski aux Arcs, où elle s'acharne à suivre ses fils, les films d'action avec Bruce Willis, l'opéra, les polars de Ludlum et de Patricia Cornwell.*

La vie rêvée d'une star…

Chapitre 8

Début 1975. Valéry Giscard d'Estaing vient de présenter pour la première fois ses vœux aux Françaises et aux Français, en direct du palais de l'Élysée. À Londres, Margaret Thatcher prend les rênes du parti conservateur, le général Antonio de Spinola échoue dans sa tentative de putsch au Portugal. Carlos terrorise tous azimuts. Les troupes nord-vietnamiennes déferlent vers le Sud, Pol Pot s'installe au Cambodge et Gerald Ford mâche un chewing-gum à la Maison-Blanche. Jeanne Calment vient d'avoir 100 ans. Aristote Onassis s'éteint. Eva Longoria s'allume. Bic lance le rasoir jetable, la création de Microsoft est annoncée, Dominique Lapierre publie *Cette nuit la liberté*, vaste fresque retraçant l'indépendance indienne. Et l'ONU vient de proclamer officiellement 1975... année de la femme. Anne Sinclair est à Europe 1. Françoise Giroud, au secrétariat d'État à la condition féminine, auprès du Premier ministre, Jacques Chirac.

Neuf mois plus tard, le 30 décembre 1975, une émission de télévision au titre délibérément provocateur est proposée aux spectateurs : *Encore un jour et l'année de la femme, ouf, c'est fini !* Émission imaginée et animée par Bernard Pivot, qui, pour cette occasion, a invité Françoise Giroud sur le plateau et s'est attaché les services d'Anne Sinclair. Chroniqueur à Europe N°1 au début des années soixante-dix, le futur papa du magazine littéraire *Apostrophes* a très vite remarqué la jeune femme, et pu apprécier son professionnalisme, son intelligence et... sa beauté. Il n'est d'ailleurs pas le seul. Dommage de ne pas utiliser toutes ces qualités à la télé, se dit Bernard Pivot qui ne fréquente pas non plus depuis si longtemps les plateaux de la rue Cognacq-Jay, siège historique de la télévision française. C'est dans cet état d'esprit qu'il propose donc à Anne de collaborer à cette émission d'un autre type, si l'on peut dire ainsi, et d'interviewer quelques hommes connus, misogynes patentés ou considérés comme tels, à tort ou à raison. Après avoir demandé l'autorisation d'Europe 1, son employeur principal, Anne accepte avec enthousiasme la proposition, la pige et le défi que lui propose Bernard Pivot. Jacques Martin, Marcel Jullian, Pierre Bellemare, Alexandre Sanguinetti, Hergé, enregistré à Bruxelles, seront ainsi interrogés successivement. Tous ne passeront pas, dans une émission qui ne fait pas un carton d'audience, très loin de là, mais reste symboliquement et affectivement importante pour la jeune journaliste. Françoise Giroud a tout d'abord dit grand bien de son travail (« Elle est bien, cette petite ! »), ce qui lui a été rapporté, lui est bien sûr allé droit au cœur et restera pour elle, à tout jamais, un motif de fierté. Mais surtout, ce 30 décembre 1975 marque une première dont Anne Sinclair ne sait alors pas qu'elle annonce un avenir télévisuel brillant. « Avec le recul, s'amuse Bernard Pivot, c'est drôle de penser que je lui ai fait faire ses débuts à la télé ! »

Les occasions de réapparaître sur un plateau de télévision ne vont en effet pas tarder à se représenter. C'est vers la troisième chaîne de l'ORTF, devenue en 1974 France Régions 3 ou FR3, qu'Anne Sinclair va se diriger. Pour y vivre sa vie. Et mettre les mains dans le cambouis comme l'y a encouragé Étienne Mougeotte. Il faut se représenter le contexte de cette troisième chaîne dont le cahier des charges est alors rien moins que draconien. Du cinéma à vocation originale, pas d'informations, pas de sport, pas de variétés. Il a fallu inventer et, en trois ans, relever ce « challenge ». De l'aveu même de Maurice Cazeneuve, directeur adjoint de la chaîne sous la présidence de Claude Contamine en 1976, la chaîne tenait alors plutôt du laboratoire : les créateurs, en général, gagnaient leur vie sur TF1 ou Antenne 2 et venaient se faire plaisir sur FR3. Laquelle portait, pour certains, l'étiquette infamante de « chaîne intellectuelle », le tout dans le contexte de l'époque, c'est-à-dire celui d'une télévision sous surveillance, dont les responsables peuvent, à tout moment, être convoqués par telle ou telle éminence politique pour un rappel à l'ordre ou à une certaine forme de conformité politique. Mais c'est sur cette chaîne également que les femmes vont commencer à exister et qu'un parfum de liberté, progressivement, se fait sentir.

Grâce à des personnages hors du commun. Jean-François Kahn est de ceux-là. Au printemps 1976, il se voit confier, une fois par mois, une émission à 20 h 30 le dimanche soir. L'audience ? Elle sera confidentielle. Le sacro-saint film du dimanche draine la majorité du public. Qu'importe. Jean-François Kahn s'est assuré, pour présenter *Les Visiteurs du dimanche soir*, du concours d'Anne Sinclair rencontrée à Europe 1, décidément le vivier d'une génération. Son côté télégénique ne lui a pas échappé, à lui non plus. Un couple d'animateurs, pense JFK, ça ne s'est jamais fait et c'est moderne. Anne ne se fait pas prier. De cette émission, elle gardera surtout le souvenir de ce trac qu'elle éprouvait le soir de la première et qui ne la quittera jamais durant toute sa carrière, ainsi que des chaussures de JFK dont la netteté laissait à désirer, et qu'elle s'était fait un devoir de cirer au cours des répétitions. Et d'une lentille de contact perdue après avoir tout doucement coulé sur sa joue en plein direct. Elle n'a pas non plus oublié le thème de cette première, diffusée depuis le Pavillon Gabriel, sans grands moyens, et que l'on pourrait ainsi résumer : « De la liberté en général, et de la liberté d'expression en particulier. » Les journalistes Paul Guimard et Georges Suffert avaient apporté leur concours et leur expérience. Dans son numéro du 16 avril 1976, l'hebdomadaire du Parti socialiste, *L'Unité*, saluera, quelques jours plus tard, la naissance de l'émission. Entre un papier sur le conflit chez Lipp, une interview du secrétaire général du PS portugais, Mario Soares, et l'éditorial de François Mitterrand titré « Ma part de vérité », un encadré dans la rubrique Culture parle à propos de l'émission d'Anne Sinclair et de Jean-François Kahn de début prometteur, et conclut sous la plume de Gabrielle Rolin sur la promesse d'un futur débat, évoqué par JFK, sur la liberté de l'information : « Reconnaissons que s'ils n'ont encore pas lancé un gros pavé dans la mare, ils l'ont du moins agitée, à coups de ricochets. Puissent-ils s'élancer à présent dans le sillage de Jean Ferrat qui clame gaillardement : *Je fous la panique à ceux qui forniquent la liberté d'expression.* »

Le duo n'en aura pas véritablement l'occasion. *Les Visiteurs du dimanche soir* ne feront que passer. Après une émission sur Victor Hugo et un débat formidable qu'Anne et Jean-François Kahn avaient réussi à lancer entre Raymond Aron et François Mitterrand. Inviter le patron du Parti socialiste n'a pas été du goût de tous et a sans nul doute précipité la fin de l'aventure du duo Kahn-Sinclair. « Claude Contamine a d'ailleurs fait effacer l'émission, assure le journaliste. Une heure et demie de face-à-face Aron-Mitterrand sur la liberté, l'émission avait été considérée comme un peu subversive, alors ils ont enregistré une émission de variétés dessus. Mais comme ils avaient remarqué les qualités télégéniques d'Anne, ils lui ont proposé un truc. Elle, ça y est, sa carrière était lancée. Moi, de mon côté, je suis parti relancer *Les Nouvelles littéraires* »...

Le truc, comme dit Jean-François Kahn, c'est une émission de débat de une heure, à 20 h 30 le dimanche soir, toujours sur FR3 : *L'Homme en question*, produite et animée au gré des semaines par Pierre-André Boutang, Gérard Guégan, Paul Giannoli, Roger Pillaudin et, seule femme, Anne Sinclair. « Dès qu'on me l'a proposée, je me suis dit : *C'est la chance de ma vie.* »

L'émission se propose de faire le portrait de personnalités que l'actualité a mis, comme on dit, « en situation », entourées de leurs amis, adversaires, critiques, contempteurs. En guise d'introduction, un autoportrait de l'invité rappelle son œuvre, sa pensée, ses traits de caractère, ses passions, au nom du principe simple qu'on n'est jamais mieux servi que par soi-même. Quelques-uns s'y refuseront. Comme le jeune philosophe Bernard-Henri Lévy qui, invité en novembre 1977 pour défendre son livre *La Barbarie à visage humain*, sorti en mai précédent, préférera donner son temps d'antenne à trois dissidents, un militant italien de la gauche sociale, une repentie de l'extrême gauche allemande, et enfin à un jeune garçon de la gauche prolétarienne, dont la jambe a été déchiquetée par une grenade lors d'une manifestation d'antinucléaires sur le site de la centrale Superphénix à Creys-Malville. Anne est alors surprise, et troublée, par l'intelligence et le courage de l'homme. De cette émission date d'ailleurs l'amitié indéfectible entre la journaliste et le philosophe.

Anne se fait ainsi connaître progressivement des téléspectateurs, à raison d'une fois par mois, en moyenne. Ses invités sont aussi divers que haut de gamme. L'économiste Jean Fourastié, le cancérologue Georges Mathé, le philosophe Raymond Aron, les journalistes

Georges Suffert, Jacques Chancel, Anne Gaillard ou Léon Zitrone, le dessinateur Jacques Faizant, l'entraîneur Michel Hidalgo, le démographe et sociologue Alfred Sauvy, l'écrivain René Barjavel, la chanteuse Régine, et deux anciens présidents du Conseil, Edgar Faure, en décembre 1976 et Pierre Mendès France, en avril 1977.

Autour de la table, l'après-midi d'enregistrement de l'émission consacrée à PMF, dans un studio aménagé dans une grande salle du palais des Congrès, procureurs et avocats entourent le célèbre invité. Alexandre Sanguinetti, figure du gaullisme issue de l'extrême droite et de L'Algérie française, le journaliste Jean Daniel et Roger-Gérard Schwartzenberg, délégué général du Mouvement des radicaux de gauche, auteur d'un ouvrage, *L'État spectacle*, paru quelques mois auparavant, et deux élèves de la promotion Pierre-Mendès-France de l'École nationale d'administration, dont un futur député européen, l'UMP Jean-Louis Bourlanges, gaulliste de gauche à l'origine. « J'ai souvenir d'un des deux étudiants, raconte Anne. Il n'arrêtait pas de dire à Pierre Mendès France : “Vous n'avez pas osé aller jusqu'au bout, vous avez manqué des rendez-vous avec l'Histoire, votre carrière est un échec !” Et c'est la seule chose qui faisait mal à Mendès. Quand l'émission s'est arrêtée, on a éteint les lumières et Mendès est resté vingt minutes pour essayer de convaincre ce jeune énarque qu'il n'avait pas failli à sa mission. Et là, j'étais épatée parce que, d'habitude, dès que les lumières s'éteignent, les invités disent à la cantonade : “Bon, j'étais comment ?” Lui, il n'en avait rien à faire de l'impression qu'il avait donnée, il voulait juste convaincre ce garçon... Je n'en ai pas beaucoup connu des comme lui ! »

Anne aime cette occasion qui lui est donnée d'ainsi aiguiser ses armes. D'autant qu'en la matière, être femme ne lui apparaît pas comme un handicap, bien au contraire : « Les hommes sont galants. Quand une femme les interrompt pour mener le débat, ils la laissent parler. Autrefois, en tout cas... Cela me donnait un léger avantage, il faut bien le reconnaître. »

L'émission ne fait cependant guère d'audience. Une de plus. Sans grande importance. Les responsables de chaînes n'ont pas les yeux rivés sur les cadrans « médiamétriques ». La dictature de l'audimat n'est pas encore née. Ils sont davantage inquiets du jugement des politiques au pouvoir. La suite va le prouver. L'émission disparaît. Anne est congédiée. « On m'a virée de France 3 sous le prétexte que je voulais inviter Marcel Jullian, lequel venait, lui, d'être débarqué d'Antenne 2. Il m'a été rappelé que la télévision ne parlait pas de la télévision. Maurice Cazeneuve, qui m'avait embauchée et qui était un type très bien, fort droit, en était navré, mais il ne pouvait rien faire. Il était directeur. Claude Contamine, le P-DG, était l'homme du RPR [Rassemblement pour la République, le parti créé en 1976 par Jacques Chirac]. » Un prétexte en or pour Anne qui avait déjà depuis quelque temps le sentiment de ne plus avoir la liberté suffisante pour travailler, une sourde impression d'être sous contrôle. Elle démissionne. « Quand j'ai quitté *L'Homme en question*, dira-t-elle plus tard au micro de Jacques Chancel, lors du *Radioscopie* de 1982, c'était une émission que la direction de FR3 avait décidé d'abattre parce qu'il s'agissait selon elle d'un débat d'idées, donc potentiellement subversif, dangereux. » *L'Homme en question* avait disparu effectivement des écrans quelques mois après son départ.

Une rencontre va se révéler déterminante pour la suite. Celle d'Anne Sinclair et de Jean Lanzi, quelques mois plus tôt. La scène se passe dans l'un des *Bistrots Rive gauche* de Michel Oliver, fils du célèbre cuisinier Raymond Oliver, dont les émissions culinaires des débuts de la télévision française ainsi que l'accent savoureux ont enchanté une génération de téléspectateurs. Ce soir-là, Anne et Ivan ont choisi d'aller y dîner. Jean Lanzi se trouve là lui aussi, accompagné de son épouse. Jean et Ivan se connaissent. Le premier a été correspondant au Japon pour les trois chaînes de télé, il a ensuite présenté les premiers journaux de la toute nouvelle Antenne 2 en alternance avec Jean-Michel Desjeunes et Jean-Marie Cavada, Pierre Lescure plus tard. Ivan présente Anne. Jean présente son épouse. Les deux femmes sympathisent. Tous les quatre passent ensemble la soirée. Quand Jean Lanzi apprend quelques mois plus tard les problèmes d'Anne à France 3, lui-même ne se porte guère mieux à Antenne 2. Suite à un différend avec Jean-Pierre Elkabbach et Louis Blériot, il est passé aux journaux du week-end, puis à l'animation de l'émission sportive *Les Jeux du stade*, ce qui ne le passionne guère. Jusqu'au jour où Armand Jammot lui propose de prendre la responsabilité des après-midi de la chaîne (on parle alors d'unité horizontale), et d'assurer l'animation d'une émission baptisée *L'Invité du jeudi*, décalquée sur le modèle de *L'Invité du dimanche*, autrefois présentée par Christian Bernadac. Il accepte. Mais sous réserve d'en partager l'animation. Il pense à Anne. Lui en parle. L'affaire se conclut. Une ou deux émissions par mois, c'est mieux que de rester au placard à France 3. « L'idée pour elle, c'était de sortir de sa chaîne et moi de sortir des journaux », se souvient Jean Lanzi. Pas étonnant que ces deux-là se retrouvent. Ils ne savent pas encore que le scénario se reproduira quelques années plus tard à TF1 et qu'il débouchera pour Anne sur la présentation en solo de *7 sur 7*...

L'Invité du jeudi, c'est une causerie de quatre-vingt-dix minutes, en direct, donc pas trop onéreuse. Sur canapé. « Depuis trois ans, écrira Anne en 1981 dans *Une année particulière*, j'ai mesuré chaque fois ma chance de m'être faufilée dans cette boîte à rêves. » Elle y est productrice au cachet, donc indépendante de la chaîne, rémunérée par contrat renouvelé, libre de s'en aller sans préavis et congédiable sans trop de formes, précise-t-elle dans le même ouvrage. Des conditions comme elle les aime, qui lui assurent la maîtrise de ce qu'elle fait, de la première à la dernière image.

L'originalité de cette émission tient au fait que l'invité peut s'entourer de qui il souhaite. Il suffit pour lui de faire quelques suggestions, sous forme d'une liste de noms, une quinzaine de jours à l'avance. La production en choisit alors quatre en moyenne, en fonction des disponibilités des uns(es) ou des autres. Il s'ensuivra, et c'est bien évidemment le sel de l'émission, des échanges assez inattendus : celui entre le journaliste Jean Lacouture et une chanteuse d'opéra, entre le ténor Ruggero Raimondi et la philosophe Catherine Clément, entre la future académicienne Hélène Carrère d'Encausse et un ventriloque, entre le réalisateur du film *Houston Texas*, François Reichenbach, et Robert Badinter. Le célèbre scénariste Pascal Jardin, fils du très controversé Jean Jardin, alias le Nain jaune, ancien directeur de cabinet de Pierre Laval durant l'Occupation, et père de l'écrivain Alexandre Jardin, avait également participé à l'émission. Pour la petite histoire, il avait souhaité et obtenu la présence de François Mitterrand. Souvenir qu'Anne avait complètement oublié et dont elle s'est souvenue récemment à la lecture du livre d'Alexandre Jardin, *Des gens très bien*[1], où l'auteur règle ses comptes avec sa famille et où est

1. Grasset, 2011.

évoqué cet *Invité du jeudi*. L'émission donnera également aux téléspectateurs l'occasion d'entendre, parfois pour la première fois, s'exprimer sur la longueur des invités aussi différents que Jean Poiret et Michel Serrault, tout auréolés du succès de la pièce de théâtre *La Cage aux folles*, le cinéaste François Truffaut, l'un des pionniers de la Nouvelle Vague, ou Ettore Scola – Anne est alors enceinte –, l'aviatrice Jacqueline Auriol, Philippe Noiret, le général Bigeard, Jean d'Ormesson, le directeur de l'Opéra Garnier, Bernard Lefort, et tant d'autres.

Deuxième originalité, l'idée sera abondamment reprise et reste d'actualité : la présence, du début à la fin de l'émission, d'un dessinateur. C'est la première fois que la télévision s'ouvre au dessin politico-humoristique. Cabu s'y fera connaître. Il sera de toutes les émissions, contre vents et marées. Son crayon fait parfois grimacer les politiques, mais Anne tient bon, défenseur de la cause s'il le faut, et quand il le faut.

Troisième originalité, l'*Avocat du diable*, comprenez, celui qui, en toute fin d'émission, vient remettre les pendules à l'heure après les échanges de fleurs qui caractérisent souvent, c'est le risque, une telle émission. Celui qui vient déranger le bon ordonnancement des débats et faire entendre quelques fausses notes. Cela n'allait jamais très loin. Ivan Levaï tint parfois ce rôle. Beaucoup plus souvent, le journaliste Philippe Aubert, dont la plume acérée et l'humour aussi tendre que génial feront les délices des auditeurs d'Europe 1, dans les années quatre-vingt.

Avec une moyenne de quatre points d'audience, l'émission remplit son contrat. Ni matière à rougir, ni de quoi réveiller les censeurs. Anne en profitera pour recevoir beaucoup de ceux qui sont et resteront ses chouchous par la suite : Yves Montand, Guy Bedos, Léon Schwartzenberg, Jean-François Kahn, Françoise Giroud, Simone Signoret pour la centième de l'émission en juin 1981. Le reproche lui sera parfois fait par la suite, à *7 sur 7*, de favoriser certaines de ses connaissances ou amis, mais à cette époque, il faut bien reconnaître qu'Anne Sinclair donne une audience à des hommes ou des femmes qui n'en avaient généralement guère profité auparavant ou à des célébrités qui n'étaient pas nécessairement politiquement correctes aux yeux du pouvoir de l'époque. À cela s'ajoute sans doute le fait que Maurice Ulrich, président d'Antenne 2 – et futur conseiller de Jacques Chirac à l'Élysée en 1995 – a la réputation d'un homme honnête et loyal, du moins est-ce le souvenir qu'en garde Anne Sinclair : « Quand je présentais *L'Invité du jeudi* sur Antenne 2 en 1980, on n'avait toujours pas le droit de diffuser, ne fût-ce qu'une minute, *Le Chagrin et la Pitié* à la télévision[1] ! J'en ai passé deux minutes, grâce à une dérogation du président Ulrich qui a toujours été très correct avec moi, même s'il me savait de gauche. Mais c'était quasiment de la subversion ! Je me rappelle cependant que je me félicitais tous les jours de la liberté de parole que j'avais. Il faut dire qu'en passant l'après-midi, il y avait peu de risque que les membres de cabinets ministériels soient devant leurs écrans, et on pouvait donc faire presque tout ce qu'on voulait sans que personne s'en aperçoive ! Guy Bedos avait d'ailleurs dit drôlement : “C'est chouette, on peut dire ce qu'on veut, il n'y a personne pour regarder la télé sauf peut-être les machines à laver !” »

Anne Sinclair se fait un nom. Des rumeurs courent. On parle d'elle pour animer *Les Dossiers de l'écran*, ce qu'Armand Jammot, producteur historique de ladite émission, démentira par la suite. La personnalité trop carrée de la journaliste lui paraît de nature à entraver les débats… Le journal *Elle* lui commande parfois un article. L'un d'entre eux, qui a pour sujet le couple Deniau (Jean-François Deniau, homme de confiance de Valéry Giscard d'Estaing), sera remanié sans son autorisation, mais ainsi en va-t-il dans cette France giscardienne en campagne présidentielle ! Quoi qu'il en soit, le joli visage et le regard bleu d'Anne Sinclair ont déjà conquis les téléspectateurs. Ce qui incite les responsables d'Antenne 2, et en particulier Jacques Chancel, à lui passer commande d'une série de cinq émissions baptisées *On n'a pas tous les jours 20 ans*, destinée à la grille de l'été 1981. Il s'agit de revisiter un chapitre d'histoire au travers d'un personnage qui en a été témoin l'année de ses 20 ans. Anne portera son choix sur Raymond Aron, Françoise Giroud, François Périer, Guy Bedos et Serge Lama qui, respectivement, avaient soufflé leurs vingt bougies en 1925, 1936, 1939, 1954 et 1962.

Cette série lui vaut cet été-là la couverture de *Télé 7 jours* – une consécration – et une interview dans l'hebdomadaire. Entretien au

1. Documentaire de Marcel Ophüls, réalisé en 1969. Une chronique de la vie des Français entre 1940 et 1944 et de leur comportement sous l'Occupation, refusé par l'ORTF et finalement sorti en salle.

cours duquel Anne s'entend demander si elle ne craint pas les conséquences des propos tenus par Raymond Aron lors d'une de ses émissions, sur le compte de socialistes que le philosophe n'a jamais vraiment tenu dans son cœur. Ce qui, au passage, en dit long sur l'état d'esprit des journalistes, après l'arrivée de la gauche au pouvoir, le 10 mai précédent.

Anne n'en a, en vérité, pas grand-chose à craindre. N'a-t-elle pas fait son travail en toute objectivité, même si ses options pro-mitterrandiennes sont connues de tous ? Le 28 mars précédent, elle a même accepté après mûre réflexion d'interroger François Mitterrand dans le cadre de la campagne officielle. Elle s'est déjà prêtée à ce type d'exercice en 1978, lors de la campagne des législatives. Avec le journaliste d'Europe 1 Olivier de Rincquesen, elle avait accepté d'interroger des responsables du RPR, dont, le 2 mars, sur le thème des institutions, un jeune étudiant de 23 ans du nom de Nicolas Sarkozy. L'histoire a oublié l'universitaire François Morice qui était, ce jour-là, le principal intervenant du RPR. Anne Sinclair récidivera d'ailleurs, avec le même partenaire, le 9 mars suivant, face à Patrick Devedjian et Joëlle Devineau sur le thème des libertés.

Pour interroger François Mitterrand, qui lui est plus proche, trois jours avant le deuxième tour de scrutin et au lendemain d'une intervention de Valéry Giscard d'Estaing, Anne Sinclair hésite : « Refuser serait lâche. Accepter, c'est me ranger peu ou prou dans le camp des journalistes militants », écrira-t-elle dans *Une année particulière*. Elle prend néanmoins le risque, malgré les réticences exprimées par tel ou tel responsable d'Antenne 2 lors de réunions lourdes et houleuses et de comités de programmes où l'on tente de lui faire comprendre que sa décision est inopportune. Elle s'en expliquera au micro de Jacques Chancel quelques mois plus tard : « Il faut essayer de prouver qu'on peut justement garder sa liberté de journaliste parce qu'on fait son métier et parce qu'on n'a pas de raison d'être complaisant, parce que le journaliste qui interviewe le candidat n'a pas de raison d'être le comparse, le complice. [...] Au contraire, on peut essayer de jouer sa partie. Alors ce n'est pas très facile, c'est sûr, parce que c'est vrai que la case appartient au candidat et qu'il n'aimerait pas tellement qu'on le desserve. Mais je crois que j'ai essayé de le faire et le plus honnêtement du monde, ça, vraiment, je vous l'assure. »

Juillet 1981 : Maurice Ulrich quitte la présidence d'Antenne 2. Pierre Desgraupes lui succède. Et propose à Anne Sinclair la coprésentation du journal de 12 h 45 avec Philippe Labro. Elle refuse. Toujours cette crainte de ne plus rien maîtriser, de ne plus être totalement aux commandes, d'être simplement et pour reprendre ses termes : « vendeur d'un travail collectif ». Cette peur de ne plus pouvoir préserver d'autres équilibres de vie, d'autant qu'Anne est entre-temps devenue mère d'un petit David. Et ne voit plus nécessairement la vie au travers des mêmes prismes que certains de ses confrères ou consœurs. Elle préfère au final garder « sa case », fut-elle plus modeste. Christine Ockrent prendra la place. « Maurice Cazeneuve a fait deux découvertes, dit Anne. Ockrent et moi. » L'avenir va le prouver.

Pierre Desgraupes revient à la charge. « Votre avenir est à l'information », lui fait-il comprendre. Mais il n'a pas perçu la nature profonde de celle à qui il propose le terrain, le reportage, les gens... Anne ne veut pas partir sur les routes de France, loin des siens, loin de Paris. Telle n'est pas, telle n'a jamais été sa vocation. Discrètement, au même moment, Jean-Marie Cavada, directeur de l'information de TF1, s'invite dans la partie et dévoile quelques cartes. Ce qu'il a à proposer correspond davantage à ce que souhaite Anne, qui, tout en réfléchissant aux sollicitations dont elle est l'objet, continue en cet automne 1981 les enregistrements de *L'Invité du jeudi.* Bernard-Henri Lévy en septembre, l'acteur Philippe Noiret en octobre. Fin septembre, sa décision est prise. Non aux journaux télévisés et au reportage à Antenne 2. Oui aux programmes, oui à TF1. Qui lui propose un challenge *a priori* séduisant, imaginé par André Harris, directeur des programmes de la chaîne et Pierre Bouteiller, son directeur des variétés, mais qui se révélera aventureux : prendre et rénover le créneau qu'occupait le midi depuis des années et avec un succès non démenti, la très populaire et très « gentille » Danièle Gilbert. Anne aura, écrit-elle dans *Une année particulière*, « la liberté exaltante de bâtir le programme de son choix ». Les premières émissions sont prévues début 1982. Le temps de solder les derniers *Invités du jeudi* de novembre. Ensuite, l'aventure TF1 pourra commencer.

Les Visiteurs du jour : ainsi se nommera la nouvelle émission d'Anne Sinclair sur TF1. Une demi-heure avant le journal de 13 heures présenté par Yves Mourousi. Les professionnels du titrage n'ont guère d'imagination. Quant aux spectateurs, Anne s'en rendra vite compte, ils n'aiment pas qu'on change leurs habitudes si brutalement. Danièle Gilbert était populaire et faisait un tabac en région. Anne Sinclair sera perçue comme une intellectuelle parisienne parachutée par un pouvoir politique. L'audience de la nouvelle émission sera dramatique. Pourtant Anne s'investit comme jamais. Forme son équipe. Geneviève Galey, future rédactrice en chef des journaux de Claire Chazal, quelques années plus tard, sur TF1, la rejoint. Elle vient de la presse écrite, du *Point*, très précisément, où elle commençait à se lasser de couvrir la droite au service politique du journal. Dominique Piat, fille de l'acteur Jean Piat, fera office de chef de projet. Et Gilbert Daude s'occupera de la réalisation. Tous cachetiers, à la semaine, de la SFP (Société française de production) qui vendait le produit fini à TF1. Les moyens mis à disposition apparaissent bien maigres. « On était dans un truc qui devait faire trois mètres carrés, à la maison de la Radio. Un véritable trou à rats, se souvient Geneviève Galey. On en rigolait. Mais Anne était une très bonne chef d'équipe, d'un enthousiasme formidable ! »

Une vraie télé, avaient pensé les nouveaux patrons de TF1. Les spectateurs ne l'ont pas vécu ainsi. Le contenu de l'émission est mal défini et ne répond pas aux attentes d'un public qui chérissait Danièle Gilbert et appréciait l'émission teintée d'un brin de franchouillardise et de France profonde qu'elle leur proposait tous les midis. Anne Sinclair a beau faire venir des invités tous azimuts, des Montand, des Bedos, un Jean-Jacques Goldmann qui y fera sa première télé, des humoristes, des écrivains à succès, elle a beau faire dans la recette de cuisine ou dans l'invité bizarre, du type voyante ou mannequin de mode, la mayonnaise ne prend pas. Pas plus que la revue de presse photo, qui finissait, souvent, par prendre un tour politique. Une émission bâtarde en fait, un objet télévisuel non identifié que *France Soir* et la presse de droite clouent régulièrement au pilori sur le registre de l'émission « intello ». À cela va s'ajouter un problème avec le locataire du dessus : Yves Mourousi.

« Le problème qui s'est posé très rapidement, témoigne Geneviève Galey, c'est qu'Anne a eu des invités qui faisaient un peu concurrence à l'édition de 13 heures. Il avait un très long journal et, dans les dernières dix minutes ou le dernier quart d'heure, il avait, lui aussi, un invité. Donc il y a eu des frictions. Yves était fou de rage qu'Anne ait cette émission avant lui. »

C'est vers le mois de juin 1982 qu'Anne apprend le non-renouvellement de l'émission. Sous le regard de Claude Nougaro, l'humoriste Pierre Desproges, invité de la dernière, a beau ironiser sur la politique d'alternance qui a cours à TF1, « quatorze ans de Danièle Gilbert pour six mois d'Anne Sinclair », la chaîne tire la seule conséquence logique de ce qu'il faut bien appeler une erreur de casting. « André Harris m'a dit après coup, se souvient Anne : "Que veux-tu, tu t'exprimes devant le mec qui baisse son rideau de fer à l'heure du déjeuner et se sert un pastis. Tu ne corresponds pas." » Ce que l'universitaire rennais Pierre Leroux exprimera en des termes plus policés dans une étude consacrée plus tard à *7 sur 7* mais où il fait mention de cette période difficile pour Anne Sinclair : « L'échec de la formule illustre à la fois les limites d'un savoir-faire (le passage de l'interview à l'animation d'une émission de variétés) et celles des conversions possibles du capital social professionnel accumulé précédemment. En clair, le réseau de relations élargi ne correspond que très partiellement aux nécessités d'une émission de grande audience et l'approche presque didactique de la diffusion culturelle limite l'élargissement de ce réseau. » En d'autres termes, ce n'était pas un créneau pour elle...

Anne Sinclair se retrouve au chômage. Dix-huit mois vont s'écouler. Le temps, long, pour prendre la juste mesure des choses, de l'amitié, de l'intérêt que lui portaient par exemple les maisons d'édition il y a encore quelques mois et qui s'est progressivement tari. Elle relativise et philosophe sur la vanité du monde des médias et de ceux qui le peuplent. Elle va ainsi voir Michel May, éphémère P-DG de TF1 d'août 1982 à juillet 1983 et lui fait savoir qu'elle se sent d'attaque pour présenter un journal. « Je n'oublierai jamais sa réponse, confie Anne : "Vous savez, le JT je ne le regarde pas... J'ai le retour son dans ma voiture, ça me suffit. Et puis il y a déjà une femme qui présente un JT [Christine

Ockrent sur Antenne 2], alors ça va comme ça !" » Anne jure de l'authenticité de cet échange. Elle va donc vivre la suite comme une « smicarde » (*sic*), alors qu'elle ne sera, soyons justes, jamais menacée par un manque quelconque sur le plan strictement matériel. Et qu'elle peut consacrer alors tout son temps au « Lapin », ainsi a-t-elle pris l'habitude de nommer le petit David, qui grandit doucement et fait en permanence l'admiration de sa mère, chômeuse de luxe, mais tout entière à lui, en congé maternel en quelque sorte. L'amour-propre d'Anne Sinclair est en revanche certainement moins à l'abri en cette longue période de doute, d'interrogation professionnelle et de téléphone muet...

Heureusement, bon génie rime avec Lanzi. Le cher Jean, qui à nouveau se trouve là fin 1983, en novembre précisément, pour lui faire une offre, avec l'accord d'Hervé Bourges, devenu cinq mois plus tôt P-DG de TF1, en lieu et place de Michel May, et missionné pour redresser rapidement une audience qui laisse sérieusement à désirer. Que propose Jean Lanzi ? Une émission mensuelle baptisée *Édition spéciale* à 20 h 30. Le thème : un grand sujet de société exploré sous toutes les coutures. Quelles conditions ? Productrice au cachet, comme elle l'était deux ans auparavant quand elle animait *L'Invité du jeudi*. Et c'est reparti... Merci Lanzi.

De novembre 1983 à juin 1984, elle va produire neuf émissions. Avec toujours cette accusation en toile de fond de faire du journalisme intellectuel. Mais le dossier qui fait débat, Anne adore ça et l'heure s'y prête davantage. La toute première, le 30 novembre 1983, a pour invité Badinter. Une émission consacrée à la justice. « J'avais passé deux jours de suite en reportage à la Santé. Je ne l'oublierai jamais. Ni l'odeur, ni le bruit, ni ce que veut dire l'enfermement, les prisonniers à quatre par cellule, deux devant rester allongés si les autres étaient debout. Et les latrines au milieu. Je ne m'en suis pas encore remise. J'ai visité beaucoup de prisons. C'est un sujet qui me passionne, pas populaire pour deux sous. »

Anne Sinclair et Robert Badinter, c'est l'histoire d'une amitié, d'une fidélité, d'une solidarité, d'une conviction partagée. Et notamment en ces périodes un peu difficiles pour le ministre, emblématique, de François Mitterrand, un garde des Sceaux à qui il arrivait de se sentir injustement traité, y compris par ses amis politiques. « Anne était vraiment une des rares très présentes, très actives, faisant absolument tout ce qu'elle pouvait pour aider un peu, parce que c'était trop rude, témoigne Élisabeth Badinter. Il y avait une parfaite entente idéologique là-dessus. Au moment où on ne pouvait pas faire plus impopulaire que Robert, elle avait organisé cette grande émission sur la justice, pour montrer aux Français ce qu'était la vie en prison. Je vous assure que ce n'était pas populaire de faire ça. Elle a fait tout ce qu'elle pouvait, à sa place. Je n'ai jamais oublié, ça. Il y a un côté brave petit soldat chez Anne. C'est une personne capable de prendre des risques professionnels pour défendre ce en quoi elle croit. Et elle n'est pas encore sur le trône de *7 sur 7*, protégée par sa popularité. C'est donc un acte militant. »

Autre émission « militante », quelques semaines après l'élection municipale partielle de Dreux en septembre 1983 – l'élection de mars ayant été invalidée pour irrégularité et trop faible écart de voix. Pour la première fois, en ce mois de septembre, la droite classique s'allie au Front national et à Jean-Pierre Stirbois pour emporter la mairie, détenue jusque-là par la socialiste Françoise Gaspard. Anne organise une discussion sur le racisme avec un plateau d'antiracistes convaincus, permettant seulement aux autres interlocuteurs de s'exprimer en duplex ou encore par le biais d'interventions préenregistrées, comme le noteront les journalistes « médias ». Anne reconnaît aujourd'hui que tout cela ne fut « pas très équilibré », mais la presse rapporte volontiers la réponse qu'elle fait alors à ceux qui la critiquent : « Alors, pour vous, l'objectivité, c'est cinq minutes de parole pour Hitler et cinq minutes pour les juifs ? »

Les émissions se succèdent. La guerre en question. Le pacifisme et la menace nucléaire fournissent le thème du débat en ce mois de janvier 1984, sur fond de conférence de Stockholm sur le désarmement. Invités : le philosophe André Glucksmann, Simone Veil, Pierre Juquin, chef du bureau de presse du Parti communiste français, l'amiral Antoine Sanguinetti, frère cadet d'Alexandre, le journaliste Paul-Marie de La Gorce, le tout assorti des témoignages d'Egon Bahr (proche de Willy Brandt) en Allemagne, de Robert McNamara (secrétaire d'État à la Défense entre 1961 et 1968) aux États-Unis et de Mgr Jean-Marie Lustiger, archevêque de Paris. Nous sommes loin des *Visiteurs du jour*... Anne est dans son élément. Comme elle le sera lors d'une nouvelle édition d'*Édition spéciale* consacrée à la résistance et à la collaboration. Jacques Chaban-Delmas est présent mais surtout l'ancien secrétaire d'André Gide qui collabora avec l'occupant allemand, et ne s'en cachait d'ailleurs pas : Lucien Combelle. « C'était un vieux monsieur qui fut le *Monsieur Larousse* d'Europe 1 et intervenait dès qu'il fallait, dans un journal, expliciter un mot ou expliquer une expression compliquée, se souvient Anne Sinclair. Il m'avait d'ailleurs pris en amitié, avait beaucoup de remords de ses 20 ans où il fut un collaborateur actif. Il avait fait dix ans de prison à la Libération, en était sorti *anar*, revenu de tout et avait le plus profond mépris pour ceux qui, comme François Chalais, disait-il, avaient écrit dans le journal *Je suis partout* et cherchaient ensuite les honneurs de la République. Il m'avait un jour à Europe montré en cachette une photo d'Hitler prise de très près sur le parvis du Trocadéro, à l'aube, et m'avait dit : "C'est moi qui ai pris la photo, comme vous voyez, j'étais tout proche." Il n'y avait pas de forfanterie dans ce geste. Mais un désir de mortification, celui d'expier. Il savait que j'étais juive. Il m'aimait bien et curieusement, moi aussi ! Il avait fait pour cette émission un formidable témoignage des dérives idéologiques de l'époque. » Dévorée par le trac avant cette émission, Anne se souvient avoir pris un peu de whisky pour se détendre, un « truc » conseillé par une amie. « Je ne bois jamais ou très peu. J'ai pris l'antenne avec la tête qui tournait et une furieuse envie de rire, ce qui n'était guère adapté au sujet. Je n'ai plus jamais bu une goutte d'alcool avant une émission ! »

À l'été 1984, Anne Sinclair part en vacances. Dans le sud de la France. Elle ignore alors que les jours d'*Édition spéciale* sont comptés. L'émission prévue pour septembre sur la liberté de la presse sera la dernière du genre. Entre-temps, quelque part, sur un cadran imaginaire, une aiguille progressivement s'arrête sur le chiffre 7. Ce que peu de gens savent, c'est qu'elle aurait pu aussi le faire, avant l'heure, sur le 57 de la rue de Varenne. Autrement dit, à l'hôtel Matignon.

Nous sommes le 17 juillet 1984. Le Premier ministre Pierre Mauroy vient de laisser la place à Laurent Fabius à l'issue d'élections européennes marquées par le score du Front national. Anne raconte : « Laurent Fabius était un copain de Sciences-Po, de la bande de Marie-Hélène Uri. Quand il a été nommé à Matignon en 1984, il m'a demandé de venir le voir. J'étais alors en vacances avec mon mari et nos deux fils (Elie, le deuxième, avait 1 an), chez ma mère à Valbonne dans le Midi. J'ai fait l'aller-retour Nice-Paris dans la journée pour le voir. Il voulait me proposer de m'occuper de son service de presse. Je lui ai dit que j'espérais encore travailler dans le journalisme, que je ne voulais pas abandonner et que je n'avais aucune envie de faire de la "com", fût-ce à Matignon. Et quelques semaines après la proposition de Fabius, je commençais *7 sur 7*. Alors j'ai bien fait, non ? » *7 sur 7* en héritage. C'est à compter de cet été 1984 que la carrière d'Anne, effectivement, prend un nouveau tour...

Car Hervé Bourges vient d'apprendre que Jean-Louis Burgat et Erik Gilbert s'en vont. Les deux hommes sont, avec Frédéric Boulet, les créateurs de *7 sur 7*, depuis septembre 1981. Une émission qu'ils ont animée jusque-là et qui n'a pas particulièrement défrayé la chronique jusqu'au jour où Serge Gainsbourg – geste de protestation destiné à provoquer une administration fiscale qui lui prélève, dit-il, 74 % de ses revenus – brûle en direct un billet de 500 francs à l'antenne. La scène sera maintes fois reproduite à l'écran par la suite, dans nombre d'émissions, y compris après la disparition du chanteur. Une scène d'anthologie pour la télévision française. Mais beaucoup ont oublié que c'était dans le cadre de *7 sur 7*, face à Jean-Louis Burgat, que l'auteur-compositeur avait osé ce geste.

Malgré le départ des pères fondateurs, Hervé Bourges, P-DG de TF1, entend bien maintenir l'émission et convoque alors son directeur de l'information, qui n'est autre que... Jean Lanzi. Toujours lui.

Hervé Bourges. – Il faut que vous les remplaciez. Allez, vous êtes bon à l'antenne, faites-la !

Jean Lanzi. – Mais si je fais l'émission quatre fois par mois, je ne suis plus directeur de l'info.

H.B. – Mais si !

J.L. – Franchement, le débat est simple. Si vous voulez que je laisse tel job pour en prendre un autre, dites-le, sinon, moi, j'ai envie de garder celui-là et de faire la moitié de *7 sur 7* et je vous propose quelqu'un pour faire l'autre moitié.

H.B. – Ah bon !

J.L. – Je pense à Anne Sinclair.

H.B. – Faites-le ensemble, tous les deux.

J.L. – Non, président, ce n'est pas le but. Je serais employé deux fois à plein temps...

Hervé Bourges prendra une semaine pour se décider. Anne, elle aussi, hésite. Jean Lanzi est formel sur ce point. « Je ne sais pas pourquoi. J'ai dit alors à Ivan : "Tu dois la pousser. Ce n'est pas possible de laisser passer ça !" Moi je n'arrivais pas à la convaincre. Elle aurait vraiment raté quelque chose ! » Anne voit Hervé Bourges quelques jours plus tard. Il lui propose un petit salaire et un contrat de saison. L'affaire est conclue. Elle ne négociera un meilleur salaire qu'un an plus tard.

Ainsi va naître, ou plutôt renaître, le tandem Sinclair-Lanzi, alternant la présentation chaque semaine. Le concept évolue. C'était une émission focalisée sur les images. Les images d'abord, et un peu de commentaire. L'ambition d'Anne va trouver là matière à s'affirmer.

« Anne Sinclair va progressivement bouffer Lanzi, confie Pierre-Luc Séguillon, chef du service politique à l'époque. Parce qu'elle trouvait beaucoup plus valorisant d'interviewer un homme politique que de commenter des images. Progressivement, les images ont diminué, elles sont devenues le prétexte, et c'est devenu l'interview politique du dimanche soir. Mais il y avait un déséquilibre entre elle, qui faisait plutôt des politiques, et lui qui, par goût, faisait des comédiens, Mastroianni par exemple, ou d'autres types d'invités. » Ce que confirme Jean Lanzi : « Moi, ce dont je me suis efforcé, c'est d'être le moteur, c'est d'alterner pour que l'émission ne soit pas uniquement une émission politique. Alors qu'Anne n'avait qu'une envie, c'est qu'elle le soit, sauf quand elle invitait des gens qu'elle aimait bien ou qu'elle connaissait : Bedos, BHL, Attali, etc. » À cette époque, Hervé Bourges laisse le tandem se gérer. Et le tandem fonctionne. En équilibre. En alternance. Jusqu'à l'été 1987, jusqu'à la fin de la première chaîne de service public. Malgré les sollicitations dont Anne fait l'objet. « À l'époque, témoigne Jean Lanzi, on lui a proposé de faire le journal au moins trois fois et elle a préféré continuer le magazine. Il faut dire que lorsqu'on fait une émission comme *7 sur 7*, on est autant en vue que quand on fait le 20 heures, et on est moins sujet aux pressions… Le journal, quelle que soit l'époque, pèse un poids terrible… Les jeunes n'imaginent pas aujourd'hui ce que ça pouvait être d'arriver à faire de l'information honnête à ce moment-là. » Anne aime aussi cette émission parce que insensiblement, doucement mais sûrement, elle la fait évoluer, pour finalement en faire du sur-mesure. Avec l'accord tacite de Jean Lanzi, le *7 sur 7* d'Erik Gilbert et Jean-Louis Burgat était avant tout une émission de magazine. Trois reportages assez longs assortis, à la fin, du commentaire d'un invité. Elle va progressivement inverser les facteurs. Et transformer peu à peu le format en le « tirant » de plus en plus vers l'invité. Les reportages vont voir leur place se réduire en espace, en nombre, jusqu'au moment où, se retrouvant seule à la tête de *7 sur 7*, elle les éliminera, pour ne garder que le suivi de l'actualité de la semaine. L'empreinte d'Anne commence à apparaître. L'audience, en progression, confirme que ses choix sont les bons. En 1986, deux ans plus tard, *7 sur 7* est leader en parts de marché à 19 heures. Ce qui, pour une émission de ce type, n'a rien de courant. La formule fonctionne. Elle la rendra encore plus performante. L'année suivante. Après la privatisation au bénéfice du groupe Bouygues. Elle continuera par la même occasion *Questions à domicile*.

Anne Sinclair s'est en effet vu confier un autre challenge. Par Hervé Bourges. En 1985, *7 sur 7* n'a pas encore décollé et le président de TF1 s'impatiente. Il confie sa préoccupation à Pierre-Luc Séguillon, venu dans ses valises et qu'il a propulsé chef du service politique de la chaîne. « Jean Lanzi fait une émission, lui dit-il, ça ne marche pas. Anne Sinclair fait une émission, ça ne marche pas. Voyez-vous tous les trois et inventez-moi quelque chose. » C'est le réalisateur Alexandre Tarta qui, en fait, fera émerger l'idée de *Questions à domicile*. Idée simple, mais originale et inédite : interviewer un invité dans ses meubles, dans son environnement familier, faire rentrer le public dans la sphère privée du responsable politique, donner à ce dernier un supplément d'humanité et de proximité dans un décor moins neutre que celui d'un plateau de télévision. La première aura lieu chez Jean-Pierre Chevènement, près de Belfort à Dorans.

« Je ne connaissais pas Anne Sinclair, c'est Bourges qui nous a mariés », rappelle Pierre-Luc Séguillon dans un sourire. Une union qui ne durera pas. Leur duo est artificiel et antagoniste. D'un côté l'ex-journaliste de l'hebdomadaire progressiste *Témoignage chrétien*, un brin guindé, le col de chemise à l'anglaise, le profil d'un militaire de réserve ou d'un cavalier de concours. Qu'il était par ailleurs. Et en face, une belle jeune femme rayonnante, assurée, parisienne en diable, bardée de relations, et à qui la vie a toujours souri. De l'eau et du feu.

« Je suis allé une fois avec ma femme chez Anne Sinclair et Ivan Levaï à Valbonne, dans leur maison de campagne, raconte encore Pierre-Luc Séguillon. Je me souviens qu'il y avait des tableaux partout et des photos d'eux, avec tous les gens importants qu'ils avaient rencontrés. Ils devaient faire une photo par interview. Un narcissisme extraordinaire ! »

À l'évidence, ces deux-là ne pouvaient pas s'entendre. À domicile ou ailleurs. Le divorce deviendra inévitable. La privatisation de la Une le rendra possible. Séguillon part vers la Cinq. Anne reste fidèle à la nouvelle TF1. Le patron du service politique du *Monde*, Jean-Marie Colombani, fait son entrée en piste, nouveau partenaire de jeu pour Anne Sinclair. Un jeu qui ne se terminera pas, là non plus, à l'avantage de l'impétrant. Anne a ses têtes. De Turc, parfois.

Chapitre 9

« Tu vois, finalement, nous serons les deux seules qui resteront jusqu'au bout avec nos maris » : cette proclamation de foi d'Anne Sinclair, exprimée avec une pointe de fierté dans la voix, son amie photographe Micheline Pelletier, épouse d'Alain Decaux, s'en souvient comme si la scène datait d'hier. Elles sont assises sur un télésiège et viennent d'évoquer le divorce d'une connaissance commune. Au temps du bonheur des Levaï, les deux couples se retrouvent avec leurs enfants, pendant les vacances d'hiver, à la station de ski Isola 2000, dans les Alpes du Sud.

Les années passent et, un jour, les deux amies déjeunent ensemble dans un restaurant italien du VIIe arrondissement de Paris, près de la rue Cognacq-Jay qui abrite les studios de TF1 jusqu'en 1992. Cela fait un moment que Micheline Pelletier sent qu'Anne Sinclair ne va pas bien. Son couple avec Ivan Levaï bat sérieusement de l'aile, c'est évident. Son amie donne de plus en plus de signes de fébrilité. « Quand une femme ne supporte plus son conjoint, cela signifie souvent qu'elle est tombée amoureuse d'un autre homme », suspecte-t-elle. Mais la photographe a décidé de ne pas brusquer Anne Sinclair, de lui laisser l'initiative. « Anne m'a dit : "Voilà, je suis folle amoureuse !" témoigne Micheline Pelletier. Et elle m'a raconté son histoire avec Dominique Strauss-Kahn. Elle a conclu en ajoutant : "On ne peut plus se cacher, ça ne peut plus durer. Je vais le dire à Ivan…" »

Le début de l'idylle entre la star montante de TF1 et le prometteur président socialiste de la Commission des finances de l'Assemblée nationale, tous les deux mariés à l'époque, est facile à dater. Anne Sinclair et DSK l'ont évoqué pour maints livres et magazines. Ils se rencontrent d'abord par écran interposé, lors de l'émission *Questions à domicile* du 27 octobre 1988, puis en chair et en os lors d'un déjeuner au restaurant parisien *Laurent*. Par contre, Anne Sinclair n'est pas loquace sur l'épilogue de son histoire d'amour avec Ivan Levaï.

Quand la future Mme Strauss-Kahn s'éloigne-t-elle irrémédiablement de son premier mari ? Quand comprend-elle que son idéal de jeunesse – « un homme pour la vie » – ne va pas devenir réalité ? Soit avant qu'Ivan Levaï soit remercié d'Europe 1 et exilé à Marseille pour prendre, en septembre 1987, la direction de la rédaction du quotidien *Le Provençal*, racheté par Jean-Luc Lagardère. Soit pendant, et surtout à cause de cet éloignement forcé qui dure jusqu'en 1989.

« La séparation induite par ma vie marseillaise a-t-elle provoqué la brisure de notre couple ? » s'interroge encore le premier mari d'Anne Sinclair, une décennie plus tard dans *La République des mots*. « Je ne veux pas entendre la réponse, mais elle est peut-être inscrite dans l'inquiétude exprimée par Elie Wiesel. »

L'écrivain et Prix Nobel de la paix, ami du couple, a en effet alerté le journaliste : « Ivan, fais attention à ton foyer, ta femme, tes enfants. On ne vit pas au loin impunément. »

Pour Micheline Pelletier, c'est bien l'absence qui déclenche la crise de couple. « Si seulement il n'était pas parti un an et demi à Marseille, regrette-t-elle. À partir de là, rien n'a plus été comme avant entre eux... »

Certes, Ivan Levaï rentre tous les week-ends à Paris. Mais, pour Anne Sinclair, le retour hebdomadaire de son mari correspond au moment le plus intense de sa propre semaine professionnelle. L'animatrice de *7 sur 7* est totalement concentrée sur l'émission du dimanche soir à venir. Elle a besoin de s'enfermer. Au propre comme au figuré. Et quand les projecteurs s'éteignent pour elle à TF1, lui repart pour le Sud. Si la journaliste prend parfois l'avion pour rejoindre Ivan Levaï à Marseille, mari et femme vivent *de facto* séparés à partir de l'automne 1987.

« Anne est la femme la plus fidèle du monde et jamais elle ne se serait sentie libre pour une autre histoire, si le regard amoureux d'Ivan ne lui avait pas fait défaut au quotidien » : Micheline Pelletier n'en démord pas. Et amoureux, Ivan l'était. Bien sûr, il a pu faire des incartades. Il a toujours trimballé une réputation de coureur de jupons. Et ses confrères d'Europe 1 en faisaient d'ailleurs déjà des gorges chaudes durant son premier mariage. Mais la photographe partage cette certitude avec une autre proche de la journaliste de TF1, la philosophe Élisabeth Badinter : Ivan Levaï vouait une véritable adoration à Anne Sinclair.

Autres intimes du couple, autre explication de la désunion de leurs amis : pour Jean-François et Rachel Kahn, le ver est déjà dans le fruit quand Ivan Levaï part à Marseille.

« Tout ce qui a séduit Anne chez Ivan – son côté grand enfant n'aimant pas les responsabilités – l'a éloignée de lui quand elle a mûri, quand elle est devenue mère, assure Rachel Kahn. Elle avait le sentiment de devoir tout gérer seule : la maison, le ménage, les enfants. Ivan est inapte à la gestion d'une famille. Elle s'est lassée... » Et Jean-François Kahn d'ajouter qu'il a entendu Anne Sinclair se plaindre un jour d'avoir un « troisième enfant » à la maison en la personne du père de David et Elie. « J'ai bien compris que, s'il allait s'installer à Marseille, c'est qu'il y avait de l'eau dans le gaz, dit-il. Avant la séparation officielle, il y a eu celle de fait, antérieure à la rencontre d'Anne avec Dominique Strauss-Kahn. »

Micheline Pelletier et Rachel Kahn, sans se connaître vraiment tant leur amie commune s'ingénie à entretenir des relations bilatérales avec ses proches, partagent toutefois le même diagnostic : Anne Sinclair doit admirer pour aimer. Jeune journaliste à Europe 1, elle était éblouie par son aîné. Devenue une vedette du petit écran, avec une renommée dépassant celle d'Ivan Levaï, elle ne peut plus l'être de la même manière. Et ce n'est pas l'éclipse marseillaise qui fait remonter la cote de son mari.

Beau, drôle, intelligent en diable, Dominique Strauss-Kahn va certes subjuguer Anne Sinclair. Mais le cœur de cette dernière est à prendre. Elle a déjà fait le deuil de son premier mariage. « Quand la relation avec Ivan a commencé à se distendre, Anne a eu des liaisons », assure Jean-François Kahn. Et il tient son information de la meilleure des sources. À l'époque, son épouse Rachel est l'une des premières confidentes – si ce n'est « la » première – de la présentatrice de *7 sur 7*.

En 1987, TF1 privatisée, Jean-Marie Colombani, chef du service politique du *Monde*, succède à Pierre-Luc Séguillon aux côtés d'Anne Sinclair pour *Questions à domicile*. L'homme est à l'image du quotidien dont il assurera la direction de 1994 à 2007 : austère et discret. Partenaire professionnel d'Anne Sinclair pendant deux ans et témoin direct de son coup de foudre pour DSK, il décrit une facette d'elle qui n'en surprend que davantage : « Anne Sinclair, c'est aussi Diane Chasseresse ! C'est une séductrice qui n'a pas froid aux yeux. Elle ne doute pas de son charme et, ayant été gâtée par la vie, elle ne conçoit pas qu'on puisse lui résister. »

Fin connaisseur des arcanes du Parti socialiste, c'est lui qui suggère à sa consœur de proposer à Dominique Strauss-Kahn, étoile montante du PS, d'être « l'invité surprise » du 27 octobre 1988 :

« Tiens, si on demandait à Strauss-Kahn ?

– Qui c'est, celui-là, déjà ? Un expert socialiste ?

– Oui, il est très bon en économie.

– Si tu crois qu'il sera bon, d'accord ! »

Anne Sinclair appelle DSK, auquel elle présente le principe de *Questions à domicile*, dont il ne semble pas familier, ainsi que son rôle de contradicteur dans la dernière partie de l'émission. Une fois sa participation acquise, elle lui promet de lui envoyer une cassette d'un numéro antérieur. Et lui donne l'heure où il devra se présenter, rue Cognacq-Jay, pour s'installer dans le studio parisien d'où il interviendra en duplex.

C'est un beau défi à relever pour le nouveau président de la commission stratégique des finances du palais Bourbon. À l'automne 1988, François Mitterrand est président réélu depuis quelques mois et Michel Rocard, le Premier ministre. Dominique Strauss-Kahn va pouvoir se mesurer à Alain Juppé, le nouveau secrétaire général chargé de rénover et remobiliser le RPR de Jacques Chirac, encore sonné par sa défaite électorale du printemps précédent.

Le 27 octobre 1988, chez Dominique Perben, député-maire de Chalon-sur-Saône, une Anne Sinclair resplendissante et un Jean-Marie Colombani toujours sérieux étrennent un nouveau format de l'émission. L'hôte du jour n'est pas seul comme à l'accoutumée. Pour dynamiser la formule, il est entouré d'autres « jeunes loups du RPR », comme les deux journalistes les présentent : le « chef de meute », Alain Juppé, mais aussi Michèle Barzach, ancienne ministre, et le benjamin de ces rénovateurs, Nicolas Sarkozy.

Après plus de soixante-quinze minutes de questions-réponses avec les quatre principaux invités, Anne Sinclair, tout sourire, introduit l'invité surprise : « Bonjour, Dominique Strauss-Kahn ! » Celui qui était resté jusque-là caché derrière le dossier d'un fauteuil pivotant se tourne alors, à Paris, vers la caméra du studio et apparaît, chez Dominique Perben, sur l'écran de télévision. Son costume deux-pièces gris anthracite, agrémenté d'une cravate bordeaux à rayures bleues, répond à l'ensemble chemisier et jupe du même gris d'Anne Sinclair. Délicieux clin d'œil. « Il a été son invité surprise à elle », s'amuse, rétrospectivement, Micheline Pelletier. Avec son sourire alternativement carnassier et charmeur, ses tempes légèrement grisonnantes, DSK fait forte impression, dès les premières minutes. Malgré quelques moues arrogantes qu'il ne peut refréner...

La légende de la tribu Strauss-Kahn veut que « Dominique » étrille Alain Juppé pendant les huit minutes de débat. Et, du coup, emporte la belle Anne conquise sur son destrier de bretteur hors pair. N'exagérons rien en ce qui concerne leur duel. Ce soir-là, les téléspectateurs assistent à un échange brillant et de haute tenue. Sans concession mais respectueux. Entre deux des hommes politiques les plus talentueux de leur génération. Il n'y a ni *knock-out* ni victoire aux points. La séduction a néanmoins fait son œuvre en duplex. D'autant que le socialiste s'est ménagé un bref moment de complicité en direct avec la journaliste en s'offusquant, pour la galerie, qu'elle ait été malmenée par la bande du RPR. Ce dont Anne Sinclair s'est défendue, comme il se doit, de manière légèrement théâtrale.

À la fin de l'émission, elle confie sans tarder à son confrère du *Monde* combien elle a été épatée par Dominique Strauss-Kahn. « Je venais de le voir pour la première fois de ma vie, raconte Anne Sinclair. Il avait malmené Juppé de manière assez efficace, et j'ai dit à Colombani : "Dis donc, il est drôlement bon, ton copain, tu avais raison !" » Un témoin aurait aussi entendu : « Et, en plus, il est beau ! »

Pour sa part, DSK, comme tous les Français, ne peut qu'être sensible au pouvoir de séduction qui émane de la star de TF1 à travers la petite lucarne. Et il est sidérant, même pour un spécialiste expérimenté de l'opinion publique comme Roland Cayrol qui, à l'époque, s'est penché sur des études qualitatives consacrées à l'image d'Anne Sinclair sur TF1. « C'était une espèce de mélange très étonnant de déification professionnelle incroyable et, en même temps, ce qui est très rare à la télévision, d'intensité émotionnelle à connotation sexuelle tant chez les hommes que chez les femmes interrogés », décrit l'ancien directeur de l'institut de sondages CSA.

L'étape suivante de la romance sera le déjeuner chez *Laurent*. À la fin des années quatre-vingt, ce restaurant appartient à l'homme d'affaires Jimmy Goldsmith, pour lequel travaille – étonnant hasard – l'agence de communication de Brigitte Guillemette, épouse de Dominique Strauss-Kahn à l'époque. Une belle adresse gastronomique, où aiment à se retrouver entre elles, dans les jardins des Champs-Élysées, les élites parisiennes. Qui « en jette », comme on dit familièrement. Et DSK veut épater la présentatrice vedette de TF1. Ou serait-ce plutôt son attachée de presse qui veut bluffer la star de l'audimat ?

D'après Anne Sinclair, le rendez-vous a été pris durant la conversation téléphonique précédant le *Questions à domicile*. Sur un quiproquo. « Comme je ne le connaissais pas, je lui ai dit que je serais ravie de le rencontrer, mais j'ai dû oublier d'ajouter *à l'occasion*, pense-t-elle, car ce vaniteux a imaginé que j'étais en train de l'inviter au restaurant, ce qui n'était pas du tout le cas ! »

La journaliste affirme que ce premier tête-à-tête avec son futur second mari a lieu dans les quinze jours suivant l'émission. Mais, selon une autre version, il pourrait ne pas avoir eu lieu avant six mois, au plus tôt. Et encore aura-t-il fallu que l'attachée de presse du quadra socialiste insiste pour qu'il ne laisse pas passer l'opportunité de rencontrer celle qui a le pouvoir de le réinviter un jour dans un de ses programmes politiques. Chez *Laurent*, l'addition aurait d'ailleurs été réglée par l'agence de communication de la deuxième Mme Strauss-Kahn. « Et dire que c'est moi qui les ai présentés ! » se plaindra à son entourage Brigitte Guillemette, quand elle apprendra qu'« Anne Sinclair lui a piqué DSK », selon les termes d'une de ses amies.

Mais n'y a-t-il pas une explication simple à cet embrouillamini sur le délai entre l'émission et le fameux déjeuner ? Un rendez-vous a peut-être bien lieu rapidement, après le premier échange de regards, le 27 octobre 1988. Sans que Dominique Strauss-Kahn en informe nécessairement son attachée de presse. Sa réputation d'homme à femmes n'étant déjà plus à faire, il aurait habilement évité de montrer de l'empressement ou même un réel intérêt pour faire la connaissance d'Anne Sinclair. Il y aurait alors eu ensuite un autre déjeuner chez *Laurent* – « officiel », celui-là, mais au moins six mois après le premier – entre les deux complices.

Quoi qu'il en soit, la *love story* démarre bien chez *Laurent*. Mais n'attendez pas des convives qu'ils entrent dans les détails de leur conversation. Même si plus de vingt ans ont passé. La synthèse tient en quelques phrases cent fois peaufinées au fil des interviews données, mais incontestablement sincères. « Dès le départ, Anne et moi, nous nous sommes retrouvés dans un miroir, résume Dominique Strauss-Kahn. Nous avons quatre-vingt-dix pour cent de nos valeurs en commun. Finalement, on se marie dans son village. » En 1993, répondant aux questions de l'écrivain Henry-Jean Servat, pour le deuxième anniversaire de leur mariage, Anne Sinclair utilisait déjà la même expression : « Ce fut d'emblée le sentiment évident d'une proximité immédiate. Comme si nous étions du même village. Comme si je le connaissais depuis toujours[1]. »

En réalité, c'est surtout elle qui n'est « guère friande de ce genre de confidences ». De façon moins convenue, DSK évoque, lui, la « drague à deux balles » à laquelle il se serait livré ce midi-là. Piquée au vif par tant de légèreté concernant ce face-à-face historique pour leur couple, Anne Sinclair fait mine de s'offusquer, mais avec la touche d'humour qui sied à sa bonne éducation. « Non, pas à deux balles… à trois au moins ! » dit-elle, pouffant ensuite comme une jeune fille.

Faut-il entendre par là que Dominique Strauss-Kahn a été à la hauteur de son image de « séducteur » ? En février 2010, à son domicile de Georgetown, le directeur général du FMI parle avec franchise de la période de sa vie durant laquelle il rencontre la star de TF1. « Je me suis marié à 18 ans, raconte-t-il. Après m'être séparé de ma première femme, j'ai une période assez active pendant quatre ou cinq ans. Je saute toutes les filles qui passent. Ce sont mes années *olé olé* ! Cela me crée une réputation, avec des histoires de bonnes femmes qui tournent. »

Quand Anne Sinclair séduit DSK, ce dernier, après avoir divorcé en 1986 de son amour de jeunesse, Hélène Dumas, qui lui a donné

1. *Paris Match*, 16 décembre 1993.

trois enfants – Vanessa, Marine et Laurin –, n'a même pas encore passé le cap des trois ans de mariage avec Brigitte Guillemette. Leur fille commune, Camille, va aussi avoir 3 ans. Une union qui relève donc de l'erreur de casting évidente.

Leur liaison a pourtant démarré en fanfare, au début des années quatre-vingt. La rencontre a lieu à Deauville, lors d'un forum économique organisé par Brigitte Guillemette et animé par Patrick Poivre d'Arvor. Bien introduite dans le Tout-Paris des affaires et des médias, la communicante a invité cet expert du PS encore largement inconnu hors des cercles socialistes. Elle apprécie la prestation de DSK. Assez en tout cas pour lui suggérer de prendre quelques cours de *media training* dans son agence. Et il se révèle doué. L'histoire d'amour et de communication prend rapidement son envol. « C'est moi qui l'ai mis sur orbite », dira-t-elle après la « trahison ».

Brigitte Guillemette fait bénéficier de son carnet d'adresses bien fourni celui qui devient le conseiller de Lionel Jospin, premier secrétaire du PS. C'est elle aussi qui transforme le barbu à lunettes mal fagoté en l'élégant quadra tiré à quatre épingles crevant l'écran à *Questions à domicile*, le 27 octobre 1988. C'est encore elle qui, enceinte de Camille, l'accompagne dans sa campagne législative de Haute-Savoie, lui permettant de siéger, pour la première fois, à l'Assemblée nationale, le 2 avril 1986. Elle participe enfin à sa deuxième victoire législative, dans le Val-d'Oise, en 1988.

À partir du déjeuner chez *Laurent*, les nouveaux amants bénéficient de la complicité de Gilbert Strauss-Kahn, le père de Dominique, qui leur loue un studio à son nom. Sans en piper mot au reste de sa famille.

L'été venu, les deux amoureux partent chacun dans le Midi avec leur conjoint et leur progéniture : les Levaï, dans la maison familiale des Sinclair, à Valbonne ; les Strauss-Kahn, dans la demeure achetée récemment ensemble, à La Garde-Freinet. Mais les cent kilomètres séparant les deux lieux ne sont pas un obstacle aux rencontres clandestines. D'autant que le Festival de Ramatuelle fait figure de lieu de passage obligé pour les deux couples, à l'instar de tous les Parisiens cultivés en villégiature dans la région.

La clandestinité ne dure toutefois qu'un temps. Celui de la vigilance de Dominique Strauss-Kahn, grand distrait devant l'éternel. Et Brigitte Guillemette de découvrir, dans la poche d'un des vestons de son mari, qu'accrocher Anne Sinclair à son palmarès de communicante peut provoquer un retour de feu dévastateur.

Mais qu'a-t-elle trouvé au juste ? Brigitte Guillemette refuse d'aborder le sujet. Un mot ou une lettre ? Sur la forme, les versions de ses proches de l'époque varient. Mais ils témoignent à l'unisson de sa « blessure » et de sa « souffrance » devant le contenu du texte concerné.

Anne Sinclair a-t-elle tiré argument de la confession qu'elle partage avec Dominique Strauss-Kahn d'un côté, et de la non-judaïté de Brigitte Guillemette de l'autre, pour forcer la séparation ? A-t-elle écrit en substance : « Je suis juive, tu l'es aussi, donne enfin une cohérence à ta vie ! » ?

Interrogée à ce sujet, l'ex-icône de TF1 confirme l'échange, à l'époque, de nombreuses lettres enflammées entre Dominique Strauss-Kahn et elle. Mais Anne Sinclair dément avoir rédigé de tels propos. « J'aurais peut-être pu écrire, et encore je n'en suis pas sûre : *Nous avons tous les deux des tas de choses en commun, dont le judaïsme*, avance-t-elle. Mais je ne lui ai pas fait l'article en disant : *D'abord, je suis juive et ta femme ne l'est pas !* C'est faux. Et cela aurait été tout à fait ridicule. »

Dans un autre entretien, le lendemain, elle revient sur le sujet. « Dominique » lui a confirmé qu'elle n'a pas écrit « ce genre de choses ». Et Anne Sinclair d'assurer : « Son couple allait mal, je n'avais pas à plaider. Je ne lui ai jamais demandé de quitter sa femme. Je pense qu'il l'avait déjà décidé. »

Des proches de Brigitte Guillemette témoignent-elles de la blessure de leur amie ? « Elle était légitimement heurtée parce que son mari voulait vivre avec une autre, dit Anne Sinclair. Je peux comprendre cela ! » Pour elle, c'est la mère de Camille qui, pour expliquer l'échec de son mariage, aurait donc propagé une fausse rumeur dans son entourage.

Mais l'ex-animatrice de *7 sur 7* concède que Brigitte Guillemette a bien découvert quelque chose de « compromettant » pour le couple dans une poche de Dominique Strauss-Kahn : un lexique amoureux ! Son mari le lui a « rappelé » la veille au soir : « Nous l'appelions entre nous le Gaffiot, dit-elle, mais cela n'avait rien à voir avec le dictionnaire latin-français. » Anne Sinclair explique qu'il était en effet composé de quelque cent cinquante mots et expressions du genre « Je pense à toi » ou « Tu me manques » – pour ne citer que les plus anodins et les plus chastes – traduits en chiffres.

À l'époque, faute d'internet et de téléphonie mobile, les amants secrets ne disposaient pas des facilités actuelles pour communiquer. Avec l'Alphapage, lancé l'année précédente par France Télécom, Dominique Strauss-Kahn, déjà « geek », avait trouvé la solution pour pouvoir échanger en permanence des mots doux avec Anne Sinclair. Cet appareil, utilisé notamment par les médecins, permettait d'envoyer des messages chiffrés : un numéro de téléphone à rappeler, par exemple. Une fois la liste des mots et des expressions soigneusement choisis, DSK les avait codés pour élaborer leur dictionnaire amoureux.

« Nous avions un exemplaire sur nous, chacun de son côté, afin de l'avoir sous les yeux quand on s'envoyait des messages, raconte Anne Sinclair. Difficile en effet de le mémoriser, il n'y avait que des chiffres. Dominique l'avait rédigé sur son ordinateur, c'était très propre, recto verso, bien collé, un peu cartonné… C'était ça la découverte. »

Bientôt, et sans aucun lien avec ce que Brigitte Guillemette a pu découvrir dans une poche de DSK, la rumeur que la vedette de TF1 aurait une liaison extraconjugale va naître dans Paris. Mais il y a d'abord méprise sur l'heureux élu. Michèle Cotta se souvient qu'en février 1990, André Rousselet, fondateur et premier président de Canal +, intime de François Mitterrand, l'assure connaître son identité : le philosophe Alain Finkielkraut. Dans les jours qui suivent ce « scoop », la directrice de l'information de la chaîne de Francis Bouygues part en vacances en Turquie. « À la fin de mon séjour, en attendant l'avion du retour à l'aéroport, vers 10 heures du matin, j'ai aperçu Anne Sinclair arriver avec… Strauss-Kahn, raconte-t-elle. Ils avaient l'air emmerdés de nous voir là. D'autant que, dans notre groupe d'amis, il y avait d'autres journalistes. On a fait alors semblant de ne pas les voir… »

De son côté, Jean-François Kahn, l'ami de toujours d'Ivan Levaï, a droit à un appel téléphonique cocasse de sa propre mère :

« Mais qu'est-ce qui se passe, Jean-François ? Tu te sépares de ta femme ? Tu te sépares de Rachel ?

– Mais, non, maman, pourquoi tu dis ça ? Non, il n'en est pas question !

– J'ai des amis qui disent que tu te sépares de Rachel pour épouser Anne Sinclair !

– Ah ! Non, maman, il ne s'agit pas de moi, il ne s'agit pas d'un Kahn, mais d'un Strauss-Kahn, Dominique Strauss-Kahn... »

« Au départ, je l'avais un peu mauvaise », reconnaît Jean-François Kahn, alors patron de l'hebdomadaire *L'Événement du jeudi* qu'il avait créé avec succès, en 1984. « Anne et Ivan ensemble, je trouvais ça bien, se souvient-il. Mais ils sont redevenus assez vite amis. On a donc pu continuer à les voir ensemble. Et je me suis lié d'amitié avec DSK. » Élisabeth Badinter n'accueille pas non plus la nouvelle avec un grand enthousiasme : « J'ai vu l'amour s'enflammer comme une allumette, témoigne-t-elle. Cela ne fait pas forcément plaisir. D'abord parce que j'aime beaucoup Ivan. Et puis, ce sont les folies de la passion. Je me suis dit : *Oh ! Ma pauvre fille...* »

De son côté, Ivan Levaï s'est révélé un incroyable gentleman face à l'adversité amoureuse et l'épreuve du divorce. « Il a été formidable, souligne, épaté, Dominique Strauss-Kahn. Le jour où ma relation avec Anne a éclaté au grand jour, il a voulu me voir. Il m'a dit : "Occupez-vous bien d'elle !" Il était tout de même l'offensé... Je ne connais personne de moins rancunier qu'Ivan. Et il a fait son deuil rapidement. Mon sentiment, c'est que leur amour s'était transformé en affection. Ils étaient déjà dans une relation frère-sœur. »

Une décennie plus tard, remarié à celle qu'il appelle « ma très belle et dernière épouse : Catherine », Ivan Levaï écrira de façon très émouvante sur cette période dans son livre *La République des mots* : « Anne et moi avions vécu, depuis une bonne quinzaine d'années, un mariage heureux. Une longue période sans nuage et puis, un automne, la nuit tombe avec une soudaineté stupéfiante. Le ciel était bleu, vraiment bleu, c'était encore l'été. Mais les longues vacances sont terminées. D'un seul coup, un éclair zèbre l'azur. Et ceux qui étaient en train de marcher sur la plage se séparent. L'eau mouille les visages, et les gouttes légères que l'on voit dans les yeux disent assez que tout a changé. Pas de disputes, pas de cris, pas d'incendies, les récoltes n'ont pas été détruites, la moisson est là, car les blés n'ont pas souffert. Pourtant, tout est modifié et d'autres couples se sont reformés. Qui sait d'ailleurs si n'existent pas des ruptures amoureuses ? »

Pour Dominique Strauss-Kahn, le temps est venu, au printemps 1990, de présenter ses enfants à la femme qu'il aime. En tout cas les deux grandes : Vanessa, 17 ans, et Marine, 14 ans, les filles de son premier mariage. Anne Sinclair lui demande de rencontrer séparément les deux adolescentes pour avoir l'occasion de faire réellement leur connaissance.

Le père prépare donc le terrain. « Papa m'a invité à déjeuner et m'a annoncé : "Je vais quitter Brigitte, je suis avec quelqu'un… Devine avec qui ?" se rappelle Vanessa Strauss-Kahn. Je savais que cela n'allait pas entre papa et Brigitte, avec laquelle je ne m'entendais pas bien. Depuis qu'il avait quitté notre mère, papa nous voyait moins et s'impliquait moins dans nos vies. *A priori*, quelqu'un d'autre ne pouvait amener que du positif. Quand il m'a dit : "Anne Sinclair", même si je ne regardais pas trop *7 sur 7* à l'époque, j'ai su tout de suite de qui il s'agissait. Papa a ajouté qu'Anne était beaucoup plus familiale, plus maternelle que Brigitte. J'étais très excitée ! De retour au lycée, je suis immédiatement allée voir ma meilleure copine pour tout lui raconter. »

La rencontre entre Anne et Vanessa a lieu une quinzaine de jours plus tard. Elle est évidemment d'emblée rassurée par la présence, à la table du restaurant, de ses grands-parents, de son oncle et de sa tante. Le choix paternel est donc validé par la famille. La star du petit écran en fait déjà presque partie. « J'étais intimidée face à ce personnage public, se souvient-elle. Au début, elle l'était aussi. Nous étions un peu noyées dans la réunion familiale. Mais cela n'a pas duré longtemps. Elle a été très chaleureuse et ouverte. Elle met rapidement les gens à l'aise. Je suis repartie de ce premier rendez-vous heureuse et impressionnée. Brigitte, c'était la dame qui avait cassé le couple de nos parents ; Anne, c'était la dame qui allait faire en sorte qu'on entre dans une nouvelle ère. »

Le contact initial ne sera pas aussi facile avec la deuxième fille de Dominique Strauss-Kahn. En dépit du cadre charmant de *La Closerie des lilas* pour leur déjeuner à trois. Pour Marine, 14 ans, Anne Sinclair et *7 sur 7* ne signifient rien. « J'avais décidé que je la détesterais, s'amuse Marine avec le recul. C'était la future femme de mon père, j'avais détesté la deuxième et, donc, j'allais la détester aussi ! Je n'ai pas adressé la parole à Anne de tout le repas. Dès qu'elle me posait une question, je me détournais et je regardais dans le vide. Elle a été absolument adorable et, moi, j'ai été odieuse. Je voulais lui montrer que ça n'irait pas bien entre nous. Papa, pour sa part, essayait de faire le lien, il me disait : "Tu sais, Anne, elle fait ceci, elle fait cela, tu pourrais lui raconter telle chose…" Puis, il avait laissé filer. J'étais quand même très ado à ce moment-là. Donc, je suis repartie en me disant : *Je suis très contente de moi, elle ne m'aura pas !* Bon, elle m'a eue… avec le temps. Elle était incroyablement gentille, et je me disais : *Elle fait semblant, mais elle va dévoiler sa vraie personnalité…* Mais, non, elle n'essayait pas de me séduire, elle était comme ça. Et je n'ai pu que l'aimer. »

L'été suivant sera celui où les enfants d'Anne Sinclair vont croiser ceux de Dominique Strauss-Kahn. Sans savoir de quoi il retourne vraiment. Les rencontres seront donc amicales, pas encore familiales. Elle est à Valbonne, avec David et Elie, 10 et 6 ans. Lui, a loué une maison pas loin, avec son frère et sa sœur. « Nous étions de l'autre côté de la vallée, sur la colline d'en face, précise Vanessa Strauss-Kahn. J'étais là avec mon petit copain. Nous avons fait la connaissance des fils d'Anne. Marine et moi, on savait. Mais David et Elie n'étaient pas encore tout à fait au courant que papa était entré dans la vie d'Anne. »

Le 17 décembre 1990, Anne Sinclair et Dominique Strauss-Kahn inaugurent leur vie publique, à l'occasion de la nuit des Sept d'or, les récompenses de la télévision française. Le nouveau couple a apparemment décidé de ne plus se cacher du tout. Retransmise en direct, cette cérémonie est organisée, de 1985 à 2003, par le magazine *Télé 7 jours*. La journaliste de TF1 monte d'ailleurs sur scène, ce soir-là, pour recevoir le quatrième trophée qui lui a été attribué en cinq ans. DSK et elle sont accompagnés par leurs amis Daniela et Jean Frydman, ce dernier ayant coproduit le meilleur documentaire de l'année, *De Nuremberg à Nuremberg*, réalisé par Frédéric Rossif. « En fait, notre vraie première sortie publique a été antérieure, confie Anne Sinclair. Elle a correspondu à celle de Lionel [Jospin] et Sylviane [Agacinski] qui s'étaient rencontrés au même moment que nous. Et nous étions allés dîner au restaurant tous les quatre. »

Le 26 novembre 1991, à la mairie du XVIe arrondissement, Anne Sinclair et Dominique Strauss-Kahn, devenu ministre délégué à l'Industrie et au Commerce extérieur, se marient dans l'intimité. Avec uniquement la famille proche, dont leurs six enfants, et les amis incontournables. En quittant son bureau, la veille, la journaliste n'a prévenu personne. Le surlendemain, elle reviendra à TF1 avec du champagne pour son équipe.

Ils ont même obtenu une dispense de bans qui leur épargne la présence de paparazzis. À vrai dire, ils n'ont pas besoin d'eux pour immortaliser l'événement. La fidèle Micheline Pelletier, photographe de stars, a évidemment répondu présente. Ses clichés ne seront toutefois pas publiés dans les magazines *people* la semaine suivante. Ils sont réservés à l'album privé de mariage. Sans surprise, deux autres des « sœurs », Élisabeth Badinter et Rachel Kahn, ont été choisies comme témoins par Anne Sinclair. DSK, lui, se fait assister de son père et de son ami de dix ans, Lionel Jospin, ministre d'État et de l'Éducation nationale.

Dans la foulée, une cérémonie, religieuse celle-là, a lieu au domicile du couple, avenue du Maréchal-Maunoury, dans le même immeuble que celui de Micheline Sinclair. Se marier devant un rabbin constitue une première pour Dominique Strauss-Kahn qui, auparavant, avait épousé des catholiques. Comme son frère et sa sœur. Même leurs parents s'étaient unis devant monsieur le maire. Mais « Dominique » ne veut pas refuser ce plaisir à « Anne » qui, comme sa mère, y tient. Lors de son premier mariage, avec Ivan Levaï, c'était d'ailleurs aussi elle qui tenait à une célébration religieuse.

Derrière les sourires rayonnants et les félicitations aux époux, tout le monde ne communie pas avec la joie sans nuage de la troisième Mme Strauss-Kahn et de sa nouvelle famille recomposée. Dès l'idylle avec Dominique Strauss-Kahn rendue publique, une partie de l'entourage d'Anne Sinclair s'était affolée. Certes, comment ne pas comprendre sa passion : DSK est tellement brillant et tellement séduisant. Mais sa réputation d'homme à femmes est bien établie sur la place de Paris. Et les trompettes de sa renommée ne vont pas se taire longtemps... Déjà, parmi les proches, des cassandres craignent qu'une déconvenue tragique attende leur amie :

« Mais pourquoi donc Anne pense-t-elle que ce n'est pas son problème, qu'elle va le changer ? Oui, Dominique est tombé amoureux d'elle. Oui, il l'aime. Oui, il est fou d'elle. Mais va-t-il changer pour autant ? Non, la séduction est son moteur. Sa libido, incoercible. Il ne va pas tarder à s'offrir la première nana qui passe. Et voilà, ça y est, c'est certain, il l'a fait ! Il n'aura guère patienté... »

« Comment, si on aime Anne, admettre la conduite de DSK ? Bafouer une femme publique et, plus encore, une femme comme elle, c'est inadmissible ! Mais que faire ? Lui dire qu'il va passer son temps à la tromper ? L'avertir qu'à 50 ans ou 60 ans, tôt ou tard, le ciel lui tombera sur la tête ? Peut-on raisonner une femme habitée par la passion ? Elle ne l'entendra pas. Alors à quoi bon se fâcher avec Anne ? »

Platon avait philosophé sur l'amour qui rend aveugle bien longtemps avant qu'Anne Sinclair n'offre une énième illustration de son propos. En cet automne 1991, les dés du destin de son couple se sont mis à rouler...

Chapitre 10

Anne Sinclair n'a jamais eu de plan de carrière. Ce qui ne l'a pas empêchée d'en faire une, avant de se découvrir le besoin d'une autre vie. Son milieu et sa fortune auraient pu lui désigner le destin d'une grande bourgeoise de droite. Elle est et restera, quelles que soient les contradictions que relèvent les esprits critiques ou mal intentionnés à son endroit, une héritière de gauche.

Elle n'a pas été élevée religieusement mais revendique son identité juive et ne cède pas d'un pouce sur la laïcité. Elle se veut femme mais pas féministe. Une Française avant tout, mais pas une Française d'abord, que d'autres horizons ne font ni rêver ni fantasmer. Républicaine. Attachée aux valeurs, aux droits et aux devoirs qu'elle attache à cette République moderne que Pierre Mendès France avait su décrire à grands traits.

L'équation peut apparaître complexe. L'une des journalistes les plus populaires de France est pourtant née de l'équilibre de ces facteurs.

Sa naissance à New York lui avait donné de fait la nationalité américaine. Ses ascendances, la nationalité française. Un privilège qu'elle n'abandonnera que fort tard, en 1995, croyant ainsi faciliter les campagnes politiques de son mari. *Exit* donc la nationalité américaine. Une décision qu'Anne Sinclair regrette parfois aujourd'hui : garder la double nationalité aurait peut-être simplifié la vie ou les études de ses enfants outre-Atlantique, d'autant qu'avec le recul, les électeurs de Sarcelles ne se sont jamais véritablement intéressés au sujet, pour ne pas dire qu'il les indifférait totalement.

Mme Strauss-Kahn aurait sans doute pu faire l'économie de ce sacrifice, qui apporte surtout à nouveau la preuve de cette capacité de dévouement, voire d'effacement derrière son mari que d'aucunes lui reprochent assez régulièrement.

Française, Anne Sinclair l'est jusqu'au bout des ongles. En elle semblent exister de façon plus ou moins présente selon les humeurs et les situations une Marie Olympe de Gouges alias Marie Gouze, auteure de la Déclaration des droits de la femme et de la citoyenne, femme de lettres et femme politique, la comtesse de La Fayette, et cette Marianne révolutionnaire chantant à pleine voix « ça ira, ça ira » tel que le chantait Michel Delpech dans sa chanson *Que Marianne était jolie* en 1973. Anne Sinclair aime d'ailleurs à rappeler qu'elle posa pour une représentation du symbole de la République, forme de consécration pour la star des médias[1].

Celle que certains auront érigée en symbole de la République française aura de façon assez inattendue quelque difficulté, fin 2009, à prouver sa nationalité. Suite à son changement d'adresse, après l'installation dans l'appartement de la place des Vosges, Anne Sinclair décide en effet de refaire sa carte d'identité, pourtant valable jusqu'en 2017. Elle se présente dans une des annexes de la préfecture de police de Paris, lors d'un passage de quarante-huit heures en France, munie, comme l'exige la loi, de sa carte d'identité en cours, de son extrait de naissance, d'une quittance de téléphone prouvant sa domiciliation. Et les problèmes commencent. Elle en fera la narration sur son blog, de Washington, quelques jours plus tard. En voici un extrait :

« Lorsque mon tour vient, le monsieur derrière le guichet remarque que je suis née à l'étranger et me demande non pas si

1. La photo holographique (c'est-à-dire en 3D) d'Anne Sinclair en Marianne auquel il est ici fait allusion est une initiative, en 1988, de la ville d'Aubagne, de son maire de l'époque, le communiste Jean Tardito, du secrétaire général des services de la ville, Henri Lelarge, ainsi que de l'université Lakanal d'Aubagne, spécialisée dans la formation aux métiers de l'image et du son. Cette photo a été présentée à Marseille, au Parc Chanot, fin 1988, en présence de l'intéressée. Il n'y a jamais eu en fait de buste équivalent à celui de Brigitte Bardot ou de Laetitia Casta. Juste une photo, que DSK affichera plus tard dans son bureau du Fonds monétaire international. Et une légende, née à partir de cet hologramme.

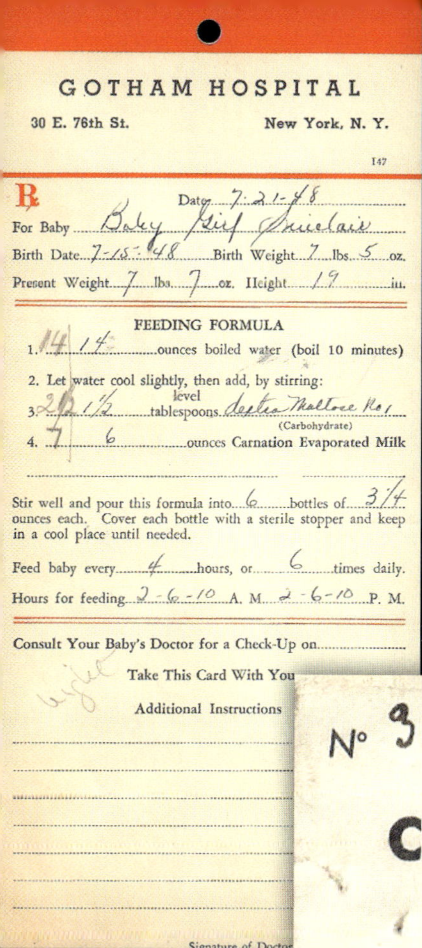

GOTHAM HOSPITAL

30 E. 76th St. New York, N. Y.

147

℞ Date 7-21-48

For Baby Baby Girl Sinclair

Birth Date 7-15-48 Birth Weight 7 lbs. 5 oz.

Present Weight 7 lbs. 7 oz. Height 19 in.

FEEDING FORMULA

1. 14 14 ounces boiled water (boil 10 minutes)

2. Let water cool slightly, then add, by stirring:

3. 2 1/2 level tablespoons dextro Maltose No 1 (Carbohydrate)

4. 7 6 ounces Carnation Evaporated Milk

Stir well and pour this formula into 6 bottles of 3 1/4 ounces each. Cover each bottle with a sterile stopper and keep in a cool place until needed.

Feed baby every 4 hours, or 6 times daily.

Hours for feeding 2-6-10 A. M. 2-6-10 P. M.

Consult Your Baby's Doctor for a Check-Up on

Take This Card With You

Additional Instructions

Signature of Doctor

◄ La fiche de sortie du « bébé fille Sinclair » de la maternité de l'hôpital Gotham de New York, datée du 21 juillet 1948, avec les instructions de préparation des biberons.

La carte d'identité de sous-officier de la France libre du père d'Anne Sinclair, délivrée le 16 septembre 1942. Il est finalement affecté aux Forces françaises libres du Levant (Proche-Orient). L'intérieur de la carte d'identité du sous-officier Robert Sinclair montre qu'il a été successivement affecté à Damas comme « adjoint du conseiller pour le ravitaillement du gouvernement syrien », puis à Beyrouth en tant que directeur à Radio-Levant. ▼

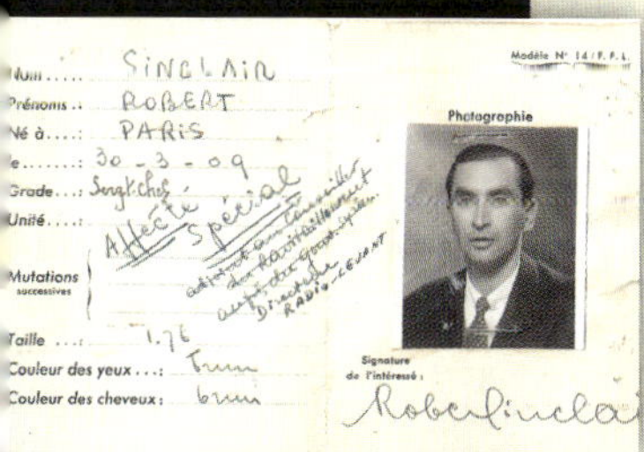

Modèle N° 14 / F. F. L.

Nom : SINCLAIR

Prénoms : ROBERT

Né à : PARIS

le : 30-3-09

Grade : Sergt-chef

Unité : Affecté spécial

Mutations successives : adjoint au conseiller du ravitaillement auprès du Gouvt. syrien ; Directeur Radio-Levant

Taille : 1.76

Couleur des yeux : brun

Couleur des cheveux : brun

Photographie

Signature de l'intéressé : Robert Sinclair

▲ Le laissez-passer de Robert Sinclair, chargé de la Radiodiffusion française, pour entrer au Grand-Sérail de Beyrouth, siège de la Délégation générale de la France combattante au Levant.

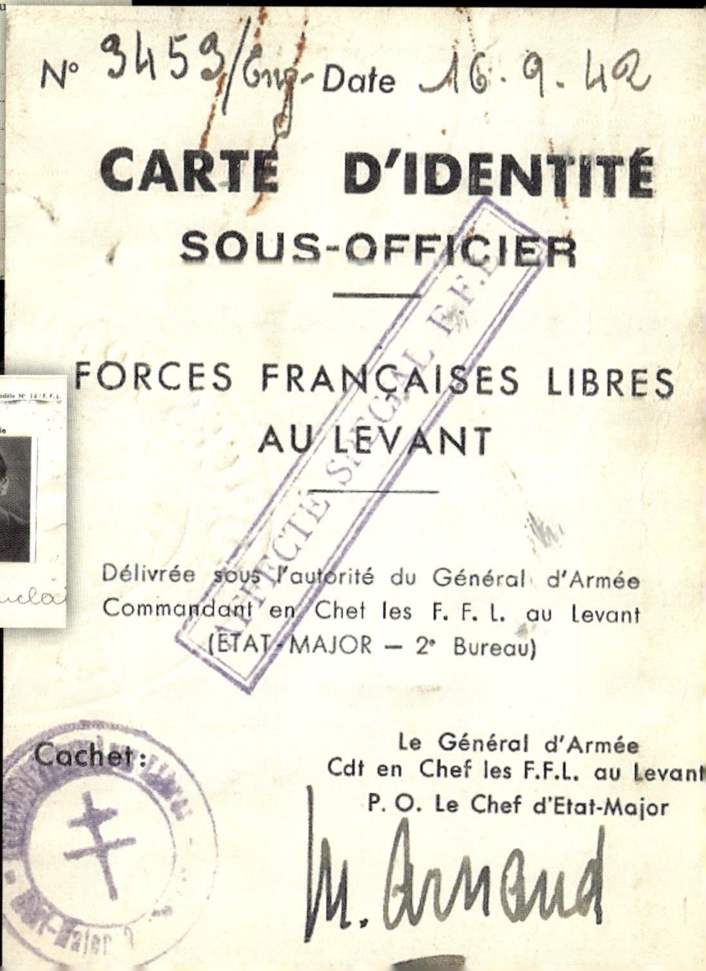

N° 3459/Gng - Date 16.9.42

CARTE D'IDENTITÉ

SOUS-OFFICIER

FORCES FRANÇAISES LIBRES

AU LEVANT

AFFECTÉ SPÉCIAL F.F.L.

Délivrée sous l'autorité du Général d'Armée Commandant en Chef les F. F. L. au Levant (ÉTAT-MAJOR — 2e Bureau)

Cachet :

Le Général d'Armée
Cdt en Chef les F.F.L. au Levant
P. O. Le Chef d'Etat-Major

M. Arnaud

Portrait de Madame Rosenberg et sa fille, tableau unique dans la production de Pablo Picasso. Contrairement aux habitudes de l'artiste, il s'agit en effet d'une commande. De Paul Rosenberg, marchand d'art proche du peintre et grand-père d'Anne Sinclair. Le tableau, peint en 1918, est depuis 2008 entré dans les collections nationales suite à une dation d'Anne Sinclair. Il est exposé au musée Picasso, à Paris. ▶

Micheline et Robert Sinclair, pris en photo par leur fille, à Valbonne, en 1979, quelques mois avant le décès du père d'Anne Sinclair. ▶

▲ La classe de 4e C du cours Hattemer (année scolaire 1961 1962). Autour de Jean-Marie Kervelle, professeur de lettres et de latin (1), Anne Sinclair (2), Véronique Sanson (3), Sylvie Laussel (4), Jean Paraf (5), Jean-Jacques Chaban-Delmas (6), la princesse Nathalie de Lignes (7).

◀ Anne Sinclair en vacances dans la maison de campagne de ses parents à Valbonne, dans les Alpes-Maritimes, fin des années 70. La télé s'offre à elle. Elle a tout pour la charmer.

▲ Anne Sinclair et Ivan Levaï : le roman d'amour commence rue François-Ier, au siège de la station périphérique, en 1973.

▲ Les « amis » d'Europe N°1 réunis à bord d'un bateau sur les bords de Seine à l'initiative de Jean Frydman, au milieu des années 80. Sur la photo, en partant de la gauche, Jean-François Kahn, Anne Sinclair, Ivan Levaï, Christine Ockrent, Daniela Frydman, Jacques Abergel, Daniel Filipacchi, Jean Frydman et Franck Ténot.

Les débuts à la télé : *L'Homme en question* sur FR3, de 1976 à 1977. Suivront, *L'Invité du jeudi* et *On n'a pas tous les jours 20 ans,* jusqu'en 1981. L'audience est souvent confidentielle, mais la notoriété d'Anne Sinclair s'installe. ▼

Sur le plateau des *Visiteurs du jour*, première émission qu'Anne Sinclair animera sur la Une, de janvier à juin 1982 dans le créneau qu'occupait auparavant Danièle Gilbert : ce sera un échec. ▼

▲ Anne Sinclair animera neuf *Édition spéciale* de novembre 1983 à juin 1984, toujours sur la Une. Un tremplin. L'aventure *7 sur 7* commencera trois mois plus tard, en duo avec Jean Lanzi.

◀ Novembre 2001: Françoise Giroud vient de publier *Profession journaliste*, un livre d'entretiens avec Martine de Rabaudy (Hachette Littérature). Anne Sinclair l'entoure ainsi que son ex-mari Ivan Levaï, la journaliste et critique littéraire Patricia Martin ainsi qu'Edmonde Charles-Roux, autre grande femme de presse et de lettres.

▲ 16 mars 2010 : Simone Veil vient de recevoir son épée d'académicienne et accueille ses amis dans les salons du Sénat. Parmi eux, DSK et Anne Sinclair. Deux jours plus tard, Simone Veil fera officiellement son entrée à l'Académie française.

La passion d'Anne Sinclair pour l'opéra immortalisée par son amie, la photographe Monique Pelletier, à l'Opéra Bastille.

mes parents sont français, mais si mes quatre grands-parents le sont : je lui fais reposer la question tant elle me semble maladroite, sinon ahurissante. À l'évidence, il cherchait seulement à savoir de quel côté familial il me fallait apporter la preuve de ma nationalité. Mais peut-être les responsables de ces nouvelles directives (depuis un décret de 2005, signé du ministre de l'Intérieur Nicolas Sarkozy, tout Français né à l'étranger et souhaitant renouveler ses papiers doit faire la preuve de sa nationalité française, notamment en fournissant un extrait de naissance de ses parents) devraient-ils prendre le temps d'expliquer à leurs agents au contact du public, qu'il est des formules malheureuses, rappels de temps troubles.

« Il me précise en effet que depuis 2009, il me faut un document supplémentaire, un extrait de naissance de mon père ou de ma mère, qui puisse prouver ma francité. Je lui rétorque que, sur mon extrait de naissance, il est bien écrit que je suis née de M. Robert S. né à Paris et de Mme Micheline R. née elle aussi à Paris. Et si donc, je ne suis pas française par le sol (car j'ai commis l'erreur de naître hors de France), je le suis par filiation et que cet extrait de naissance le prouve.

« J'ajoute que je demande un renouvellement de ma carte d'identité, toujours valable, et qu'il a donc sous les yeux les preuves de ma nationalité qui, depuis quelques décennies, n'a d'ailleurs jamais été contestée. Intraitable, il veut me renvoyer chercher le papier qui me manque. Exaspérée et ne disposant que de quelques heures à Paris, je reprends mon dossier, mes photos, ma naissance suspecte et je repars.

« Revenant cette semaine à Paris je me retrouve hier matin boulevard du Palais munie cette fois de l'extrait de naissance de ma mère, née à Paris de parents français. La délicieuse dame souriante qui me reçoit, me le demande dès qu'elle constate que je suis née à l'étranger. Je répète que mon extrait de naissance a toujours suffi jusqu'à ce jour, qu'il indique la nationalité de mes parents, que je ne vois pas pourquoi on me demande de faire la preuve de ma nationalité sur trois générations, que c'est discriminatoire par rapport aux Français nés sur le territoire (il y aurait donc deux sortes de Français – les uns « plus français » que les autres ?), que ma carte d'identité toujours valable n'est pas frauduleuse, que si la France la conteste, qu'elle fasse donc la preuve de ma mauvaise foi ; bref, je lui ressors mon discours.

« La pauvre, elle a dû déjà l'entendre des dizaines de fois, cette histoire ! Venant de gens moins bien lotis que moi, ayant moins de temps, une vie plus mouvementée ou plus de difficultés à obtenir un extrait de naissance de leurs parents ! Mais sa courtoisie ne le laisse pas deviner, et c'est toujours souriante qu'elle m'explique que c'est le règlement, la loi, une nouvelle disposition, pour avoir une « double preuve ». Mais pourquoi pas une troisième, dis-je, une quatrième ? Jusqu'à combien de générations de Français faut-il remonter pour désormais apporter la preuve d'une nationalité qui n'a jusqu'ici jamais été mise en doute ?

« Au nom de tous ceux qui se heurtent chaque jour à ces demandes vexatoires, humiliantes, je demande s'il est possible de voir un responsable, pour comprendre... Pas de chance, ils sont en réunion. Tous. Mais peut-être la semaine prochaine quand je viendrai retirer ma carte... »

Anne Sinclair donnera à cette « mésaventure », vécue par nombre d'autres compatriotes, la publicité voulue. *Le Parisien*, *Libération*, les hebdomadaires, les médias audiovisuels feront un large écho au récit d'Anne Sinclair sur son blog. Le moment s'y prête : l'ex-socialiste Éric Besson ne vient-il pas de relancer, quelques semaines plus tôt, en octobre 2009, le fameux débat sur l'identité nationale. Un débat auquel Anne Sinclair contribuera pour sa part en concluant en ces termes : « Le climat de suspicion, lié à ce débat sur l'identité nationale, ajoute au malaise. Il fut un temps où l'on me fit l'honneur de me demander d'incarner Marianne. Aujourd'hui, la République française a besoin de s'assurer doublement que je n'usurpe pas ma nationalité. Ce ne sont pas que des tracasseries bureaucratiques. C'est un état d'esprit qui fait du mal à l'identité de la France. »

« Pas de plan de carrière. » Elle le répète comme si tout était venu par hasard. Ou s'était heureusement et simplement enchaîné au gré des circonstances et de quelques vagues porteuses. N'exagérons rien. La précocité de sa vocation pour le métier de journaliste, son admiration pour quelques grandes figures du monde de la presse et de la politique, la mise à disposition des relations de ses parents et sa jeune volonté mises bout à bout ont effectivement et naturellement mis en place les éléments de base et de décor. Peut-être n'y avait-il pas de plan, il y avait néanmoins projet. Anne ne voulait pas devenir Sinclair, mais avait très tôt arrêté son choix professionnel : le journalisme. On pourrait même soutenir qu'elle avait d'ores et déjà l'envie, peut-être mal formalisée ou inconsciente, d'être celle qu'elle est devenue. Pas une vedette, nécessairement. La jeune fille de l'époque n'a rien d'un papillon attiré par l'éclat des *sunlights* et des projecteurs. Ça, non. Mais une intervieweuse, assurément. Elle fera du reste tout en ce sens et rien dans une autre direction. Son *background* ? Il est assuré : une culture générale de forte en thème, un diplôme de droit, puis de sciences politiques. Pas de formation de journaliste, pas plus d'expertise technique. Anne se formera sur le tas, dans la spécialité qui est celle de son choix. Elle est armée, dispose déjà de quelques flèches dans son carquois, des certificats et recommandations en poche. Un début de carnet d'adresses. Que demander de plus ?

Comme le note l'universitaire Pierre Leroux, après LSD (initiales du trio Lescure, Sinclair et Desjeunes de l'émission *Tout peut arriver* sur Europe 1) et ce qu'elle appelle *dix minutes d'entretien un peu insolent avec la personnalité du jour*, « Anne Sinclair s'est trouvée dès ses débuts dans une situation singulière où elle utilise et valorise les ressources personnelles d'un sens de la conversation (semblable à l'échange social réglé de la "conversation de salon"), plutôt qu'elle n'a acquis sur le tas les principes du métier de journaliste dans sa forme la plus classique [...] Si on compare avec les deux autres journalistes de la même génération, Patrick Poivre d'Arvor et Christine Ockrent, eux aussi anciens élèves de Sciences-Po disposant d'une formation spécifiquement journalistique acquise au Centre de formation des journalistes pour l'un, comme correspondante d'une chaîne américaine pour l'autre, on peut remarquer qu'ils ont poursuivi leur carrière dans des formes de journalisme plus proche de l'actualité : présentation de journaux télévisés, de magazines d'actualité ou de reportages. »

En d'autres termes moins doctes et ampoulés, Anne Sinclair n'a pas de diplôme de journalisme... Elle a, en revanche, de sérieuses prédispositions, un tout début de pratique et une véritable attirance pour cet exercice très particulier qu'est l'interview. Dès lors, pourquoi faire compliqué lorsque l'avenir se présente simplement. Une porte semble s'ouvrir, elle va s'y engouffrer. À cette époque-là et de manière générale, il faut bien le dire, les choses sont moins compliquées qu'aujourd'hui. « En cette fin des années soixante, début des années soixante-dix, nous n'avions aucune notion de ce que voulait dire le chômage, se souvient-elle. Des années fastes. On voulait faire tel métier, entrer dans telle entreprise, on y arrivait. C'était avant la crise pétrolière de 73... »

La motivation pour ce métier existe bel et bien et tout particulièrement pour un type d'exercice dans lequel elle va vite s'imposer. Maintes fois d'ailleurs a-t-elle eu l'occasion de s'exercer sans autre ambition en tête, faisant des interviews comme Monsieur Jourdain faisait, sans le savoir, de la prose. Au contact de celles et ceux qu'elle rencontre dans son entourage, dans les salons de Marie-Hélène Uri, dans les couloirs de Sciences-Po, et qu'elle invitera plus tard dans certaines de ses émissions. Elle aime interroger les autres, préfigurant ainsi la « montreuse d'ours » ou la « décortiqueuse de grosses bêtes », expressions qu'elle emploiera volontiers plus tard pour se définir, dans le registre de l'autodérision. Le cirque ou le panier de crabes, en quelque sorte...

Ni baroudeuse en herbe ni grand reporter frustrée, Anne préfère l'analyse au compte rendu. Pas étonnant qu'elle soit une si fervente admiratrice d'Alain Duhamel dont elle écrit dans *Caméra subjective*, en 2002, qu'il demeure « le meilleur, celui qui travaille quand la plupart des journalistes recopient les articles des confrères, analyse quand la plupart hument l'air du temps, connaît les dossiers quand la plupart les effleurent ». Comme elle l'a fait elle-même, semble vouloir dire l'auteur de ces lignes. Elle n'aurait d'ailleurs pas tort de le penser. La journaliste Anne Sinclair préférera toujours en effet l'intelligence d'une analyse à l'impact d'une image « toujours trop suspecte à la télé de véhiculer davantage d'émotion que d'information[1] ».

Pas davantage d'attirance pour la présentation. Ce n'est pas un hasard, là non plus. La jeune journaliste se sent à l'aise dans l'interview, comme un poisson dans l'eau. Dans son élément. Les autres exercices représentent un peu l'aventure. Le risque. L'absence de contrôle. Dont Anne ne supporte pas même l'idée.

Le 20 heures, on le lui a proposé... dix fois, assure-t-elle. Pour toujours le refuser. Elle entend être maîtresse à 100 % de son produit. Et ne partage pas. Ou peu. Les concessions, les négociations

1. *Op. cit.*

et discussions des salles de rédaction ne l'attirent guère, sauf quand il s'agit de son équipe et de son émission. L'ambition qui est la sienne semble par ailleurs n'avoir rien à voir avec la recherche de notoriété qui en obsède d'autres, beaucoup d'autres, dans le paysage télévisuel français. Les grand-messes ne l'attirent pas. Pourvu qu'elle ait la maîtrise des chœurs de la chapelle.

« Joseph Kessel et Albert Londres ont découvert des mondes inconnus. Je n'ai pas fait le journalisme dont je rêvais : connaître le monde et témoigner. Faire partager ce que je ressens, ce que je comprends. Le reportage m'a tenté. J'aurais pu. Personne ne me l'a demandé. Pourtant, je l'aurais fait. Moi, j'ai plutôt fait parler des gens. Je partageais ou je ne partageais pas la vision du monde des invités de *7 sur 7*. Ce que j'aimais dans l'interview, c'était le regard spécifique de mon invité sur ce qui s'était passé durant la semaine et que tout le monde avait en tête. Décrypter l'actualité et choisir ceux dont le point de vue m'intéressait et dont surtout le témoignage méritait – selon moi – d'être entendu. Voilà pourquoi je m'étais bâti cette règle très personnelle et assez empirique, je le reconnais, de ne pas interviewer de dictateurs, de criminels, de truands. Aujourd'hui la mode est au "tout vaut tout", la parole du résistant comme celle du collabo, celle de l'honnête homme comme celle du bandit. Pas pour moi. Mais je reconnais là que je fais un choix selon une morale très personnelle et discutable. »

Le regret de ne pas avoir découvert de territoires inconnus apparaît sincère. Apparaît. Car les propositions en ce sens ont tout de même été rares. Et elle ne les a pas suscitées alors qu'elle a plutôt la réputation d'obtenir ce qu'elle veut, quand elle le veut. Il y eut des propositions. Disons que ce n'était alors pas le moment. Ainsi lorsque Pierre Desgraupes lui propose, en août 1981, de partir sur les routes de France, micro en bandoulière, à la recherche d'histoires, de « gueules », de gens. « Excellente idée, mais pour d'autres », lui répond Anne Sinclair, depuis quelques mois heureuse mère d'un petit David. « Vous me voyez, écrira-t-elle cette année-là dans *Une année particulière*, vous me voyez, amis d'Hénin-Liétard, bonsoir, appeler chaque soir de mon camion-roulotte, pour prendre les nouvelles de la journée de mon poussin. Sérieusement, ai-je une tête à partir sur les routes, amis de Perpignan, bonjour… » Si tout avait été tranquille après TF1, elle aurait pu, essaie-t-elle de nous persuader. Des conditionnels qui ne parviennent cependant pas à convaincre. Disons les choses clairement : Anne n'est pas vraiment une journaliste de terrain, elle se vit plus en parisienne qu'en provinciale et préfère pour elle-même l'analyse à l'instantané. Le côté « immédiateté » n'a jamais été son « truc », reconnaît-elle d'ailleurs sans la moindre difficulté. Ce qui l'intéresse, c'est transmettre. Assez paradoxalement, elle n'a jamais été tentée par le métier d'enseignant. Un studio de radio l'attire bien plus qu'une salle de classe. Et, en ces années où la télé commence son émancipation, Anne Sinclair va suivre. Malgré cet amour de jeunesse pour la radio, qu'Europe 1 avait fait naître en elle. Malgré cette vie qu'elle sentait omniprésente derrière un micro et qu'elle ne retrouve pas nécessairement devant les caméras. Le narcissisme, la mise en scène, une certaine solennité la dérangent sur les plateaux de télévision. Mais ainsi va la vie. La télé l'a choisie. La radio ne la perdra jamais complètement. Et toujours l'interview.

« Écouter, c'est la principale qualité de l'intervieweur, pourvu qu'il connaisse parfaitement son sujet. Elle savait parfaitement faire les deux. » Ainsi Robert Namias, ex-directeur de l'information de TF1, explique-t-il le succès d'Anne Sinclair et la longévité de son émission. Si secret d'une réussite il y a, c'est en effet là qu'il se trouve. Dans cette capacité et dans cette puissance de travail qui, depuis le cours Hattemer et une enfance de première de la classe, sont la signature d'Anne. Ses interviews, elle les prépare aussi méticuleusement que ses devoirs de terminale. Derrière l'intervieweuse élégante dont les Français aiment honorer les rendez-vous télévisés se trouve en permanence la bonne élève, l'amoureuse du travail bien fait.

« C'est une fille qui bosse énormément, poursuit Robert Namias. Elle n'a jamais perdu l'habitude universitaire du travail sur archives, sur documentation. Vérifie que tout est exact, que les chiffres dont elle dispose sont les bons à la virgule près.

« Elle est ainsi toujours capable de relancer, de corriger ce que dit l'autre, de le contredire sur un fait. Et enfin, elle a une vraie qualité d'écoute. Les bons intervieweurs sont des gens capables de sortir de leur propre synopsis de questions pour rentrer dans le jeu de l'autre et rebondir. Et pas enfiler les questions comme on enfile des perles… La qualité d'un intervieweur, c'est d'abord de savoir écouter. Et il y a finalement peu de gens qui savent faire ça. Anne, elle sait le faire admirablement. Elle a enfin ce don inné du tempo de l'interview. Elle sait quand on doit laisser parler quelqu'un parce qu'il va dire des choses. Elle sait laisser le temps, ne pas interrompre, ne pas casser ou couper un fil. Et, à l'inverse, être capable d'interrompre très rapidement quelqu'un qui risque de s'embarquer dans une langue de bois et des chemins à la fois sans intérêt et destinés à noyer le poisson. Elle avait ça dans le sang, de manière innée. Elle adore les tête-à-tête. Anne était faite pour l'interview. Tout ce qu'elle a fait à côté n'a jamais réussi à l'épanouir de la même manière… »

Ce que confirme Christine Ockrent avec cette touche de perfidie rivale, toujours présente dès que l'une des deux vedettes parle de l'autre : « Anne était très bonne, c'était son exercice. Elle lui collait parfaitement et elle a eu beaucoup plus de mal ensuite à trouver d'autres formats qui lui correspondent aussi bien. » Femmes, je vous aime…

Anne Sinclair, intervieweuse, finira au fil des années par prendre des allures de pléonasme. La notoriété suivra, puis la popularité. Être interviewé par Anne devient pour le ou la responsable politique un élément de standing, de crédibilité, un accélérateur de reconnaissance, une onction ou un viatique. « Tout homme politique brûlait de voir se froncer le bleu des yeux, valser le stylo entre les doigts, s'appesantir le menton dans la main », notera Luc Le Vaillant dans le journal *Libération* du 5 juillet 1997, après l'annonce de l'arrêt de *7 sur 7*. Et le journaliste de s'interroger sur les raisons d'un tel unanimisme. Vient-il de sa bonne éducation, de son aménité consensuelle, comme le prétendent les critiques ? Elle cajolerait son monde, n'asticoterait jamais ? « Mieux vaut une question dure, se défend l'intéressée, avec un sourire, qu'un ton rogue camouflant une question complaisante. » Et une assistante d'ajouter : « Quand un homme est à terre, Anne ne s'acharne pas. » Humanité compréhensive, toujours. Rondeur de manières, encore.

Aujourd'hui encore, celle qui fut la star de TF1 reste dans le souvenir du public comme une référence en matière d'interview. Au grand dam de ceux qui pratiquaient ou pratiquent encore l'exercice de manière plus agressive ou spectaculaire afin de faire naître le *buzz*, comme on dit aujourd'hui, ou de susciter la fameuse petite phrase, plus fréquemment construite par les cabinets de communication que provoquée par l'intervieweur ou improvisée par l'interviewé. C'est un genre différent que saura imposer Anne Sinclair. Pas de sensationnalisme, mais de la rigueur dans l'équilibre, conforme à la vision d'un métier qui, pour elle, se résume toujours en quelques mots : raconter, expliquer, contredire, faire comprendre. Et même si elle avait des chouchous, même si ses convictions étaient connues, même s'il lui est arrivé de soutenir certaines idées, de défendre certaines valeurs ou d'affirmer certains principes, personne ne se souvient, en treize ans à TF1, d'un incident qui ait pu mettre en cause sa probité professionnelle, qu'il s'agisse de ses invités ou du contenu même de ses interviews. Pierre Lescure, qui fut le témoin des premières d'entre elles à Europe 1, atteste cet engagement professionnel : « Anne, c'est une femme qui a un infini respect pour le journalisme et pour l'information. Un respect exemplaire. Et on l'a revu à *7 sur 7*. Elle n'a jamais donné prise à ceux qui pensaient qu'une femme serait moins pro. Et même s'il lui est arrivé d'utiliser certaines de ses émissions ou certains invités pour des causes qu'elle partageait, elle a toujours été sincère quand elle l'a fait. »

Ses convictions, il s'en trouvera pour les lui reprocher. Ses préférences, les causes dont elle se fera volontiers l'écho, ses détracteurs les pointeront parfois du doigt ou en dresseront la comptabilité pour tenter de la discréditer. Sans véritable succès. Sa popularité est la plus forte. Peut-être également en raison de la compréhension du public de l'époque pour certaines de ces causes. Ou encore et plus simplement parce que les téléspectateurs sont alors sous le charme d'une femme qui, à leurs yeux, n'a rien d'une théoricienne ou d'une idéologue, ce qu'elle n'est effectivement pas. Ivan Levaï suggère une autre piste : Anne Sinclair aura bénéficié du capital sympathie dont dispose une femme de gauche que son milieu avait pourtant programmée pour devenir une parfaite grande bourgeoise de droite. « Les gens se sont rendu compte, analyse le premier mari d'Anne, que cette petite jeune femme était très belle, très intelligente, très équilibrée, particulièrement bosseuse, qu'elle n'avait pas froid aux yeux, qu'elle savait tenir tête à un ministre, à un homme politique, et qu'ils la respectaient et qu'elle les respectait aussi. Peut-être sentaient-ils qu'elle n'appartenait pas à leur classe, mais il y avait une vérité qui faisait qu'on ne se posait pas de questions sur elle. Et cette vérité-là, c'est : *Au fond, je suis à gauche, parce que c'est difficile d'être heu-*

reux dans un pays où il y a des gens qui ont beaucoup trop et d'autres qui n'ont vraiment pas assez. Elle a une honnêteté naturelle. [...] Elle m'a souvent dit : "Je suis une femme de devoir. Il y a des choses qu'on doit faire et je les fais." »

Une femme de devoir que la politique passionne depuis l'âge de 10 ans et dont l'une des chansons préférées à 17 ans s'intitule : *Je ne chante pas pour passer le temps.* S'inspirant de Jean Ferrat, Anne ne fera pas du journalisme pour passer le temps. Elle le fera intelligemment, et subtilement. Sans militer. Mais sans trahir la Française républicaine, laïque et juive, triptyque par lequel elle aime à se définir.

Tous ceux qui prétendent connaître Anne Sinclair vous le diront : ils l'ont toujours connue de gauche. Pas gauchiste. Pas du genre à se déchaîner contre le capitalisme. De gauche. Naturellement. Héréditairement. Il est pourtant permis de s'interroger ou de s'étonner encore, à l'image de l'un de ses précieux amis, Jean-François Kahn. « S'il y a quelqu'un qui est une grande bourgeoise, riche, dont tout le milieu, c'est la grande bourgeoisie, dont tout l'univers, c'est la grande bourgeoisie, dont les amis, c'est la grande bourgeoisie, c'est quand même elle, note-t-il. Un ouvrier, elle a dû voir ça de très loin deux ou trois fois dans sa vie. Elle fait totalement partie du microcosme. Elle ne connaît que des gens célèbres, que des gens riches, alors c'est vrai que beaucoup sont de gauche. Mais enfin il n'y a pas que ça. Et alors que beaucoup des gens qu'elle fréquente, ce sont des gens qui ont pu être un peu de gauche mais qui ont fini par basculer du côté de leur classe, si j'ose dire, eh bien elle, non. »

« Anne, elle est vraiment de gauche, confirme Ivan Levaï. Au fond, c'était une petite du XVIe arrondissement, une enfant de la bourgeoisie juive mais sans les rallyes ou les colliers de perles. Ce que je trouvais formidable chez elle, c'est qu'elle n'avait aucune des réactions de sa classe. Et d'ailleurs c'est un des grands miracles qu'Anne ait la fibre aussi naturellement généreuse et populaire. Elle est vraiment sociale. Elle est en contradiction avec sa classe. Même si aujourd'hui elle n'est pas perçue comme ça. »

Le résumé dit beaucoup. Lui, Ivan Levaï, l'orphelin, l'expatrié, l'autodidacte, le compagnon de route naturel de la « gauche des camarades », décerne volontiers à cette femme dont il connaît mieux que quiconque l'environnement, les origines, la fortune, les ressorts, un certificat de femme de gauche ! Presque un compliment. Aurait-il d'ailleurs pu épouser une femme de droite ? Sans doute pas.

Quand ils se rencontrent, ils partagent la même vénération pour Pierre Mendès France. Elle les rapproche, les fait se comprendre, renforce l'amour naissant et le moment venu, leur désir d'union. Mendès est le père politique d'Anne. Encore aujourd'hui, l'ancien président du Conseil de la IVe République garde une place à part dans le panthéon politique d'Anne Sinclair. Une place que François Mitterrand n'aurait jamais pu prendre, par exemple. « Je ne crois pas du tout que François Mitterrand s'est substitué à l'image de Mendès pour Anne, explique ainsi Élisabeth Badinter. Je ne crois pas qu'elle ait jamais éprouvé pour François Mitterrand la même admiration, affective. C'est une question d'homme, de personnalité. François Mitterrand est un homme du terroir français. Mendès était un émigrant. »

Anne est-elle fascinée, passionnée par le pouvoir ? Question que beaucoup se poseront, ou se sont encore posée récemment. Ceux et celles qui l'imaginent ivre d'ambition ne figurent pas en tous les cas parmi les proches de son mari. « Je ne l'ai jamais sentie comme ça, assure Christophe Borgel, conseiller régional d'Ile-de-France et compagnon de route de Dominique Strauss-Kahn depuis une dizaine d'années. Anne Sinclair, ajoute-t-il, est profondément une femme de gauche pour des raisons d'histoire personnelle et de culture politique. Je crois que s'y ajoute la conviction qu'issue de la famille où elle est née, avec tout ce que cela signifie en termes d'aisance, on se doit d'être de gauche. On le doit. Le retour vers la société, c'est d'être de gauche, et d'avoir la conviction qu'on doit par exemple partager les richesses. Et puis, Anne est attachée à des éléments fondamentaux de la gauche, à la défense des libertés fondamentales, des droits de l'homme… »

Comment définir le profil politique d'Anne Sinclair dès lors que ces points de départ sont établis, connus : « Ni idéologique, ni sectaire, affirme Étienne Mougeotte. Mendésiste au sens ouvert du terme. Le cœur à gauche, mais surtout passionnée par la mécanique politique et, de ce fait, tout aussi intéressée par une interview de Jacques Chirac que de Pierre Mauroy. » Jean Paraf, son copain du cours Hattemer, n'est pas d'accord : « Moi, elle me considère comme un traître parce que je suis à droite. Je me souviens d'un déjeuner avec elle au *Bristol*, en 1974 [Jacques Chirac est Premier ministre, Michel Poniatowski, ministre de l'Intérieur et Jean Paraf travaille alors au cabinet de ce dernier], et on parle de Chirac : "Chirac est un danger pour la République, un facho", me dit-elle. Je lui dis d'arrêter ses conneries, et je me souviens de sa réponse : "Mais tu ne te rends pas compte, il va faire un coup d'État !" Bon d'accord, *Le Canard enchaîné* disait "Facho-Chirac", mais merde ! Il n'y a pas plus *radsoc* que Chirac... À ce déjeuner-là, je lui ai dit : "Écoute, tu m'emmerdes, tu es trop sectaire, et d'ailleurs, si j'y repense, c'est un des motifs qui font qu'on ne se revoit plus." On n'a pas le droit de ne pas partager ses idées. Et puis elle est tout de même restée très droite/gauche. »

Pourquoi les politiques courront-ils alors chez elle, alors qu'on la sait de gauche, et qu'elle serait, selon certains, sectaire ? Parce qu'elle fait son job. On lui donne un boulot : elle le fait. Son côté « bon élève ». Ce qui fait qu'à *7 sur 7*, elle traitera de la même façon et sur un pied d'égalité les gens d'un bord et ceux de la rive opposée. Elle fait là encore son devoir.

« Anne est viscéralement de gauche, s'exclame Rachel Kahn, parce qu'elle a gardé intacte sa capacité de s'indigner. » « Son engagement, nuance le journaliste Michel Field, mériterait sans doute de temps en temps un peu plus de distance critique, mais ça, je ne suis pas sûr qu'elle en soit capable. Elle représente vraiment le prototype, très rare aujourd'hui, de la militante de gauche des années soixante-dix, et de la lectrice du *Nouvel Observateur* des années soixante. Militante, comme on peut l'être dans les rédactions et les salons parisiens, c'est-à-dire avec tout le réseau journalistique... »

Beaucoup de sincérité donc, quelques touches de naïveté parfois, un brin d'aveuglement à l'occasion. Pas vraiment adhérente d'un parti, pas davantage syndicaliste. Sans doute a-t-elle voté à Sciences-Po pour le syndicat étudiant Base qu'animait un de ses copains de l'IEP, Richard Arzt, mais cela s'arrête là. Pétitionnaire ? Guère plus. Le terrain politique ? Elle garde le souvenir d'avoir accompagné sa mère, alors mitterrandiste, en 1965, à un meeting de Jean Lecanuet, mais pour y apporter la contestation et encourager le leader centriste, candidat à l'Élysée, à partir... au séminaire ! En 1969, Anne a bien collé une ou deux affiches et quelques enveloppes pour Mendès et Defferre mais n'en a pas gardé un souvenir captivant, on l'a vu. Et si elle a suivi parfois son mari Dominique Strauss-Kahn en campagne à Sarcelles, c'était alors davantage la star de *7 sur 7* qui venait donner un coup de main. Les gens la reconnaissaient. Au grand dam de Pierre Lellouche, adversaire de droite de DSK, qui se souvient avoir vécu le passage d'Anne comme une sorte de concurrence déloyale. Elle assiste enfin à quelques meetings quand l'envie lui prend. Pour résumer, Anne Sinclair n'a pas plus le goût de la politique de terrain qu'elle n'a véritablement celui du journalisme de terrain.

Pas une vraie militante donc. En fait, plutôt une femme de conviction. Nuance. Tant sur le terrain social que sur le terrain moral. Une femme que le parcours, le cheminement, la force des idées et la personnalité de ceux ou celles qui les portent fascinent...

« L'enthousiasme de cette femme, avoue Bernard-Henri Lévy, son enthousiasme intellectuel, son enthousiasme pour les idées, pour la vérité ! J'ai connu peu de personnes, dans ce milieu de la presse, capables d'autant se passionner pour un concept, une micro-invention théorique, un chapitre de livre. Il y a, chez elle, cet enthousiasme de la pensée. Peut-être même – ce qui était bizarre pour une journaliste politique – plus pour la pensée que pour la politique. Elle a d'ailleurs fait avec moi un nombre sûrement déraisonnable de *7 sur 7* car pour elle, à l'époque, un intellectuel qui publiait un livre important, valait un responsable politique. Je me rappelle notamment qu'en 1994, elle avait – c'était une nouvelle formule de *7 sur 7* – deux invités. J'étais l'invité principal et François Bayrou, deuxième invité en fin d'émission. Beaucoup s'en étaient étonnés. À commencer, bien sûr, par l'entourage de Bayrou. Mais elle avait répondu : “C'est comme ça, j'ai, d'un côté, l'auteur de *La Pureté dangereuse*, de l'autre un ancien ou futur ministre – pour moi, le choix est fait...” Anne était une des rares journalistes politiques de premier plan qui pensait que les idées pesaient plus que la politique. C'est rare. »

Amoureuse de l'intelligence, elle ne pouvait en fait que très logiquement l'être des idées. Plus que le pouvoir, la puissance, l'argent, voilà ce qui l'impressionne. Un grand professeur d'université, un grand écrivain, un grand intellectuel, un prix Nobel, la captiveront toujours plus, Bernard-Henri Lévy a raison, qu'un patron de banque centrale ou un grand capitaine d'industrie multimillionnaire. La politique politicienne ne la passionne pas davantage. En revanche, les débats nobles, éthiques, que génèrent l'oppression, l'injustice, l'horreur parfois, la mobilisent. Conceptuelle, intellectuelle ? Des termes qu'elle récuse. Sa pensée est plus simple, intuitive, réactive, sensible. Un brin idéaliste si l'occasion se présente. C'est sans doute une des explications de sa formidable popularité, ce mélange que décrit ainsi Pierre Lescure : « Anne, elle a quelque chose de séduisant, de courageux, de volontaire, d'humble dans sa façon de voir les choses. Parfois un peu trop groupie de tel ou tel, mais tellement capable de réagir dès qu'il y a une injustice, un manque dans l'appréhension d'un sujet majeur, une méprise ou un contresens sur l'Histoire. Elle savait faire preuve de beaucoup de simplicité mais cependant avec une difficulté très germanopratine ou très XVIe à s'intéresser aux problèmes des vrais gens. Une grande bourgeoise de gauche, une gauche mendésiste, une gauche à la fois idéologique et raisonnable. Son admiration pour BHL se situe dans cette logique intellectuelle. »

Parmi les combats auxquels Anne s'associera figure bien sûr l'abolition de la peine de mort. Aux côtés du couple Badinter. Comme ce dernier, elle souffrira sans doute de la discrétion hypocrite de responsables et élus de gauche pour qui la politique pouvait avoir des raisons supérieures à la morale. L'abolition de la peine de mort n'était pas une mesure populaire. Et certains craignirent sans doute qu'elle ne leur fasse perdre des électeurs... « C'était la mesure dont il ne fallait pas parler. Elle n'a pas été entérinée par la gauche avant les années quatre-vingt-quatre, quatre-vingt-cinq », se souvient Élisabeth Badinter. Entre politique et morale, le choix d'Anne Sinclair est toujours le même. Et peut la conduire parfois à l'excès, à l'éclat, au réflexe épidermique. Certaines causes sont naturellement les siennes. « C'est tripal », résume son ami Michel Field. Façon de dire que c'est à la fois naturel et irrépressible.

Elle n'a pourtant rien d'une hussarde illuminée ou d'une pasionaria. Elle a certes parfois accompagné son mari en campagne, honoré de sa présence des meetings électoraux, elle a longtemps fait partie des proches de François Mitterrand, des invités réguliers de la bergerie de Latché et l'amitié du couple Strauss-Kahn et du couple Jospin est notoire... tout cela est exact. Et semble lui suffire. Anne est fidèle à ses options de départ. La politique active, l'engagement partisan, encarté n'apparaît en aucun cas obsessionnel. Au PS, depuis 2002, elle n'est jamais très sûre d'être à jour de ses cotisations. Et n'oublions pas la latitude, que lui donne sa profession, de pouvoir à tout moment trouver des qualités à un homme de droite ou déceler chez un homme de gauche les symptômes de la bêtise. Libre de retrouver chez Raymond Barre les qualités de Mendès, de trouver séduisante l'intelligence d'Alain Juppé, de se fâcher avec Lionel Jospin ou de regretter sa proximité avec Mitterrand, qui, au passage, a été moins confiante que certains l'ont parfois imaginée. Ajoutons enfin que *7 sur 7* n'est jamais apparue comme une émission partisane, sauf aux yeux d'un Patrick Le Lay qui eut un jour le front de le dire à son animatrice vedette, au vu de ses trente dernières émissions…

Où donc classer cette femme de gauche ? « Entre Martine Aubry et Dominique Strauss-Kahn », propose son ami, l'écrivain Dan Franck, dans un sourire. « Plus sociale-démocrate que socialiste », complète Jean-François Kahn. « Elle est dans ce centre que composent une partie de la gauche et une partie de la droite », dit encore Jacques Abergel, son ex-« agent recruteur » d'Europe N°1. « Une gauche élégante », ironise gentiment Guy Bedos.

La vérité se nourrit de toutes ces intuitions, de tous ces résumés. Mendésiste nostalgique, mitterrandiste abusée, strauss-kahnienne par amour, Anne Sinclair n'a pas de théorie économique rentrée, ni de plan précis pour l'évolution des institutions. Non. Juste une réactivité à certaines formes d'injustice, quelques convictions bien ancrées autour des thèmes de tolérance et de solidarité, une foi dans la laïcité. La gauche d'Anne Sinclair reste humaniste. « Ce n'est pas un hasard si les juifs sont vent debout dès qu'on touche à la République, complète Rachel Kahn. C'est parce que la République les a préservés de l'arbitraire et en a fait des Français à part entière. Ils sont, de ce fait, farouchement attachés à la République française. »

« Elle est d'abord française, républicaine et ensuite juive. Comme moi d'ailleurs, témoigne l'avocat Jean Veil, fils de Simone Veil. Sauf qu'elle va à la synagogue pour les fêtes importantes, moi pas… » Le triptyque évoque une armoirie. France, République et Judéité. Service minimum au départ, s'agissant de ce troisième volet : son éducation religieuse ne figurait en effet pas au rang des préoccupations prioritaires des parents d'Anne. Puis lentement, au fil des années, des prises de conscience s'opèrent. Une certaine conception du devoir et de la morale fera le reste.

Le judaïsme d'Anne Sinclair est culturel. Ainsi le définit-elle. Une pratique uniquement identitaire. Toute la famille allait à la synagogue de la Victoire. La grand-mère d'Anne ainsi que sa mère y avaient leur place. « Il fallait être bien habillées, se souvient Ariel Pierre-Kahn. Les parents regardaient si nos jupes tombaient bien. On se faisait des grands signes avec Anne car on s'embêtait comme des rats morts. Tout se faisait en hébreu évidemment à la Victoire et on ne comprenait rien. Je n'étais pas du tout religieuse et Anne non plus. On n'en parlait pas. On était juives, voilà tout. C'est très difficile de parler du côté juif. Car on peut se sentir très juif et ne pas être religieux. »

Anne n'a pas été élevée dans le culte de la religion. Sa mère jeûnait pour Kippour. Anne le fait toujours. Ses enfants également. « Dominique » le fait aujourd'hui, pense-t-elle, pour lui faire plaisir. Mais durant ses années de jeunesse, la religion n'a rien d'une discipline ou d'une obligation vécues au quotidien. Ses parents sont des Israélites, des juifs sans revendications, reconnaît-elle. Mais à l'époque, seules les circonstances exceptionnelles rendent la religion incontournable, et soudain nécessaire. Un décès, une union…

Anne avoue volontiers ne pas être trop sûre de sa foi, pour ne pas dire plus, mais son mariage avec Ivan Levaï, elle le souhaitera justement religieux. Par conformisme peut-être, par peur de choquer, par volonté de montrer une appartenance, peut-être aussi pour ne gêner personne. Lui n'est pas forcément aussi souple. Il n'est pas circoncis. Le rabbin s'en offusque. « Je l'emmerde ! » s'emporte-t-il. L'affaire se réglera *a minima*. Par un bain rituel, qu'Anne acceptera de faire à sa place. Et le mariage sera célébré : celui d'un juif errant et d'une juive… laïque.

Anne est une pratiquante occasionnelle. De plus, elle ne connaît toujours pas un mot d'hébreu. Ou presque. Seuls les pionniers ashkénazes semblent l'émouvoir. La mort de son père, en 1980, la fera monter d'un cran dans la foi… ou dans le devoir. Pendant onze mois, après la disparition de son père, elle se rend ainsi à l'oratoire de la synagogue de la Victoire. À 18 heures, chaque soir, sauf le week-end. « Un fils l'aurait fait, mais comme j'étais fille unique, j'ai décidé de le faire. Et cette tradition religieuse est en même temps un excellent moyen de “forcer” le souvenir qui, sinon, s’estompe. Tous les jours, à la même heure, je pensais à mon père. C’était le moyen d’exprimer mon chagrin. » Pour les juifs, on meurt deux fois. La seconde, c’est le jour où le défunt n’a plus personne qui pense ou parle de lui…

« Elle a fait ce qu’une fille ne fait pas, observe le rabbin de Copernic, Michael Williams. C’est un représentant mâle qui aurait dû le faire, même moins proche. De la part d’une fille, il s’agit d’un geste exceptionnel. » Anne est fille unique. Il arrive qu’un lien mystérieux passe entre les parents et l’enfant unique. Dans le cas présent, entre Anne et son père. Anne n’agira pas de même au décès de Micheline, sa mère. Question de circonstances, d’époque… et de motivation.

La religion ne gouverne pas sa vie, mais ne saurait en être absente. Par respect pour une certaine forme de tradition ? C’est déjà beaucoup plus que cela. « Le judaïsme d’Anne est intéressant et bizarre, confie Ivan Levaï. Anne fait partie des juifs libéraux. Elle est beaucoup plus qu’une juive de Kippour, mais elle est trop libérale, trop progressiste, trop ouverte sur le monde pour être prisonnière d’un dogme. Elle accomplit un certain nombre de choses pour être en accord avec la tradition familiale ou avec le Ciel au sens large. Elle porte l’angoisse des femmes juives. Elle souffre en silence. » Assez curieusement aussi, Anne, née juive, va surtout passer sa vie à le devenir, par fidélité à une histoire, à une tragédie. À reconquérir sa judéité, à « se réapproprier cette part d’elle-même », pour reprendre les termes de Rachel Kahn. Une part d’elle-même qui, au départ, n’occupait pas une telle place dans sa vie.

Juive libérale. Ainsi peut donc se définir Anne Sinclair. Copernic devient « sa » synagogue. « J’ai choisi d’aller à Copernic quand mon fils David a eu 10 ans, se souvient-elle. Je voulais pratiquer un judaïsme où femmes et hommes sont à égalité et mélangés à l’intérieur de la même synagogue. J’ai persuadé ma mère qui était une fidèle de la plus traditionnelle synagogue de la rue de la Victoire depuis trois générations. Et puis, ce qui m’a plu aussi, et qui était étonnant, c’est que le rabbin, Michael Williams, soit de gauche, progressiste, dans un arrondissement si bourgeois. »

« Une synagogue de ville fréquentée par 80 % des juifs que connaissent les non-juifs, cela peut apparaître un peu snobinard ! » reconnaît Michael Williams. Beaucoup de personnalités connues, le couple Badinter, Patrick Bruel, Bernard-Henri Lévy, cinq anciens ministres de la République, une majorité de séphardes. « Les libéraux, explique le rabbin Williams, ce sont ceux qui essaient de construire des ponts entre une tradition qui est un peu la vision fermée des orthodoxes, qui remonte au Moyen Âge, et la réalité de la vie de notre époque. Un libéral c'est avant tout un non-orthodoxe... » Anne fréquente Copernic dans les années quatre-vingt, dans l'entourage des Badinter ou des Bleustein-Blanchet, pour la bar-mitsva de ses deux fils, David et Elie, pour l'anniversaire de la mort de ses parents. Depuis une dizaine d'années, elle y emmène Dominique Strauss-Kahn. Comme elle est présente avec lui pour Yom Kippour au palais des Congrès, transformé en lieu de prière, pour ces soirs-là, faute de place dans les synagogues.

« J'ai été frappé, se souvient le rabbin Williams, quand Anne est passée, à l'occasion de la bar-mitsva de son fils David, par son affection viscérale pour ses origines, pour la pratique religieuse et par son attachement pour les gens. Mais c'est vrai aussi que bon nombre de personnes redeviennent juives pour une semaine, à l'occasion d'une fête... »

Judéité culturelle et sociale. À l'époque de Sciences-Po, elle acquiert même la réputation, le sait-elle alors, de ne fréquenter que ceux et celles qui appartiennent à cette communauté. Est-ce volontaire, plus fort qu'elle, est-ce le hasard ? Toujours est-il qu'elle ne semble pas même pouvoir s'intéresser à un homme s'il n'est pas juif. « Elle doit faire un tri inconscient, propose Marie-Hélène Uri. Et elle disait déjà à cette époque qu'il était hors de question pour elle d'un jour épouser un non-juif. » Elle le redira d'ailleurs dans l'ouvrage *Juifs et Français*[1] d'André Harris et Alain de Sédouy. Tout comme elle écrira – autre registre – dans *Une année particulière* : « Une idée folle et tout à fait raciste me traverse l'esprit. Quel dommage que dans le sang de nos politiciens ne coule pas un peu de sang juif : il leur donnerait cette dimension d'angoisse qui leur manque. » Anne est ainsi. Comme animée, tiraillée par l'indépendance du libre penseur et le désir d'appartenance. Ni croyante. Ni pratiquante. Mais consciente d'une origine et d'une histoire particulières.

1. Grasset, 1979.

Impossible de s'imaginer mariée à un non-juif… Cette affirmation d'Anne Sinclair ne passera pas inaperçue.

Le rabbin Williams, interrogé sur ce point, relativise et explique : « Les bases du judaïsme sont tribalistes, nombrilistes, narcissiques et même un peu… racistes. Nous sommes à la fois un peuple et une culture et comme nous sommes le peuple élu, il s'y ajoute aussi un peu de mégalomanie. Donc le moment où on fait un choix, c'est le mariage. Les mariages mixtes sont considérés comme un fléau. Pour les orthodoxes, il s'agit d'un péché monstrueux… » Pour certains libéraux aussi à l'évidence. Marie-Hélène Uri confirme : « C'était un élément important dans la vie d'Anne. Elle n'aurait pas pu avoir un autre mari, un autre père pour ses enfants qu'un Israélite. » Ariel Pierre-Kahn conclut : « Rien de surprenant. Moi, je n'étais pas comme ça, d'ailleurs je me suis mariée avec un non-juif. Mais mes enfants sont juifs. Je n'aurais pas pu accepter un homme qui aurait refusé que mes enfants soient juifs. Il n'y a pas grande différence. »

Pour comprendre la relation d'Anne Sinclair à son identité juive, les années d'adolescence ne doivent pas être sous-estimées. La fin de la décennie soixante. « Il est très important de se replacer dans l'époque, explique Richard Arzt. On est alors au lendemain de la guerre des Six-Jours, Israël s'en est sorti, mais tous les juifs du monde ont eu peur. C'est le moment où notre génération va faire revenir à la surface tout ce qui avait été occulté complètement dans les années cinquante, la guerre, les camps, ceux qui en étaient revenus ne voulant plus en entendre parler. Et c'est à ce moment que se met au point une forme de judéité républicaine. […] Nous sommes Français, mais nous allons pouvoir affirmer tout haut ce que nos parents préféraient oublier ou ne pas mettre trop en avant. Chez les Sinclair, alors qu'ils s'appelaient Sinclair et non plus Schwartz, bien qu'ils s'affirment comme juifs, il y avait quand même une petite ambiguïté. Anne était pour l'affirmation d'une identité juive quand on est français. » Anne confesse d'ailleurs que plutôt qu'un patronyme écossais, elle aurait préféré garder ou retrouver le nom de Schwartz…

Cette affirmation d'une identité juive dont parle Richard Arzt, Anne la confirme dans le même temps qu'elle explique une part des réserves que le général de Gaulle lui a toujours inspirées, ainsi qu'à ses parents. « Un homme si attaché à refonder l'identité française, pense Anne Sinclair, qu'il était prêt à tirer un trait, oublier, à se satisfaire de ce que personne, juifs, non-juifs, ne parle plus véritablement de son histoire. Jusqu'à l'oublier. »

« Dans les années soixante, explique-t-elle, nous étions dans le registre de "l'incommunicable". Dans les années soixante-dix, ont commencé à sortir les histoires de Vichy, puis les récits de déportés, des documentaires, des films. Pour moi, le livre de Jean-François Steiner, *Treblinka* [préfacé par Simone de Beauvoir et sorti en 1966], m'a donné pour la première fois l'occasion de comprendre ce qui s'était passé dans les camps. J'ai fait lire ce livre à mon père. Dans les années quatre-vingt, on va se trouver dans la recréation de cette tragédie. J'ai tout lu pour comprendre. J'ai vu les neuf heures et demie de *Shoah*[1]. J'ai lu la série de bouquins de Robert Amouroux, *La Grande Histoire des Français sous l'Occupation* et je me suis toujours battue contre cette idée que les Français avaient tous été des collabos. Mon père avait à cela une sensibilité plus grande encore car son père avait échappé à cette mort. Si bien que lorsque la chaîne Histoire m'a demandé de présenter le procès de Klaus Barbie (1987) dont la chaîne allait diffuser les extraits les plus importants sur près de trente-cinq émissions fin 2000, j'ai proposé de faire ceux de Touvier et Papon derrière. Le contrat, c'était ça. Ce qui m'intéressait ce n'était pas l'idéologie ou l'opportunisme politique, c'était de comprendre comment certains avaient pu prêter la main… »

À cet égard, une histoire très précise semble toujours prête à resurgir tel un récif affleurant à la surface de l'eau. Nous sommes alors à l'époque où Robert Sinclair travaille chez Revlon, dans les années soixante. Non loin de la coquette maison de campagne de Fleury-en-Bière, habite, dans une autre demeure, couleur « gris Dior », un voisin avec qui le père d'Anne a progressivement sympathisé. Tous deux travaillent dans la même branche mais pour des maisons différentes. Ce qui tisse un lien. Il leur arrive de jouer au golf à Fontainebleau, il vient prendre le thé. Un homme à belle allure, le teint rose et reposé. Micheline Sinclair le donne parfois en exemple à son mari. Le gentil voisin se nomme Jean Leguay. Il a, paraît-il, eu quelques problèmes à la Libération mais pas de raisons de chercher plus avant. « Un jour, raconte Anne, dans les

1. Film de Claude Lanzmann, 1985.

années soixante-quinze, soixante-seize paraît dans *Le Nouvel Observateur* un extrait d'un livre à paraître sur la rafle du Vél'd'Hiv[1]. Maman le lit un soir. Et réveille papa. Dans ce papier, lui dit ma mère, ils parlent d'un certain Jean Leguay qui a été adjoint de Bousquet, le secrétaire général de la police de Vichy. “Bah, c'est un nom courant...”, répond mon père. Ma mère veut en avoir le cœur net et décide d'aller consulter les archives du Centre de documentation juive contemporaine (aujourd'hui musée de la Shoah à Paris). Elle y fait une photocopie de la signature de Leguay, du temps où il était directeur adjoint pour la zone occupée, signature figurant au bas d'un courrier. Puis, mon père se rend au syndicat de la parfumerie et demande à voir un courrier signé de Leguay. Il s'aperçoit alors que les deux signatures correspondent. Papa a alors dit à ce syndicat : “C'est lui ou moi.” C'est papa qui est parti. Il a écrit à Leguay. Ce dernier lui a envoyé la reproduction du jugement de l'épuration qui le blanchissait... On se souvient de l'affaire Bousquet et de son assassinat en 1993. Leguay, lui, est mort depuis dans son lit, après avoir été inculpé de crime contre l'humanité. »

Pendant des mois, Robert et Micheline Sinclair avaient donc eu pour voisin et ami occasionnel... un haut fonctionnaire du régime de Vichy, complice de la déportation des juifs de France. Anne n'a jamais oublié cette histoire. Qui resurgit parfois sans prévenir. Le 10 mars 2010, elle assiste un soir à la projection du film *La Rafle*, accompagnée des couples Frydman et Drucker. Leguay lui apparaît tout à coup. Elle identifie facilement le personnage joué par un acteur très ressemblant. Et ne peut s'empêcher de trembler, le souvenir encore et toujours en tête, de ce « gentil voisin » qui, de temps en temps, la conscience apparemment en paix, tapait des balles avec son père. Robert Sinclair que Jean Leguay aurait pu, sans ciller, quelques années plus tôt, envoyer vers la mort dans un wagon plombé. Avec toute sa famille...

Il faut réunir tous ces éléments pour comprendre au mieux le rapport d'Anne Sinclair à la judéité. Comme pour de nombreux juifs, la paroi entre l'identité culturelle et l'identité religieuse est

1. *La Grande Rafle du Vél'd'Hiv*, Claude Lévy et Paul Tillard, Robert Laffont, 1967.

mince, pour ne pas dire inexistante. Réunir ces éléments pour ressentir également, mais sur un plan politique cette fois, l'impression de trahison que François Mitterrand fera naître chez Anne Sinclair, suite au livre de Pierre Péan[1] : « Quand j'ai lu les révélations de Péan sur Mitterrand, le ciel m'est tombé sur la tête. Je faisais partie des naïfs peut-être, mais qui ne savaient pas. C'est, pour moi, une plaie ouverte que la duplicité de Mitterrand, non seulement sur la période de la collaboration, mais sur la permanence pendant des décennies de ses amitiés avec certains collaborateurs, parmi les plus importants. Je m'en suis voulu de l'avoir aimé, je lui en ai voulu de nous avoir trompés. J'ai été déçue par Elie Wiesel quand il a fait son livre d'interview avec Mitterrand et où il n'est pas assez sévère avec lui à mon sens sur l'affaire Bousquet. Quand on est Wiesel, quand même… Sans doute l'effet d'une trop grande fascination pour le personnage.

« De Mitterrand je garde bien sûr le souvenir du soir du 10 mai 1981 à Château-Chinon, à l'Hôtel du Vieux Morvan, au moment précis où il apprend son élection en même temps que nous, les journalistes, qui étions là. J'ai fait un certain nombre de *7 sur 7* avec lui. Je suis allée à Latché deux fois je crois avec Ivan. Je me rappelle une engueulade avec Jean-Luc Mélenchon dans les couloirs de RTL parce que je faisais écho au droit d'inventaire du mitterrandisme dont avait parlé Jospin lui-même. Et, à partir de 94, date de la sortie du livre de Pierre Péan, je suis devenue tricarde à l'Élysée… Il faut dire que je revenais presque à chaque émission sur le sujet, d'une façon ou d'une autre, si ça se présentait… Je ne l'ai plus jamais revu de ce moment-là jusqu'à sa mort. »

Anne Sinclair s'est trouvé un équilibre. Sa judéité n'a rien d'obsessionnel. Alors qu'elle écrivait son premier livre, *Une année particulière*, la toute jeune maman évoquait l'éducation de son premier fils en ces termes : « Il faudra très tôt l'instruire contre le racisme. Je m'effraie parfois de cette tendance instinctive des enfants, quand je le vois, sûr de lui, identifier tout individu basané. C'est bon qu'il intègre les différences, à condition de ne pas les transformer en exclusions. Je lui apprendrai bientôt qu'il est juif,

1. *Une jeunesse française : François Mitterrand, 1934-1947*, Fayard, 1994.

et ce que cela implique d'orgueil, d'esprit de résistance, de désir de justice et d'élémentaire tolérance. » Juive, fière de l'être, elle n'est pas persuadée qu'il y ait un vote juif en France, et trouve absurde d'inviter l'antisémitisme à tout propos, de l'inviter en permanence dans l'existence. « Si un serveur met du temps à la servir dans un restaurant, témoigne Anne Hommel, proche collaboratrice de DSK, ce n'est pas de l'antisémitisme ; si un commerçant n'a pas sa taille en pantalon, ce n'en est pas davantage. Mais elle sait que certaines personnes qui n'aiment pas son mari sont sans doute antisémites. Si elle invite ce thème dans un débat, on peut penser que c'est juste et à juste titre. Mais elle ne fait pas dans la plainte permanente. Elle ne donne pas dans le névrotique et le sans limites. »

Juive et femme de gauche en France, elle porte enfin sur Israël un regard vigilant et attentionné, mais sans désir. Très simplement parce qu'elle ne se voit pas y vivre. Mais c'est tout naturellement avec la gauche israélienne qu'elle se trouve une grande proximité. Avec Shimon Peres ou le Mouvement pour la Paix. Elle critique le mur de séparation, et rejette les fanatiques de tous poils de la droite israélienne dure. « Je n'ai pas suivi, rappelle-t-elle, le même chemin que la communauté française très Likoud sur Israël. » Mais elle ne se sent pas le droit de donner des leçons à ceux avec qui elle ne vit pas. Son pays, c'est la France. « Les composantes de ce que je suis sont publiques, tient-elle à préciser d'ailleurs en 2007 au magazine *Médias*, interrogée par Emmanuelle Duverger et Robert Ménard. Et j'ai dit ce que je pensais sur Israël et son droit à une existence sûre. J'ai toujours été aussi pour un État palestinien, pour la paix, et j'ai toujours soutenu ceux qui, en Israël ou chez les Palestiniens avaient ce discours-là. J'ai interviewé à *7 sur 7*, quitte à faire hurler, des dirigeants de l'OLP (Organisation de libération de la Palestine) quand c'était encore l'OLP, comme j'ai interviewé la gauche israélienne. J'ai réalisé une interview de Netanyahou et d'Arafat et j'étais probablement plus agressive avec Netanyahou, à tort ou à raison. Je suis le plus honnête possible, mais j'ai des convictions. Je tiens à l'existence d'un État d'Israël, comme à celle d'un État palestinien. »

Chapitre 11

En ce samedi 4 avril 1987, trois titres font la une du journal de 20 heures que présente Bernard Rapp sur Antenne 2, en alternance avec Claude Sérillon et Christine Ockrent : le choix de la Commission nationale de la communication et des libertés (CNCL) de choisir Bouygues pour TF1 privatisée. Les scènes d'émeutes à Santiago du Chili, durant une messe de Jean-Paul II (bilan : un mort et six cents blessés). Et le congrès du Parti socialiste à Lille. Suivent ces photos auxquelles les Français sont désormais habitués, celles des otages français au Liban, accompagnées du nombre de jours de captivité pour chacun d'entre eux : Jean-Paul Kauffmann, Marcel Carton et Marcel Fontaine : 743 jours. Jean-Louis Normandin, 392.

La surprise est de taille dans le monde de l'audiovisuel français, d'autant que le groupe Lagardère partait grand favori. Le journal d'Antenne 2, ce soir-là, consacre à l'événement pas moins de six sujets. Les téléspectateurs retiendront le coût de l'opération : trois milliards pour 50 % de TF1 cédés par l'État. Ils noteront que parmi les nouveaux actionnaires figurent également un certain Robert Maxwell ainsi que Bernard Tapie. Et ils écouteront l'interview de Francis Bouygues, une exclusivité dont le nouveau patron de la Une, beau joueur, félicitera d'ailleurs la journaliste de la Deux, première à recueillir sa réaction à chaud. Aux côtés de Francis Bouygues, face caméra, à la faveur d'un plan qui s'élargit, commence à se détacher un homme que le personnel de la première chaîne va bientôt apprendre à connaître. Il se nomme Patrick Le Lay.

Depuis deux ans déjà, Anne Sinclair s'est forgé une réputation, une notoriété et une popularité. Récompensée dès 1985 par un Sept d'or pour son émission *7 sur 7*, elle a obtenu l'année suivante celui de la meilleure journaliste. C'est donc une journaliste auréolée de gloire qui suit avec attention les bouleversements qui marquent ce mois d'avril 1987. Elle est tout naturellement l'une des vedettes de la fête qu'organise Francis Bouygues aux Pyramides de Port-Marly pour célébrer, avec le faste digne d'un mariage royal ou d'un anniversaire d'émir, la conquête de la Une. Plus de sept mille invités ont fait le déplacement. Les stars de la chaîne animent la soirée. Des plus enthousiastes aux « moins en cour ». Les considérations sur la confiance, l'allégeance, la fidélité ne sont pas d'actualité en cette soirée de réjouissances. Le champagne coule à grands flots dorés. L'argent aussi. Et cela va continuer. Car une nouvelle ère s'ouvre. Qui va très vite ressembler à une escalade, ou à une course à l'armement dont les vedettes de TF1 vont devenir les vecteurs stratégiques.

Quelques mois plus tôt, Robert Hersant, fondateur du groupe éponyme, est en effet, après bénédiction de la CNCL, entré dans le capital de la Cinq en tant qu'opérateur principal, aux côtés de Jérôme Seydoux et de Silvio Berlusconi. Ces derniers sont les propriétaires historiques de cette chaîne née en 1985 de la volonté de François Mitterrand. Le président de la République pensait alors en faire un instrument de contre-pouvoir face à une droite en pleine reconquête. Un projet qui n'évitera pas la défaite socialiste aux législatives de 1986 et la première cohabitation. Robert Hersant est donc à la manœuvre avec ses alliés en ce printemps 1987. La grande débauche va commencer. La Cinq illumine ses cibles. Ratisse tous azimuts. Et la privatisation de la Une est une occasion rêvée de faire les yeux doux à tous ceux qui pourraient ne pas voir dans Francis Bouygues leur patron providentiel ou naturel. La bourse des médias va alors s'emballer. Les salaires valser à mille temps. Le beau Silvio Berlusconi met sa séduction transalpine au service de la cause. Avec Anne Sinclair, le coup du charme ne fonctionnera pas. « Berlusconi m'a un jour invitée à déjeuner, rue de Presbourg, où il avait ses bureaux, se souvient-elle. En tête à tête, pour me convaincre de rejoindre la Cinq. Et il m'a fait un numéro… ! On ne savait pas à l'époque qui il était vraiment. Si je l'avais su, je ne serais d'ailleurs peut-être pas allée au rendez-vous. Il a fait le tour de la table à genoux. En me suppliant de rejoindre la Cinq : "Yé vous donnerai tout ce qué vous voudrez... Lé double, lé triple de votre salaire... Si vous voulez una Ferrari, je vous donnerai una Ferrari ?" Drôle, mais pour moi, c'est alors totalement hors de question. Je le lui ai expliqué : "Jamais je n'irai travailler chez Hersant : divorcez d'avec lui d'abord !" Berlusconi, je n'avais rien contre, je le trouvais juste rigolo et pas très sérieux. » Les sympathies pour le régime nazi du patron de presse et propriétaire du *Figaro*, sa condamnation à dix ans d'indignité nationale après la guerre, amnistié par la suite, font en effet de Robert Hersant un homme parfaitement infréquentable pour Anne Sinclair. Francis Bouygues, lui, ne l'est pas. Même si lors de leur première rencontre, il apparaît un peu gauche : « J'ai de très bons amis juifs », lui dit-il dès le premier rendez-vous. « J'ai trouvé ça à la fois touchant, maladroit... énorme. Il voulait être gentil. Il m'aimait bien. Comme une petite qu'il aurait rachetée avec les meubles. »

Anne Sinclair n'a pas d'idéologie *a priori*. Ne sait trop quoi penser de cette irruption des « gens du bâtiment » dans l'univers des médias. « S'ils me laissent travailler, ça va », se dit-elle simplement. Quant à Francis Bouygues, il se révélera « un bon papa » pour reprendre la formule de la journaliste. « Il ne connaissait rien à la télé, mais il avait un gros bon sens, et de l'intuition. »

À l'heure où les responsables de la Cinq provoquent une hémorragie à TF1 à grands coups de chéquier, et alors que se prépare dans la chaîne une distribution massive d'indemnités suite à l'ouverture de la clause de cession, Patrick Poivre d'Arvor, Yves Mourousi et Anne Sinclair choisissent pour leur part de jouer la carte Bouygues. Ce dernier apprécie. Il les remerciera à sa manière, l'homme étant capable d'attentions particulières. Pour montrer sa reconnaissance à ses trois fidèles, le nouvel homme fort de TF1 fait par exemple, à titre symbolique, un geste que Poivre d'Arvor a gardé en mémoire : « Alors que la tendance dans les rédactions est aux *open spaces*, raconte PPDA, il nous a proposé d'avoir chacun son propre bureau. Mieux encore, il nous a autorisés à en dessiner le plan, à en imaginer la décoration, à le "construire" en quelque sorte. Et puis ensuite, il a fait venir ses "Compagnons du devoir", ses ouvriers et ils ont réalisé nos projets. »

PPDA n'est pas encore l'icône du journal de 20 heures qu'il deviendra quelques années plus tard. Yves Mourousi amorce la fin de son parcours au journal de 13 heures. La vraie star, le point d'ancrage de la chaîne, c'est la présentatrice de *7 sur 7*. Anne Sinclair l'a senti. Elle le sait. En bonne tacticienne, elle va savoir en jouer. Immédiatement l'exploiter. Ne pas se contenter de reconnaissance affective ou d'un joli bureau de maçon. Inspirée par un pragmatisme qui porte sa signature et témoigne de son vrai tempérament, elle va s'assurer d'abord des conditions de sa liberté pleine et entière. Ce n'est pas d'un bureau dont elle a véritablement besoin, mais d'un statut sur mesure. Elle va l'obtenir.

« Après avoir refusé les propositions de Berlusconi, explique-t-elle, je négocie tout de suite avec Bouygues et Le Lay – Mougeotte est tout juste nommé, Michèle Cotta, pas encore – et je leur dis : "D'accord, je reste, mais je ne dépends que de vous et d'Étienne Mougeotte. Je ne veux être sous l'autorité de personne à la rédaction, je veux relever directement de la présidence." » L'accord sera immédiat. Pourvu qu'elle reste et résiste aux sirènes de la Cinq, Francis Bouygues et Patrick Le Lay sont prêts à tout pour satisfaire leur star. Quel que soit le prix. Sans forcément voir qu'ils lui accordent une liberté dont elle va profiter jusqu'à créer, dans ce nouvel empire en construction, une véritable zone protégée, une baronnie, une petite principauté…

« Anne Sinclair fait partie de la catégorie des grandes journalistes, pense toujours aujourd'hui Le Lay. Nous, quand on est arrivés à TF1, *7 sur 7* existait déjà, elle l'a continué. Elle avait une personnalité forte, un carnet d'adresses formidable. »

Parmi ceux qui ne voient pas d'un bon œil l'arrivée de la famille Bouygues à TF1, il en est un qui, auprès d'Anne Sinclair, occupe une place particulière, son partenaire de *7 sur* 7 : Jean Lanzi. Il ne fait pas confiance outre mesure à ces « marchands de béton » et semble envisager, très vite, de se diriger vers la sortie, non sans avoir auparavant, comme tant d'autres, négocié puis touché ses indemnités de départ. Anne Sinclair tente de l'en dissuader dans un premier temps, mais il semble trop attaché au « service public » pour changer d'avis. Elle dit à propos de Jean Lanzi : « J'aurais été ravie qu'il reste, car c'est un formidable professionnel qui n'a pas été reconnu à sa juste valeur, mais il n'a pas voulu. […] Et puis je lui dois beaucoup à cet homme-là. Il m'a tirée deux fois du chômage et m'a proposé de partager avec lui une des plus belles émissions de la télévision. »

Sans doute a-t-il senti la valeur de ses actions diminuer et la nouvelle équipe prête à l'envoyer sur une voie de garage. Il a déjà l'expérience, et donc l'intuition de ce type de situation. Il n'a pas tort. Étienne Mougeotte le confirme. « Nous allons trouver autre chose à Lanzi, on va prendre Anne toutes les semaines », a-t-il déjà fait savoir à Patrick Le Lay. La version de Jean Lanzi apparaît un peu différente : « Je ne devais pas sortir. C'est Le Lay et Mougeotte qui gouvernaient l'affaire. J'étais là avec un job de directeur qui ne correspondait plus à rien et je faisais *7 sur 7* en alternance. La nouvelle direction m'a proposé de continuer l'alternance. Ils ont fait un contrat à Anne, heureusement beaucoup mieux rémunéré qu'avant. D'ailleurs, elle avait fait inscrire dans son contrat, assez vite établi, qu'elle faisait alternance avec moi. Elle m'a appelé alors que j'étais dans ma maison dans la Drôme pour me dire : "J'ai réussi un truc, tu es dans mon contrat !" En fait, à mesure qu'on avançait, je commençais à voir ce que faisaient les Bouygues. Nous étions en plein été, on n'avait pas encore redémarré, j'avais des doutes. J'étais directeur en titre, mais pas directeur de l'info. Michèle Cotta était arrivée. Et Christine Ockrent n'allait pas tarder. J'ai alors vu un avocat. La clause de conscience était ouverte. J'avais vingt-huit ans d'ancienneté. J'ai dit à Anne : "Je m'en vais, j'arrête." Je crois qu'elle était navrée parce que le système marchait. »

Étienne Mougeotte nous confirmera avoir senti Anne très attentive au sort de Jean Lanzi et prête à continuer *7 sur 7* en alternance avec lui. Mais ne se souvient pas que cela ait été inscrit dans son contrat. Et chacun de se renvoyer la responsabilité du départ du futur ex-coprésentateur de *7 sur 7*. Patrick Le Lay : « Ça, c'est une décision d'Étienne. » Étienne Mougeotte : « Anne a dû discuter son contrat avec Le Lay ou avec le DRH, Jean-Pierre Rousseau. Le Lay s'en souviendra... » À l'évidence, ce n'est pas le cas.

Quoi qu'il en soit, Jean Lanzi fait ses valises. « Quand il s'en va, se souvient Anne, Patrick Le Lay me dit : "La logique, c'est que vous repreniez l'émission toutes les semaines." Anne accepte cette logique. Même si dans un premier temps, l'idée lui est venue de continuer à présenter en alternance. Avec un Claude Sérillon par exemple. Mais Étienne Mougeotte lui a clairement fait savoir que son heure était venue de prendre la barre. L'équipe de *7 sur 7* prend acte du changement et se prépare à cette nouvelle donne. Marion Desmarres, pilier de l'émission depuis le début du duo Sinclair-Lanzi, se contente de dire aujourd'hui : « Ce n'est pas Anne qui a fait partir Lanzi. Mais elle n'a pas dit non plus : "Si vous ne le gardez pas, je m'en vais..." »

Comme par un heureux hasard, un autre duo va se désintégrer. Mais en l'espèce, la chronique de cette rupture-là semblait annoncée. Entre Anne Sinclair et Pierre-Luc Séguillon. Le court-circuit menaçait depuis si longtemps, bien avant l'arrivée des équipes de Bouygues. Des équipes dont l'ancien journaliste de *Témoignage chrétien* et protégé d'Hervé Bourges se méfient instinctivement. Les premiers contacts n'arrangent rien. « Peu après la privatisation, Patrick Le Lay avait invité à dîner tous les chefs de département, raconte Pierre-Luc Séguillon. Je pose la question : "Dites-le-nous, c'est classique, changement de direction, changement de cadres ?" Le Lay répond : "Je ne touche à rien." À 23 heures, il est appelé au téléphone et disparaît. Le lendemain matin, j'allume la radio et j'entends l'annonce de l'arrivée d'une nouvelle équipe composée de Mougeotte, Cotta, Dassier, etc. En réalité, Le Lay avait été appelé la veille chez Bouygues où toute la nouvelle équipe était réunie. »

Pierre-Luc Séguillon fait alors l'objet des sollicitations de la Cinq mais n'a pas encore décidé de son avenir. Même s'il sait avoir moins d'arguments que la coprésentatrice de *Questions à domicile* pour séduire les spectateurs. Il confie à certains, ou à certaines, comme Michèle Cotta, son agacement de voir Anne tirer en permanence, selon lui, la couverture à elle, ne supporte plus l'admiration amoureuse du réalisateur Alexandre Tarta, et les cachotteries de ce duo complice, mais il n'a pas pris la décision de franchir le Rubicon qui sépare Bouygues d'Hersant. Un dernier contentieux précipitera son départ.

En quête d'un invité pour un prochain *Questions à domicile*, PLS, comme on le surnomme parfois, suggère : « Pourquoi ne pas faire la proposition à Francis Bouygues ? » Dans le souvenir de Pierre-Luc Séguillon, sa consœur trouve l'idée séduisante et s'engage à appeler le nouveau patron. « Le lundi suivant, nous confie PLS, Anne me tient informé en ces termes : "J'ai téléphoné à Bouygues, j'ai rendez-vous avec lui." J'étais un peu étonné... "J'ai rendez-vous avec Bouygues" et non pas "Nous avons rendez-vous avec Bouygues". Elle me dit : "Ne vous en faites pas. Je défends notre émission. Je préfère le voir personnellement parce que je crois qu'il veut me parler du 20 heures." Elle me téléphone après l'entrevue avec Bouygues et me dit : "Il ne veut pas être l'invité de l'émission. Mais pas de problème, il trouve l'émission très bien, elle continue. Il y a juste une petite différence : maintenant, c'est moi qui serai productrice de l'émission. Mais ça ne change rien..." En fait, cela a beaucoup changé pour moi. Il y avait là le motif d'un divorce. » Jusqu'à présent, l'émission « appartenait » en effet d'une certaine façon au « service public ». La chaîne produisait. Et PLS prendra très mal la nouvelle de ce changement.

Avant la dernière émission de la saison, dont Raymond barre est l'invité, une explication de gravures assez tumultueuse a lieu entre les deux coprésentateurs. Aggravée par une interview donnée par Séguillon à *France Soir* où il laisse entendre assez clairement ce que sont les origines et la nature du désaccord. « Cela n'a pas plu à Anne et nous nous sommes quittés en très mauvais termes. Elle a piqué l'émission tout en me disant que cela ne changeait rien. Je m'étais donc fait couillonner. Du coup, je suis parti sur la Cinq. »

Une querelle dont Michèle Cotta, alors directrice de l'information, se souvient parfaitement bien. Comme elle a encore en tête le dépit de PLS et ces mots : « Je ne lui pardonnerai jamais d'avoir signé séparément. » Et Michèle Cotta d'ajouter : « Je n'ai pas le souvenir d'avoir entendu Jean Lanzi dire la même chose. » En coulisses, les directeurs se félicitent de cette séparation. Le bien de l'antenne avant tout. « Séguillon affaiblissait le programme », soutient Patrick Le Lay. Et tous de mettre en avant l'attractivité incontestable et incomparable d'Anne Sinclair, auprès des téléspectateurs et téléspectatrices de TF1.

Le différend entre les deux journalistes ne sera jamais enterré. Deux ans après cet épisode, ils déjeunent ensemble, à l'initiative de Pierre-Luc Séguillon. « Je voulais solder les comptes, tourner la page. Je lui ai dit ce que je pensais. Je ne sais pas si elle a bien compris ou si elle faisait semblant de ne pas comprendre. Puis je l'ai croisée, une ou deux fois, comme ça... Je l'ai revue au moment où Strauss-Kahn a lancé son bouquin. Elle était alors dans le rôle de "l'épouse de". »

Séguillon parti, il faut lui trouver un remplaçant. Anne Sinclair avance le nom de Jean-Marie Colombani. Sur qui elle ne tarit pas d'éloges. Toujours prêt à faire confiance à sa journaliste préférée, Francis Bouygues accepte. Patrick Le Lay n'a rien contre. Étienne Mougeotte trouve également l'idée séduisante. Michèle Cotta fait la traduction : « Ça nous arrangeait d'avoir quelqu'un du *Monde*. TF1 faisait plus populaire qu'Antenne 2 à l'époque. On avait un déficit de sérieux. Et donc besoin d'une sorte de légitimité. On se faisait tuer par *Le Monde* tous les jours. Pour le coup, Colombani est tombé à pic. » Ce que Patrick Le Lay reconnaît aujourd'hui en faisant semblant de ne pas se souvenir… « Peut-être qu'Étienne et moi, on a eu une arrière-pensée du genre *Finalement, comme ça,* Le Monde*, on l'aura peut-être moins contre nous.* » Jean-Marie Colombani, lui, n'a jamais été dupe. L'image du journal qu'il représentait, et la légitimité qu'il apportait en tant que chef du service politique du quotidien ont joué à parts égales. « Quand il lui faut remplacer Pierre-Luc Séguillon, explique-t-il, Anne cherche quelqu'un pour lui donner une caution de sérieux et de politique, elle cherche un coup de tampon. Parce que jusqu'à présent, elle est répertoriée comme intervieweuse à la télé, mais cela ne veut pas nécessairement dire du fond. Donc, c'est ça qu'elle greffe. Je pense que, dans sa décision, Alain Duhamel a pesé en ma faveur. Alain savait qu'elle cherchait quelqu'un et il a suggéré mon nom. L'équipe de *L'Heure de vérité* m'avait sollicité quelquefois, je participais au *Club de la presse* d'Europe 1 et je pense qu'Alain a fait la connexion. »

Jean-Marie Colombani garde le souvenir d'une femme très travailleuse, qui se rodait à la politique à travers cette émission. Il imagine déjà le moment, pas si lointain, où elle n'aura plus besoin de quiconque. Elle le prouve déjà à *7 sur 7* à cette époque. Mais apprécie de travailler avec cet homme qu'elle décrit comme fin, très bon analyste. « Sans doute plus fin que moi, précise-t-elle. Je suis plus instinctive. » Tout se passe pour le mieux entre Anne et Jean-Marie. *Questions à Domicile* s'arrête, au mois de mai de l'année suivante. Jean-Marie Colombani en est encore désolé. Décision d'Anne, en désaccord avec la décision de la chaîne de changer l'horaire et de programmer l'émission à 22 h 30. « Je sais que Jean-Marie m'en a un peu voulu, parce qu'il est corse et donc un peu rancunier, convient-elle aujourd'hui, mais je ne voulais pas qu'une émission politique passe de 20 h 30 à 22 h 30, je le voyais comme un rejet de la politique ! On a vraiment changé d'époque : aujourd'hui, ce serait un cadeau ! » « Elle m'a toujours dit que c'était une décision de Mougeotte, soutient Colombani, mais je n'y crois qu'à moitié. Je pense qu'elle considérait qu'elle pouvait voler de ses propres ailes. » Anne n'avait-elle pas surtout du mal à partager l'antenne ? C'est une autre hypothèse. Sa popularité, à l'époque, n'a pas d'équivalent masculin. Il est probable que cela a contribué à lui faire trouver un charme supplémentaire à l'exercice de l'interview politique en solo.

La direction de TF1 n'a que faire de ces départs. Mieux, elle s'en réjouirait plutôt. Anne Sinclair seule aux commandes, cela correspond très exactement aux visées stratégiques de la chaîne. L'objectif est clair : marginaliser l'émission politique concurrente sur Antenne 2, *L'Heure de vérité* et faire de *7 sur 7* la seule référence. Elle sera l'arme idéale sur ce terrain d'affrontement. L'émission bénéficie déjà d'une notoriété. Sa présentatrice va maintenant lui donner cet éclat supplémentaire qui lui manque, grâce à l'alchimie mystérieuse de sa compétence, de son charme et de son éclat à l'antenne. Les pleins pouvoirs lui ont été accordés, elle choisit ses invités de façon totalement autonome, se situe volontairement en marge de la rédaction et n'a, contractuellement, de comptes à rendre qu'à Francis Bouygues et Patrick Le Lay, qui n'en abuseront pas. Étienne Mougeotte joue les papas bienveillants. La bataille peut commencer. *7 sur 7* devient un État dans l'État, une émission d'Anne Sinclair avant d'être un produit de la chaîne. Quant au statut de sa présentatrice, il apparaît en cette fin de décennie quatre-vingt comme dérogatoire du droit commun de la télévision.

« Anne était complètement indépendante », se souvient Michèle Cotta, directrice de l'information jusqu'en 1992. « Une espèce de baronnie. Elle me prévenait tous les lundis matins ou une fois par mois de son planning pour que nous n'invitions pas les mêmes personnes en même temps. Elle était d'une courtoisie, d'une correction absolument irréprochables. Nous n'avons jamais eu le moindre problème. »

« Quand je suis arrivé quelques années plus tard, comme directeur des ressources humaines, témoigne Nonce Paolini, futur patron de TF1, son équipe me paraissait avoir plus les allures d'une bande qui travaillait à contre-cycle de la rédaction. Corvéable à merci, entièrement dévouée. Au fond, Anne était chef de bande et solitaire à la fois. »

Le public retiendra au fur et à mesure des années les noms d'Alain Badia, Marion Desmarres, Claire Auberger, Viviane Jungfer, Sylvie Braibant, Joseph Pélisson, Brigitte Kantor ou Marie-France Lavarini que leur patronne remercie tous régulièrement en fin d'émission. Plutôt des hommes à la technique et la réalisation, plutôt des femmes pour le *Journal de la semaine*, institution de *7 sur 7*, une sélection des sujets d'actualité les plus susceptibles de faire réagir l'invité. Anne Sinclair noue avec ses collaboratrices et collaborateurs des rapports privilégiés. Elle sait faire un cadeau à Noël, par exemple un stylo ou un souvenir ramené de New York, elle a des attentions, s'intéresse aux soucis des uns ou des autres, à l'occasion, a un mot sur les enfants. Elle se veut attentive jusqu'à intervenir personnellement pour améliorer l'ordinaire des siens. « Une fois par an, en mars-avril, se souvient Michèle Cotta, il y avait une réévaluation des salaires. Les chefs de service faisaient des propositions au directeur de l'information sur les montants des augmentations. Anne ne demandait rien pour elle et se battait pour les salaires de son équipe. C'est la première fois – et d'ailleurs la dernière – que j'ai vu une vedette se battre pour son entourage. » La patronne de *7 sur 7* saura également, quand l'occasion se présentera, « recaser » les siens.

La cohérence de ses équipes est une des conditions du succès. Elle ne l'ignore pas. Aujourd'hui, certains anciens n'hésitent pas à parler des années *7 sur 7* comme de leur plus belle expérience professionnelle. Sans pour autant avoir l'impression d'avoir si bien connu celle qui les dirigeait. Sa vie privée, personne ne la connaît. Quelques rares engueulades entendues quand la porte de son bureau était restée entrebâillée, mais rien de plus. Et jamais elle ne partage en ce domaine. Ses équipes ont-elles jamais su qu'elle était l'héritière d'un célèbre marchand d'art, agent de Picasso ? D'aucuns l'apprendront plus tard. Bien plus tard.

« Des enfants gâtés qui se la pètent un peu », entend-on parfois à cette époque dans les couloirs de TF1 à propos des équipes, elles sont deux, qui travaillent en alternance à la préparation de *7 sur 7*. La jalousie se fait parfois sentir mais jamais ne vient troubler le climat tempéré qui règne dans cette PME installée au cœur de TF1.

Seule exception peut-être : le départ de Marion Desmarres début 1991. Cette journaliste fait un peu partie des murs. Elle travaille à *7 sur 7* depuis la période Lanzi et devient l'adjointe d'Anne Sinclair après la privatisation de 1987, qu'au passage, elle n'approuvait pas. Responsable de la partie « reportage » puis du *Journal de la semaine*, en alternance avec Alain Badia. Les premières années se passent sans problème notable. L'émission évolue, pour correspondre de plus en plus au schéma que sa présentatrice vedette veut imposer. Moins d'images. Plus de place pour l'interview. « Anne déléguait beaucoup, note Marion Desmarres, nous discutions souvent ensemble. Il y avait une vraie complicité. Mais je n'étais pas, personne n'était associé au choix de l'invité. » La journaliste note d'ailleurs souvent, au hasard des conversations, l'attention que semble accorder Ivan Levaï, premier mari d'Anne, à l'émission de sa femme. « Mon intuition féminine me laisse à penser qu'il a eu une influence importante au début. Et puis l'élève a dépassé le maître… »

En 1990, le climat va soudain tourner à l'orage entre les deux femmes. « Je n'étais pas dans la ligne, se souvient Marion Desmarres. La ligne de TF1, c'était de soutenir les Américains dans leur guerre contre l'Irak[1]. Ce militantisme ne me correspondait pas. Mais la position d'Anne rejoignait alors celle de l'entreprise… Nous avons eu des discussions assez rudes. Anne peut s'emballer très vite. On n'était pas d'accord. Nous avons eu des engueulades au sujet de certains papiers, qui ont été relus, discutés. C'était une ambiance hystérique qui me *gonflait*. Il fallait que je discute en permanence. J'ai fini par me sentir isolée. Par en avoir marre. La relation de confiance et même de complicité que nous avions eue au départ s'est détériorée, de part et d'autre. Je n'ai pas eu envie de rester. Entre-temps, elle avait rencontré DSK et j'avais l'impression qu'elle avait plus la réaction d'une femme politique que d'une journaliste. Du jour au lendemain, je m'en suis ouverte à Michèle Cotta. Je lui ai dit : "Tu comprends que je ne peux pas rester dans un tel climat." Elle a compris. Et le lendemain, je quittais *7 sur 7*. »

1. La guerre du Golfe, 1990-1991, opposa l'Irak, qui avait envahi le Koweït voisin, à une coalition de trente-quatre États – dont la France –, autorisée par le Conseil de sécurité de l'ONU à avoir recours à la force. Le Koweït fut libéré en février 1991.

La place ne va pas rester longtemps vide. Un déjeuner de relations publiques, heureux hasard, a en effet favorisé la rencontre d'Anne Sinclair et de l'ex-conseillère en communication de Lionel Jospin, Marie-France Lavarini. François Mitterrand vient de proposer à cette dernière de prendre un poste au ministère chargé des Relations avec le Parlement. Ce qui ne l'inspire guère. Elle envisage alors d'arrêter la politique et de se tourner vers le secteur privé. « Anne m'a alors dit : "Stop. J'ai besoin de vous." C'était pour moi le plus beau des cadeaux. » Le contrat de Marie-France Lavarini ne tardera pas. Il sera signé par Patrick Le Lay dans les semaines qui suivront.

Les deux femmes vont s'entendre et se compléter à merveille. N'ont-elles pas beaucoup de choses en commun ? Un caractère bien trempé, des opinions politiques que seules des nuances peuvent distinguer et une énergie enfin. Marie-France Lavarini a par ailleurs de l'admiration pour Anne Sinclair. À laquelle celle-ci est sensible… L'admiration d'une ex-militante socialiste, mais également celle d'une femme et d'une mère. « Elle ne mettait jamais son drapeau dans sa poche, se rappelle Marie-France Lavarini. Elle vous disait les choses droit dans les yeux. Ne faisait jamais réaliser le travail par d'autres. Quand elle recevait un invité à l'occasion de la sortie d'un livre, elle ne demandait pas une note. Elle le lisait. Comme je l'ai vue lire le rapport complet de l'IGAS [Inspection générale de l'Action sociale] sur l'affaire du sang contaminé[1] avant d'interroger le Premier ministre Laurent Fabius. Lequel d'ailleurs jugera en privé par la suite qu'il ne s'agissait certainement pas ce soir-là de *l'émission d'une amie !* Anne fabrique son émission comme d'autres font leur lit au carré. Quand elle voulait quelqu'un, elle y mettait une énergie incroyable. Même avec la puissance de feu de TF1 et sa notoriété, elle ne lâchait jamais le manche. Elle envoyait cinquante, cent fax si nécessaire. Pour elle, la question n'était pas forcément le plus important. L'important, je l'ai souvent entendue le dire, c'est la relance. Et pour cette relance, elle bossait dur. Pour l'émission avec Jacques Delors (où il devait dire s'il serait candidat à l'élection présidentielle de 1995), nous

1. Le Centre national de transfusion sanguine avait été accusé d'avoir distribué à des hémophiles, en 1984 et 1985, des produits sanguins contaminés par le virus du sida.

avions par exemple préparé deux émissions, une pour le oui et une pour le non. Et puis, il n'y a jamais eu le moindre favoritisme. Même Mitterrand la trouvait insupportable avec ses questions... » Anne Sinclair se reposera sur sa nouvelle adjointe. Indifférente à ceux ou celles qui déplorent qu'en quelques mois, une journaliste ait pu se voir remplacée par une communicante...

À *7 sur 7*, les invités changent, les semaines se ressemblent. Première conférence de rédaction le lundi à Cognacq-Jay. Réunion « vide-poches », où sont passés en revue les sujets de la semaine, les reportages déjà « en boîte », ceux qu'il faut encore monter, les angles qui vont s'adapter à la personnalité et au parcours de l'invité à venir. « Ce n'était pas du sur-mesure, explique Alain Badia, mais on essayait cependant en permanence de se décaler un peu pour imaginer et finalement susciter la réaction à "l'actu". » Réaction qui souvent sera reprise par l'Agence France Presse dans la soirée. Anne Sinclair sert de booster à l'équipe, et d'exemple. Elle s'est en effet forgé depuis quelques années la réputation d'une femme qui jamais n'arrête de travailler. Cette conférence terminée, et le champ d'action délimité, la construction commence, jusqu'au vendredi, nourrie par l'évolution de l'actualité et le traitement qu'en font les télés françaises et bien au-delà. Des images internationales passées en revue, des journaux télévisés regardés à la loupe, édition après édition, des faits sélectionnés, triés, évalués, tout cela nourrit le futur *Journal de la semaine*. Le montage ne commencera qu'à partir du vendredi, jusqu'à la séance de projection du dimanche, en début d'après-midi.

La présentatrice suit la progression au jour le jour, et voit son menu évoluer « en fonction de l'arrivage », comme disent les bons professionnels de la restauration. Et ajoute à l'occasion un plat à la carte. « Il n'était pas rare, se souvient Alain Badia, qu'elle nous dise : "Je vais avoir Untel, je ne le sens pas trop, ce serait bien de lui faire un petit sujet sur la variété, un sujet un peu décalé, mettre quelque chose un peu rock pour le faire sourire, et le voir en vignette dans l'écran." En fait, on mettait en scène une émission qui se résumait à "elle et son invité". Et en cas de grosse actualité, le samedi ou le dimanche, on "cassait" tout, comme pour l'assassinat de Rabin... ou la mort de Montand. »

Pendant que se prépare *7 sur 7* en cuisine, le chef visite ses invités. Ou leur parle. Une ou plusieurs fois elle se rend chez eux, ou les joint au téléphone, selon le moment ou selon l'importance du personnage et sa disponibilité. La préparation de cette émission, devenue le Saint-Graal pour tout responsable politique normalement constitué et disposant d'un minimum d'ambition, est prise très au sérieux, de part et d'autre.

Jean-Paul Huchon, aujourd'hui président de la région Ile-de-France, était en 1989 le directeur de cabinet du Premier ministre Michel Rocard et a gardé en mémoire le souvenir d'une discipline très stricte et, à son sens, fort professionnelle. « Michel passait à *7 sur 7* et Anne est venue à Matignon trois fois. D'abord pour prendre le tempo, s'informer des débats en cours, des sujets dans l'air, des projets en discussion. C'était dans la période un peu difficile qu'a connue Michel avec Mitterrand à la fin, entre 1989 et 1990[1]. Anne avait fait le tour des dossiers intéressants, parfois pointus, la CSG (Contribution sociale généralisée), le déficit de la Sécu, le RMI (Revenu minimum d'insertion). On avait fait ça sans Michel au début. Pendant près de deux heures. Et puis, elle était revenue avec des questions plus précises. En fait... elle donnait vraiment le contenu de l'émission. C'était à la fois non complaisant et sans surprise. »

L'animatrice de *7 sur 7* verra d'ailleurs toujours ses invités dix minutes, un quart d'heure, ou leur parlera au téléphone, le vendredi précédant l'émission, pour les informer des sujets retenus dans le *Journal de la semaine* :

« Sachez qu'au menu de la semaine, il y a la Tchétchénie, le G20, le train de déchets nucléaires, etc., est-ce qu'il y a un sujet parmi ceux-là sur lequel vous avez envie de réagir ou un autre qui vous tient particulièrement à cœur ?

– Oui, je voudrais monter une fondation sur l'Europe...

– Bon, je m'arrangerai pour qu'on parle de l'Europe dans le cours de l'émission. »

1. Il s'agit de l'émission du 3 décembre 1989, restée fameuse car Michel Rocard y avait prononcé cette phrase, dont certains journalistes et hommes politiques n'ont souvent retenu que la première partie : « La France ne peut héberger toute la misère du monde, mais la France doit rester une terre d'asile politique. » L'émission avait lieu à la suite de la victoire de Marie-France Stirbois aux élections législatives de Dreux.

« L'entretien – généralement le vendredi – n'était pas plus développé que ça, explique-t-elle. Je leur donnais les titres que de toute façon ils auraient vu en regardant l'actualité de la semaine. »

Elle donne parfois plus à ses invités. La possibilité de choisir une image qui les a particulièrement marqués. Dominique Duruy, chargée de la communication de Jacques Toubon, ministre de la Culture dans le gouvernement d'Édouard Balladur entre 1993 et 1995, a encore ce souvenir présent à l'esprit : « Il y avait eu un premier entretien téléphonique, fort long, puis une réunion au ministère où ils avaient passé en revue tous les sujets possibles. À la fin, elle lui avait demandé quelle image forte s'imposerait s'il lui était donné la possibilité d'en choisir une vue à la télé : Jacques Toubon avait alors pensé à l'image de cette gamine colombienne restée prisonnière d'un enchevêtrement de poutrelles et de briques pendant près de trois jours, suite à l'éruption d'un volcan et à des glissements de terrain. Elle n'avait finalement pu être sauvée. L'agonie de la petite fille avait été filmée par un caméraman de la télévision espagnole... Et les choses se sont passées comme prévu. C'est dire que rien n'était laissé au hasard. Il n'en reste pas moins, conclut Dominique Duruy, qu'elle se gardait une marge personnelle, sa part d'imprévu. » Ce que complète le politologue Guy Carcassonne, ex-collaborateur de Michel Rocard : « Anne savait ce qu'elle voulait et ce qu'elle ne voulait pas. S'il y avait un sujet dont elle voulait parler, nul ne pouvait la dissuader d'en parler. Si vous ne vouliez pas parler de ceci ou de cela, elle écoutait vos arguments mais vous deviez savoir qu'elle ne reculerait pas. Et puis, nous pouvions tous être sûrs d'une chose. C'est qu'elle aurait bossé à fond et pas simplement relu les dernières déclarations dans la presse. C'était beaucoup plus profond. »

Amis ou ennemis, tous lui reconnaissent une force de travail incomparable. Les écrivains qu'elle reçoit lui semblent reconnaissants d'avoir lu leur livre et de ne pas s'être contentée d'une note commandée à la va-vite à un collaborateur. « On allait dîner ensemble après chaque *7 sur 7*, confie Bernard-Henri Lévy, et là je voyais comment les questions posées durant l'émission n'étaient que la pointe émergée d'un immense iceberg. Elle avait accumulé, dans la préparation de l'émission, quasiment la matière d'un essai sur le livre dont on avait parlé ! C'était fascinant. » Peut-être l'était-ce moins à l'époque pour l'entourage, son mari, ses enfants.

Ces derniers ne semblent pas traumatisés, loin s'en faut, mais ils gardent néanmoins dans leur mémoire l'image d'une mère en permanence insatisfaite, angoissée, infatigable bosseuse. « On allait presque tous les week-ends à la campagne, près de Dreux, se souvient David Levaï. Pour que maman puisse travailler tranquillement. Elle venait nous chercher le samedi midi à l'école. Elle bossait l'après-midi. Le dimanche matin, la tension montait. Elle rentrait à Paris vers midi. Elle était au point sur les dossiers. Aujourd'hui, le nombre de fois où quelqu'un vient sur un plateau et ment de façon éhontée à un journaliste. Elle voulait être sûre d'être préparée à ça. Elle voulait toujours maîtriser le sujet. Seul le lundi était tranquille… »

Une ambiance particulière règne le dimanche soir, à TF1, du temps de *7 sur 7*. L'émission d'Anne Sinclair précède le journal de Claire Chazal. Les deux femmes font d'ailleurs souvent loge de maquillage commune. La présentatrice du 20 heures s'arrange pour terminer de dicter plus tôt afin de regarder la fin de l'émission.

« Dans ce désert qu'était TF1 le week-end, se souvient-elle, c'était mon rendez-vous du dimanche. Nous nous passions le flambeau en quelque sorte. Anne dégageait une chaleur humaine sans pareille. Pas de rivalité féminine entre nous. Rare. Tout d'un coup, elle arrivait, se préparait. J'ai souvenir d'une sorte d'effervescence due au fait que son émission était tout de même la plus importante de la chaîne. Une heure incontournable dans le paysage audiovisuel français. En termes d'actualité politique. De très grands événements l'ont marquée. Ce qui explique sans doute cette impression de solennité autour d'elle. Le Lay, Mougeotte, parfois même Martin Bouygues, presque tout l'état-major de TF1 débarquait le dimanche. Tout à coup, grâce à elle, la station vivait. Et puis, dès les premières notes de *Big Green Space*, musique de Michel Gésina choisie pour le générique, une étrange lumière commençait à envahir le plateau… »

Au tout début de *7 sur 7*, les couleurs dominantes sont l'orange et le vert. Mais le réalisateur Jean-Claude Delannoy ne s'en satisfait pas. D'autant que le vert porte malheur, aux dires des superstitieux, sur un plateau de télévision comme au théâtre. À cette époque, de quoi parle le courrier des spectateurs ? Des fameux pulls Anny Blatt d'Anne Sinclair (qu'elle n'a pourtant portés que cinq ou six fois) et de la couleur de ses yeux. Jean-Claude Delannoy n'ira pas chercher plus loin. Le bleu deviendra très vite la couleur officielle de *7 sur 7*. Celle du générique, celle de l'ambiance. Choix d'autant plus justifié pour le professionnel qu'en télé, c'est la nuance qui passe le mieux. Elle ne bave pas, à la différence du vert et du rouge. Elle supporte bien la vidéo, elle est facile à éclairer. Il va ensuite s'agir de créer la même lumière pour l'invité et pour la journaliste. Pour ce faire, Delannoy ira même jusqu'à imposer un directeur photo. Rien que pour ses yeux... Un magicien : Roger Fellous. « Roger, témoigne Alain Badia, arrivait à lui faire les yeux d'un bleu remarquable, il savait où et comment placer un petit spot sans la gêner, et mettre alors l'azur de ses yeux en lumière. C'est d'ailleurs la raison pour laquelle des gens ont imaginé qu'elle avait des lentilles, mais je n'ai jamais vu ça. Et les lentilles, ça se voit de près. Je ne l'ai jamais vue changer de lentilles ou même en parler. Ceux qui on fait naître cette rumeur ne pouvaient être que des gens méchants ou jaloux. »

Le fond noir ne sera pas éclairé, afin de le rendre plus noir encore et forcer le contraste. Quelques contre-jours pour détacher les deux acteurs de la scène, et l'affaire sera entendue. Les techniciens commençaient à faire la lumière, à « peindre une image » comme ils disent, le dimanche à 5 heures du matin. Anne passait vite sur le plateau, l'après-midi, vers 15 heures, pour faire un essai avant de visionner le *Journal de la semaine*. Elle venait toujours avec deux tenues ou trois. Roger Fellous pouvait alors dire : « Ça, c'est possible, ça, non. » Il ne goûtait guère certains pulls, trop épais, le genre mohair qu'Anne Sinclair affectionnait, mais qui, sous l'effet de la chaleur et de la climatisation, généraient des peluches, des poussières de laine, autant d'agents perturbateurs d'image, dès qu'ils commençaient à se détacher de leur corps d'origine pour aller voleter devant les caméras.

Dans cette atmosphère de nuit américaine, Anne Sinclair évolue accompagnée, selon son humeur, des effluves de *Shalimar* de Guerlain ou de *Femme* de Rochas. Quelques tenues effectivement « ébouriffantes », pour employer le terme dont usera plus tard Françoise Giroud dans une de ses chroniques, mais également des tenues simples, griffées ou non. Pas trop de bijoux, et pourtant, elle aurait pu en profiter, tant la « drague » des joailliers ou des couturiers était insistante. Ils téléphonaient régulièrement en faisant comprendre que si elle acceptait de porter tel ou tel collier, broche ou autre, elle pourrait ensuite venir choisir ce qu'elle souhaitait en magasin... Elle préférait ce que l'une de ses grands-mères appelait sa « boîte à outils ». Rien que des bijoux en toc. « Elle adore les vrais bijoux, précise Marie-France Lavarini, elle en a d'ailleurs quelques-uns de très beaux que Dominique lui a offerts, mais elle aime aussi bien, voire plus, porter du toc. » Pas trop le genre ostentatoire, Anne.

Le stylo Montblanc qu'on lui associe souvent dans certains portraits lus dans la presse, n'a pas davantage valeur d'amulette. Une légende, comme les pulls Anny Blatt. « Les Montblanc ont un seul défaut, explique-t-elle, ils ne débitent pas toujours l'encre assez vite, et j'ai vite préféré les Waterman, car j'écris comme un cochon, mais à toute vitesse. » En fait, plus que des stylos dont elle est, c'est vrai, une maniaque, ses collaborateurs se souviennent surtout de ses fiches. Elle avait toujours un paquet de fiches, tout était « chapitré », et en même temps elle pouvait en enlever à tout moment.

Entre deux nouveaux Sept d'or qui viennent honorer la « meilleure animatrice de débats », en 1988 et 1990, Anne Sinclair fait évoluer son rendez-vous dominical. Elle donne par exemple le feu vert, sans en rendre compte à qui que ce soit à TF1, comme il se doit, au jeune et fringant Pierre Giacometti, étoile montante de l'institut BVA. Celui-ci vient de lui vendre un produit *a priori* séduisant : une étude d'opinion, rapide, efficace, ciblée, peu coûteuse et rien que pour elle. Comprenez, rien que pour l'émission. L'idée a séduit Anne Sinclair et mis en rage Jérôme Jaffré qui, pour le compte de la Sofres, institut concurrent, venait de récupérer le marché des soirées électorales de TF1. Pierre Giacometti a atteint son objectif : il satisfait Anne Sinclair en apportant un plus à *7 sur 7*, agace la concurrence et fait rentrer BVA dans une émission dont l'audience est remarquable. Du « gagnant/gagnant », dirait-on aujourd'hui. « Vous faites le feuilleton de la semaine. Nous demandons aux Français l'événement qui les a le plus marqués. Et leur posons une question d'actualité. » Voilà pour le *brief*. « Concrètement, explique Pierre Giacometti, je faisais la liste avec elle des grands sujets de l'actualité. Vers 13 heures, le vendredi. Et je pouvais donc commencer le terrain à 16 heures. Cette liste comportait neuf ou dix éléments. Comme elle était très "politique", il fallait parfois lui imposer un fait divers. Elle avait une tendance naturelle à penser que ce qui intéressait les Français était forcément de nature politique. Mais elle ne cherchait jamais à orienter. Et je me souviens qu'elle était toujours impressionnée, au vu des résultats, que l'actualité politique pure arrive en bas de la liste des préoccupations majeures des gens. Ce sondage, en fait, a fini par lui permettre de mieux encore mettre en scène son émission. Ensuite nous choisissions la question d'actu. Tout a été négocié avec elle et elle seule. Je n'ai vu personne d'autre qu'elle. » L'aventure durera trois ans.

7 sur 7 poursuivra sa mue quelques années plus tard, en 1994. Anne souhaite moderniser. Étienne Mougeotte, qui se satisfait fort bien des audiences du dimanche soir, trouve l'idée curieuse. Tout en connaissant bien, pour souvent l'avoir mesuré, l'entêtement de sa vedette. Une vedette qui, elle, commence à trouver l'émission un peu coincée, pas assez ouverte, dans tous les sens du terme. Un nouveau réalisateur va changer tout cela : Jérôme Revon. Il vient du service des sports de Canal +. C'est lui qui va introduire comme élément de décor sur les plans larges, cette vue panoramique de Paris, et ces voitures qui, en direct, font traîner leurs phares blancs et leurs feux rouges sur le périphérique. Une caméra installée sur le toit de TF1 relaie l'image. Revon ne va pas se contenter de révolutionner l'arrière-plan. Il augmente le nombre de caméras. Le porte à cinq.

« Une autre façon de *commuter*, commente Alain Badia. Pour les premières émissions de cette nouvelle génération, Revon avait même installé, pour faire un essai, une Luma [grue de prise de vues à laquelle est fixée une caméra, munie d'un système de contrôle à distance], mais ça n'a pas du tout fonctionné. Ça donnait même mal au cœur... Sinon la commutation des caméras, avec Revon, c'était beaucoup plus nerveux... »

Décision est également prise de faire évoluer le concept même de *7 sur 7*, qui va désormais s'ouvrir à des débats contradictoires, en dehors des invités les plus importants qui gardent bien sûr l'émission *pour eux tout seuls*. La revue de presse est pareillement dynamisée. Initiative d'Anne, à moins qu'on lui ait soufflé à l'oreille la nécessité, là encore, d'un « ravalement ». Dans les coulisses de TF1, une femme, Catherine Grandcoing, semble s'agiter, remuer les chiffres et les études d'audience. Elle consulte, fait faire des études et préconise, sur la base des conclusions de la

Cofremca (aujourd'hui Sociovision), une société notamment spécialisée dans l'image des entreprises. Dans cette période, TF1 double un cap d'audience mais il semble de plus en plus évident que le statut de *7 sur 7* va tendre désormais davantage vers le rattachement que vers l'autonomie. Francis Bouygues est décédé l'année précédente. Il n'est plus là pour appuyer ou défendre sa journaliste préférée.

« C'est Anne qui avait la main. » Ce que dit encore aujourd'hui Étienne Mougeotte. « Elle était loyale. À l'instant même où elle pensait avoir un invité, elle m'appelait en me disant : "Je suis en train d'essayer de… je vais avoir…" Elle ne me cachait rien, il arrivait même qu'elle me dise : "Je suis sur tel coup, mais, tu es gentil, tu n'en parles à personne", et je n'en parlais à personne. » Ce qui vaut pour Mougeotte ne vaut pas forcément pour d'autres. Patrick Le Lay en particulier. Même si de façon générale, le patron de TF1 reconnaît la compétence de sa présentatrice vedette, chacun a également pu déjà identifier les travers de l'autre.

Anne Sinclair reconnaît la paix royale qu'on lui laisse en général après la privatisation. Mais quand elle invite l'écrivain italien Umberto Eco, Le Lay réagit mal. « Il m'a demandé, se souvient-elle, si je croyais qu'à TF1, on travaillait pour les intellectuels et il a ajouté que je me foutais de lui. Plusieurs fois ensuite, quand je participais à des réunions de travail avec lui du temps où je m'occupais de e-TF1, je l'ai entendu dire à nos interlocuteurs partenaires : "À TF1, notre public, ce sont les ruraux, les vieux et les analphabètes…" Je me souviens de la tête de Serge Weinberg qui dirigeait alors le groupe Pinault et qui venait discuter avec nous un accord de partenariat ! J'en étais gênée… C'était de la provoc' bien sûr, mais pas seulement si on se rappelle sa fameuse phrase sur *la minute de cerveau disponible*[1]. »

Autre invité qui n'a pas plu au président : Alain Minc. « Le Lay m'a demandé, le jeudi précédant l'émission, de l'annuler. Minc aussi, il le trouvait trop intello. J'ai refusé en lui disant que s'il persévérait, il aurait ma démission sur son bureau. Il a cédé. »

1. Déclaration faite par Patrick Le Lay et publiée dans l'ouvrage *Les Dirigeants français et le changement* (Éditions du Huitième Jour, 2004), regroupant une vingtaine d'entretiens avec de grands patrons. Ces propos, dont nous reproduisons l'essentiel, seront à l'origine d'une polémique mettant en cause la

La version de Patrick Le Lay est un peu différente. Car s'il n'a rien eu à dire jusqu'à présent sur la conduite par Anne Sinclair de *7 sur 7*, ni sur la qualité de l'émission, c'est ici la solidarité d'entreprise que Le Lay met au cœur du débat. Un débat qui va s'envenimer.

« Anne Sinclair était une journaliste de gauche, estime Patrick Le Lay. Dieu sait pourquoi d'ailleurs ? Et, un jour, je pique une vraie crise. Pourquoi ? Parce qu'elle a invité Alain Minc. Deux raisons à ma colère. Alain Minc menait un combat contre le groupe Bouygues, contre TF1, contre moi-même aussi. Quand on est dans une entreprise, on n'invite pas un de ses ennemis ! L'indépendance n'exclut pas le respect de la société qui vous emploie et qui vous paie [...] Deuxième raison : il n'y avait aucune raison d'inviter un type comme Minc qui baratine. C'était scandaleux ! Je la fais venir et je m'amuse à faire un petit tableau de ses trente derniers invités. Il y en avait vingt et un ou vingt-deux de gauche. Je lui passe une branlée, ça c'est sûr ! "Il faudrait peut-être mettre un peu de déontologie dans votre propos, lui dis-je. Si vous voulez vraiment me faire plaisir, de temps en temps, au lieu d'inviter un soi-disant intellectuel germanopratin, vous feriez mieux d'inviter un Breton de droite par exemple, ce qui ne vous est pas arrivé parce que vous ne savez même pas que ça existe." Elle se lève et fout le camp. Deux minutes après, mes deux secrétaires arrivent dans le bureau et me disent : "Qu'est-ce que vous avez fait ? Anne Sinclair est en pleurs..." Finalement, le soir, je suis pris de remords. Je me dis : *Ma maman ne m'a pas appris à faire pleurer les femmes, ce n'est pas bien.* Je me dis : *Bon, il faut que j'envoie des fleurs !* Mais quand j'arrive dans mon bureau le matin à 8 heures il y a un immense bouquet de fleurs... d'Anne Sinclair. Je me suis dit : *Bon, finalement, elle se sentait en faute.* J'ai été content un certain temps. C'est beaucoup plus tard que j'ai compris qu'elle était beau-

---

personnalité parfois controversée du dirigeant de TF1 : « Il y a beaucoup de façons de parler de la télévision. Mais dans une perspective "business", soyons réaliste : à la base, le métier de TF1, c'est d'aider Coca-Cola, par exemple, à vendre son produit. [...] Or pour qu'un message publicitaire soit perçu, il faut que le cerveau du téléspectateur soit disponible. Nos émissions ont pour vocation de le rendre disponible : c'est-à-dire de le divertir, de le détendre pour le préparer entre deux messages. Ce que nous vendons à Coca-Cola, c'est du temps de cerveau humain disponible. [...] »

coup plus forte que ça et qu'elle m'avait roulé dans la farine. Ce n'est pas qu'elle se sentait en faute. Comme elle est très intelligente, elle avait dû raisonner comme une femme, au deuxième ou troisième degré, en se disant : *Cause toujours, mon bonhomme, je vais t'amadouer, mais tu vas voir, je vais continuer de faire ce que j'ai envie de faire.* Cela m'a donné une grande leçon sur les femmes… »

Et effectivement, l'émission avec Minc aura bien lieu… le 30 mars 1989, l'année où Francis Bouygues passera la main à son fils Martin.

Pauvre Le Lay, qui, au départ, a dû composer avec trois femmes de gauche et fait, aujourd'hui encore, litière des accusations qui font de TF1 une chaîne de droite : « Quand je suis entré à TF1, au comité exécutif qui avait lieu le mardi matin à 8 heures, j'avais autour de la table Michèle Cotta, Christine Ockrent et Anne Sinclair et je peux vous dire que lorsqu'il y avait soit le président soit le Premier ministre à interviewer, les tirs de mitrailleuse lourde volaient bas ! »

Anne n'est pas du genre à se laisser intimider, fût-ce par un patron à qui, contractuellement – et il est presque le seul –, elle doit rendre des comptes. Pourtant, elle continue à faire ce qu'elle veut. Inviter ses amis, par exemple.

Il en fut quelques-uns pour trouver curieux, voire déplacé, qu'une tribune d'une heure soit donnée à des gens qui au fond n'avaient pas plus d'autorité ou de raisons de s'exprimer que le citoyen le plus lambda qui soit. Madonna ou Sharon Stone, passe encore. Des stars interrogées par une star. Mais les passages d'un Arditi, Bedos, Bruel, d'un Jean-François Kahn, BHL, Léon Schwartzenberg ou Bernard Tapie, à l'époque où il n'a pas encore crevé l'écran, indisposeront parfois, souvent, la direction de TF1. Une direction que surprend cette habitude prise par Anne Sinclair de si fréquemment privilégier des comédiens, des artistes, des personnalités de la société civile. L'objectivité impose pourtant de rappeler que Patrick Bruel fera l'un des meilleurs scores de l'émission, comme elle autorise à citer Guy Bedos qui aujourd'hui reconnaît volontiers sa surprise d'avoir été aussi souvent invité. « Je crois que je suis le saltimbanque qui a été le plus reçu par Anne dans *7 sur 7*. Et c'était délicieux, la liberté qu'elle m'offrait ! » À la décharge de la présentatrice, il convient également de prendre en compte une évidence : il n'y a guère plus de cinquante personnes en France à pouvoir « tenir » une heure, en ne faisant pas chuter la sacro-sainte audience. Il y eut ainsi des déceptions. Renaud par exemple. Le chanteur était tétanisé, en nage. Rien ne sortait. Sur aucun sujet. Anne l'avait pourtant rencontré avant, ils avaient discuté. Quand ça ne veut pas…

La journaliste a-t-elle par ailleurs accepté ou proposé des invités susceptibles de présenter un intérêt pour le groupe Bouygues ? « Non, jamais, je n'étais pas assez con pour lui demander un truc pareil », lâche Patrick Le Lay. Certains invités étrangers ont pourtant parfois fait naître le doute sur une possible relation entre l'hôte du dimanche et les intérêts bien compris du groupe. Doute que Nonce Paolini balaie lui aussi d'un revers de main. « Très honnêtement, il n'y avait aucun lien. Bouygues n'avait pas besoin de *7 sur 7* pour passer des marchés à l'étranger. Je n'ai en tous les cas jamais été témoin de ça. »

Sur le choix de ses invités, Anne Sinclair est catégorique : Francis Bouygues ne lui a jamais rien demandé. Des chouchous ? Elle reconnaît en avoir eu. Parfois. Bernard Tapie, par exemple : « Oui, je l'ai souvent invité, on me l'a reproché, mais je faisais comme tout le monde. C'était, comme on dit dans le métier, un "super client", bavard, pugnace, sans langue de bois. Il était sur tous les fronts. Président de l'OM (Olympique de Marseille), député des Bouches-du-Rhône, il avait des ambitions nationales, il s'était battu contre le Front national et c'est pour tout cela que j'avais de la sympathie pour lui. Je l'ai peut-être invité plus qu'il n'aurait fallu, mais certainement pas à la demande de qui que ce soit. »

Les seuls invités qu'Anne concède avoir interviewés plus sur proposition que sur demande en l'espèce, s'inscrivaient dans le cadre de coproductions. L'émission servait alors de lancement pour des films ou des spectacles dont la chaîne était partenaire, comme Sharon Stone ou Paul McCartney. Mais sur un plan strictement politique, Anne Sinclair dément toute pression. « Le Lay ne m'a rien demandé non plus. Il a parfois piqué des crises et j'ai beaucoup de choses à lui reprocher, mais j'ai été très libre du choix de mes invités. » Seul bémol, si leur notoriété est faible ou leur image trop « intello », trop élitiste, Patrick Le Lay fait connaître son mécontentement. Pour Woody Allen, par exemple. Il faut dire que l'audience avait été mauvaise, en raison essentiellement de la traduction simultanée, plaidera l'animatrice. « Certains invités pouvaient aller dans le sens des intérêts de la chaîne, complète Anne Sinclair, mais il fallait que, pour moi, cela rejoigne l'intérêt journalistique. Le plus gros clash, c'est le jour où le président de la Commission des lois, Pierre Mazeaud, est venu. Martin Bouygues avait été mis cette semaine-là en garde à vue pendant deux jours[1]... J'avais prévenu Étienne que je n'interrogerais pas Mazeaud sur le sujet, mais qu'il était hors de question que je n'en montre pas les images dans le *Journal de la semaine*. Mougeotte avait dit : "Je comprends, je comprends..." et ça s'est terminé en incident monumental avec Le Lay, qui a hurlé... mais après. »

De la star, le petit personnel de TF1 ne pense que du bien. N'a-t-elle pas cette simplicité dont sont parfois dépositaires les gens riches quand ils ont la chance d'avoir bénéficié d'une bonne éducation, d'en avoir sauvegardé l'essentiel et de ne pas s'être fait étourdir par la notoriété ? Anne Sinclair vit ainsi sa chance. Discrètement. Sans ostentation aucune. Sa fortune ? Elle n'en dit mot et n'affiche rien. Sa vie ? Parfaitement protégée. Jalousement circonscrite. Une jolie femme toute simple. Ou presque. Que la vie a gâtée mais qui n'a aucune raison de le manifester par un quelconque mépris pour son prochain. Tout au contraire. Elle sait se faire apprécier du gardien de parking comme du personnel de nettoyage en passant par tous les niveaux de responsabilité. Une réputation de bienveillance équilibrée, la perception d'une proximité naturelle, l'expression d'une solidarité professionnelle. La rédaction semble un tout autre monde. La vedette est respectée, voire appréciée mais peu connue. Plus familière à l'écran que dans les couloirs. Toujours cette distance que mettent les statuts particuliers entre salariés d'une même entreprise. Anne Sinclair et son équipe forment depuis longtemps un monde à part. Dont les soutiens ont été vite identifiés. Les concurrents et adversaires également.

Parmi les soutiens historiques, Francis Bouygues, bien sûr. Volontiers paternaliste, il l'aimait comme une fille. Et appréciait

1. Renvoyé devant le tribunal correctionnel, il sera relaxé.

son émission avant même de racheter TF1. À partir de 1987, on le verra d'ailleurs débarquer sur le plateau certains dimanches. Un fauteuil était avancé pour qu'il puisse avoir une vue d'ensemble correcte du plateau, on lui installait une oreillette pour qu'il entende mieux. Il passera ainsi de temps en temps, surtout au début. Le P-DG du groupe Bouygues n'a surtout jamais oublié, et cela vaut aussi pour Patrick Poivre d'Arvor, qu'Anne Sinclair avait refusé de partir chez Berlusconi. A-t-il parfois pensé qu'elle était restée pour lui, ou a-t-il été conscient depuis le départ de ce qui la motivait ou de ce qui, plutôt, la repoussait vers lui : le refus de travailler pour un opérateur nommé Hersant ? Il n'est plus là pour le dire. En tout état de cause, il soutiendra sans faille sa vedette. Les *gens d'antenne* l'épataient. La star de *7 sur 7* en particulier.

Son fils Martin adoptera un comportement très exactement inverse. Selon les témoignages de ceux qui l'ont fréquenté alors, il ne nourrit pas pour les stars la fascination qu'avait son père. Il ne ressent que de l'agacement pour elles, suspecte leur mégalomanie, se méfie de leur ego surdimensionné, et trouve disproportionnées leurs prétentions financières. « Martin, témoigne Robert Namias, a toujours été plutôt du côté des gens qui étaient derrière. Quand j'étais directeur de l'information, il venait me voir une fois par semaine, on bavardait, il me débriefait, mais il ne serait jamais allé voir Poivre. Francis aurait fait le contraire. Les rapports avec Anne, c'est pareil. Martin était très en retrait. Il ne venait pas à TF1. Même pour Delors. Même pour la dernière d'Anne. Ce qui lui a permis de demander qu'on ait des comportements assez durs avec les gens de l'antenne. Lui n'a jamais créé aucune complicité avec eux. Délibérément. Et il ne devait pas se forcer car il n'aimait pas ça. »

Avec Patrick Le Lay, chacun sent, dès le départ, que les relations, jamais, ne pourront être naturelles. Rien de ce qu'était Anne Sinclair, une héritière de gauche, une *intellectuelle*, n'existait dans sa culture et son univers. Deux mondes parallèles qui n'avaient donc aucune raison de se rencontrer. Prévention réciproque. Si la journaliste reconnaît volontiers à Le Lay la compétence d'un formidable homme d'affaires, elle le soupçonne de ne ressentir que sympathie pour les milieux souverainistes, antieuropéens, voire pour Jean-Marie Le Pen, ce que Pierre Péan et Christophe Nick écriront pour leur part dans le livre[1] qu'ils consacrent à TF1.

Patrick Le Lay a-t-il parfois reproché à Anne d'inviter trop de juifs dans son émission ? Anne le sous-entend volontiers. Jean-François Kahn l'affirme : « Quand Le Lay l'a virée, une des choses qu'il lui a dites, qu'il lui a reprochées, c'était d'inviter trop de juifs. Ce n'était pas forcément totalement faux. Lui trouvait que cela faisait trop. »

Une suspicion qui met en rage l'ex-président de TF1 quand elle est évoquée aujourd'hui devant lui. « C'est dégueulasse. Il n'y a pas d'autres mots. Je n'ai que des copains juifs. Allez demander à Alain Goldman, le producteur de cinéma, si je suis antisémite. » Et Patrick Le Lay de mettre en avant au passage la position qui avait été la sienne face au refus d'Anne Sinclair d'interroger Jean-Marie Le Pen à *7 sur 7*. « Je ne le lui ai jamais reproché. Elle ne pouvait pas. Vu ses origines, vu ce que sa famille a dû souffrir… je la comprends et l'encourage même. Il n'y a pas eu du tout de conflit là-dessus. » Si conflit il y a, ce sera plutôt avec Gérard Carreyrou, directeur de la rédaction, contraint de faire l'émission à sa place. Lui n'a jamais digéré, ni compris que Le Lay n'ait pas fait acte d'autorité sous couvert de discipline d'entreprise.

Nonce Paolini, interrogé sur ce point, se souvient, lui, d'une anecdote : « Un jour, un cadre supérieur de l'entreprise, qui était d'ailleurs sous l'autorité d'Anne Sinclair et supportait mal cette autorité, s'est permis de dire devant son équipe : "Cette grosse juive, elle commence à m'emmerder." Des propos qui sont revenus à mes oreilles, j'ai alors convoqué la personne qui avait fait remonter l'information, pour m'assurer que les propos étaient exacts. Puis je suis monté voir Le Lay qui a décidé instantanément de faire virer, pour faute grave, le cadre en question. Ce qui a été fait séance tenante. Anne le sait. Elle a d'ailleurs été très émue de savoir que quelqu'un avait pu dire ça, et elle ne peut ignorer qui a pris la décision. Alors après, je ne sais pas. Les rapports entre Anne Sinclair et Le Lay, chacun, Mougeotte, moi, a son histoire avec elle. Simplement, c'est un argument un peu facile et je n'ai jamais entendu Le Lay proférer quoi que ce soit qui puisse être ambigu sur ce terrain-là. Et je ne le défends pas : il m'a viré de

1. *TF1, un pouvoir*, Fayard, 1997.

l'entreprise en 2001 ! Mais elle peut l'avoir ressenti comme ça... » Et elle l'a effectivement ressenti comme cela.

Des amis, des vrais, Anne Sinclair n'en comptera guère à TF1. Son équipe mise à part, Claire Chazal et Germain Dagognet (avec qui elle travaillera sur une autre émission après son départ de *7 sur 7*) semblent seuls faire exception. Nonce Paolini, le DRH du groupe, Anne Sinclair n'en dit pas de mal. Ils ont fait Sciences-Po la même année, c'est un homme cultivé, amateur de jazz, pas mondain pour un sou. Elle l'aime bien. Elle lui demande même, raconte-t-il, son avis sur le projet de son deuxième livre, *Deux trois choses que je sais d'eux*[1], qu'elle lui fera parvenir assorti d'une fort gentille dédicace. Les relations apparaissent donc, des années durant, plutôt privilégiées. Une confiance réciproque qu'anéantiront les conditions du départ de la vedette de TF1 quelques années plus tard.

Avec Étienne Mougeotte, même motif et même punition. Certes il lui a fait sa carrière. Mais son manque de soutien, voire son double langage lors de la crise de 2001, sans la surprendre outre mesure, vont surtout la décevoir. Sans plus de rancœur. « Avec Mougeotte, dit-elle, on ne peut pas se fâcher. »

Elle ne se fâchera pas non plus avec Jean-Claude Dassier. Politiquement parlant, et comme disait Brel, *ils ne sont pas du même chemin*, mais ce fort en gueule trouve plutôt grâce à ses yeux. Elle connaît ses défauts mais reconnaît ses qualités. Et réciproquement, sans doute. Les bons côtés d'un Charles Villeneuve, d'un Gérard Carreyrou en revanche lui échappent totalement. Quant à Christine Ockrent, appelée en 1987 par Bouygues alors même qu'elle faisait partie de l'équipe Lagardère, celle des vaincus, et qui ne s'attardera pas à TF1 (« pas mon univers du tout », dit-elle), sa relation avec Anne Sinclair peut se décrire en creux : ni proche, ni amicale. Mais de temps en temps, un petit geste entretient l'hypocrisie de façade... Quand Christine Ockrent démissionne pour la deuxième fois du journal de 20 heures d'Antenne 2, elle l'invite à *7 sur 7*. Par compassion ou par magnanimité. À moins que ce ne soit pour montrer une supériorité... « Nous n'étions ni dans le même exercice, ni dans le même calendrier, commente aujourd'hui Christine Ockrent. Des moments différents,

1. Grasset, 1998.

des choix différents. À l'époque, ce qui occupait beaucoup plus le petit monde médiatique, c'était beaucoup plus Poivre et moi que Sinclair et moi. » *No comment.*

Avec Robert Namias enfin, le mieux est sans doute de parler, entre le directeur de l'information et la grande prêtresse du dimanche soir, d'un pacte de non-agression. Anne Sinclair s'assure juste de sa neutralité. Puisqu'elle n'a aucun compte à lui rendre. Et veille à la protection de son espace contre toute tentative d'empiétement. Guère d'affection dans tout cela. Robert Namias servira par ailleurs de *go-between* avec Patrick Poivre d'Arvor, pour qui elle ne cache pas son peu d'estime. Elle reconnaît son talent mais n'apprécie guère l'homme, son rapport aux femmes en particulier. La relation est complexe. Pendant des mois, ils peuvent ne pas se parler au téléphone, et le mois suivant sembler les meilleurs amis du monde. Robert Namias en perd parfois son latin, lui qui est supposé arrondir les angles. Les occasions ne manquent cependant pas. « Poivre manifestait souvent de la mauvaise humeur et de l'agacement quand il apprenait qu'Anne avait tel ou tel invité qui aurait pu logiquement être l'invité du journal dans la semaine. C'est arrivé à de nombreuses reprises. Cela pouvait être agaçant par moments, même pour moi, en tant que patron de la rédaction, puis de l'information. Je devais en permanence mettre de l'huile dans les rouages. »

PPDA dément aujourd'hui toute concurrence et relativise. Lorsqu'on évoque la popularité d'Anne Sinclair, il vous rétorque immédiatement que lui non plus, dans le baromètre du JDD, n'était pas mal placé ! Ego, quand tu nous tiens… PPDA reconnaît néanmoins l'absence de proximité. « Jamais des intimes, mais cela se passait bien. J'ai même souvenir que jusqu'à mes 50 ans, j'avais l'habitude de fêter mon anniversaire sur une péniche, du côté de Neuilly, *Le Martin pêcheur*, et qu'Anne est souvent venue, d'abord avec Ivan Levaï. À cette époque j'ai souvenir d'ailleurs d'avoir eu également Dominique Strauss-Kahn avec sa première femme Brigitte Guillemette. Puis plus tard, Anne est venue avec DSK. »

Souvenirs touchants. À TF1, on garde plutôt en mémoire la pétition de soutien à PPDA qui avait circulé dans les couloirs de la chaîne après l'affaire de la *vraie fausse* interview de Fidel Castro. Et du refus catégorique de la journaliste de la signer…

Jacques Chirac, le sait-il, est indirectement responsable de la décision prise par Anne Sinclair d'arrêter *7 sur 7* en juin 1997. En se laissant persuader par ses collaborateurs les plus proches de dissoudre l'Assemblée nationale cette année-là, le président de la République va favoriser le retour d'une majorité de gauche, ce qui n'était pas initialement son objectif, et se voir obligé, à compter du mois de juin, de composer avec un gouvernement dirigé par Lionel Jospin. De son côté, Anne Sinclair, depuis quelques mois déjà, fait souvent état d'une certaine lassitude, une envie de changement. Allant jusqu'à se fixer une limite dans le temps : elle arrêtera aux prochaines législatives, prévues en 1998. L'initiative de Jacques Chirac et la contre-performance politique qui va s'ensuivre pour son camp changent la donne et permettent à Anne Sinclair de devancer l'appel. D'autant que Dominique Strauss-Kahn est devenu le nouveau *maître de Bercy*, l'un des ministres les plus influents et puissants de la nouvelle équipe gouvernementale. « À élections anticipées, décision anticipée. » Ce seront les premiers mots du communiqué de TF1 annonçant le départ de la star de l'antenne, le 5 juin, au lendemain de la nomination de DSK.

Les grandes décisions ressemblent à certaines commodes… pleines de tiroirs. Les observateurs et commentateurs les fouilleront tous. L'audience se trouve dans le premier. Elle faiblit. Les audiences de *7 sur 7* se tassent. De 33 % de parts de marché, l'émission descend parfois en dessous de 25…

Le public vieillit, si l'on en croit les études, et sur France 2, Jean-Luc Delarue s'impose comme un sérieux concurrent, avec ses variétés attrayantes et gaies, plus en tout cas que certains invités trop sérieux de *7 sur 7*. Peut-être les émissions politiques de ce type ont-elles aussi fait leur temps. À TF1, la direction réfléchit mais reste néanmoins circonspecte. L'audience ne fait pas tout. Ce serait faire peu de cas du caractère emblématique de *7 sur 7*, son image d'émission politique de référence qu'elle a mis des années à acquérir. Et changer les habitudes des Français, ou croire qu'ils veulent en changer, recèle une part de risque et d'aléatoire que dans ces milieux, on préfère réduire au maximum. Après coup, les avis se feront plus tranchés. « Avec le recul, confie aujourd'hui Nonce Paolini, c'est très bien tombé qu'Anne ait décidé de quitter l'antenne avant que l'antenne ne la quitte… »

La lassitude d'Anne Sinclair se trouve dans le deuxième tiroir.

Sa notoriété la fatigue. L'épuise. La stresse. En écoutant l'une de ses amies les plus proches, Rachel Kahn, le diagnostic semble parfaitement fondé. « Le cœur n'y était plus, cela ne lui disait plus rien, elle n'avait plus envie. Elle ne supportait plus cette notoriété, appartenir à tout le monde. J'ai vu, à Valbonne, un jour, un gros *beauf* arrêter sa voiture dans un brutal coup de frein, descendre, prendre Anne par l'épaule et la tourner vers sa famille en disant : "Je vous l'avais bien dit que c'était elle !" C'est violent. Elle n'en pouvait plus de tout cela. Elle aime bien être tranquille. Quand elle est partie de *7 sur 7*, elle était soulagée. Lasse mais lucide. Quand elle y repense aujourd'hui, sa décision lui apparaît d'autant plus justifiée. » Sans compter qu'Anne Sinclair peut fort bien considérer, au bout de tant d'années, avoir, comme on dit, fait le tour. « J'ai parfois pensé, confirme-t-elle, si je refaisais aujourd'hui *7 sur 7*, que je retrouverais quasiment les mêmes invités, à quelques exceptions près de la nouvelle génération, peut-être, Rama Yade, François Baroin ou Rachida Dati... Mais sinon regardez : Sarkozy, Juppé, Giscard, Longuet, Aubry, Royal, Hollande, ils sont toujours là et je les ai interviewés dix fois ! À vivre aux États-Unis, je m'aperçois d'ailleurs que le renouvellement de la vie publique est sain pour une société. Deux ans avant d'être élu, Obama était inconnu de la grande majorité des Américains. Et, outre-Atlantique, quand vous perdez une élection, vous sortez du jeu. Alors qu'en France, regardez Mitterrand ou Chirac : perdre une élection est une forme de passeport pour l'élection suivante... »

L'incompatibilité entre les nouvelles fonctions de Dominique Strauss-Kahn et son activité d'intervieweuse vedette se trouve dans le dernier tiroir. Certains comprennent, et trouvent même fort décent le choix qu'elle a fait. D'autres remettent certains faits en perspective. Revient ainsi en mémoire de Patrick Le Lay – que la fin de *7 sur 7* ne mettra manifestement pas de mauvaise humeur – ce premier comité exécutif de 1987 en présence de Christine Ockrent, Michèle Cotta, Anne Sinclair. Trois journalistes, trois femmes de gauche... « Cela ne les a jamais troublés d'avoir un peu ce conflit d'intérêt », lâche-t-il aujourd'hui.

Dominique Strauss-Kahn ne découvre en effet pas la vie des ministères en 1997, et dans le passé cela n'a pas empêché son épouse de continuer *7 sur 7*, ni d'interviewer François Mitterrand en 1992 alors même que son mari occupait le ministère de l'Industrie et du Commerce extérieur. Elles étaient d'ailleurs deux dans le même cas ce soir-là, puisqu'aux côtés d'Ivan Levaï, d'Olivier Mazerolle et de Jean-Pierre Elkabbach, Christine Ockrent, autre compagne de ministre en fonction, avait également été choisie pour interroger le président. Cette dernière n'a jamais éprouvé d'états d'âme à ce sujet. Anne Sinclair se pose davantage de questions à l'évidence, au lendemain de l'annonce de la dissolution de 1997. « On en avait parlé avant, se souvient Robert Namias. Je lui avais dit : "Si la gauche l'emporte, ton mari aura un job important. Dans cette hypothèse, que ferais-tu ?" Elle m'avait répondu : "Je pense que je ne pourrais pas rester." »

Une décision pensée, anticipée, pressentie, qui nourrira l'éternel débat sur la place de la femme et son statut dans une société d'hommes. L'une des filles de Dominique Strauss-Kahn, Marine, a souvenir d'y avoir elle-même pas mal réfléchi : « Quand elle a arrêté *7 sur 7*, d'un côté je me disais : *C'est très bien ! Comme ça, elle ne va plus être aux premières loges*... et d'un autre côté, je pensais : *C'est quand même dingue qu'elle soit contrainte d'arrêter son travail en raison du métier de mon père.* En 1997, j'avais 19 ans, j'étais en pleine revendication féministe. Et je trouvais qu'elle devait avoir le choix et pouvoir faire ce qu'elle voulait. Maintenant, je sais aussi qu'elle a arrêté parce qu'elle trouvait que c'était l'heure. Mais, à l'époque, moi, je l'ai plutôt vécu en me disant : *Papa, il exagère un peu !* »

BHL, ami de toujours et invité de souvent, n'en revient, lui, toujours pas : « Ce qui m'a frappé, dit-il encore aujourd'hui, c'est la facilité avec laquelle elle a quitté *7 sur 7*, le peu d'états d'âme qu'elle a manifesté quand elle a disparu de l'antenne, ce qui, pour beaucoup de gens, équivaut à une mort symbolique. J'ai l'impression qu'elle l'a vécu sans drame. Dans la mesure où c'était son choix, où elle faisait ça par amour... La statue intérieure doit être très solide pour ne pas avoir besoin de ce tuteur qu'est la marionnette télévisée. C'est rare. La télé ne lui a pas fait perdre la tête. »

La star quitte la scène lors d'un *7 sur 7* exceptionnel présenté par Robert Namias, et dont elle est, ce soir-là, l'invitée très particulière. Dominique Strauss-Kahn a tenu à être présent. La décision qu'a prise son épouse n'a pas été simple à arrêter. Il le sait. Et espère que la bague qu'il s'apprête à lui offrir, ces brillants sertis en étoile, création de la maison Chanel, permettront de soulager un peu la sensation de vide qu'elle éprouve et qui l'envahit à la sortie du studio. La dernière sera un collector. Pas la soirée. Robert Namias proposera à Patrick Le Lay et à Étienne Mougeotte de dîner autour de la journaliste en compagnie de leurs conjointes et conjoint. « J'avais réservé à *La Grande Cascade*. On a parlé politique, vacances. Le Lay n'est jamais venu... »

Et pourtant, nul ne pense à TF1 à la laisser partir vers d'autres horizons. Certains l'imaginent déjà en « Madame bons offices » ou en « lobbyiste » pour le compte des intérêts du groupe TF1 ou Bouygues. Garder Anne Sinclair est essentiel pour TF1. Elle continue d'être une des figures, un des éléments clés de l'identité de la chaîne. Une part de sa puissance. On la dit alors solide, *corporate*, aucun reproche ne saurait lui être adressé. Et puis enfin, et peut-être cela n'a-t-il pas échappé aux dirigeants de cette maison, elle est devenue la femme d'un des hommes les plus puissants du gouvernement. Inutile de se fâcher avec tout le monde, tout de suite...

Dans un premier temps, le titre d'Anne Sinclair change. Tous sont supposés l'interpréter comme une promotion. Nommée directrice générale adjointe de l'antenne, elle est officiellement chargée de la stratégie et du développement de l'information dans le groupe TF1, c'est-à-dire TF1, LCI, le bouquet numérique TPS. Les observateurs savent fort bien que plus l'intitulé traîne en longueur et plus le coefficient de sincérité de l'« attributeur » du poste est faible... Anne Sinclair se dit néanmoins ravie. Sans être dupe. Et pousse son avantage en rappelant qu'il lui a été promis une émission, celle dont elle rêve, à dimension culturelle. Elle s'intitulera *Un mois, une heure*, émission de fin de soirée qui ne trouvera jamais son public, sera vite interrompue et sombrera dans l'oubli. D'autres propositions lui sont alors faites. LCI... qu'elle refuse. Comme si on lui proposait une voie de garage. Ou d'aménager dans un placard. C'est alors qu'une idée, parfois évoquée auparavant dans les comités de direction, semble arriver à maturité. Internet rime avec conquête. TF1 se doit d'en être, ou plus exactement ne peut pas s'en désintéresser. Ce qui tombe bien. Anne Sinclair dit se passionner pour ce secteur d'avenir. Sans doute est-il plus exact de dire que son mari a fini par l'intéresser au sujet. Dominique Strauss-Kahn ne s'en cache d'ailleurs pas. C'est lui qui l'a poussée, reconnaît-il volontiers, à faire ce « truc » qui a bien réussi. DSK a même décroché son téléphone, du moins Patrick Le Lay croit-il en avoir le souvenir... Le ministre lui aurait

◀ Anne Sinclair n'a jamais interviewé Francis Bouygues à *7 sur 7*. Cette photo inédite a été prise lors d'une « fausse émission » imaginée pour une convention interne du groupe Bouygues suite à la privatisation de 1987.

La « Dream Team » de TF1 autour du nouvel homme fort de la chaîne, Francis Bouygues. ▼

Johnny Hallyday, le 7 juillet 1991. ▶

Yves Montand invité de *Questions à domicile*, entouré d'Anne Sinclair et Jean-Marie Colombani, le 12 décembre 1987. ▼

▲ Jacques Chirac, invité d'Anne Sinclair le 2 avril 1995, à quelques semaines de son accession à l'Élysée.

▲ Face à Jacques-Yves Cousteau, l'un des hommes les plus populaires de France, le 8 septembre 1995.

▲ 1990 : l'année où Kirk Douglas reçoit la Légion d'honneur des mains de Jack Lang, préside la 15e cérémonie des Césars et où, le 30 septembre, il est l'invité d'Anne Sinclair.

◀ Drôles de dames… Sharon Stone, Margie Sudre (Secrétaire d'État à la Francophonie) et Anne Sinclair sur le plateau de *7 sur 7*, le 25 février 1996.

Nicolas Sarkozy, homme fort du gouvernement Balladur, ministre du Budget et porte-parole, sur le plateau de *7 sur 7*, le 12 septembre 1993. ▶

▲ *7 sur 7* pouvait donner dans un registre comique : il suffisait d'inviter Raymond Devos, comme ce dimanche 20 février 1994 !

▲ Ce 11 décembre 1994, les Français attendent la décision de Jacques Delors. Sera-t-il ou pas candidat à l'élection présidentielle de 1995 ? En fin d'émission, ils sont enfin fixés. C'est non. *7 sur 7* fera ce soir-là le meilleur score de toute son histoire…

▲ Palais de l'Élysée, le 25 mars 1990 : l'atmosphère semble ce dimanche plus détendue qu'un an plus tôt, quand Anne Sinclair avait, en février 1989, interrogé le président Mitterrand alors déstabilisé par « l'affaire Pelat ».

▲ Quatre Sept d'or viendront récompenser Anne Sinclair durant sa carrière : en 1985 (Meilleur magazine), 1986 (Meilleure journaliste), 1988 et 1990 (Meilleure animatrice).

Anne Sinclair et Dominique Strauss-Kahn, le jour de leur mariage, le 26 novembre 1991. ▶

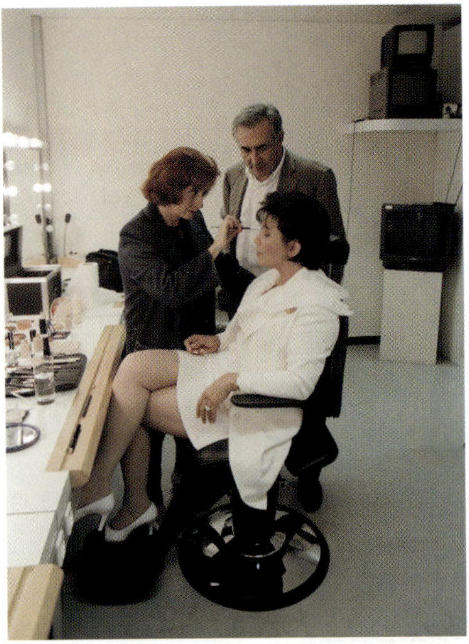

▲ Le 6 juillet 1997, pour la « dernière » de *7 sur 7* qu'animera Robert Namias, le directeur de l'information de TF1, avec pour invitée Anne Sinclair, Dominique Strauss-Kahn vient encourager son épouse dans la loge de maquillage.

▲ Anne Sinclair et Christine Ockrent le 22 janvier 2003 lors des obsèques de Françoise Giroud au Père-Lachaise.

▲ Le 19 mai 2006, lors d'un déplacement à Lyon dans le cadre des primaires socialistes, Anne Sinclair s'amuse à tendre un micro à son mari. Un clin d'œil. Cette situation, elle n'a jamais voulu l'envisager dans la réalité, d'où, en partie, sa décision d'arrêter *7 sur 7* en 1997, après la nomination de DSK au ministère des Finances.

◀ Anne Sinclair accompagne volontiers son mari lors de déplacements politiques. Ici, à Paris, le 28 juin 2006 au gymnase Japy. Anne Sinclair est, comme souvent, au premier rang. Non loin d'elle, l'un des plus fidèles soutiens de DSK, le député de Paris Jean-Christophe Cambadélis.

Le 26 février 2006 a lieu à Paris une manifestation d'hommage à Ilan Halimi, victime du « gang des barbares ». De nombreuses personnalités s'y sont associées pour dénoncer l'antisémitisme. Sur la photo, de gauche à droite, Marek Halter, Jean-Paul Huchon, Jean-Marie Lustiger, Philippe Douste-Blazy, Dominique Strauss-Kahn, Anne Sinclair. ▼

Anne Sinclair à son bureau, chez elle. Une photographie de DSK n'est jamais loin. ▼

▲ DSK dans le bureau qu'il occupait à Bercy entre 1997 et fin 1999. Une photo d'Anne Sinclair n'est jamais loin.

alors confirmé l'intérêt de sa femme pour ces nouveaux médias en incubation. L'idée séduit plutôt le président de TF1. À une réserve près. Le profil du chef d'entreprise ne correspond pas exactement à celui de l'ex-présentatrice de *7 sur 7*. DSK en conviendra lui-même lorsque nous évoquerons ce sujet avec lui à Georgetown en février 2010. Patrick Le Lay s'en arrangera. Même si, au fond de lui-même, il pense que cela durera six mois, comme Michèle Cotta se souvient l'avoir entendu dans sa bouche.

Au fur et à mesure que se constituent les équipes d'e-TF1, désormais promue au grade de filiale Internet de la chaîne, Patrick Le Lay imagine un tandem original, supposé le mettre à l'abri des mauvaises surprises. Anne Sinclair à la vice-présidence pour l'impulsion, l'image de marque, la représentation extérieure, les orientations politiques (pas politiciennes), et en couverture, pour la gestion et la direction des personnels, un directeur général, un « X-Télécom » à l'époque, poulain de Le Lay : Emmanuel Florent. Le duo fonctionne plutôt pas mal dans un premier temps. La « valeur iconique » de la star joue à fond, le titre TF1 passe de douze euros à quatre-vingt-dix euros. C'est la période où Patrick Le Lay emmène Anne Sinclair à des réunions d'analystes financiers ou la présente à des banquiers autour d'un déjeuner. Elle adore dans un premier temps cette exploration d'un monde inconnu, à défricher, totalement en devenir. Elle épate « Domi », son mari et se montre à la hauteur dans son domaine. Moment privilégié. TF1 est alors très en retard, par rapport à Canal + notamment. Et puis, une certaine latitude lui est donnée, comme auparavant à *7 sur 7*, pour s'entourer d'une équipe de jeunes plutôt sympa et d'une femme, Muriel Guidoni, qui va lui servir de bras droit. Muriel est une des deux filles de Pierre Guidoni, ancien ambassadeur, spécialiste des questions internationales au Parti socialiste… Anne Sinclair s'amuse, développe l'activité de la filiale, réinvente une rédaction sur le Web, totalement déconnectée de celle de TF1, comme du temps de *7 sur 7* là encore, et s'installe dans un immeuble pas très loin du siège. « Elle s'est fait un bureau magnifique, se souvient Nonce Paolini, qu'elle a fait climatiser, ce qui a fait hurler Le Lay ! » Elle embauche à tour de bras, fait marcher son réseau et croit devenir chef d'entreprise, sans nécessairement s'apercevoir qu'à l'arrière-plan, une corde, progressivement, se tend dangereusement.

Car le décor insensiblement se modifie, comme dans un ballet où soudain l'ambiance progressivement s'assombrit, préparant l'entrée en scène d'un personnage funeste. En premier lieu, tout à sa joie, sans doute, de se retrouver la femme du ministre des Finances, influent personnage de l'État s'il en est, Anne Sinclair ne s'aperçoit pas que la relation à sa hiérarchie évolue. Que des jalousies apparaissent. « Anne a commencé à faire des voyages avec DSK, précise Nonce Paolini, à rencontrer les puissants de la planète, et je me souviens que cette période-là agaçait beaucoup Le Lay et Mougeotte. Pour ne donner qu'un exemple, elle allait voir Bill Gates avec DSK... Eux, Bill Gates, ils ne le voyaient pas. Un décalage s'était donc créé entre son réseau relationnel à elle et le réseau de nos camarades du quatorzième étage qui voulaient que tout parte d'eux et que tout revienne à eux. En l'occurrence, une tuyauterie avait trouvé une dérivation. Et assez rapidement d'ailleurs, il y a eu, ça m'a frappé, un changement de comportement vis-à-vis d'Anne, une espèce de "rage" de voir qu'elle pouvait, seule, côtoyer les plus puissants. Anne était devenue *worldwide*. Y avait-il une grande réunion, un dîner en présence de grands patrons à l'Élysée ou à Bercy dans le cadre des activités de Dominique ? Elle y allait et Le Lay et Mougeotte restaient à quai. Ce qui n'était pas dans leurs habitudes. »

Deuxième changement de décor : le ciel de DSK se charge de lourds nuages. L'affaire de la MNEF le pousse à démissionner du gouvernement Jospin fin 1999. Afin de pouvoir assurer sa défense. Sa femme y prendra plus que sa part. Elle sera également à ses côtés quand il sera ensuite soupçonné d'avoir favorisé l'emploi fictif de sa secrétaire dans une filiale d'ELF Aquitaine. Et quand il sera mêlé à un autre dossier, celui de la « cassette Méry[1] ».

Enfin, dernière ombre au tableau et non la moindre : la « bulle » spéculative qui accompagne le développement d'Internet éclate. C'était parti très fort. C'est retombé très fort. Il a fallu commencer à serrer les boulons. Anne va refuser d'être un chef qui licencie. Et au moment où la direction du groupe envisage un plan d'économies sur Internet, c'est une fracture pour elle. À cette époque, témoignent ses proches, elle se donne à fond sur le Net.

1. Enregistrement vidéo des révélations de Jean-Claude Méry, promoteur et membre du comité central du RPR, sur le financement occulte de ce parti. Soupçonné d'avoir obtenu cette cassette en tant que ministre de l'Économie,

Elle n'envisage pas de revenir à l'antenne mais l'idée va commencer à s'insinuer dans son esprit. Car Patrick Le Lay se fait alors pressant. Intime à sa subordonnée l'ordre de « dégraisser », de « manager », de lui présenter ses budgets prévisionnels et lui rappelle qu'elle n'est plus une star de l'écran. Elle refuse. La tension s'installe.

Anne Sinclair vit en effet très mal ce retournement de stratégie, le considère comme une lourde erreur. S'inscrire dans la durée en dépit d'une conjoncture temporairement défavorable lui paraît la seule bonne solution. Elle en paraît sûre : Internet rapportera à terme énormément d'argent. La photographe Micheline Pelletier raconte à ce propos une anecdote significative. Témoin d'une discussion entre Martin Bouygues et les numéros deux et trois du groupe dans le cadre monumental de Challenger, siège du groupe à Saint-Quentin-en-Yvelines, elle entend évoquer l'hypothèse d'une entrée en bourse de la société Internet de TF1. Une option à laquelle Martin Bouygues finalement s'opposera. Il estimait que cela risquait de dévaloriser l'action de TF1.

La fin de *7 sur 7* a fait basculer Anne Sinclair dans le monde de l'entreprise. Un monde qui possède son rythme propre, fort différent de celui qu'elle a pu connaître depuis toujours. Elle vient tous les jours à TF1. Se mobilise comme jamais. Doit faire face à une réalité qu'elle découvre. À cela s'ajoutent les déplacements qu'il lui arrive de faire avec son ministre de mari, puis, à compter de 1999, la dépense d'énergie qu'elle s'impose pour faire face, aux côtés de DSK, aux problèmes judiciaires que ce dernier doit affronter et qui l'ont conduit à quitter le gouvernement. La femme d'action accuse le coup, dans les mois qui suivent. Elle se dit épuisée, traverse des phases de déprime, puis connaît un début de dépression. « Elle était une sprinteuse, pas une marathonienne, fait observer Nonce Paolini, c'était un effort quotidien que la direction d'entreprise et je crois qu'au bout d'un moment, à la fois parce que les responsabilités étaient importantes et qu'elle avait près de cent personnes sous sa responsabilité, elle a fini par être physiquement… cuite. » Ce que son amie Claire Chazal confirme :

---

des Finances et de l'Industrie, en échange d'un geste fiscal au bénéfice du couturier Karl Lagerfeld, DSK fera l'objet d'une enquête. Mais la cour de justice de la République ne sera finalement pas saisie.

« Anne est une femme extrêmement sensible. Elle a eu un moment de fragilité. L'expérience e-TF1, les gros soucis de Dominique, quelques-uns avec les enfants, sa mère… Elle a eu une vraie, vraie dépression, au point que parfois elle annulait des déjeuners, elle ne pouvait pas, je ne l'ai compris qu'après. »

Avant qu'elle n'exprime son souhait de revenir à l'antenne, s'écoule ainsi une période où Anne Sinclair est absente, en congé maladie. Reste chez elle. Revient. Repart. Deux ou trois mois où les responsables de TF1 sentent intuitivement qu'elle commence à décrocher. Le Lay s'inquiète de ses absences. Va même lui rendre visite. Nonce Paolini l'appelle régulièrement, pour savoir comment elle se sent. Le directeur général d'e-TF1, Emmanuel Florent, assure l'intérim.

La raison de ces absences, Patrick Le Lay la voit ailleurs. Le président de TF1 dit se souvenir d'une sérieuse explication avec elle, quelques semaines auparavant. « Elle est venue me voir avec Étienne et elle m'a fait une vraie comédie. "Internet, je ne veux plus m'en occuper, je veux recréer *7 sur 7*" ; je lui ai alors fait remarquer que c'était elle qui avait choisi de l'arrêter. "Vous avez voulu prendre la direction d'e-TF1. Je vous ai laissé le titre, la gloire ! Bon, ce n'est pas vous qui l'avez dirigé, vous n'avez pas d'idées. Je ne dis pas que vous n'avez pas rendu service. Mais aujourd'hui qu'Internet a coulé [à ce moment-là, la bulle a éclaté], il n'y a plus de gloire. Aujourd'hui, ça ne vous intéresse plus. Mais la vie des entreprises, c'est des hauts et des bas. – Non, je veux reprendre *7 sur 7* ! – Pas question !" À compter de ce moment-là, Anne entrait en vrai conflit intellectuel avec l'entreprise. Et elle a alors décidé de ne plus venir. Elle m'a fait le coup des vertiges. On est alors en février-mars. Mais un jour, un ami m'appelle : "Tiens, j'ai vu Anne Sinclair à la montagne… – Quoi ? – Oui, oui, je l'ai vue sur les pistes !" Là, je me suis demandé si elle ne se foutait pas de ma gueule. » La crise, selon Patrick Le Lay, atteindra son paroxysme dans la foulée.

Nonce Paolini ne met pas en cause, pour sa part, la réalité de la déprime de l'ex-star de *7 sur 7* à cette période. « Elle continuait à regarder un peu les dossiers. Je pense qu'elle a été réglo durant cette période… À ce moment-là, elle semble fragile, oui, elle a les traits tirés, elle est assez pâle. Je me dis à plusieurs reprises qu'elle est en souffrance physique, que tout cela est bien lourd. Elle traverse une période où elle n'est manifestement pas bien dans sa peau, dans sa vie, professionnelle et personnelle. Elle me parle à ce moment-là de sa lassitude, elle a pu parfois évoquer le fait que pour Dominique ce n'était pas simple, même si, bien sûr, elle était persuadée qu'il sortirait blanchi de toute cette affaire. C'était dur de passer d'une notoriété fantastique et de la fréquentation des grands de ce monde à ce qu'elle vivait alors... »

Des vertiges ? Anne Sinclair assure que non. La dépression, en revanche, elle ne la nie pas. D'autant qu'elle en identifie parfaitement l'origine : ce malaise formidable qu'elle avait à faire ce boulot à e-TF1. « Ce travail ne me correspondait pas, reconnaît-elle aujourd'hui bien volontiers. Je n'étais pas née pour être chef d'entreprise et je me retrouvais avec cent personnes, à faire des analyses financières devant des banquiers. Pas du tout moi, ça... » Elle se souvient même de s'être parfois enfermée dans son bureau juste pour qu'on ne vienne plus rien lui demander. Il lui est aussi arrivé d'éprouver une sourde appréhension en attendant l'ascenseur, saisie tout à coup par la peur de voir surgir un de ses collaborateurs, un nouveau dossier « urgent » en mains.

La patronne d'e-TF1 va donc prendre, assure-t-elle, un mois de repos. Un minimum. En a-t-elle profité pour aller faire du ski ? Elle feint de ne plus se souvenir, mais dans la minute suivante, semble s'amuser rétrospectivement de l'énervement que cette révélation a provoqué chez le patron de TF1, comme s'il s'agissait d'un juste retour des choses. Elle peut ainsi avoir la mémoire sélective. Que le même Patrick Le Lay soit venu à un moment donné la voir pour s'enquérir de sa santé, elle l'a aussi oublié. Enfin, presque. Une pirouette aura raison de la question dérangeante. Si Patrick Le Lay le dit, c'est que ça doit être vrai. Peut-être a-t-elle oublié volontairement ? Et, finalement, c'était sans doute gentil de venir la voir...

La goutte qui va faire déborder le vase pour Patrick Le Lay, tombe au moment même où Étienne Mougeotte l'informe des nouveaux projets d'Anne Sinclair. Il faut d'abord, pour bien comprendre, savoir que Mougeotte est pris entre deux fidélités : celle qu'il a pour la journaliste qu'il a vu débuter, celle qu'il doit à TF1. Dans un passé proche, il avait eu l'occasion de lui dire que si elle devait un jour revenir à l'antenne, ce ne pourrait être que sur TF1. Elle ne l'avait pas oublié. Et considérait cette porte comme toujours ouverte. Le problème, c'est que ses dernières apparitions, quelques années plus tôt, n'avaient pas été un franc succès. *Un mois, une heure*, en 1998, n'avait pas passé la rampe.

Et à la tête de la chaîne, on s'était promis de ne pas recommencer. Ce qui explique la réaction de Patrick Le Lay quand Étienne Mougeotte vient à nouveau, en ce début 2001, informer son président du projet d'émission culturelle sur lequel Anne Sinclair travaille, et de ses contacts avec la maison de production de Jean-Luc Delarue… Le verdict tombe : « Je ne la paie plus pour être journaliste mais pour être chef d'entreprise. » Elle est en fait toujours, de par son contrat, journaliste de la chaîne. Ce qui profitera plus tard à la plaignante devant les prud'hommes.

En attendant, l'épreuve de force commence. « On découvre alors, témoigne Nonce Paolini, une Anne Sinclair extraordinairement déterminée, très sûre d'elle, convaincue qu'elle va faire plier les hommes du quatorzième, parce qu'elle est Anne Sinclair et que personne ici ne peut se payer un scandale avec elle pour un tas de raisons. "E-TF1, j'ai fait le boulot et maintenant, j'aimerais bien revenir à l'antenne", lui dit-elle. Le Lay va considérer, dès ce moment-là, qu'il y a abandon de poste et insoumission. » Nonce Paolini essaiera, en vain, de ramener Anne à la raison d'entreprise, de lui faire comprendre les arguments de Le Lay, la responsabilité qui est la sienne vis-à-vis d'e-TF1, rien n'y fera. Confrontée à l'attitude ambiguë et vague d'Étienne Mougeotte, qu'Anne Sinclair ressent cruellement, et l'aversion qu'elle a fini par éprouver pour Patrick Le Lay, l'ex-star s'arc-boute. Elle persiste et signe. Ayant fait son devoir, elle considère ses nouveaux projets légitimes. Patrick Le Lay se refuse à envisager son retour sur un plateau et la considère démissionnaire. L'affrontement entre eux deux sera saignant. Les deux versions ici reconstituées en apportent la preuve.

La version d'Anne :

Bureau d'Étienne Mougeotte

Anne Sinclair. – J'ai commencé à réfléchir à une émission, un magazine culturel. Est-ce que je peux te donner le projet ?
Étienne Mougeotte. – Oui. Pourquoi pas ? Je vais voir…

Bureau de Patrick Le Lay (trois jours plus tard)

Patrick Le Lay. – Vous vous prenez pour qui ? Au nom de quoi voulez-vous faire à nouveau de l'antenne ? De quel droit vous croyez-vous permise de prendre des initiatives ?

A.S. – Ce n'est pas un crime ce que j'ai fait.

P.L.L. – On vous demande de faire ce que vous devez faire… !

A.S. – Mais j'en ai parlé à Étienne qui n'était pas contre !

Anne va chercher Étienne dans le bureau d'à côté.

A.S. – Étienne, dis à Patrick que je t'en ai parlé, que je n'ai pas fait ça, seule, dans mon coin.

E.M. – Oui, tu m'en as parlé, mais Patrick a raison… c'est vrai, ça pourrait, sinon faire chuter le cours de la Bourse, du moins nous porter tort…

A.S. – Cette entreprise Internet, je l'ai créée, vous n'y croyiez même pas ! Elle roule maintenant. Je ne suis pas faite pour être chef d'entreprise toute ma vie, j'ai des adjoints, il y a maintenant cent personnes, je peux déléguer. Moi, ça m'intéresserait de refaire une émission.

P.L.L. – Mais je vous interdis… qu'est-ce que c'est que ça ! Si vous n'êtes pas contente, vous n'avez qu'à prendre vos cliques et vos claques… et démissionner. Écrivez-moi une lettre de démission.

A.S. – Mais vous rêvez, je n'ai aucunement l'intention de démissionner. Si ça ne vous plaît pas, vous n'avez qu'à me virer !

« Je tremblais comme une feuille, poursuit Anne, à l'issue de cette séquence. De peur, de colère, de chagrin. J'étais choquée, c'était très violent, très insultant. Tous les quatorzième, treizième et douzième étages avaient entendu. Nonce Paolini – à l'époque DRH de TF1 – m'a convoquée quelques jours plus tard, un matin, en me disant qu'il fallait que je parte. Il m'a demandé de lui remettre mon téléphone et mon badge, puis de dire au revoir à mes collaborateurs dans l'heure. “J'ai volé dans la caisse ?” lui ai-je demandé. Il était un peu pâle. Mais il devait appliquer les ordres. Je l'ai prévenu que j'allais aller aux prud'hommes, après dix-sept ans où j'avais l'impression d'avoir apporté quelque chose à TF1. Ce que j'ai fait et j'ai gagné, ce qui était rarissime. Martin Bouygues ? Non, il n'a pas pris ma défense. Je l'ai appelé et il m'a répondu : “Ah ! Vous savez, Le Lay…” »

Version Le Lay :

« Donc, je l'ai gentiment convoquée et je lui ai dit : “Maintenant, ça va, vous avez un job, vous l'avez demandé, vous l'avez eu, vous êtes payée cher pour le faire, alors, ou vous le faites ou vous partez, point à la ligne !" Elle a refusé… et hop ! Alors, après, se glorifier de gagner aux prud'hommes contre une entreprise. Bien sûr, les prud'hommes, ils vont donner raison à Anne Sinclair contre TF1, ça, c'était réglé comme du papier à musique. Mais se glorifier par la suite d'avoir piqué de l'argent à son entrepreneur alors qu'on refusait d'assumer la mission qu'on avait non seulement acceptée mais demandée, moi, au niveau de la déontologie de l'entreprise, je n'ai pas de respect pour ça, c'est clair. »

Auteurs. – Le *casus belli* n'était pas un projet d'émission culturelle avec Delarue ?

P.L.L. – Ce n'était pas grave, ça… Elle voulait revenir à l'antenne, d'une manière ou d'une autre. Ce n'est pas nous qui avons eu le mauvais rôle, c'est elle qui s'est mal conduite. Et, en plus, elle a pris de l'argent. Alors, moi, je veux bien qu'on soit de gauche, mais quand on se pavane à Marrakech, il y a une limite. Et quand les invités arrivent et rentrent dans le riad de Marrakech, elle explique : "C'est le palais Le Lay ou le palais TF1." Bon, ça va ! Elle n'avait pas la vraie déontologie de l'équilibre politique, c'est le moins qu'on puisse dire, mais son émission était une grande émission de la télévision, voilà, rien à redire là-dessus. C'est la fin qui est pitoyable. Moi, je me sens totalement dans mon bon droit dans cette affaire. Je me suis fait rouler et j'ai payé. C'est tout de même beaucoup. Quand je dis *je*, c'est l'entreprise, ce n'est pas mon argent, c'est ça qui est pire, c'est l'argent des salariés, il aurait été mieux dans la boîte. Vous savez, beaucoup de gens ont quitté TF1 dans l'honneur et la dignité.

Des lettres d'avocat suivront, dont une lettre commise par celui de TF1, maître Louis Bousquet, qui prend acte de la démission d'Anne Sinclair, démission qu'elle ne confirmera en aucune manière, par aucun écrit, mais qu'au contraire, elle contestera en restant dans les murs de l'entreprise. Patrick Le Lay demandera à son DRH de régler l'affaire et de signifier à Anne Sinclair qu'il lui faut quitter la maison dans les plus brefs délais. Et c'est ainsi qu'Anne pourra dire, conclut Nonce Paolini aujourd'hui, qu'on l'a congédiée de manière inélégante. « Moi, je l'ai appelée, je lui ai dit : "Écoute, Anne, ça fait maintenant trois, quatre jours, une semaine. Tu ne peux pas rester dans l'entreprise. La rupture est consommée avec Le Lay. Quelles que soient les suites de cette rupture, il faut que tu quittes l'entreprise. Pour tes collaborateurs, les gens d'e-TF1, c'est invivable, pour la sécurité, ils ne savent plus quoi faire, il faut que tu t'en ailles. Franchement, fais-le, et le plus vite possible". »

Si les versions des faits convergent, ce sont les lectures d'une même situation qui sont différentes. Du reste, chacun à TF1 choisira celle qui convient le mieux à ses intérêts, à ses amitiés, à ses ambitions ou à ses détestations. Caprice de star, limogeage honteux et pervers, défaut d'esprit d'entreprise, « coup de pied de l'Anne » de TF1 à DSK. Autant de versions et de mots qui circulent dans les couloirs de TF1... lesquels ne sont pas jonchés de roses...

Anne voulait-elle aller au clash, *in fine* ? A-t-elle pensé à l'argent ? Non. Après examen, la thèse de l'affrontement de deux personnalités reste la plus plausible. Chacun se sentait dans son bon droit. Le Lay en a fait une question d'autorité. Anne Sinclair, une question d'amour-propre. Lui refuser l'antenne était à ses yeux la pire des injustices. La pire façon de la faire tomber de son piédestal. Ou de lui faire cruellement prendre conscience du temps qui a passé. Pour la petite histoire, que raconte volontiers Germain Dagognet, les personnels d'e-TF1 qui lui rendront visite, chez elle, dans le XVIe, pour la saluer et lui dire au revoir, faute de pot d'adieu, iront coiffés de casquettes et de chapeaux, pour ne pas être reconnus...

« Dehors et pas un centime », avait donné Patrick Le Lay pour instruction de Londres, le jour du départ d'Anne. Un an et demi plus tard, les prud'hommes en décideront autrement. Anne touchera 1,86 million d'euros, totalement défiscalisés – une somme calculée sur la base d'un salaire mensuel d'environ 38 000 euros auxquels s'ajoutent des *stock-options* après dix-sept ans passés à TF1. Une page se tourne.

Chapitre 12

Quelque cinq cents *7 sur 7* et une quarantaine de *Questions à domicile* à l'actif d'Anne Sinclair. Une star à multiples facettes, des rencontres à la dramaturgie différente, une variété de décors pour les face-à-face. Voici ses émissions les plus difficiles avec les deux hommes – Jacques Chirac et François Mitterrand – qui ont dominé l'arène politique dans la période où elle-même a régné à la télévision ; ses interviews aux tonalités radicalement opposées avec, d'un côté, son éternelle « bête noire », Jean-Marie Le Pen, et, de l'autre, l'un de ses nombreux « chouchous » de la scène artistique de gauche, Patrick Bruel ; enfin, ses entretiens historiques avec un communiste en fin de règne, Mikhaïl Gorbatchev, et avec un intraitable autocrate, ami de l'Occident, Hassan II.

Jacques Chirac, 54 ans, Questions à domicile, *30 novembre 1986*

De son vivant, Pierre-Luc Séguillon affirmait n'avoir jamais animé d'émission politique plus électrique que le *Questions à domicile* du 30 novembre 1986 avec Jacques Chirac, à l'époque Premier ministre de la première cohabitation entre un président français et une majorité parlementaire du camp opposé. Après la victoire de la droite aux législatives, en mars, François Mitterrand avait en effet nommé le chef du RPR à Matignon.

C'est en contre-plongée, du balcon de la résidence officielle du Premier ministre, qu'Anne Sinclair et son confrère accueillent les téléspectateurs, après le journal de 20 heures, pour une édition spéciale qui va plus tenir du *Questions au bureau* qu'à *domicile*. Dans sa formule classique, l'émission se serait en effet déroulée à l'Hôtel de Ville, où le toujours maire de Paris a ses quartiers privés, voire en Corrèze, son fief électoral. Mais le chef du gouvernement, affrontant ses premières difficultés, notamment des manifestations de centaines de milliers d'étudiants et de lycéens contre un projet de réforme de l'Université, a préféré le cadre solennel de Matignon.

Il s'agit pour Chirac de son premier grand rendez-vous télévisuel depuis sa nomination par le président socialiste, huit mois auparavant. Et les deux journalistes qui vont l'interroger sont classés à gauche. Pas étonnant, donc, que le fringant chef du parti gaulliste soit sur ses gardes. S'il ne se départit jamais d'une attitude un peu crispée, il en impose toutefois, ce soir-là, par son autorité et sa pédagogie sur les sujets abordés : les conséquences de la cohabitation pour les institutions de la Ve République ; les projets contestés de réforme de l'Université, de privatisation partielle des prisons ou du code de la nationalité française ; le choix polémique d'un charter pour expulser des Maliens en situation irrégulière, etc.

En dépit de leur courtoisie et de leur déférence, les deux journalistes de TF1 ne peuvent dissimuler le peu de sympathie qu'ils éprouvent pour la politique de leur hôte. Mais Jacques Chirac va rester parfaitement calme face à Pierre-Luc Séguillon qu'il traite d'égal à égal. Même si, d'homme à homme, il hausse parfois le ton. Par contre, durant les quatre-vingt-dix minutes de l'émission, il fait peu de cas d'Anne Sinclair. Il écoute ses questions avec un regard parfois amusé, parfois irrité. Et il la renvoie souvent dans ses foyers sans ménagement. Avec un grand mouvement du bras qui intime le silence. Quand on sait le goût du futur président pour les jolies femmes, son manque d'égard n'en est que plus criant. Une posture d'anthologie de parfait macho que les hommes politiques – et Chirac le premier – n'oseront plus adopter bien longtemps. À la télévision, en tout cas.

À peine dix minutes du *Questions à domicile* se sont-elles écoulées que Jacques Chirac exprime déjà un début d'agacement à l'égard de la journaliste. Elle pose sa question après la diffusion d'un reportage réalisé dans ses appartements de l'Hôtel de Ville. Il lui répond rapidement, sur un ton neutre.

Anne Sinclair. – On dit souvent qu'il y a deux Jacques Chirac. À voir ce bureau, on en avait aussi l'impression. On dit que le Chirac privé est plus convivial, plus chaleureux que le Chirac public qui est plus raide et plus cassant. De même, dans vos goûts culturels, il y a une sorte d'affectation, peut-être, de votre part, à dire que vous aimez les romans policiers et la musique militaire, alors qu'on voit, là, des livres sur la Chine ancienne et le Japon, et qu'on le verra tout à l'heure, vos goûts musicaux sont tout autres. Alors, est-ce que vous n'êtes pas prisonnier de cette image du Chirac un peu raide que vous avez peut-être cultivée ?

Jacques Chirac. – Je comprends parfaitement que le monde moderne, marqué par l'intervention permanente des médias, veuille disséquer les individus, les déshabiller, les montrer. Je ne suis pas exhibitionniste. Je considère que même un homme politique peut avoir son jardin personnel qui ne soit pas ouvert à tous les vents. Alors, je me suis bâti, c'est vrai, quelques moyens de protection et…

A.S. – … quelques jardins secrets qui sont tout à fait autres que l'image qu'on a de vous ?

J.C. – Oui, peut-être, c'est même probable.

Après une série d'échanges entre Pierre-Luc Séguillon et le Premier ministre sur sa cohabitation institutionnelle avec le président socialiste, Anne Sinclair tente de le faire s'exprimer sur l'aspect plus personnel de sa relation avec François Mitterrand. Il la remballe prestement.

A.S. – Est-ce que vous avez découvert quelqu'un que vous ne connaissiez pas et qu'est-ce que vous avez découvert ?

J.C. – Je ne vous ferai certainement aucune espèce de confidence en ce domaine.

A.S. – Est-ce qu'il y a des choses qui vous rapprochent ?

J.C. – Je n'ai pas de commentaire à faire. Ce qui nous rapproche, c'est que nous sommes Français.

Sur la réforme de l'Université proposée par d'Alain Devaquet, chargé de l'Enseignement supérieur dans son gouvernement, et les manifestations de la jeunesse qu'elle suscite, Jacques Chirac développe la nécessité d'agir contre le chômage des jeunes en adaptant mieux la formation des étudiants au marché de l'emploi. Quand Anne Sinclair l'interrompt, il devient cinglant.

A.S. – Est-ce que vous avez l'impression, monsieur le Premier ministre, que le projet de loi, tel qu'il a été proposé, répond à cette préoccupation ?

J.C. – Tout à fait, naturellement, sinon je ne l'aurais pas pris ! Laissez-moi…

Et le Premier ministre de continuer d'argumenter en faveur de la réforme, tout en reconnaissant qu'il y a pu avoir des malentendus et des maladresses de la part du gouvernement. Il promet une concertation et une modification du projet. « Si on vous comprend bien, il y aura simplement une réécriture, un effort de rédaction », ose alors Anne Sinclair. « Il ne s'agit pas de réécriture, d'effort de rédaction ! Il y aura d'abord concertation », s'énerve Chirac. « Et s'il faut modifier la composition du gouvernement ? Le parallèle a été fait », dit-elle, en référence à la démission, en 1984, d'Alain Savary, le ministre socialiste de l'Éducation nationale emporté par la vague de manifestations contre la suppression de l'école privée. Le patron du RPR s'insurge : « Ne faites pas de faux parallèle ! Je vous dispense tout à fait de cette question qui n'apporte pas, de ma part, de réponse. »

Une semaine plus tard, après de nouvelles manifestations et le décès d'un étudiant, Malik Oussekine, battu à mort par la police, Alain Devaquet présentera sa démission. La réforme sera ensuite rapidement enterrée.

Le clou de l'émission sera toutefois son final. La journaliste de TF1 veut faire parler son interlocuteur de ses intentions pour l'élection présidentielle de 1988. Jacques Chirac n'entend pas s'aventurer sur ce terrain. En bon politique, il répond qu'il entend se consacrer uniquement à son travail actuel. Mais elle insiste, et insiste encore. Soudain, un grand sourire illumine le visage du Premier ministre.

J.C. – Chère madame Séguillon, je vais vous donner un conseil…

A.S. – Madame Sinclair !

J.C. – Pardon… madame Sinclair, je vais vous donner un conseil : tournez-vous vers la droite, une fois n'est pas coutume.

A.S. – Je me tourne de tous les côtés, monsieur le Premier ministre.

J.C. – Vous allez voir un magnifique cheval Tang, superbe, qui a été choisi par M. Pompidou qui l'aimait beaucoup. Et si vous le contemplez, si vous le caressez – il est extrêmement doux –, vous allez avoir une sérénité qui est tout à fait celle que j'éprouve actuellement à l'égard de ces problèmes présidentiels, sur lesquels je ne vous ferai donc aucune espèce de commentaire.

François Mitterrand, 72 ans, 7 sur 7, *12 février 1989*

De mémoire d'Anne Sinclair, son émission la plus difficile parmi toutes restera plutôt le *7 sur 7* avec François Mitterrand du 12 février 1989, après les révélations sur la participation supposée d'un ami du président, Roger-Patrice Pelat, à un délit d'initié dans l'affaire dite Pechiney. Neuf mois plus tôt, le président socialiste avait été réélu avec plus de 54 % des suffrages, battant à plate couture son ex-Premier ministre, Jacques Chirac. Dans la foulée, le Parti socialiste avait retrouvé sa majorité parlementaire et mis fin à la première cohabitation.

En novembre 1988, le groupe Pechiney a lancé une OPA sur une société américaine, Triangle. Pechiney est une société nationalisée, et des proches du pouvoir ont été mis au courant de l'opération. Les autorités boursières américaines avertissent du délit d'initié la Commission des opérations de Bourse, la COB française. Roger-Patrice Pelat, intime de François Mitterrand, est mis en cause. Le 16 février, quatre jours après l'émission, il sera d'ailleurs mis en examen pour recel de délit d'initié. Mais la justice ne pourra jamais le juger, suite à son décès d'une crise cardiaque, le 7 mars suivant.

Il y a Pechiney, mais également la Société générale. Autre supposé délit d'initié, autres soupçons. Quand Anne Sinclair reçoit le président, la France vit, depuis un mois, au rythme des affaires. Alain Juppé, numéro 2 du RPR, dénigre « la gauche la plus pourrie du monde ». La droite, une partie de la presse et même certains à gauche mettent sur la sellette Pierre Bérégovoy, ministre de l'Économie, des Finances et de l'Industrie, dont le directeur de cabinet, Alain Boublil, devra démissionner avant d'être mis en examen et condamné dans l'affaire Pechiney. Michel Rocard, chef du gouvernement, rappelle alors d'autres scandales, datant d'autres époques, celles où la droite était au pouvoir. Détestable climat. Il est temps que le chef de l'État parle.

« Le vendredi, je l'avais vu comme chaque invité, raconte Anne Sinclair. Mitterrand m'avait dit : “On ne passera pas toute l'émission sur Pelat.” Je lui avais répondu : “Non, mais je veux avoir le temps de vous interroger.” Il a pensé que j'écluserais le sujet en dix minutes. En fait, j'y ai consacré trois quarts d'heure. L'événement était incroyable. C'est la seule fois que *7 sur 7* a débordé jusqu'à 20 h 30, car, après les affaires, il y avait évidemment d'autres thèmes à aborder. “Continue, continue, continue, ce n'est pas grave !” me lançait Étienne Mougeotte des coulisses. Et le journal télévisé a attendu. »

La veille de son rendez-vous dominical avec le président, la journaliste envoie son mari Ivan Levaï et leurs enfants à la campagne. Elle travaille toute la journée du samedi. Elle veut tout comprendre, et connaître par cœur les affaires Pechiney et Société générale. Car sa proximité avec Mitterrand l'y oblige. Elle joue en partie sa crédibilité de journaliste sur cette seule émission. Le feuilleton politico-financier tient le pays en haleine. C'est à *7 sur 7* que le chef de l'État a choisi de s'exprimer. Attendue au tournant, elle doit être à la hauteur de l'enjeu.

« Mon état d'esprit, précise Anne Sinclair, était : *Je suis journaliste. Et j'ai beau bien aimer Mitterrand, j'ai beau voir en lui un grand président, je ferai mon métier jusqu'au bout. Je joue là ma peau de journaliste. Cette affaire n'étant pas claire, il devra, lui aussi, répondre jusqu'au bout.* »

Dimanche, jour de l'émission, la star de TF1 ne se sent pas dans une grande forme. Le stress, évidemment. Mais aussi la maladie, bénigne mais fatigante, qui nécessitera, dès le lendemain, une intervention chirurgicale. Opération qu'elle a reportée pour interviewer Mitterrand. À 19 heures, une fois allumées les lumières du studio, il n'y paraît toutefois plus rien. Sa voix est assurée. Son regard bleu, fixé droit dans les yeux de l'hôte de l'Élysée qui la scrute avec attention et hauteur.

« Monsieur le président, bonsoir, et merci de venir à *7 sur 7* pour votre première longue émission depuis sept mois », entame la présentatrice avant d'aborder, après une petite introduction liminaire, « ces affaires » qui « ne sont pas restées à votre porte », car « des hommes proches de vous, l'un d'entre eux étant même, dit-on, votre ami le plus proche, se seraient enrichis » et « tout cela vous aurait atteint, touché, éclaboussé, bref, ces affaires auraient terni votre image ». D'entrée, Anne Sinclair n'a pas pris de gants avec « son » président. Elle va poursuivre sur ce ton pendant toute l'émission, le relançant encore et encore, pendant les quarante-cinq premières minutes, sur l'affaire Pechiney, le rôle de son ami Pelat, l'affaire Société générale. En dépit de l'épreuve psychologique que représente une telle confrontation avec un homme dont l'ascendant, la stature et le verbe étaient redoutés par tous les journalistes de l'audiovisuel.

Si les questions sont courtes et précises, les réponses du président Mitterrand sont longues et correspondent à l'évidence au plan préétabli d'un plaidoyer.

La journaliste lui demande d'abord ce qu'il a ressenti en découvrant le nom de son ami Roger-Patrice Pelat à la une des journaux.

Après avoir répondu qu'il a été « peiné, chagriné », il digresse rapidement pour raconter comment il l'a rencontré, en 1940, « dans les camps, un très sale hiver, très dur », en Allemagne, où « on souffrait de la faim ». Si, à l'époque, il a choisi Pelat comme ami, c'est parce que « rares sont les prisonniers de guerre » qui « ont montré autant de force d'âme, de caractère et de camaraderie » que lui.

Anne Sinclair l'interrompt pour tenter de le ramener à l'affaire Pechiney en remarquant que « ce n'est pas ce courage qui est en cause aujourd'hui ».

« Vous allez un peu vite, rétorque François Mitterrand. Vous me demandez comment je l'ai connu. » Elle ne lui a pas posé cette question. Mais le voilà qui s'étend sur leurs évasions séparées et leur combat commun dans la résistance. « Il était pauvre, Patrice Pelat ; il était ouvrier chez Renault, commis boucher », poursuit-il. Et puis son ami s'est enrichi, « non pas comme homme d'affaires, mais comme industriel ». Il n'allait quand même pas se brouiller avec lui « parce que, de pauvre, il était devenu riche ». Et voilà que, soudain, le président s'aperçoit que Pelat, pourtant à la retraite, « continue de gérer son argent en jouant à la Bourse ».

La journaliste doit ensuite batailler pour que le chef de l'État ne l'entraîne pas sur le terrain des méfaits des marchés financiers. Ramené à l'affaire Pechiney, il essaie de s'en tirer en déclarant que la justice doit passer et se montrer sévère « quels que soient les coupables ». Mais ce propos convenu ne satisfait pas Anne Sinclair.

Anne Sinclair. – Est-ce que vous avez des lumières personnelles que nous n'avons pas, ou est-ce que vous savez, vous...

François Mitterrand. – Sur quoi ?

A.S. – Sur le rôle de Patrice Pelat. Est-ce que vous lui avez posé des questions ? Est-ce qu'il vous a répondu ? Est-ce que vous avez, vous, des certitudes que nous ne savons pas ?

F.M. – Eh bien, si j'en avais, la justice les connaîtrait ! Je n'aurais pas attendu de vous rencontrer ce soir.

La journaliste revient un peu plus tard à la charge.

A.S. – Si le problème s'est posé pour Patrice Pelat, ce n'est pas parce qu'il jouait en Bourse, pas parce qu'il avait des actions, pas parce qu'il faisait fructifier sa fortune, c'est parce qu'il était proche du pouvoir...

F.M. – Non, non...

A.S. – ... enfin, proche de vous.

F.M. – Non.

A.S. – Sinon, son nom n'aurait pas été prononcé.

F.M. – Qu'est-ce que vous voulez dire ? Que je l'ai informé ?

A.S. – Non ! Pensez-vous ! Personne ne l'a dit !...

F.M. – Pourquoi le laissez-vous entendre maintenant ?

A.S. – Je ne le laisse pas entendre.

F.M. – Je l'aurais difficilement pu, car je ne le savais pas moi-même.

A.S. – La question est de savoir s'il a bénéficié d'informations.

F.M. – C'est bien possible, je n'en sais rien.

A.S. – Bien. Alors...

F.M. – ... le juge est là.

Plusieurs joutes comparables – concernant toujours « l'affairisme rose », mais au sujet d'autres personnages de gauche ou proches de la gauche impliqués dans les scandales – se succéderont encore, avant que François Mitterrand ne martèle : « La France, ce n'est pas les affaires » et demande de pouvoir parler d'autre chose. Anne Sinclair accepte alors de passer aux dossiers classiques de l'interview d'un président de la République.

« Pendant une coupure de publicité, Mitterrand, furieux, m'avait dit : "Vous avez choisi de nous enfoncer !" se rappelle-t-elle. J'avais rétorqué : "Non, monsieur le président, je fais mon métier." Mais l'atmosphère était lourde et hostile, et je n'en menais pas large. Pendant nos échanges, je me plantais les ongles dans les paumes des mains en me disant : *Vas-y, demain, tu vas peut-être mourir sur le billard pendant l'anesthésie. Donc, ne te mets pas dans tous tes états parce que le président de la République n'est pas content. Il ne va pas t'envoyer à la Bastille ! S'il n'est pas content, il n'est pas content !* »

À travers une belle chronique publiée dans l'édition du week-end suivant du *Monde*[1], Bruno Frappat, qui n'a jamais eu la plume tendre vis-à-vis de ses confrères de la télévision, rendra un hommage appuyé à la vedette de TF1 : « Face à Anne Sinclair, qui montra ce soir-là ce que peut le journaliste vis-à-vis des puissants, dans l'ordre de la précision, de la fermeté, de la compétence et de l'absence de révérence, face à elle, donc, qui posait simplement les questions que tout le monde se posait, François Mitterrand nous joua sa sonate. » Le chroniqueur décrypte ensuite, à partir de trois mouvements symboliques, « le talent de ce virtuose qui nous a *baladés*, comme on dit vulgairement ». Pour résumer son propos : la consœur a fait ce qu'elle pouvait, mais le « tribun de nos salons » l'a emporté.

Un constat partagé par Anne Sinclair. « Le journaliste n'est jamais à égalité avec celui qu'il interroge, reconnaît-elle. Il peut poser une question gênante, il peut relancer une fois, deux fois, mais, au bout du compte, c'est l'invité qui a la parole. Mitterrand, ce jour-là, a fait passer le message qu'il avait préparé. Et il a été d'autant plus brillant que je l'ai bousculé. Après coup, il l'a reconnu, il était enchanté. Il avait enfumé tout le monde ! »

Jean-Marie Le Pen, 59 ans, Questions à domicile, *17 décembre 1987*

Anne Sinclair a construit une partie de son image sur son refus de principe d'inviter Jean-Marie Le Pen à *7 sur 7*. Elle a théorisé cette position comme moralement éthique et professionnellement déontologique. Qualifié par elle de « fasciste[2] », en tout cas de personnage ne se situant pas « dans l'orbite de la démocratie[3] », le chef du Front national ne pourrait faire l'objet d'un entretien journalistique normal.

« Je n'aurais jamais interviewé Hitler ou Staline », déclare-t-elle quand on l'interroge sur ce refus. Une référence – elle peut sur-

1. 19 février 1989.
2. *Le Monde*, 4 mai 2002.
3. *Télérama*, 11 janvier 2003.

prendre – à laquelle elle a déjà eu souvent recours par le passé. « Dans ce genre de cas, poursuit-elle, on est un porte-voix ou un procureur. En tout cas, on n'exerce plus son métier. Quand on interviewe un pervers, on participe de la perversion. Au bout du compte, c'est lui qui est maître du terrain. »

En 1995, cas unique en treize ans de *7 sur 7*, elle cède son fauteuil à Gérard Carreyrou qui reçoit Le Pen dans le cadre de la campagne électorale présidentielle et des règles édictées par le Conseil supérieur de l'audiovisuel (CSA). Une majorité de ses confrères n'a évidemment jamais partagé sa décision de boycotter le président du FN.

L'ex-star de TF1 n'a d'ailleurs pas toujours affiché cette position intransigeante. Elle a même défendu, avec une belle éloquence, la thèse exactement opposée. C'était le 17 décembre 1987, à La Trinité-sur-Mer, dans le Morbihan.

Anne Sinclair et Jean-Marie Colombani viennent y interviewer le dirigeant d'extrême droite dans le cadre de la campagne électorale présidentielle de 1988. La caméra tourne. Sortant du café *Le Petit Trianon*, ils remontent une rue éclairée par de rares lampadaires. Dans quelques instants, ils pénétreront dans la maison natale du chef du Front national, où ce dernier les attend. Ce sera l'heure d'un nouveau numéro de l'émission *Questions à domicile*.

« Fallait-il faire une émission avec Jean-Marie Le Pen ? s'interroge Anne Sinclair, tout en marchant avec le journaliste du *Monde* dans la commune bretonne déserte. Beaucoup nous ont posé la question ces derniers jours. La réponse est simple. *Questions à domicile* invite les principaux leaders politiques de ce pays et il n'y avait aucune raison d'exclure Jean-Marie Le Pen. En effet, ce n'est pas la télévision qui a fait le Front national. Ce n'est pas la télévision qui a permis à Jean-Marie Le Pen d'entrer au Parlement. Ce n'est pas la télévision qui lui a donné un groupe parlementaire. Et ce n'est pas la télévision non plus qui lui permet demain de concourir pour l'élection présidentielle. Ce sont les électeurs d'abord et les lois de la République ensuite. Si bien que, certains peuvent le regretter, mais ce n'était certainement pas à la télévision et à la presse de décider qui a le droit de parler ou qui n'a pas le droit de parler. Avouez que ce serait plutôt grave. Pour les uns, ce serait Jean-Marie Le Pen, pour d'autres, cela peut être André Lajoinie, Raymond Barre, Jacques Chirac ou François Mitterrand.

Alors, ce soir, c'est un peu au nom de la liberté d'expression que nous invitons Jean-Marie Le Pen et que nous allons l'interroger... »

Pour Anne Sinclair, il y a un avant et un après l'émission de La Trinité. Ce 17 décembre 1987, elle va interviewer le président du FN pour la dernière fois de sa carrière. Et la rupture dans sa réflexion sur la « liberté d'expression » sera d'autant plus évidente qu'il s'agit, en un an et demi à peine, du deuxième entretien avec lui.

Déjà, le 22 mai 1986, pour un autre *Questions à domicile*, elle s'était en effet rendue dans son hôtel particulier de Montretout, à Saint-Cloud, dans les Hauts-de-Seine. Elle était alors accompagnée de Pierre-Luc Séguillon. Depuis le début de l'ascension électorale du Front national en 1982, c'était la première heure de gloire de Le Pen : grâce au scrutin proportionnel voulu par François Mitterrand, trente-cinq députés frontistes venaient d'entrer à l'Assemblée nationale. « Anne était en contradiction avec elle-même, estimait Pierre-Luc Séguillon. Elle ne voulait pas recevoir Le Pen à *7 sur 7*, mais elle l'acceptait à *Questions à domicile.* » Michèle Cotta, directrice de l'information de TF1 à partir de 1987, trouvait aussi cela « marrant » pour quelqu'un ayant dit qu'« elle n'approcherait jamais Le Pen ». Mais, à Montretout, les deux journalistes étaient arrivés une heure avant le passage à l'antenne et l'émission s'était déroulée dans une atmosphère plutôt cordiale, à un ou deux échanges aigres-doux près. A La Trinité, il allait en être tout autrement. À en croire Anne Sinclair, les préparatifs, déjà, avaient été éprouvants : « C'était affreux... des heures d'attente, dans sa maison, avec des gens hostiles. »

L'heure venue du second *Questions à domicile* consacré à Jean-Marie Le Pen, l'ambiance se tend, dès que les deux journalistes font leur entrée dans sa cuisine, où un banc et une table rustiques les attendent. Le maître de céans veut d'abord aider Anne Sinclair à se débarrasser de son manteau. Elle refuse de lui accorder l'avantage de la galanterie. Jean-Marie Colombani tente ensuite de prendre la parole. Le dirigeant du parti d'extrême droite l'interrompt pour leur offrir – « C'est le rituel d'accueil amical en Bretagne ! » – une bolée de cidre. « Il nous a surpris d'entrée de jeu, raconte le journaliste du *Monde.* Quelqu'un avec qui vous avez du mal à sympathiser vous oblige à trinquer avec lui… »

Le ton monte rapidement au sujet d'un voyage de Jean-Marie Le Pen aux Antilles, la semaine précédente. Il a été empêché de descendre de son avion par des rassemblements opposés à sa venue à la Martinique et à la Guadeloupe. Et s'agace d'entendre Anne Sinclair lui demander pourquoi il n'a pas défié physiquement les manifestants ou Jean-Marie Colombani lui suggérer qu'il porte peut-être une part de responsabilité dans la réaction de « nos compatriotes de couleur ».

À partir de là, la sérénité ne sera plus jamais de mise pour le reste des échanges qui tournent, perspective électorale oblige, autour de la personnalité et du programme du candidat frontiste à l'Élysée. Ce dernier, le verbe haut, veut faire passer un maximum de ses idées « nationales » et « patriotiques », tel un rouleau compresseur. Les deux journalistes, eux, entendent bien obtenir des réponses aux questions qu'ils posent sur le « candidat de la peur ». Cela donne un dialogue haché, heurté, parfois de sourds, souvent déplaisant pour le téléspectateur. Et le passage de la cuisine au salon n'y change rien. La récrimination habituelle de Jean-Marie Le Pen sur la place que les médias lui accordent donne alors lieu au premier duel avec Anne Sinclair qui doit prendre une profonde inspiration pour rester calme :

Jean-Marie Le Pen. – Les grands concurrents ont le monopole des moyens médiatiques !

Anne Sinclair. – La télévision n'a pas été chiche avec vous, on nous le reproche assez.

J.-M. L.P. – Ah non, ne me dites pas ça, vous qui ne m'avez jamais invité à *7 sur 7.*

A.S. – Vous êtes trop gourmand…

J.-M. L.P. – Vous parlez souvent de moi pour essayer de convaincre vos invités de se prononcer contre Le Pen, mais vous ne m'avez jamais invité.

A.S. – Vous me laissez parler ?

J.-M. L.P. – Je vous en prie.

A.S. – Je ne convaincs personne, je n'en ai nul besoin, nulle envie, nul devoir, ce n'est pas du tout dans mes fonctions de convaincre qui que ce soit, j'interroge tous les invités sur la politique française et les phénomènes de société, et c'est vrai que vous y avez une large place, votre présence, ici, ce soir, le prouve.

Un deuxième incident oppose, ensuite, l'homme politique à la journaliste et à son confrère quand celle-ci évoque la phrase scandaleuse que ce dernier avait prononcée au sujet de la Shoah, trois mois plus tôt, sur RTL : « Je ne dis pas que les chambres à gaz n'ont pas existé, je n'ai pas pu moi-même en voir, je n'ai pas étudié spécialement la question. Mais je crois que c'est un point de détail de l'histoire de la Seconde Guerre mondiale[1]. » L'émotion avait été vive et Anne Sinclair se demande s'il ne paie pas « le prix très cher de ce *détail* » dans les sondages préélectoraux le donnant à la baisse. Le Pen lui rétorque qu'il s'agit d'un supposé « dérapage » provoqué par les journalistes de manière déloyale. S'ensuit un échange cacophonique sur ses propos exacts au micro de RTL. Jean-Marie Colombani intervient pour proposer de réentendre l'extrait qui n'a jamais été vu à la télévision. Le leader du Front national proteste, relit un extrait d'un communiqué qu'il a rédigé à ce sujet. On argumente dans les deux sens. Finalement, Anne Sinclair tranche dans le vif.

A.S. – Écoutez, moi, je vous propose – on tourne autour du pot – de regarder ce document… On le regarde !

J.-M. L.P. – Cela me paraît une méthode…

Pour ne pas couper le candidat d'extrême droite à la présidentielle, le réalisateur Alexandre Tarta hésite une fraction de seconde avant de lancer l'extrait à l'antenne. Du coup, le début de la phrase « Je ne dis… » est couvert par le basculement entre le son direct et le son enregistré. Les téléspectateurs entendent : « … pas que les chambres à gaz n'ont pas existé, etc. » Jean-Marie Le Pen fera un procès à TF1 pour ce qu'il estime être une « manipulation frauduleuse » destinée à lui faire dire l'inverse de ce qu'il a déclaré. Il le gagnera, mais n'obtiendra de la chambre civile du tribunal de grande instance de Paris, le 6 juillet 1988, que le franc symbolique et non les 500 000 francs (76 225 euros) de dommages et intérêts qu'il demandait pour réparer « l'importance de son préjudice ».

La dernière question d'Anne Sinclair au chef du FN ne va pas non plus contribuer à améliorer leur relation. « Vous ne la trouverez peut-être pas très sérieuse, estime-t-elle nécessaire de déclarer en préambule, mais nous avons promis à Yves Montand de vous

1. *Le Grand Jury RTL-Le Monde*, 12 septembre 1987.

la poser. » Ce dernier, ami intime de la journaliste, avait en effet décidé de réserver à *Questions à domicile*, cinq jours avant, la primeur de sa décision de ne pas se présenter à la présidentielle. Pendant l'interview, l'artiste s'en était pris par ailleurs à « ce faux Celte qui se teint les cheveux en blond ».

A.S. – Alors, la question, on vous la pose : est-ce que vous avez une teinte blonde ?

J-M. L.P. – Cela va faire bien rigoler dans les chaumières de La Trinité parce que ici, on m'a connu petit garçon blond, jeune homme blond, homme blond et, maintenant, je suis plutôt blanc-blond que blond-blanc. Il faut bien le dire : il y a de plus en plus de blanc. Comme j'avais prévu cette question que je trouvais amusante, je vous amène un mot de billet de mon coiffeur, madame Sinclair. C'est un certificat de bonne vie et mœurs.

Après que la journaliste a lu le courrier à l'antenne, Jean-Marie Le Pen ne peut s'empêcher d'en rajouter, provoquant l'indignation du confrère d'Anne Sinclair.

Jean-Marie Le Pen – Je n'aurai pas l'inconvenance de proposer, même à M. Colombani, de vérifier que je suis un vrai blond, n'est-ce pas ?

Jean-Marie Colombani – Vous dérapez, là ! Vous dérapez…

J.-M. L.P. – Non, je ne dérape pas.

J.-M. C. – Vous dérapez…

J.-M. L.P. – Je trouve votre question tellement ridicule et tellement grotesque.

A.S. – Nous avions voulu terminer sur une note d'humour…

Sur la route qui l'éloigne de La Trinité-sur-Mer, Anne Sinclair se dit : *Plus jamais !* Et, se rendant compte qu'elle a oublié un beau châle auquel elle tient, elle décide néanmoins de ne même pas retourner le chercher. « Dans les semaines qui ont suivi l'émission, j'ai reçu du courrier me félicitant, mais aussi cinq cents lettres d'insultes, papiers souillés, petits cercueils, se souvient-elle. Et les lettres n'étaient pas toutes anonymes : une, parfaitement ignoble, était à l'en-tête d'un médecin. »

Au premier tour de la présidentielle de 1988, le 24 avril, Jean-Marie Le Pen obtient 14,38 % des suffrages, alors que la précédente et première fois où il s'était présenté, en 1974, il avait fait un maigre 0,75 % des voix. En 1981, il n'avait pas pu se présenter, faute des cinq cents parrainages nécessaires.

À la direction et dans les rangs du Front national, on n'a apparemment pas non plus gardé un bon souvenir du *Questions à domicile* de décembre 1987. Anne Sinclair devient une cible régulière de la presse d'extrême droite. François Brigneau, une de ses plumes les plus virulentes – il avait déjà traité la journaliste de « pulpeuse charcutière casher[1] » par le passé –, revient à la charge par deux fois dans le même numéro de *National-Hebdo*, organe officiel du FN, avec « l'épanouie boulangère azyme[2] » ou « Haine Sinclair, marchande de soutiens-gorge à TF1, juive [...] moins assimilée [...][3] » que le journaliste Philippe Alexandre, attaqué également dans l'un des deux articles. Pour ces propos et d'autres inclus dans les mêmes articles, Brigneau sera condamné pour « injures et provocation à la haine raciale » à 130 000 francs (19 818 euros) d'amende avec sursis et 25 000 francs (3 811 euros) de dommages et intérêts.

Au-delà de l'émission de La Trinité, insultes et procès auraient difficilement permis à Anne Sinclair d'« interviewer sereinement » Jean-Marie Le Pen, comme elle l'avança dans le communiqué justifiant son remplacement par Gérard Carreyrou pour le *7 sur 7* de la campagne présidentielle de 1995.

Depuis, l'élection de 2002 et la qualification du candidat du Front national au deuxième tour sont passées par là et la journaliste a révisé rétrospectivement son jugement. « Ma stratégie du refus a donné zéro résultat, admet-elle. Elle a servi ma conscience personnelle, mais n'a pas été efficace. D'ailleurs, aucun confrère ne m'a suivi. J'ai pu refuser, c'est vrai, parce que j'étais privilégiée professionnellement par ma popularité. Et je peux comprendre ceux qui ont considéré qu'il s'agissait du "caprice d'une star", mais ce n'était pas le cas, c'était une vraie conviction. Aujourd'hui, je pense que je ferais comme tout le monde, je le recevrais. »

Patrick Bruel, 32 ans, 7 sur 7, *24 novembre 1991*

Anne Sinclair. – Là, je ne vous demande plus si vous voulez faire *7 sur 7*, je vous dis maintenant, vous devez faire *7 sur 7* !

Patrick Bruel. – Ah bon, mais...

1. *Présent*, 12 décembre 1986.
2. 10 novembre 1988.
3. *Id.*

La scène se déroule au bar de l'*Hôtel de Crillon*, place de la Concorde, à Paris. Anne Sinclair est attablée avec Patrick Bruel. Leur première rencontre, à l'initiative de la journaliste, remonte à un an et demi. Et, depuis, ils se sont vus plusieurs fois. Mais, jusqu'à présent, le chanteur a refusé son invitation à participer à l'émission.

Depuis 1989, la carrière de Bruel a décollé. L'année de ses 30 ans, son deuxième album, *Alors regarde*, avec les tubes *Casser la voix* et *Place des grands hommes*, mais aussi ses premiers rôles dans *L'Union sacrée* d'Alexandre Arcady et *Force majeure* de Pierre Jolivet, ont déclenché la « Bruelmania ». Personne n'a pu y échapper, pas plus Anne Sinclair que quiconque. Mais elle sait aussi que l'artiste a fait un bout de chemin avec SOS Racisme dans les années quatre-vingt, qu'il est politisé et qu'il ne cache pas sa proximité avec les idées de Michel Rocard. D'où sa décision de le pousser à s'engager publiquement dans le combat contre la montée du Front national. Dans son émission.

Pourtant, Bruel résiste à son amicale pression depuis leur premier rendez-vous. Serait-il considéré légitime qu'il participe à une émission politique ? « Je n'avais que des coups à prendre à faire *7 sur 7* à cette époque-là, dit-il. C'était un vrai direct, dans l'émission la plus importante de l'époque, regardée par tout le monde, pas seulement par des gens qui m'appréciaient. Beaucoup m'attendraient au tournant. Quel était mon intérêt ? Je venais de faire un million de spectateurs en tournée, de vendre deux millions d'albums. » Tout va donc bien pour Bruel, mais, d'un autre côté, il aimerait se débarrasser de l'image du « Patriiick » d'adolescentes se pâmant et en imposer une autre, plus conforme à ce qu'il estime être. Or *7 sur 7* pourrait le lui permettre. Le chanteur hésite donc vraiment.

Ce jour-là, au Crillon, Anne Sinclair a décidé de mettre le paquet pour, enfin, le convaincre : « Écoutez, Patrick, il y a des élections cantonales et régionales, en mars 1992, qui s'annoncent complexes : le taux d'abstention pourrait frôler les 50 %. Avec un Front national fort, ça ne jouerait qu'en sa faveur car ses électeurs ne s'abstiennent pas. Si on veut que les jeunes votent en mars prochain, comme beaucoup ne se sont pas encore inscrits sur les listes électorales, il faut qu'ils le fassent avant la fin de l'année. Novembre serait le moment idéal pour lancer un appel à *7 sur 7*. »

Cette fois, les arguments de l'animatrice font mouche. Bruel accepte l'invitation. « Déjà, j'étais charmé par la journaliste, par la beauté de la femme et par l'intelligence de son émission. Je regardais régulièrement *7 sur 7*. Donc, je suis flatté qu'elle m'ait proposé, puis qu'elle ait insisté, enfin qu'elle ait mis en avant le caractère utile de la démarche. Je me suis dit, d'accord, allons-y, mais, quitte à le faire, autant le faire bien. Et j'ai préparé l'émission avec le plus grand sérieux. »

Sans en parler à Anne Sinclair, Patrick Bruel fait appel à son ami Guy Carcassonne. Ce juriste spécialiste de droit constitutionnel était, il y a encore quelques mois, membre du cabinet du Premier ministre Michel Rocard. C'est lui qui avait présenté le chanteur à l'homme politique, quelques années auparavant. En charge un temps de la communication du leader socialiste, Guy Carcassonne avait participé à la préparation de plusieurs de ses interventions à *7 sur 7*. « Pour Patrick, c'était une vache de prise de risque, estime le professeur de droit public. Dans ce genre d'émission, l'invité qui n'a pas l'épaisseur nécessaire explose en plein vol de manière assez pathétique. »

Guy Carcassonne se rend donc régulièrement au domicile du chanteur. Il est assez vite rassuré sur les qualités de communicant de Patrick Bruel. « Je lui ai appris deux-trois trucs techniques, mais mon seul rôle véritable a été de l'apaiser. Il était content d'en parler et de faire du ping-pong avec quelqu'un de confiance. » Et Guy Carcassonne constate aussi que l'artiste sait précisément le message qu'il veut faire passer. Les arguments d'Anne Sinclair ont incontestablement porté. « Patrick voyait l'opération politique qu'Anne voulait faire, et cela lui allait très bien. » Le chanteur apprécie qu'elle s'engage, car, pour lui, « un journaliste neutre, cela n'existe pas ».

24 novembre 1991. Patrick Bruel arrive à TF1, en fin d'après-midi. Il porte un sobre pull à col roulé noir pour son premier grand rendez-vous télévisuel avec la politique. La date est également d'importance pour son hôte, habillée d'un tailleur rouge passion. Elle deviendra en effet Mme Strauss-Kahn dans moins de quarante-huit heures. Le chanteur a un trac fou : « Le seul traitement de faveur que je lui ai demandé, c'était de me dire deux

minutes avant le générique quelle allait être la première question, sinon j'allais tomber dans les pommes de peur… »

Anne Sinclair débute le *7 sur 7* en lui demandant simplement comment il explique son succès fou. Un « phénomène Bruel » qui se manifeste pendant qu'elle l'interroge. Les téléspectateurs sont au rendez-vous. Pendant une heure, les fans des deux stars vont communier devant le petit écran. La France entière découvre un homme au sourire désarmant de timidité. Un gendre idéal, à la sincérité charmante, qui revendique son « droit à la parole », mais pour « en user, pas en abuser ». Et ce « type plutôt normal, gentil », comme elle le présente, va faire un des meilleurs taux d'audience de l'histoire du programme. « Mieux que François Mitterrand », souligne encore avec fierté l'artiste, vingt ans après.

La journaliste ne veut pas bousculer son invité, mais le mettre à l'aise pour le clou du spectacle : son appel à voter, et à voter contre le Front national. « Vous aviez envie de venir parce que vous avez envie de dire des choses, et vous allez les dire », l'encourage-t-elle. Ils devisent toutefois d'abord de la carrière du chanteur et comédien. Elle le compare à Yves Montand. Puis le taquine pour avoir demandé par voie légale de lire une biographie lui étant consacré, avant sa sortie en librairie.

L'actualité et, surtout, les choix faits par l'équipe de *7 sur 7* pour le *Journal de la semaine*, en étroite concertation avec Bruel, vont faire tourner l'essentiel de l'émission autour du thème du nationalisme : la guerre en Yougoslavie, avec la chute de la ville croate de Vukovar ; l'élection du gouverneur de Louisiane, où un candidat d'extrême droite a obtenu 39 % des voix ; les cinquante propositions « pour régler le problème de l'immigration » du FN de Jean-Marie Le Pen.

Abordé dans le premier tiers du *Journal de la semaine*, le scrutin de Louisiane, où le candidat démocrate l'a emporté face au « facho » *(sic)* grâce à une forte participation de la communauté noire, sonne le début – un peu laborieux – de la charge de Bruel.

Patrick Bruel – Je trouve que c'est un devoir absolu de voter et se mobiliser contre un danger. Et je suis content d'être là, dans cette émission, de pouvoir dire aux gens… parce qu'on dit qu'en France, il y a 70 % de l'électorat qui se démobilise…

Anne Sinclair – Oui, enfin, sur certaines élections qui n'étaient pas des élections nationales, c'est des élections locales, des élections cantonales, c'est vrai que l'abstention, en ce moment, est en train de battre des records.

P.B. – Eh ben, je crois qu'il faut dire aux gens d'aller voter..

L'artiste se tourne alors vers les téléspectateurs pour leur parler les yeux dans les yeux.

P.B. – ... d'aller voter ! Parce que ne pas voter, c'est donner sa voix à celui qui va gagner.

Un zoom lent de la caméra accentue encore l'effet dramatique.

P.B. – Ne pas voter, c'est favoriser la progression du Front national et, ça, je trouve que c'est extrêmement dangereux et extrêmement irresponsable. C'est la phrase de Molière, c'est ce qu'il disait dans *Dom Juan* : « C'eût été y prendre part que de ne pas s'y opposer ! » Je crois que c'est impératif, aujourd'hui, impératif.

A.S. – Mais, ça, il faut que vous le disiez aux jeunes qui sont votre public. On sait que l'abstention est aussi fréquente chez les jeunes. Il y a des listes ouvertes au mois de décembre, des listes électorales. Et vous leur dites « Allez voter ! ». Vous faites passer ce message auprès de ceux qui vous applaudissent et qui vous aiment ?

P.B. – Absolument. Je dis ça à tout le monde.

Après l'effet de manche sur Molière, vient celui sur la drogue, plus efficace parce que plus facile à saisir au vol à la télévision. Il suit le passage du *Journal de la semaine* sur les cinquante propositions du FN. Bruel les a lues : « Cela se situe entre Vichy et l'apartheid en Afrique du Sud ! »

A.S. – Si vous aviez en face de vous quelqu'un du Front national, qu'est-ce que vous lui diriez ?

P.B. – J'essaierais de lui dire : oui, il y a des problèmes, évidemment qu'il y a des problèmes, on ne va pas se les cacher, des problèmes d'immigration, des problèmes de chômage, des problèmes énormes, mais le Front national n'en résoudra jamais aucun. Et c'est la même chose que la drogue. Vous savez, un jeune qui se drogue, quels que soient ses problèmes, on a envie de lui dire : la drogue n'en résoudra jamais aucun. Le Front national, c'est comme la drogue. Et c'est une drogue dure en plus.

Au lendemain de l'émission, dans *Le Monde*, Pierre Georges titre sa chronique : « "Le bruélisme", vote au poing[1] ». « Il était donc, le grand charmeur des années quatre-vingt-dix, chez Anne

1. *Le Monde*, 26 novembre 1991.

Sinclair, pour un *7 sur 7* de gala qui dut frôler les records du taux d'audience juvénile, écrit-il. Et intriguer bien des états-majors politiques. Car, au-delà du numéro de charme réciproque dans cette émission où l'on joua beaucoup de la prunelle, Anne Sinclair n'ayant pas affaire à un ingrat, le plus intéressant fut incontestablement là : l'irruption d'un chanteur-acteur engagé modèle 91. »

Dans les jours qui suivent son direct chez Anne Sinclair, Bruel est, comme son hôte cathodique, soulagé et ravi. « Le cahier des charges de départ, le message qu'on voulait faire passer, a été repris partout dans la presse, dit-il. En termes d'efficacité, ça lance une campagne, à partir du 1er décembre 1991. D'autres artistes vont prendre le relais pour appeler les gens à s'inscrire et aller voter. »

Invité à déjeuner à l'Élysée, le chanteur boit du petit-lait : « Vous avez été formidable à *7 sur 7* ! » lui lance un des huit convives. « Déterminant. Pas formidable, déterminant », rectifie le président Mitterrand.

Le 22 mars 1992, jour du scrutin, la participation frôle les 70 %. Le taux d'abstention, qui avait été de plus de 50 % aux cantonales de 1988, n'est que de 30 %. L'appel de Bruel, suscité par Anne Sinclair, a été entendu. Mais seulement jusqu'à un certain point. Car le Front national, avec un score de 13,9 % et 239 élus dans les vingt-deux régions métropolitaines, poursuit son ascension électorale : en 1986, il n'avait en effet obtenu que 9,56 % des voix et 137 élus.

Mikhaïl Gorbatchev, 60 ans, 7 sur 7, *8 décembre 1991*

8 décembre 1991. Générique de *7 sur 7* sur des images nocturnes de la place Rouge sous la neige. Un drapeau rouge flotte encore sur le Kremlin. Dans quelques bureaux, de la lumière brille. Les téléspectateurs français découvrent alors, face à Anne Sinclair et Ulysse Gosset, correspondant permanent de TF1 à Moscou, l'hôte principal des lieux : Mikhaïl Gorbatchev, 60 ans, le dernier président de l'Union soviétique. Celui qui, par ses réformes économiques et politiques audacieuses pour sauver le système communiste dans les années quatre-vingt, aura, au début de la décennie suivante, précipité la désintégration de l'URSS.

Le même 8 décembre, dans la journée, les présidents des républiques de Biélorussie, de Russie et d'Ukraine ont publié l'acte de dissolution de l'Union. La marche de l'histoire s'accélère si vite, entre l'enregistrement de l'émission à Moscou, le 6 décembre, et sa diffusion à Paris, deux jours plus tard, que le Gorbatchev s'adressant aux Français, ce dimanche soir-là, n'est déjà plus que le tsar fantôme d'un Empire disparu. D'ailleurs, dix-sept jours plus tard, le 25 décembre, il démissionnera dans l'indifférence générale de ses anciens administrés.

Il fait un froid glacial, le jour où l'équipe de TF1, chargée de la transformation du bureau de Gorbatchev en studio éphémère, débarque dans la capitale soviétique. Pour organiser ce *7 sur 7* exceptionnel, la maison Bouygues n'a pas lésiné sur les moyens. L'avion privé du P-DG du groupe a embarqué les caméras de plateau, une régie démontable et une quinzaine de techniciens. À Moscou, de vieux camions militaires avec leurs inscriptions en cyrillique emmènent le matériel au Kremlin. Le lendemain, l'équipe française a rendez-vous dans ce qui est encore, pour une poignée de journées, le saint des saints du pouvoir soviétique.

« L'émission allait se tourner dans le bureau de Gorbatchev, ce n'était pas négociable, raconte Alain Badia, assistant-réalisateur de *7 sur 7*. On s'est installés, puis on a fait la lumière, ainsi que des essais de son. Cela a pris toute la journée et une partie de la suivante. Les types du KGB ne nous lâchaient pas d'une semelle. » Devant les Français, les cadreurs russes embauchés pour l'occasion par TF1 méprisent ouvertement l'occupant du Kremlin : « Mais qu'est-ce que vous avez à en faire de ce naze ? » questionne l'un. « C'est vrai, il ne représente plus rien, il n'existe plus », ajoute un autre. « Drôle d'idée en tout cas d'encore faire une émission avec lui ! » surenchérit un troisième.

Depuis le coup d'État avorté des Soviétiques ultras, à l'été 1991, le dernier secrétaire général du parti communiste de l'URSS a déjà dû démissionner de ce poste, cédant le devant de la scène politique à Boris Eltsine, le président de la Russie, de loin la plus importante des républiques. À partir du 20 août, à l'initiative de l'Estonie, de la Lituanie et de la Lettonie – les pays Baltes qui entreront dans l'Union européenne en 2004 –, les autres déclarent une à une leur indépendance. La semaine précédente, les Ukrainiens ont ratifié à plus de 90 % l'indépendance de la deuxième plus grande et riche entité de l'URSS.

Le 6 décembre, Martin Bouygues, P-DG du groupe éponyme, embarque, dans son jet privé, Anne Sinclair, sa collaboratrice Marie-France Lavarini et Patrick Le Lay, P-DG de TF1, pour rallier Moscou. Aucun d'entre eux n'oubliera leur arrivée dans un Kremlin quasi vide. « On a demandé notre chemin à l'entrée, raconte Marie-France Lavarini. "Le bureau de Mikhaïl Gorbatchev ? Montez l'escalier. Deuxième à droite." C'était à peu près ça. L'ambiance était étonnante. On se serait cru, au lendemain d'une attaque nucléaire, dans un palais de l'Élysée sans gardes républicains. »

Dans ce cadre, Bouygues et Le Lay ressemblent un peu à des VRP s'étant trompés d'adresse. Car Gorbatchev n'est manifestement plus l'homme auquel il est judicieux de laisser une carte de visite et un dossier sur les mérites du groupe industriel. Dès la fin de l'enregistrement, ils reprennent l'avion, emmenant Anne Sinclair, ses collaborateurs proches et les précieuses cassettes de l'interview du dernier monarque soviétique. Avec l'étonnant sentiment de quitter une grande puissance qui s'affaisse.

À l'époque, une blague russe veut que l'Union soviétique se limite maintenant aux murs du Kremlin. En fait, au simple bureau de Gorbatchev. Jamais un ex-Empire et son maître en disgrâce n'ont tenu tout entier dans la petite lucarne de manière aussi symbolique que ce 8 décembre 1991, à 19 heures.

Les deux journalistes et leur interlocuteur sont réunis autour d'une banale table ronde en bois verni. Aucun décorum n'encadre le Mikhaïl Gorbatchev qu'Anne Sinclair introduit par ces mots dramatiques : « Celui dont le sort intéresse plus que jamais le monde entier, car son sort, c'est celui de son pays, dans la semaine la plus grave depuis le putsch d'août dernier : cessation de paiement de l'Union, sauvée *in extremis* par la Russie d'Eltsine ; indépendance de l'Ukraine, vécue par le monde entier comme un coup terrible porté à l'Union soviétique. »

En fait, l'émission sera anachronique de bout en bout. Gorbatchev plaide pour la signature d'un nouveau traité de l'Union soviétique. Les présidents biélorusse, russe et ukrainien l'ont entre-temps définitivement rejeté. Anne Sinclair et Ulysse

Gosset l'interrogent sur le pouvoir qui lui file entre les doigts. Il assène de doctes leçons d'homme d'État solidement en place. Un différé à plusieurs étages. Un billard à trois bandes. Des décalages qui s'entrecroisent.

Les journalistes français lui demandent si, les caisses fédérales étant à sec et l'Ukraine ayant repris sa liberté, la coquille de sa présidence n'est pas vide ? Il rétorque qu'il n'est pas sérieux de juger que l'Union soviétique se décompose, car elle est le produit d'une histoire millénaire. Ils insistent sur le scénario de l'éclatement ? Il prédit un conflit à la yougoslave puissance dix pour l'espace post-soviétique. Puis revient à l'attitude du déni : « Chère Anne, les réunions des deux chambres du Soviet suprême de l'URSS viennent de se terminer. Les deux chambres ont approuvé le projet du traité d'Union. » Tel le gibier pris dans les phares d'une voiture, il oscille entre « Je joue mon rôle de président » et « C'est moi, le centre ! Il en est ainsi, il en restera ainsi », avant d'enchaîner avec un plus lucide et modeste « Il ne faut jamais être en retard en politique »...

Anne Sinclair et Ulysse Gosset, eux, ont l'air partagé entre la fascination pour le personnage historique et la tentation du fou rire devant ses efforts pathétiques pour garder une contenance à l'heure où s'annonce sa sortie de scène. « J'ai le souvenir d'un Mikhaïl Gorbatchev qui ne dirigeait plus rien, mais qui nous a fait un super numéro de claquettes. Il était très impressionnant, même s'il n'avait plus de pouvoir réel sur les événements », conclut l'ex-présentatrice de *7 sur 7*.

Hassan II, 63 ans, 7 sur 7, *16 mai 1993*

Le *7 sur 7* avec le roi du Maroc, Hassan II, constitue le deuxième morceau de bravoure d'Anne Sinclair, après l'émission avec François Mitterrand sur l'affaire Pechiney et son ami Pelat. Un exercice délicat dont elle se tira avec les honneurs. Fin connaisseur du royaume chérifien et de son monarque absolu, Jean Daniel, directeur du *Nouvel Observateur* à l'époque, la félicita pour son courage. Et, aujourd'hui encore, dans les souks de Marrakech où elle possède son riad, des Marocains anonymes lui témoignent leur admiration pour avoir tenu tête au père du roi actuel.

Certes, en 1993, les « années de plomb » du régime Hassan II qui firent des milliers de victimes entre 1960 et 1980, appartiennent au passé. Mais, trois ans auparavant, dans son livre *Notre ami le roi*[1], le journaliste français Gilles Perrault avait confirmé l'existence des bagnes secrets d'Agdz, Kelaat M'Gouna et Tazmamart où, dans le Sud marocain, croupissaient des centaines d'opposants disparus. Notamment les membres de la famille Oufkir : pour le seul crime d'avoir été les parents d'un général qui rata un putsch contre le roi en 1972, son épouse et ses enfants avaient passé près de vingt ans « enterrés vivants » dans les geôles d'Hassan II.

Anne Sinclair pose une condition pour répondre à l'invitation du palais royal de Rabat : l'entretien devra obéir aux mêmes règles que celles auxquelles se plient les hommes politiques français. « Hassan II a dit *oui* et il a bien fait, juge-t-elle. C'était intelligent de sa part. » Comme à l'accoutumée, la journaliste prépare l'émission à fond : « J'ai travaillé tous les dossiers, dont les dossiers de développement économique et des progrès du Maroc dans ce domaine, mais surtout, et c'est celui-là qui posait problème, celui des droits de l'homme, des prisonniers politiques, des familles des disparus, des bagnes. »

Le 13 mai 1993, la veille de l'enregistrement du *7 sur 7*, c'est André Azoulay, le conseiller d'Hassan II – et de son fils Mohammed VI, le monarque actuel –, qui accueille l'équipe de TF1, arrivée avec le jet privé de Martin Bouygues. Dès l'installation à l'hôtel, incident : une suite a été réservée pour Anne Sinclair au dernier étage et une simple chambre, quelques étages plus bas, pour son assistante, Marie-France Lavarini. À la surprise de la journaliste, celle-ci s'insurge. Elle veut deux chambres contiguës pour faciliter leur travail en commun. Elle exige d'Azoulay et du directeur de l'hôtel qu'elles soient situées à son étage. Anne Sinclair laisse faire mais, dès qu'elles sont seules, demande à sa collaboratrice ce qui lui a pris. « Le temps qu'ils enlèvent les micros dans la suite et qu'ils les réinstallent dans ta chambre, nous serons rentrées à Paris », lui répond-elle.

Puis vient l'heure du « dîner d'intimidation », selon les termes d'Anne Sinclair, auquel elles ont été invitées par le gouvernement

1. Gallimard, 1990.

marocain. En tête de la délégation, le ministre de l'Intérieur Driss Basri, ex-commissaire de police et ancien patron de la police politique mais, surtout, homme fort du pays qui ne dédaigne pas d'aller en personne interroger les opposants dans les bagnes. « Ce dîner était une entreprise de déstabilisation, assure Marie-France Lavarini. Destiné à fatiguer psychologiquement Anne et à la dissuader de poser des questions dérangeantes. » Durant tout le repas, la journaliste s'épuise à répondre, ne lâche rien.

« Vous n'allez pas parler du bagne, madame, ce sont des racontars ! » lui intime, entre deux plats, Driss Basri. Et, un peu plus tard, franchement offensant, il l'interroge : « Vous connaissez la différence entre Patrick Poivre d'Arvor et vous ? Non ? Lui, c'est un très bon journaliste ! »

Le dîner se prolonge jusqu'à 1 heure du matin. En sortant de table, André Azoulay a beau présenter ses excuses aux deux femmes, l'attitude de Driss Basri obtiendra le résultat inverse de celui recherché. Anne Sinclair, rentrée dans sa chambre, décide de reprendre toute la préparation de l'émission avec son assistante. « C'est un soldat, cette nana », dit Marie-France Lavarini. Elle revoit toutes ses fiches, précise et durcit ses questions. « Nous y avons passé presque toute la nuit, nous avons très peu dormi. Au réveil, Anne a eu un malaise dans la salle de bains. »

« Sa Majesté Hassan II, roi du Maroc… » Le 14 mai, alors qu'Anne Sinclair et son équipe patientent dans le salon transformé en studio, le souverain est annoncé, salle après salle, depuis l'autre bout du palais. « Des crieurs, accompagnés de youyous, prévenaient de son arrivée, se souvient Alain Badia. C'était à la fois moyenâgeux et merveilleux. »

La journaliste, en tailleur blanc, et le monarque, en costume bleu pétrole, s'installent de part et d'autre d'une version marocaine ouvragée de la table de *7 sur 7*. « On aurait dit qu'ils avaient pris des photos de notre studio parisien, dit Alain Badia. La table avait été reproduite au centimètre près par un artisan local. » Hors du champ des caméras, les membres du gouvernement sont assis en rang d'oignons. D'après Marie-France Lavarini, « c'était pour montrer que le roi était chez lui, qu'il avait fait venir l'émission en son palais ». À côté du siège prévu pour Hassan II, sur une table basse : un paquet de cigarettes, un cendrier avec du sable parfumé et deux boîtes de pastilles roses et vertes.

Dès le début de l'émission, de légers trémolos dans les voix d'Anne Sinclair et de son interlocuteur trahissent la tension qui préside à leur rencontre. Elle l'interroge d'abord sur l'actualité qui justifie sa venue à Rabat : la révision de la Constitution de 1973 et l'évolution du Maroc vers un système démocratique moderne. Après avoir laissé le souverain s'autocongratuler quelques minutes – « J'ai légiféré », se félicite-t-il –, la journaliste relève un premier paradoxe : en dépit du multipartisme, des campagnes électorales et d'une presse de toutes tendances, le taux de participation au référendum sur la nouvelle Constitution a été de 99,96 %, le « oui » l'emportant avec 92 % des suffrages, et cela, alors même que les partis d'opposition appelaient à l'abstention.

« Est-ce que cela ne permet pas de s'interroger sur le degré d'ouverture démocratique que vous souhaitez faire ? interroge-t-elle benoîtement.

– Non, répond Hassan II, avec un geste dédaigneux de la main. Très franchement, j'ai horreur des satisfecit qu'on se donne à soi-même. La Constitution aurait-elle été acceptée par 51,5 % qu'elle s'imposait à tout le monde. Pourquoi, donc, être masochiste et aller chercher des chiffres s'ils n'étaient pas réels ? »

Comme il le fera tout au long de l'émission, le roi a d'évidence avant tout à l'esprit ses propres sujets – pas les téléspectateurs français – quand il répond aux questions dérangeantes. Mais pourquoi, effectivement, *son* ministre de l'Intérieur aurait-il bien pu truquer les résultats de *son* référendum sur *sa* Constitution ? Anne Sinclair, satisfaite d'avoir planté cette première banderille, enchaîne les sujets : du statut de la femme au décollage économique du Maroc, en passant par la « réforme Pasqua » du code de la nationalité française, l'intégrisme musulman ou le gazoduc Maghreb-Europe. Rien qui soit de nature à décoiffer « Sa Majesté ».

Jusqu'à ce que, dans la deuxième partie du programme, son interlocutrice ouvre le dossier des droits de l'homme. Le face-à-face bascule. Pendant onze minutes d'un échange sous extrême tension. Onze longues, très longues minutes durant lesquelles la journaliste ne renonce pas à soumettre à la question un monarque sidéré de son entêtement à lui faire rendre des comptes sur son bon vouloir dictatorial. L'acculant au déni, à l'hypocrisie et au mensonge. Devant son gouvernement, ses sujets et le monde entier.

Anne Sinclair évoque les centaines de disparus politiques recensés, le mois précédent, par un rapport d'Amnesty International. Hassan II lui jette un regard mauvais. Et le voilà qui se lance dans une diatribe délirante sur cette « vieille boîte complètement défraîchie », créée par un « Irlandais aigri », récupérée par des « mouvements gauchisants » et devenue, au final, le « cheval de Troie » des États-Unis ou… de l'Union soviétique, ce n'est pas très clair à l'écouter. La journaliste lui rappelle alors qu'il s'agit d'une organisation reconnue internationalement. « Elle ment », balaie le souverain.

La présentatrice de *7 sur 7* choisit ensuite un autre angle d'attaque qui va donner lieu à une montée des deux protagonistes au filet, dirait-on au tennis :

Anne Sinclair. – Un comité des droits de l'homme, aux Nations unies, en 1990, s'est intéressé au Maroc, et a demandé où étaient Tazmamart et Kelaat M'Gouna qui étaient des centres de…

Hassan II. – Kelaat M'Gouna, c'était un centre de…

A.S. – … de détention.

H.II. – … de tourisme, madame, de tourisme, oui, c'est la capitale des roses ! Tazmamart, oui, existait effectivement.

A.S. – Il y avait, à Kelaat M'Gouna, d'après ce rapport des Nations unies…

H.II. – Non, non !

A.S. – … un centre de détention secret.

H.II. – Ah, mon Dieu ! Kelaat M'Gouna, c'est la capitale des roses ! Ils connaissent mal la région…

A.S. – Il peut y avoir des centres de détention…

H.II. – Non, non !

A.S. – … dans des lieux qui sont prévus pour…

H.II. – Non, non ! Non, non ! Ce n'est pas possible !

Le roi gratifie Anne Sinclair d'un sourire comminatoire, suivi, le temps d'un quart de battement de paupière, d'une œillade assassine. « Pendant l'émission, les jambes du monarque n'ont pas cessé de sautiller, pour se raidir quand Anne l'interroge sur le bagne », témoigne Marie-France Lavarini. « Moi, j'étais avec les gens du palais et du gouvernement qui n'avaient pas un poil de sec », ajoute Étienne Mougeotte, le directeur général de TF1. Mais la journaliste ne se laisse pas intimider et, en dépit de l'incrédulité de son invité devant tant d'impertinence, elle relance.

A.S. – Bon, alors, quand ils ont demandé où était Tazmamart, les autorités marocaines ont répondu que ce centre de détention ne figurait pas sur les listes du ministère de l'Intérieur. Or, depuis, Tazmamart a été rasé ! Alors ?

H.II. – Ils sont allés voir. Cela fait trois ans. Tazmamart n'ayant plus d'objet, les gens étant relaxés, nous n'avions rien à faire de cette vieille bâtisse, nous l'avons rasée. Tout simplement. Ce n'était pas pour mettre la poussière sous le tapis. Mais elle devenait inutile, dans le cadre nouveau, alors, nous l'avons rasée.

L'indignation se lit dans les yeux d'Anne Sinclair. Elle reprend lentement son souffle, un moment coupé par tant de mauvaise foi. Et repart à la charge. Sans jamais élever la voix. Elle évoque la torture, cite les noms de prisonniers politiques que le monde entier a vus sortir du Maroc dans un état déplorable. Hassan II tente de placer un mot. Mais elle ne l'écoute plus, parle maintenant du juif marocain Abraham Serfaty, opposant embastillé durant dix-sept ans, dont l'autobiographie sortira à Paris la semaine suivante. Puis témoigne de sa rencontre avec le fils d'un homme disparu, vingt ans auparavant, le jour même où un tribunal militaire l'avait relaxé. Le souverain conteste. Il n'en peut mais. « Cet homme a disparu, il y a vingt ans », martèle-t-elle. Sans colère, mais avec détermination. Les dénégations du monarque ne portent plus.

A.S. – Les disparus, au Maroc, ça a existé ! Selon des rapports que vous contestiez à l'instant. Mais, est-ce que vous dites, en tout cas, pour l'avenir, *plus jamais ça pour mon pays* ?

H.II. – Je dis : *Plus jamais ça.* Mais je dis surtout : *Plus jamais une partie infime de ça.* Je ne conteste pas le fait que… mais je ne suis pas un grossiste… pas autant qu'on le dit…

Anne Sinclair n'en a pas tout à fait fini avec le chapitre des droits de l'homme. Elle aborde le sort de la veuve et des six enfants du général Oufkir, le putschiste de 1972.

A.S. – Majesté, est-ce que la famille Oufkir peut aujourd'hui sortir du Maroc ?

Hassan II tente d'esquiver, lui demande si elle pense que cette affaire intéresse la génération de Marocains née en 1972 qui votera aux prochaines élections. Mais, condescendant et mielleux, il assure qu'il veut bien – pour lui faire plaisir – aborder le « problème ». Et évoque ensuite la possibilité que la famille Oufkir émigre au Canada.

A.S. – Elle peut avoir un passeport et sortir demain ?

H.II. – Si elle le demande, elle peut le prendre… et sortir.

Les Oufkir devront encore attendre trois ans avant de gagner la France.

À la fin de l'émission, « Hassan II est dans une rage folle », remarque Marie-France Lavarini. Il tend néanmoins à Anne Sinclair le petit stylo ancien, un Montblanc, qu'il a prévu de lui donner. Avant le départ pour Paris, André Azoulay demande un service aux deux femmes. « Il voulait que nous prenions des nouvelles de lui régulièrement », assure l'ex-collaboratrice d'Anne Sinclair. Ce que nous avons fait jusqu'à ce qu'il semble enfin rassuré. Il avait dû un moment craindre de faire les frais de la colère du roi. »

Anne Sinclair préfère aussi être prudente. « Rentrée à Paris, j'ai dit à Dominique qu'il valait mieux éviter d'aller en vacances au Maroc pendant un temps si nous voulions éviter d'avoir un accident de voiture. » Et elle tire de l'épisode un enseignement professionnel. « Après coup, Anne a estimé qu'Hassan II avait eu le dernier mot, se rappelle Marie-France Lavarini. Et quand Fidel Castro a fait savoir qu'il aimerait, lui aussi, être invité à *7 sur 7*, elle a refusé. "Assez de dictateurs, m'a-t-elle dit. Les dictateurs ne sont pas interrogeables !" »

Chapitre 13

En cette fin 2001 marquée dans le monde par le traumatisme du double attentat contre les tours jumelles de Manhattan, règne en France un parfum de campagne présidentielle. La cohabitation de Jacques Chirac et de Lionel Jospin vit ses derniers mois. Le Parti socialiste attend pour le début 2002 la candidature de son champion et Dominique Strauss-Kahn peut enfin tirer un trait sur les affaires qu'il traîne comme un boulet depuis deux ans. En novembre, un dernier non-lieu a mis un terme à son cauchemar. Son épouse Anne Sinclair, dont la rupture définitive avec TF1 est consommée depuis juin, se prépare à une nouvelle vie. Plus calme. Le ciel du couple s'éclaircit après la tempête.

Les comptes ne sont pas pour autant apurés. Entre DSK et la chaîne, les ponts resteront longtemps coupés. Un an s'écoulera avant que le responsable socialiste accepte une invitation dans le journal de TF1. « Quand il est venu, se souvient Robert Namias, il nous a vaguement serré la main à Mougeotte et à moi. Et dans le salon des invités, en attendant l'heure de son passage à l'antenne, il nous a délibérément tourné le dos. Pendant plus de dix minutes ! Devant les gens de TF1 qui se trouvaient là. Il nous a humiliés. » La réconciliation viendra plus tard. Sous la forme d'un déjeuner Mougeotte-Namias-DSK, qui donnera à Patrick Le Lay, non informé de cette initiative, l'occasion d'une de ses colères dont il a le secret. Ce qui n'empêchera pas Robert Namias de récidiver en invitant DSK quelques mois plus tard chez Taillevent. Signe évident du réchauffement des relations avec la direction de

TF1, Dominique Strauss-Kahn demande alors à son interlocuteur un petit service. « À la fin du déjeuner, raconte Namias, il me dit : "Écoute, c'est l'anniversaire d'Anne bientôt et je voudrais lui offrir l'intégrale de toutes les émissions de *7 sur 7*, à compter du jour où elle a commencé à la présenter." Ce qui représente un travail de chien et coûte objectivement une fortune. J'ai fait faire l'intégrale des DVD. La vraie réconciliation s'est faite ainsi. Quelques jours plus tard, une caisse de vin m'attendait chez moi. Six bouteilles de château-pétrus envoyées par Dominique pour me remercier. »

À l'automne 2001, nous n'en sommes pas exactement là. L'ambiance est nourrie encore d'électricité, de rancune et d'esprit revanchard. Début novembre, Anne Sinclair annonce ainsi le lancement d'une association destinée à soutenir cette télévision numérique terrestre (TNT) que Patrick Le Lay exècre par-dessus tout et qu'il considère comme une technologie imposée contre le marché, une sorte d'« approche marxiste » *(sic)* de la télévision ! L'association se propose de réunir les présidents des groupes Pathé, AB, Bolloré, France Télévisions, Lagardère Média, NRJ et Netgem (une société spécialisée dans les décodeurs dont Anne Sinclair est devenue conseillère un mois plus tôt). Hormis cette activité de lobbying qui ressemble un peu à une provocation adressée à son ex-patron, Anne Sinclair s'occupe. Une interview de personnalité pour *Paris Match* par-ci, un livre en préparation par-là, Anne apprend à vivre différemment. Elle s'amuse. C'est d'ailleurs le terme précis qu'elle emploie pour expliquer son choix de faire son retour à l'antenne sur RTL, le samedi matin. Pas d'interviews politiques, elle a déjà donné. Mais dans un genre que n'aurait pas renié Jacques Chancel, une conversation à bâtons rompus avec des chefs d'entreprise, sur la réalité du pouvoir et leur vision de la société. S'y succéderont François Pinault, Michel-Édouard Leclerc, Michel Pébereau, Louis Schweitzer, Louis Gallois ou Philippe Bourguignon, pour n'en citer que quelques-uns.

Une fin d'année heureuse et 2002 qui commence bien. Anne Sinclair s'est en effet vu confier par la chaîne Histoire une tâche qui la passionne. La présentation, à partir d'images inédites des audiences des procès Touvier et Papon. La chaîne les diffusera en 2002 et 2005. Elle recevra, le 26 mars 2002, l'Ithème de la femme de l'année (trophée décerné par le public) pour l'émission retraçant le procès Touvier. En mars suivant, c'est à France 3 qu'elle plante sa tente. Clin d'œil à la chaîne qui l'a vu naître. Un magazine comme elle en rêvait, baptisé *Le Choc des cultures* mais programmé tard dans la soirée. Il ne sera pas reconduit la saison suivante et cette nouvelle aventure s'arrêtera sur fond de polémique avec Marc Tessier, le président de France Télévisions. L'émission, jugée complexe voire élitiste, n'a jamais trouvé son public. L'heure de programmation y était sans nul doute pour beaucoup. Anne Sinclair regrettera qu'on n'ait pas laissé à ce magazine plus de huit numéros pour s'installer, mais la dictature de l'audience s'impose jusque dans le service public. Un service public avec lequel elle renoue pourtant, mais à la radio, sur France Inter en octobre 2004. *Libre cours* est un concept original. Sorte de dialogue improvisé chaque dimanche à 18 heures, entre un invité et de jeunes étudiants. *Libre cours* s'interrompra suite à la nomination de Dominique Strauss-Kahn au FMI, en septembre 2007.

Anne vit ainsi, à son rythme et au gré des propositions, sa nouvelle vie de journaliste. Plus de décontraction, moins de stress, elle laisse aller sa carrière comme un navire sur son aire, histoire de ne pas perdre la main et d'entretenir sa santé professionnelle. Le travail n'a plus rien d'obsédant. Il est entrecoupé de longues plages de temps qu'elle consacre à un mari en phase de reconquête politique ou à se refaire un monde. Elle accompagne son mari lors de certains de ses déplacements à l'étranger, participe à ses campagnes électorales, tout en se consacrant à sa famille et à sa nouvelle acquisition : un riad à Marrakech, en plein cœur de la Médina, et dont elle va concevoir la transformation et la décoration.

Les affaires de la MNEF et de la cassette Méry ne sont désormais plus que de mauvais souvenirs. Dominique Strauss-Kahn peut enfin à nouveau songer à son avenir politique. Et Anne Sinclair, libre comme l'air du temps, envisager de reprendre son poste d'observatrice éclairée, d'inspiratrice avisée, de critique objective. Rôle qu'elle préfère entre tous, aux côtés de celui qu'elle aime entre tous. Sans équilibre d'antenne à respecter. Elle n'est certes pas de tous les raouts, meetings et conseils nationaux auxquels participe son mari mais accepte volontiers d'accompagner DSK si sa présence peut l'aider, lui ou ses amis. Au premier rang, bien en vue, face à l'orateur. En 2002, après le cuisant échec de Lionel

Jospin, devancé par Jean-Marie Le Pen au premier tour de l'élection présidentielle, la campagne législative à suivre va lui permettre de jouer cette partition. Ce qui n'est guère du goût de ceux qui, dans le camp adverse, savent mesurer et craignent les effets d'une telle présence, le plus souvent médiatisée. L'ex-star de TF1 reste en effet une vedette, dont la popularité galvanise les camarades tout comme elle semble susceptible de séduire des électeurs encore indécis ou toujours influençables.

En 2002, DSK redevient député de la 8e circonscription du Val-d'Oise. Le Parti socialiste s'installe dans l'opposition. La meilleure des situations pour un candidat potentiel à des compétitions futures… DSK n'est pas homme à formaliser des structures et des organisations. Ni même à structurer son propre courant au sein du parti. Il va donc laisser d'autres s'en charger. Peu à peu, les « strauss-kahniens » s'identifient. À compter de 2003, ils se coordonnent. Anne Sinclair suit. De loin, comme parfois de très près. Elle n'a pas de place dans un quelconque dispositif ou organigramme, mais peut s'improviser l'hôtesse d'une soirée de « réflexion politique à domicile » et prendre place le lendemain autour d'une table de réunion où s'échafaude une stratégie. Engagée, elle le demeure. Elle est légitime et pas seulement du fait de son statut particulier. Elle exprime son avis, qui, indépendamment de la Jaguar X Type vert anglais qui dort au parking, est celui d'une femme de gauche. Discute une position à l'étude, conteste un raisonnement, précise un point d'actualité, participe à la réflexion collective avec pour seules limites données, la vie intérieure et les règles de fonctionnement de « l'appareil socialiste ». Une conseillère sans bureau, une auditrice libre en quelque sorte. Qui apporte un soutien financier s'il en est besoin, si des locaux sont à aménager, un réseau d'ordinateurs à installer. Elle participe, sans pour autant donner le *la*. Il lui arrive même de jouer… sans gagner. Favorable à ce que DSK se « compte » – c'est-à-dire qu'il mette aux voix un texte politique qui lui est propre – au congrès de Dijon en 2003, elle n'aura pas gain de cause.

Quand vient l'heure des primaires socialistes en 2006, Anne Sinclair est encore fidèle au poste. Actrice clé. Combattante dans l'âme. De toutes les réunions importantes. Aux côtés de Pierre Moscovici, de Jean-Christophe Cambadélis, non loin de Gilles Finchelstein, Anne Hommel ou Ramzi Khiroun, les communicants de DSK. Les choses ne vont pourtant pas se présenter aussi bien qu'elle l'aurait espéré. Manque de motivation réelle de « Domi », erreur de jugement sur Ségolène Royal, mauvaise appréciation de l'aura dont profite cette dernière et qui met à mal l'hyperprésidentiabilité supposée de DSK ? Toutes ces raisons se conjuguent pour expliquer l'échec final du plus crédible face à la plus « désirée ». L'ancienne vedette de TF1, dont le dépit et la vexation n'ont d'égal que la rancune, n'en voudra pas tant à Ségolène Royal qu'à celui qui, pour reprendre une de ses expressions, a « manqué » à Dominique : Lionel Jospin. Ce dernier a déjà, selon elle, un peu trop joué les donneurs de leçon aux heures difficiles de la MNEF, à tel point que courant 1999, à l'occasion d'un dîner réunissant les couples Jospin et Strauss-Kahn à *La Lanterne* – pavillon de chasse proche de Versailles mis à disposition des Premiers ministres français jusqu'en 2007 –, Anne Sinclair mettra les pendules à l'heure. Excédée par ce qu'elle considère comme des propos moralisateurs de la part du chef de gouvernement, elle lâche soudain ses couverts, les laisse tomber bruyamment dans son assiette. « Ça suffit, Lionel ! » lance-t-elle alors comme un gant à la figure du Premier ministre. À compter de cette date, les relations ne seront plus les mêmes avec celui qui, quelques années plus tôt, en 1991, avait été l'un des témoins du mariage du couple Strauss-Kahn.

Le fiasco de 2002, la rumeur de candidature entretenue par Lionel Jospin avant les primaires de 2006, auxquelles DSK est lui officiellement candidat, parachèveront la brouille. Une goutte d'eau fait déborder le vase : la parution en septembre 2007 chez Flammarion du livre intitulé *L'Impasse* que signe Lionel Jospin, dans lequel il règle définitivement son compte à Ségolène Royal. L'ex-candidate socialiste à l'Élysée y est décrite comme une « figure secondaire de la vie publique, parvenue à prendre la tête de la bataille présidentielle en 2007 à la seule faveur d'une illusion [...], alors qu'elle était la candidate la moins capable de gagner ». N'en jetez plus ! Ces mots, Anne Sinclair aurait bien aimé les lire ou les entendre un an plut tôt, à l'heure où un soutien de Lionel Jospin à DSK serait apparu non seulement bienvenu mais logique, compte tenu de leurs liens passés. Elle encaisse et prend à son tour la plume pour lui dire sa manière de penser. Une lettre dure, très dure où elle met l'ex-ami en accusation. Un constat la concluera : « Comme tu ne pouvais pas être candidat, il ne fallait donc pas que ce soit ton frère. » Les formules sont cinglantes, percutantes, blessantes, excessives, comme leur auteur peut l'être quand l'essentiel lui semble en cause. Une lettre de justification de cinq pages signées « Lionel » suivra par retour de courrier. Mais ne convaincra pas. « Il souhaitait qu'on reste amis, confie-t-elle. Je n'ai pas donné suite, j'ai été blessée. » Anne Sinclair, la combattante, Anne Sinclair la teigneuse. « Il y avait de toute façon quelque chose de cassé entre Dominique et Lionel depuis un moment, nous confiera Jean-Paul Huchon, devenu patron de la région Ile-de-France en 1998, grâce au soutien de DSK. Quand Lionel Jospin est arrivé à Matignon, j'ai souvenir d'être passé le voir. Je travaillais alors dans le privé et je voulais lui faire passer le message qu'il devait rencontrer des chefs d'entreprise. Il m'avait alors répondu qu'il ne souhaitait pas voir de responsables économiques, et surtout pas des financiers. J'ai compris plus tard. Le monde de la finance, c'est ce que finissait par représenter Dominique à ses yeux. Ce côté *Je fricote avec le monde entier et en particulier avec le monde économique*, ça, Jospin ne le lui a jamais pardonné. » Peut-être ignorait-il alors qu'Anne, elle non plus, ne pratiquait guère le pardon des offenses ? Pas vraiment son style, en vérité.

« Quand on ne peut pas changer le monde, il faut changer le décor. » Anne Sinclair va d'une certaine manière mettre en pratique cette jolie phrase de Daniel Pennac extraite de *La Petite Marchande de prose*[1]. Avant même son départ de TF1, elle y pensait, à ce changement de décor. À ce cadeau que, telle Cléopâtre, elle voulait tant offrir à son César : une demeure d'exception, un refuge lointain, une oasis de paix au cœur de ce Maroc où se trouvent les racines de « Dominique ». Tous deux visiteront plus de vingt-cinq maisons en trois ans. Agadir, où DSK n'est pas né mais où il a grandi, est à un moment envisagé, mais la cupidité des promoteurs immobiliers a eu raison de l'âme de la cité. *Exit* donc Agadir. Bonjour Marrakech. Sans guère de passion au départ. Anne Sinclair n'aime pas la palmeraie, « toute mitée, avec ses pauvres palmiers », dit-elle, si prisée des gens chics mais devenue un véritable ghetto de riches. Elle n'y sent pas l'ambiance et l'envi-

1. Gallimard, 1989.

ronnement qu'elle recherche. Ce qui lui plaît, au contraire, c'est d'être dans la ville. Pouvoir sortir, rentrer à tout moment. Se trouver en bordure de Médina. Disposer d'un lieu facile d'accès, et suffisamment discret. Anne Sinclair est en effet restée une célébrité au Maroc. La « femme qui a interviewé le roi » ne passe pas inaperçue... même des années après. Le hasard fort heureusement fait parfois bien les choses. Bernard-Henri Lévy lui a signalé quelques mois auparavant, à 50 mètres de chez lui, au centre de la Ville rouge, une « ruine » qui, pense-t-il, devrait l'intéresser.

Anne Sinclair fait le déplacement et confirme le rapide descriptif de son ami philosophe. « C'était dans un état tel que cela semblait n'avoir jamais été habité. Pas d'eau, pas d'électricité, pas de sol autre que du sable et du ciment. Les murs tombaient en charpie. Les plafonds laissaient passer l'eau. Tout était à faire. Pour l'acheter et la mettre en état, j'avais vendu la maison de Valbonne de mes parents. Et ce sont mes indemnités de TF1 qui ont financé l'aménagement. »

Fin 2001, les travaux débutent. Le budget ne pose pas de véritables problèmes. Il en posera encore moins, à Noël 2002, quand les prud'hommes donneront raison à l'ex-présentatrice de *7 sur 7* dans son contentieux avec TF1. L'architecte marocain Elie Moyal va vite se mettre au travail. Le chantier durera deux ans. « J'y suis allée tous les quinze jours, j'ai tout supervisé moi-même, ça m'a demandé beaucoup d'énergie, se rappelle Anne Sinclair. En fait, je dirigeais un chantier, ce que je n'avais jamais fait. Si j'avais su ce que cela voulait dire, je ne suis pas sûre que j'en aurais eu le courage. Aujourd'hui j'en serais incapable. Au début, quand j'allais aux réunions de chantier, les ouvriers téléphonaient à Dominique en disant : “La dame, elle dit qu'il faut faire comme ça, il faut vraiment faire comme ça ?” Il répondait : “Vous faites comme elle dit !” C'est Dominique qui a fait tous les calculs pour savoir combien il fallait de mètres carrés de *zelliges* pour la cour du riad, pendant que moi je m'occupais de la couleur des salles de bains, des tissus, de la forme des cheminées, enfin de la déco. J'ai été aidée par une vieille dame, Mme Foissac, qui connaissait Marrakech depuis quarante ans et surtout les meilleurs artisans. Et on s'est amusés. Dominique apportait des suggestions d'architecture, comme l'idée d'une salle de bains creusée en contrebas, pour pouvoir gagner de l'espace. Mais l'architecte a fait du très beau et bon travail, même s'il a mauvais caractère. Il se plaignait d'être contraint par le fait que la bâtisse soit ancienne. Et, moi, je voulais que ça reste très marocain tout en devenant confortable. Compliqué. Mais on s'est très bien entendus. »

Quant aux indemnités de TF1, elles permettront, mais sans les épuiser, de faire toutes les salles de bains et de mettre la climatisation dans les chambres. Côté décoration, des tableaux achetés pour l'essentiel dans les souks, de style orientaliste, ainsi qu'une calligraphie d'un artiste du cru dont la cote monte. Deux, trois choses plus sérieuses complètent le décor. L'endroit qu'Anne Sinclair préfère dans cette demeure ? « Sur une des terrasses, j'ai aménagé un petit salon couvert, une pergola, avec des canapés… Et le soir, la vue sur la Koutoubia éclairée, c'est un véritable bonheur ! J'adore cet endroit ! »

Havre de paix, port d'attache et point de rendez-vous pour les amis. Seuls les plus proches franchissent le seuil du riad. Michel Field a la chance d'en être : « La première fois que tu y vas, tu as tout juste l'impression que c'est le palais des Mille et Une Nuits, un truc incroyable et puis, quand tu y retournes, tu t'aperçois que ce n'est pas démesuré… Le rapport à l'espace et aux matériaux est juste différent. Les matériaux valent d'ailleurs souvent trois fois rien et l'impression de luxuriance doit donc être rapportée à sa juste mesure. En France, ce serait un grand beau mas provençal, avec un peu de terrain autour. Nous, on ne le fréquente qu'à titre d'amis proches, et c'est incroyablement plaisant d'en être. Il y a des règles tacites, on ne s'y ennuie pas. Chacun peut y vivre de façon autonome. Il y a des sortes de rendez-vous pour les déjeuners, les dîners, et puis après, tu vaques à tes occupations. Il y a suffisamment d'espace, de coins. C'est incroyablement chaleureux, on se marre, on chante, on déconne… » Dominique Strauss-Kahn et Anne Sinclair ne sortent pas beaucoup. Cette oasis suffit à leur bonheur. Et lorsqu'on évoque les critiques de ceux qui trouvent un tel luxe indécent et incompatible avec leurs engagements de gauche, la réponse de l'ex-star de TF1 fuse : « Je leur dis de balayer devant leur porte ! J'ai le droit d'avoir une maison où je veux, je ne l'ai pas volée. Je ne vais pas m'excuser tous les jours d'avoir eu de l'argent à la fois par mon travail pendant des années, et parce que mon grand-père a fait en sorte que ses enfants et ses petits-enfants soient pourvus, et encore, dix fois moins qu'on ne le dit ! Nous avons une maison à Marrakech parce qu'on aime cette ville qui, au passage, n'était pas autant à la mode il y a dix ans. Ce n'était ni Deauville ni Saint-Tropez. »

Le riad a été adopté par les enfants et petits-enfants, au-delà des espérances de leurs parents, beaux-parents, grands-parents. David, Elie, Vanessa, Marine, Camille, Laurin ont fait de Marrakech leur destination privilégiée. Ils s'y retrouvent parfois tous, autour de leurs parents, pour de grandes occasions ou plus simplement quand l'envie leur prend, tels des poissons migrateurs poussés par un instinct qui régulièrement les ramène à la source du fleuve. Le riad prend alors des allures de maison du bonheur et de centre du monde. C'est ici que bat le cœur de la fratrie, ici que sont accueillis et honorés les amis, ici que la tribu se ressoude, se console, se réjouit, se raconte, avant de se disperser, à nouveau, jusqu'à la prochaine communion. La maison où toute une famille recomposée au sens très large du terme vient se ressourcer.

Famille recomposée ? C'est peu de l'écrire ou de le dire. Des frères aux pères différents, des belles-mères qui font office de mères, des mères qui se considèrent comme celles de toutes les filles présentes, des demi-sœurs qui ne s'aiment pas à moitié, des ex-maris devenus des grands frères… Toutes les conventions habituelles semblent ici avoir explosé, dans ce monde où les parallèles se rejoignent naturellement, dans une géométrie familiale improbable, génératrice de formes originales, et une solidarité de tous les instants qu'il n'est pas nécessaire de tenter de comprendre, puisqu'elle ne se nourrit que d'affection et de tendresse. Tous les caractères se supportent. Tous les souvenirs se complètent. Tous les âges se respectent. Sur chaque marche de cet escalier de vie, un être, un vécu, une expérience, des souffrances et des joies. Une révolution pour Anne Sinclair, fille unique, adulée par ses parents, mariée en premières noces à Ivan Levaï, orphelin de père et de mère. « Quand Dominique est arrivé dans ma vie, se souvient-elle, moi, qui fus fille unique, j'ai d'un coup hérité d'un beau-père, d'une belle-mère, aujourd'hui disparus et que j'ai adorés, deux belles-sœurs, deux beaux-frères, et quatre enfants auxquels sont venus se rajouter les deux fils que nous avons eus avec Ivan. Quand on a réuni la famille, Vanessa avait 17 ans, Marine 14, Laurin 8, David en avait 10, Elie 6 et Camille en avait 3. » « J'ai souvenir, dit Anne, de m'être demandé si j'allais être capable de faire face… » Elle le sera. Et ses ascendances ashkénazes céderont progressivement du terrain à ce quart de sépharade qu'elle tient de sa grand-mère paternelle d'origine algérienne, Marguerite Valensi. Une complicité va naître non seulement entre tous ces enfants et elle, mais également entre les enfants eux-mêmes. Les grands voyages « en tribu », les périples en Inde, en Égypte, au Maroc, en Espagne, en Italie, aux États-Unis, en Chine renforceront les soudures. Comme il arrivera qu'une croisière aide à faire passer un cap et oublier une démission. « En 2000, nous sommes partis aux vacances de Pâques, se souvient Marine Strauss-Kahn. Anne avait tout organisé. Sur un bateau, juste tous les huit, sans même les conjoints. Anne nous avait dit : "Votre père a besoin de vous, juste de vous." Il s'agissait d'un catamaran, donc on était vraiment collés-collés. Il fallait être là pour lui parce que, pour une fois, il n'allait pas bien. Nous, les enfants, avons l'habitude de dire qu'on est six, quoi qu'il arrive. Et Anne a l'habitude de dire qu'elle a six enfants. Anne, c'est comme un trait d'union. Celle qui nous lie tous. »

Durant les voyages, Anne Sinclair, avide de culture, gagne vite un surnom : le Guide bleu. Du fait de sa propension à sortir le précieux ouvrage de la célèbre collection plus vite que son ombre, et à faire la lecture à son public, sans s'apercevoir que parfois, certains de ses auditeurs se dérobent et filent à l'anglaise dans son dos... Toujours ce souci de transmettre, toujours ce côté « bonne élève ». Devenue mère de famille nombreuse, fédératrice des différents états de l'union, jusqu'à devenir la meilleure copine de Catherine, devenue la femme d'Ivan. Ils ne se sont pas donné le mot. Qu'il s'agisse de David, de Marine, de Vanessa, de Catherine, d'Ivan qui nous ont tous reçus, Anne Sinclair est juste un repère, un amer, un phare. « Pour nous, et nous en avons déjà parlé bien des fois avec ma sœur, conclut Vanessa Strauss-Kahn, c'est clairement un exemple, un exemple de la femme qu'on aimerait être. Quelqu'un d'assez exceptionnel. Et je dis ça rarement, ajoute-t-elle. »

« Peut-être ma seule réussite vraie », nous confiait Anne Sinclair en juillet dernier, dans un brusque accès de défaitisme vite rectifié : « En vérité, j'ai connu plein de réussites, mais je suis fière de celle-là. C'est fort de l'avoir fait. »

Ariel, Sylvie, Marie-Hélène, nombre des amies d'enfance et de jeunesse d'Anne Sinclair se sont éloignées. La suite de déceptions, la découverte de différences ou d'ambitions personnelles inconciliables. Peu d'entre elles trouvent encore leur place dans l'univers que s'est bâti la jeune fille modèle devenue star de la télé puis femme de ministre. D'autres sont apparues, à partir des années soixante-dix...

L'amitié. Une valeur clé pour Anne Sinclair qui aime aussi intensément qu'elle peut détester celui ou celle qui un jour l'a trahie. L'amitié au croisement de la force et de la sensibilité, de la fraternité et de l'exclusivité. Des mots qui reviennent très précisément dans la bouche de ceux qui ont le privilège d'en être. Qu'ils ou elles appartiennent au premier cercle ou aux suivants... Elles, plutôt...

Car, dans le premier cercle, ou plutôt dans le premier carré, évoluent principalement quatre femmes : Micheline Pelletier, Daniela Frydman, Rachel Kahn et Élisabeth Badinter. Pas un quatuor, toutes ne se connaissent pas très bien et ne « jouent » pas ensemble. Elles peuvent aussi, à l'occasion, dire du mal l'une de l'autre ou mettre en avant leur antériorité en amitié. Un peu jalouses, concurrentes non avouées, mais toujours prêtes. Certaines de ces « sœurs » semblent en activité permanente, tandis que d'autres ne font qu'apparaître de façon plus occasionnelle ou sont en sommeil, comme on le dirait d'un espion en attente de mission.

Daniela Frydman est sans doute la « première », ce qui ne veut pas dire la plus ancienne. Un « petit bijou », dit Anne Sinclair de l'épouse de Jean, dont elle parle par ailleurs comme de son deuxième père. Jean Frydman, à qui il arrive de penser qu'au prix des communications téléphoniques internationales, et en raison des longs coups de fil quotidiens (parfois jusqu'à cinq par jour) qu'échangent les deux femmes où qu'elles soient dans le monde, il aurait sans doute mieux fait d'acheter un jet pour qu'elles se voient. Deux sœurs qui se sont choisies, deux femmes sans cesse en relation par SMS, courriels, pour un oui ou pour un non, un commentaire de film, de livre, d'émission politique, de résultat électoral, pour la découverte d'une nouvelle série télé, quand elles ne se retrouvent pas à Paris, à faire les soldes, écumer les magasins, méditer sur la fuite et les outrages du temps, ou se retrouver chez le coiffeur. « On a l'impression qu'on finira ensemble dans une maison de retraite », dit Daniela Frydman, heureuse oisive, avant d'ajouter, quelques minutes plus tard, dans le souffle d'un regret :

« On aurait adoré que nos enfants se marient. Cela aurait introduit ce lien familial qui seul nous manque… »

Rachel Kahn est la deuxième « sœur » d'Anne. Productrice télé, femme de Jean-François, et plus ancienne amie d'Anne Sinclair sans tempêtes ni déserts pour fragiliser leur lien. Deux jumelles là encore en contact permanent, pour le sérieux comme pour le plus léger. De son amie, Rachel Kahn connaît aussi, dans les moindres recoins et détails, tous les jardins privés. Tous les terrains vagues. Comme un médecin de famille au fait de toutes les forces et faiblesses de son patient, elle donnera toujours la bonne réponse et préconisera le meilleur traitement en période de crise. Diagnostic sûr et remède efficace. Approche psychologique sans faille de l'amie, raisonnable et psychologue. Experte, dès lors qu'il s'agit d'interpréter une part de vie. Et comme tous les bons docteurs, respectueuse de la confidentialité et des droits de celle qui souffre. Un ange gardien, dirait un chrétien. Sans égal dans la religion juive.

La philosophe Élisabeth Badinter est la troisième amie. Son rang dans la hiérarchie fut au plus haut. Un désaccord de fond – dont l'une et l'autre refusent de parler – les a séparées. L'opinion d'Elisabeth sur DSK n'est sans doute pas étrangère à cet épisode. Elles demeureront amies, mais rien n'est totalement comme avant. Anne Sinclair était celle dont Élisabeth Badinter disait qu'il n'y avait jamais eu entre leurs façons de réagir l'espace d'une feuille de papier à cigarette. Cet espace a au moins existé une fois. L'affaire du Sofitel de New York l'a semble-t-il fait disparaître pour de bon.

La journaliste et la philosophe se rencontrent pour la première fois chez Lipp. Anne Sinclair produit et présente alors une émission sur FR3 et souhaite l'y inviter pour la sortie d'un de ses livres. Élisabeth Badinter accepte. Leurs deux pères se connaissent. C'est d'ailleurs aux obsèques de Robert Sinclair, fin janvier 1980, qu'elles se revoient. Élisabeth Badinter a tenu à être présente. Anne Sinclair ne l'oubliera jamais. « Je n'étais pas encore son amie, confie la philosophe. J'avais de la sympathie pour elle. Je savais que la mort de son père était une épreuve vraiment terrible pour elle. Son père ne devait pas être très différent du mien. Il se trouve qu'Anne et moi avions un attachement très fort pour nos pères respectifs. Nul doute que nous sommes des filles à père. »

Une amitié se noue. Une fraternité… pourquoi n'y a-t-il pas de mots pour les sœurs ? Elles sont de la même « famille », famille de pensée, famille originaire d'Europe de l'Est. Rarissime que, sur des sujets importants, les deux femmes n'aient pas des réactions voisines ou identiques. Elles attachent de la valeur aux mêmes choses, ciment essentiel. « Nous avons le même langage, décrit Élisabeth Badinter, le même univers mental, avec des différences. Et nous sommes mères de famille. Cela fait beaucoup de points communs, beaucoup de soucis communs. Elle était plus passionnée par la politique que moi, mais néanmoins, nous avons beaucoup parlé de politique, surtout quand elle était journaliste. J'ai une grande admiration pour sa façon de travailler, pour son honnêteté intellectuelle. C'est une femme profondément honnête. Ce mot un peu banal ne recouvre pas seulement une activité professionnelle qu'elle a essayé de mener le plus droitement possible. Elle avait certes ses préférences. Mais j'ai toujours trouvé qu'elle était droite. » Elles vont parler. Beaucoup. Partager des idées. Beaucoup. Lors de la préparation des émissions de la journaliste, mais également dans l'évocation de tous les événements de la vie. Mais jamais dans une boutique ou devant un chocolat à la terrasse d'un café. « Une amitié de femmes, précise la philosophe. Il n'y a pas d'amitié de couple chez moi. Avec Anne, c'est une amitié de tête-à-tête, un dialogue ininterrompu. C'est avec elle que j'ai inauguré cela et ça n'a jamais vraiment cessé. »

À ce trio s'ajoute une quatrième « sœur ». Micheline Pelletier, reporter photographe de renom et femme de l'historien académicien Alain Decaux. C'est Françoise Giroud qui les fait se rencontrer. Dans le Midi. Celle-ci a une maison à Antibes, à dix kilomètres de Valbonne, où se trouve la maison de campagne des parents d'Anne Sinclair. Françoise Giroud se dit sûre de son fait : « Anne et Micheline sont nées pour s'entendre. » La première vient de faire ses premiers pas à la télé. La seconde travaille pour la prestigieuse agence Gamma. « Françoise pensait qu'on avait un peu le même caractère, se rappelle Micheline Pelletier. C'est vrai que nous nous sommes très vite vues un petit peu comme des sœurs. On va en général droit au but. On ne voit que les gens qu'on aime bien. On ne s'embarrasse pas de mondanités, ni de fioritures dans nos rapports avec les gens. Je pense qu'il y a aussi la même humilité dans le travail. Et, surtout, on est deux grandes bosseuses. »

Quatre femmes, quatre « sœurs »… et tant de lignes parallèles, qui pourtant se croisent et s'entrecroisent. L'amour paternel renvoie Anne Sinclair à l'une, son enfance de fille unique à l'autre, l'absence de chaleur d'une mère à la troisième, la précocité d'une passion à la quatrième. Elles se complètent sans le savoir, partagent, dialoguent à distance mais sans nécessairement mettre en commun des valeurs que souvent elles partagent majoritairement, celles du travail, du judaïsme, de la république, de la laïcité ou d'un féminisme plus ou moins déclaré.

Rachel, Élisabeth, Daniela et Micheline… Toutes pour Anne et Anne pour toutes. Jusqu'à l'arrivée d'un homme sur qui l'unanimité ne s'est jamais vraiment faite. Et dont certains écarts, alors présumés, passent mal chez celles qui accordent foi à des rumeurs dont elles n'informent pas leur amie pour autant. De peur de la blesser. Par crainte de mettre en péril leur attachement pour elle. Chacune joue alors en solo, comme si de rien n'était. Dans des registres différents : Rachel accompagne, Élisabeth prend distance et hauteur, Micheline s'inquiète, Daniela rassure. Et l'amitié résiste.

Après la déflagration du 14 mai 2011 à New York, Anne Sinclair trouvera refuge au domicile parisien des Frydman, puis ira se reposer quelques jours, début juillet, dans leur ranch au Canada, celui-là même où le couple avait accueilli Valéry Giscard d'Estaing au lendemain de sa défaite en 1981. Élisabeth Badinter écrira dans *Le Nouvel Observateur* les mots dont seule une amie fidèle est capable et qui iront droit au cœur de celle qui souffre en silence à New York. Micheline Pelletier sera désignée pour parler à des médias que l'affaire DSK a rendus fébriles, et Rachel Kahn jouera les sentinelles en oubliant juste de surveiller les écarts de langage de son mari, à qui Anne Sinclair a depuis longtemps pardonné. Toutes quatre se relaient quotidiennement au téléphone ou par mail pour épauler leur amie. Partager sa peine, ses doutes, ses colères. Lui dire *les mots bleus*. Chacune de son côté, elles le font ensemble. « L'amitié est un exercice de l'âme que les femmes ne pratiquent pas », prétendait Joseph Kessel. Ces cinq femmes-là sont la preuve vivante de la vacuité de certaines citations…

Chapitre 14

Washington. Dimanche 15 février 2010. À l'image de toute la côte Est des États-Unis, le district de Columbia commence à peine à se remettre de sa pire tempête de neige depuis plus d'un siècle. Un mètre quarante de chutes cumulées. Le Congrès, les administrations et les écoles publiques ont dû fermer. Des dizaines de milliers de foyers sont toujours privés d'électricité. L'activité des aéroports reste perturbée. Les commerces rouvrent petit à petit. Autobus publics et véhicules privés continuent de circuler au ralenti entre les congères formées par les chasse-neige sur les bas-côtés des chaussées. Mais, avec son épais manteau blanc, la capitale fédérale américaine, et particulièrement son immense Mall qui s'étend du Capitole au Lincoln Memorial sur trois kilomètres et demi, offre aussi, ce week-end-là, un formidable terrain de jeu aux enfants. Et un paysage absolument magique et unique aux touristes.

Anne Sinclair prend un thé au *Pain quotidien* de Georgetown, le quartier historique branché et huppé de Washington, internationalement renommé pour sa prestigieuse université. Elle aime le décor chaleureux qu'offrent les murs de brique et les meubles campagnards de cette chaîne belge de boulangerie bâtie autour du concept de la table d'hôte. Ainsi que ses viennoiseries et fromages français, quand elle fait une entorse à l'attention permanente à sa ligne. L'atmosphère est familière et réconfortante pour l'expatriée d'outre-Atlantique, comme le serait un Starbucks – ou un McDonalds – pour un Américain de passage à Paris. Mais si l'ex-star de TF1 y a pris ses habitudes, c'est aussi tout simplement parce que son domicile se trouve à moins de cinq cents mètres de là.

À Georgetown, peuplement écossais devenu ville au XVIIIe siècle, Mme Strauss-Kahn a trouvé un cadre urbain paisible. Le long des rues arborées et étroites, les élégantes petites maisons – avec leurs jardinets soignés, leurs grilles en fer forgé et leurs cascades de lierre – donnent un cachet considéré *so chic* par les Américains de la côte Est attachés à leur héritage européen. Sur les deux artères commerçantes de Georgetown, M. Street et Wisconsin Avenue, avec leurs boutiques, leurs galeries d'art, leurs restaurants français et italiens, Anne Sinclair n'est pas dépaysée. Ici, hauts fonctionnaires et diplomates, personnalités des médias et de la politique, professeurs d'université et étudiants cohabitent dans le charme discret d'une bourgeoisie juste ce qu'il faut de bohème. Un bout de Vieux Continent dans le Nouveau Monde. Loin du centre-ville de Washington et de son style monumental néo-classique ou, plus encore, de New York et de ses gratte-ciel.

« Je mène ici une vie différente de celle que j'avais à Paris, annonce l'ancienne vedette de télévision à ses visiteurs parisiens. Washington a un côté *pause* dans ma vie. J'aime le côté *village* de Georgetown. C'est un peu comme une retraite, où je me consacre à mes billets quotidiens sur mon blog, ainsi qu'à l'écriture d'un livre sur mon grand-père marchand d'art, Paul Rosenberg. Ici, la vie est douce. J'apprécie l'atmosphère de tolérance vis-à-vis des différences de langue, d'origine et de façon de vivre. Les gens sont gentils. Même si, parfois, je me demande si c'est de la vraie chaleur humaine ou de l'affectation hypocrite quand, par exemple, une femme que je ne connais pas me dit tout à coup : "Oh, j'adore vos chaussures !" Quant à la vie politique, elle est passionnante, d'autant plus que nous avons vécu toute la campagne présidentielle, des primaires à l'élection d'Obama. »

Cela fait maintenant plus de deux ans que Dominique Strauss-Kahn a pris ses fonctions de *Managing Director* du Fonds monétaire international, le 1er novembre 2007. Et qu'Anne Sinclair est la *MD's Wife*, l'épouse du directeur général. Pour la deuxième fois de sa vie, elle a renoncé à une émission – *Libre cours*, sur France Inter, qu'elle animait depuis 2004 – suite à une nomination de son mari. Certes, il ne s'agissait pas d'un rendez-vous aussi prestigieux que *7 sur 7*. Et diriger le FMI, « gardien » du système monétaire international, représentait une opportunité unique de rebondir pour DSK, après sa peu glorieuse défaite face à Ségolène Royal lors des primaires du Parti socialiste de 2006. Mais il n'en reste pas moins que c'est, encore une fois, l'épouse qui s'est effacée au profit de son mari. Et, dans un premier temps, elle a eu du mal à avaler la pilule.

Tout commence le 29 juin 2007, alors que Dominique Strauss-Kahn marie sa seconde fille, Marine, à Paris. En marge de cet événement familial, il a un échange téléphonique avec son ami Jean-Claude Juncker, Premier ministre luxembourgeois et président de l'Eurogroupe. La veille, l'Espagnol Rodrigo Rato a démissionné de son poste de DG du Fonds monétaire international. D'où l'idée des deux hommes que DSK pourrait poser sa candidature à sa succession. Entre cette conversation et sa désignation par les vingt-quatre membres du conseil d'administration du FMI[1], le 28 septembre suivant, trois mois vont s'écouler. Le temps d'une longue campagne du Français et de ses soutiens pour convaincre les Européens d'abord, les Américains ensuite et le reste du monde, enfin, de l'adouber. Le temps aussi sans doute de deux ou trois discussions animées avec sa chère et tendre.

« Anne était très hésitante, reconnaît Dominique Strauss-Kahn. Elle n'était pas enthousiaste à l'idée de partir s'installer aux États-Unis. » Vanessa, la fille de l'homme politique, se souvient que « ce n'était pas un moment où Anne avait envie de bouger ». Un couple d'amis parisiens, invité dans le riad de Marrakech durant l'été 2007, a assisté à des échanges du couple : « Dominique argumentait : “Diriger le FMI, ce serait une opportunité formidable !” Anne, elle, râlait : “C'est formidable pour toi, mais, moi, je perds pour la deuxième fois mon boulot. Et je vais devoir laisser les enfants et les petits-enfants à Paris pour aller à Washington…” » Autre raison : l'acquisition toute récente, en avril, du nouvel appartement de la place des Vosges. Quant à ses amies intimes, elles n'étaient bien sûr pas les premières à l'encourager à encore délaisser sa carrière en mettant ses pas dans ceux de DSK. « Je persiste à ne pas comprendre qu'elle ait choisi de vivre par pro-

1. Les vingt-quatre administrateurs représentent des pays ou des groupes de pays parmi les cent quatre-vingt-sept États membres que compte le Fonds.

curation, ce qui ne ressemble pas du tout à ce qu'elle a été », dit un de ses proches.

Mais, en fin de compte, ce qu'homme veut… « Elle s'est faite à l'idée », conclut Vanessa Strauss-Kahn. Plus tard, le DG du FMI dira d'ailleurs, à qui veut l'entendre, que, bien entendu, si sa femme avait opposé une fin de non-recevoir à son ambition, il y aurait renoncé sans hésiter. Heureusement pour lui, les années passant, Anne Sinclair a semblé prendre goût ou trouver un certain chic à adopter la posture de la « femme de » éternellement sacrificielle. « Domi » n'a donc jamais eu droit à un veto conjugal. « Anne est une femme aimante et, à partir du moment où il décide de faire quelque chose, elle fait tout ce qu'elle peut pour lui apporter son concours », confirme Jean Veil. Et voici donc la « femme aimante » qui fait ses valises et le suit pour plusieurs étapes de son tour du monde estival afin de gagner à sa cause les grands dirigeants africains, asiatiques et latino-américains.

Non seulement elle paie de sa personne, mais aussi de ses deniers qu'elle ne compte jamais quand l'avenir de DSK est en jeu. À partir du 14 mai 2011, quand il sera accusé de tentative de viol sur une femme de chambre de l'hôtel Sofitel de New York, Anne Sinclair dépensera, pour assurer sa défense, à des hauteurs plus vertigineuses que tout ce qu'elle aurait pu imaginer. Mais, en 2006, elle avait déjà puisé dans ses poches – qu'elle a profondes grâce à l'héritage Rosenberg – pour financer sa campagne interne au Parti socialiste. Et elle le fait aussi pour celle de 2007 qui, cette fois-ci, doit permettre de convaincre la planète entière que son mari est le mieux qualifié pour diriger le FMI. L'État français paie les factures des déplacements de son candidat, accompagné par un fonctionnaire du ministère de l'Économie et des Finances et appuyé à distance par les experts techniques de Bercy. Mais les Strauss-Kahn ne laissent rien au hasard et s'attachent aussi les services de TD International, un cabinet américain réputé de relations publiques. DSK peut ainsi s'assurer des contacts de très haut niveau auprès des gouvernements clés à séduire, sans passer par l'intermédiaire de leurs ambassades.

« Anne a mis son argent à la disposition de Dominique pour devenir directeur du FMI, assure Micheline Pelletier. La France a mis certains moyens. Mais, que je sache, la société américaine qui lui a permis de rencontrer directement Lula – le président brésilien – et tous les autres chefs d'État, qui l'a payée ? Ce ne sont pas les Français, et ce n'est d'évidence pas Dominique… » En 2011, à l'occasion de l'affaire du Sofitel, TD International sera à nouveau mis à contribution par les Strauss-Kahn.

Le côté « brave petit soldat » d'Anne Sinclair, déjà relevé par Élisabeth Badinter dans les années quatre-vingt, réapparaît intact dans cet épisode où, en quelques semaines, elle passe du peu d'attirance qu'elle ressent pour Washington à une forme d'activisme pour que Dominique Strauss-Kahn y soit nommé DG du FMI. Et elle assure même le service après-vente dans l'hebdomadaire qui chronique leur existence depuis une quinzaine d'années. « Quand Dominique m'en a parlé, je me suis demandé ce que j'allais faire à Washington, déclare-t-elle à *Paris Match*[1]. J'ai eu un moment de flottement. Et puis, j'ai trouvé ça très excitant de partir. Nos enfants sont autonomes. C'est une liberté retrouvée. Comme le début de vie d'un couple sans attaches. »

Washington. Octobre 2007. Le couple Strauss-Kahn débarque à Washington et s'installe d'abord au Sofitel, à deux pas de la Maison-Blanche. De Paris, ils ont repéré des maisons par Internet. Ils en visitent une vingtaine en quelques jours. Celle sur laquelle ils jettent finalement leur dévolu n'est pas encore finie, mais elle a l'avantage d'être plus lumineuse que les autres. Grâce à sa large façade : une telle rareté dans le quartier qu'ils se décident sans tarder à l'acheter. « Ensuite, très vite, Dominique a été happé par le travail, se souvient Anne Sinclair. J'ai dû me débrouiller. »

Le Pain quotidien de la M. Street devient le quartier général d'où elle supervise le chantier de sa nouvelle demeure. Et où elle trouve un peu de quiétude. Au bout d'un mois, les Strauss-Kahn peuvent quitter l'hôtel pour y habiter. Même si la maison est encore loin d'être terminée. D'autant qu'une aile a été rajoutée au plan initialement prévu par l'architecte. Avec, au rez-de-chaussée, un grand bureau pour le couple et, à l'étage, des chambres pour les enfants et les amis de passage. Une piscine sera aussi creusée au fond du jardin, le long de la rangée de cyprès. Au total, cinq mois de travaux supplémentaires.

1. 8 novembre 2007.

En février 2010, Anne Sinclair n'a pas encore fini de pester contre la société américaine, en se souvenant des difficultés qu'elle a rencontrées lors de son installation. Primo : l'appétit de paperasserie de l'administration pour chaque démarche, qui l'a étonnée dans un pays réputé pour son sens pratique. Secundo : les fragilités matérielles indignes, selon elle, de la première puissance mondiale.

« Aux États-Unis, il n'y a pas de qualification, pas de CAP[1], n'importe qui peut s'improviser plombier, s'insurge-t-elle. On peut tomber sur des artisans excellents aussi bien que sur des entreprises qui fonctionnent cahin-caha. Notre plomberie a vite montré ses limites. Le tapissier, lui, a eu du mal à poser une tringle à rideau. Puis, lorsque j'ai voulu inaugurer la nouvelle ligne de téléphone en appelant quelqu'un, ma voisine a décroché en même temps que mon interlocuteur ! Mais tout finit par s'arranger parce qu'ils sont serviables. Les entreprises n'hésitent pas à revenir trois ou quatre fois, y compris le week-end, si nécessaire. »

Et voilà maintenant l'ancienne journaliste politique vedette, qui toisa d'égal à égal les grands de France et du monde, se plaignant du temps fou qu'elle a perdu pour trouver le fer à repasser qu'elle cherchait. Ou des six semaines d'attente pour obtenir la batterie de casseroles non dépareillées à son goût. La faute à cette fichue manie du flux tendu des stocks dans les magasins américains. Quant aux nappes, c'est simple, elle a trouvé le choix tout simplement nul...

Est-ce le fait d'en être à son troisième bien immobilier acheté, transformé et décoré en moins d'une décennie : celui de Georgetown succédant à l'appartement de la place des Vosges, à Paris, lui-même précédé du riad de Marrakech ? Est-ce, après avoir été une journaliste active épaulant un homme politique actif, la relative oisiveté inhérente à l'existence d'une *MD's Wife*, dont les correspondances pour *Le Journal du dimanche* et *Le Grand Journal* de Canal + n'ont duré que le temps de la campagne présidentielle américaine de 2008 ? Oisiveté que la rédaction quotidienne d'un billet sur son blog ne peut combler. Toujours est-il qu'à Washington, Anne Sinclair donne l'image de la parfaite femme au foyer qui, avant de se réveiller, un matin, dans le triste rôle d'une de ces

1. Certificat d'aptitude professionnelle.

desperate housewifes bafouées, se dévoue tant et plus pour un mari fort occupé par un emploi fort sérieux. Comme une séquence d'*American Way of Life* semblant sortir tout droit d'un film hollywoodien des années cinquante.

Pour comprendre jusqu'où Anne Sinclair a accepté de pousser le sacrifice de « femme de », il faut savoir que Dominique déteste faire les courses. Il ne s'agit pas des emplettes au supermarché. Celles-ci ne relèvent à l'évidence pas du périmètre de ses compétences de grand argentier de la planète. Si DSK cuisine mieux que son épouse – des photos de *Paris Match* l'attestent –, il délègue sans surprise l'approvisionnement à sa moitié. Non, il s'agit de façon surprenante de l'achat de ses effets personnels : costumes, chemises, cravates, sous-vêtements, chaussettes, etc. Ce qu'il a dans ses armoires, c'est Anne Sinclair qui l'a acheté. Car « Domi » a tout simplement horreur d'entrer dans un magasin. Il est allergique à l'idée de s'acheter quelque chose lui-même, selon son épouse. Et, donc, la très amoureuse – et très maternelle ? – Anne Sinclair, symbole de la femme émancipée des années quatre-vingt et quatre-vingt-dix, se charge du shopping de son mari-roi.

Fin 2010, elle se félicitera tout de même d'avoir enfin refusé de continuer de lui acheter ses chaussures. Avant, elle en choisissait une paire dans un magasin, la lui montrait et faisait essayer. Puis, si elle ne lui plaisait pas ou n'était pas à sa taille, l'épouse dévouée refaisait l'aller-retour. Etc. Elle a aussi gagné la bataille des chemises. Chez Brooks Brothers, la marque de vêtements pour hommes plébiscitée par les présidents américains, d'Abraham Lincoln à Barack Obama, « Domi » a trouvé sa taille en prêt-à-porter – 18-34 d'encolure et de longueur de manche – et il peut donc maintenant aller en acheter comme un grand garçon.

Anne Sinclair, qui a retrouvé le plaisir de l'anonymat à Washington, se rend régulièrement à pied au siège du Fonds monétaire international, en centre-ville, pour déjeuner avec Dominique Strauss-Kahn, que ce soit de sushis à la cantine de l'institution financière, d'un sandwich à la dinde dans un *diner* typiquement américain de l'avenue Pennsylvanie ou encore de la cuisine péruvienne à une petite adresse où ils ont pris leurs habitudes dans le même quartier.

Les contraintes de la *MD's Wife* sont très limitées. Elle préside l'*IMF Family Association* qui regroupe les conjoints du personnel du Fonds. Une activité honorifique qui se limite à prononcer un discours par an et à prendre la tête de quelques visites en groupe au musée. Il y a aussi quelques obligations liées à la fonction de directeur général du FMI : recevoir à sa table des hôtes de marque afin de favoriser les échanges informels ou sortir au restaurant avec des collaborateurs de DSK pour l'une ou l'autre occasion, par exemple le départ de l'un d'entre eux.

Des devoirs de « femme de » dont Anne Sinclair s'acquitte évidemment sans faux pas. Et avec le petit plus de celles qui existent professionnellement – ou ont existé – par elles-mêmes. « Si, comme l'autre jour, nous recevons à dîner Tim Geithner, le secrétaire au Trésor d'Obama, et d'autres responsables, Anne est très différente des autres femmes, décrit Dominique Strauss-Kahn, en février 2010. En général, les conjoints sont plus effacés car, dans les couples, il y a celui qui est en pointe et celui qui suit. Ce n'est pas son cas. Elle tient la discussion sans problème. »

Basé dans la capitale fédérale américaine, le directeur général du FMI passe en réalité plus du tiers de l'année à se déplacer sur la planète pour rencontrer les dirigeants de pays traversant des difficultés financières, participer à des rencontres internationales ou faire comprendre le rôle de l'institution financière internationale aux opinions publiques. « Vivre à Washington, tout en voyageant beaucoup aux côtés de Dominique, c'est agréable », se réjouit Anne Sinclair.

Dominique Strauss-Kahn a en effet le droit d'emmener sa femme avec lui dans ses missions officielles. L'épouse de Michel Camdessus, le précédent Français ayant occupé cette fonction – pour un presque triple mandat, de 1987 à 2000 –, lui avait conseillé de bien vérifier si cette clause figurait toujours dans le contrat du *Managing Director*. Officiellement, la *MD's Wife* n'a toutefois pas plus de rôle en déplacement qu'à Washington. « À l'aéroport par exemple, la sécurité de Dominique ne met pas de voiture à ma disposition, précise-t-elle. Cela ne fait pas partie de leur mission, et c'est très sain ! Le contraire d'une conception à la française. La femme du directeur général du FMI, c'est *nobody* [personne] pour eux. »

Ne devant assumer aucun rôle institutionnel, Anne Sinclair peut, si le cœur lui en dit, se limiter à faire du tourisme. Elle préfère souvent rencontrer la société civile, notamment des associations de femmes qui lui permettent de donner ensuite à son mari un autre regard sur la vie quotidienne du pays visité que celui des gouvernants ou des experts qu'il a rencontrés. « Les assistantes de Dominique, avec lesquelles j'ai des relations chaleureuses, me demandent si je désire qu'elles m'organisent un programme parallèle au sien, raconte-t-elle. Et, en général, la femme du ministre des Finances du pays où nous nous rendons me fait également demander si je veux visiter quelque chose de particulier. À ma demande et selon les pays, j'ai visité des écoles, des centres d'insertion professionnelle, rencontré des groupes de femmes, je me suis intéressée à des expériences de microcrédit... J'ai visité aussi la prison de Singapour, et j'ai vu les efforts colossaux qui étaient faits pour des programmes de réinsertion, avec des cours d'expression artistique, de guitare, de théâtre... J'ai toujours été intéressée par les prisons, j'y suis allée souvent, parler et répondre à des questions de détenus, une autre fois pour animer un atelier de radio à Fleury-Mérogis. À Singapour, j'ai d'ailleurs acheté une peinture à l'un des détenus. Le dessin était très fort. Bicolore. Une main qui sortait d'entre les barreaux pour tremper une plume dans un encrier. »

Un grand rendez-vous international de Dominique Strauss-Kahn a aussi permis à Anne Sinclair de prendre une revanche sur une petite vexation remontant à son enfance. À l'occasion du G20 de Londres du 2 avril 2009, la seconde réunion de cette importance convoquée suite à la crise bancaire et financière de l'automne précédent, Mme Strauss-Kahn accompagne son mari. Un dîner pour les femmes des chefs d'État – rang qui est celui de DSK en tant que patron du FMI – et de gouvernement est en effet organisé par Sarah Brown, l'épouse du Premier ministre britannique, Gordon Brown. Mais avant de se rendre à la résidence de ces derniers, au 10, Downing Street, les Strauss-Kahn se rendent à une réception au palais de Buckingham.

« Quand j'étais enfant et que je me tenais mal à table, ma grand-mère me disait : "Tu ne seras jamais invitée chez la reine d'Angleterre !" se souvient encore Anne Sinclair. Je n'étais jamais allée à Buckingham Palace, donc, cela m'amusait énormément. Et je disais à Dominique : "Tu vois, je suis invitée chez la reine d'Angleterre !" Élisabeth II était tout de rose vêtue, comme un bonbon ! Le duc d'Edimbourg à ses côtés, elle accueillait les invités d'une poignée de main molle. Dans la grande galerie où se déroulait la réception, j'ai retrouvé beaucoup de mes anciens invités de *7 sur 7* :

le prince Charles, évidemment, mais aussi Silvio Berlusconi ou Hillary Clinton, et bien sûr Sarkozy ! C'était insolite ! »

Un bonheur ne venant jamais seul, elle a aussi l'occasion, au palais de Buckingham, de voir en chair et en os sa nouvelle idole en politique, le président américain Barack Obama, en fonction depuis cinq semaines seulement, et qui assiste à sa première grande rencontre internationale. « Imaginez un couple qui rentre dans la pièce et occupe instantanément l'espace. Ils allaient séparément de groupe en groupe. "Bonsoir, je suis Barack Obama ! s'est-il présenté en arrivant au nôtre. – Oui, je sais", lui ai-je répondu en souriant. Ensuite, j'ai essayé de lui faire comprendre que je n'étais pas seulement l'épouse de Dominique, mais aussi une journaliste qui aimerait obtenir une interview de lui. Il a souri gentiment, du genre : *Tu es gentille, ma petite, mais la presse française, tu repasseras...* Et il s'est mis à parler avec Dominique. Je suis restée là, comme une groupie. Puis Michelle Obama est arrivée. Je l'ai trouvée encore plus à son avantage qu'à la télévision. Belle allure. Belle femme. Avec des bras magnifiques. "Dans quel quartier vivez-vous ?" m'a-t-elle demandé. "Georgetown ? Comme c'est agréable !" Échange banal, mais sans chichis, à l'américaine. »

Si Dominique Strauss-Kahn voyage plus d'un tiers de l'année, cela veut aussi dire qu'Anne Sinclair l'a pour elle à la maison le reste du temps. Pas durant la journée, bien sûr. L'emploi du temps de directeur général du FMI est chargé : réunions internes au Fonds, échanges avec ses équipes en mission à l'étranger, rendez-vous avec un chef d'État ou un ministre des Finances de passage à Washington, discussion téléphonique avec un Premier ministre ou un président, contacts réguliers avec les décideurs économiques de l'équipe d'Obama. La crise dans lequel le monde est entré à partir de l'automne 2008 et la manière dont Dominique Strauss-Kahn y a réagi lui ont donné un rôle clé sur la scène internationale qu'aucun de ses prédécesseurs n'avait connu auparavant.

Mais aussi importante soit la mission du patron du FMI, pour l'essentiel et sauf exception, elle se déroule durant les heures de bureau. Quand Dominique Strauss-Kahn est à Washington, sa routine quotidienne ressemble à celle de l'ensemble de la capitale fédérale. À 19 heures, son service de sécurité, qui était venu le chercher le matin, le raccompagne à son domicile et le « rend » à son épouse. Sa journée de travail se termine et sa protection rapprochée s'éloigne. « Dans le building du FMI, ses gardes du corps le suivent jusqu'à la porte des toilettes, assure Anne Sinclair. Mais, à 19 heures, c'est fini ! Il n'y a plus personne. Des caméras ont bien été installées autour de la maison. Faute d'être reliée à un central de surveillance, elles ne permettraient toutefois de repérer un intrus qu'après son mauvais coup... J'aime mieux cela que d'être espionnée en permanence, mais du coup, je n'en vois pas l'intérêt ! »

Si, dans leur existence parisienne antérieure, les Strauss-Kahn avaient du mal à se dégager du temps à deux dans leurs agendas professionnels et mondains trop remplis, outre-Atlantique, au contraire, ils privilégient leur cocon conjugal. Bien sûr, ils voient fréquemment David, le premier fils qu'Anne Sinclair a eu avec Ivan Levaï, et sa compagne Célia, ainsi que le frère de DSK et sa femme. Tous les quatre vivent aussi à Washington. Sinon, ils se limitent à de rares sorties au restaurant, à l'opéra, au théâtre ou dans un club de jazz. Et n'ont quasiment pas de vie sociale, sauf une fois ou l'autre pour honorer une réception de l'ambassadeur de France.

Par contre, ils raffolent des séries télévisées américaines. Ils peuvent s'enfermer dans leur domicile de Georgetown tout un week-end avec le coffret DVD de l'une d'entre elles et la regarder du premier au dernier épisode. Leurs goûts sont très éclectiques. De *24 heures* à *Rome*, en passant par *Lost* ou *Prison Break*. Aucun désaccord dans le couple ? Si, *Desperate Housewifes*. Elle aime, pas lui. Leur série préférée ? *The West Wing*, qui raconte la vie quotidienne à la Maison-Blanche d'un président des États-Unis et de ses principaux collaborateurs dans leurs bureaux de « l'aile ouest » (d'où le titre anglais de la série). Ils ont dévoré les cent cinquante-cinq épisodes de quarante-deux minutes d'*À la Maison-Blanche* (titre français de la série) pendant la campagne électorale de Barack Obama, en 2008. « C'est la série la plus passionnante que je connaisse, dit Anne Sinclair. J'adore le président Josiah Jed Bartlet, une sorte de président courageux et idéal, interprété par Martin Sheen. » Faut-il préciser qu'il s'agit d'un démocrate ? En vrai fan, elle a fait demander un autographe à l'acteur, par le biais d'une amie. « Un soir, vers minuit, alors que j'accompagnais Dominique au Kazakhstan, Martin Sheen m'a appelée, se souvient-elle. Quelque temps plus tard, nous avons reçu une photo dédicacée et une lettre qui débutait par : *From* President Bartlet *to* President DSK[1] ! »

À Washington, la *MD's Wife* cultive aussi un jardin plus personnel. Et d'abord quatre musées qu'elle aime visiter et faire visiter : la National Gallery of Art, administrée par le gouvernement fédéral et dont la collection de peintures s'étend du Moyen Âge à nos jours ; la Phillips Collection, où elle adore contempler longuement les quatre œuvres de Mark Rothko exposées dans la salle qui lui est spécialement dédiée ; le Newseum, musée interactif sur l'information et le journalisme, unique en son genre ; et le musée de l'Holocauste – « le plus extraordinaire au monde », selon Anne Sinclair – qui fait aussi office de mémorial officiel des États-Unis pour les millions de victimes juives et non juives de la politique d'extermination nazie.

Dans ce lieu qui raconte chronologiquement l'histoire de l'Holocauste de 1933 à l'après-Seconde Guerre mondiale, et où on ne pénètre qu'après avoir reçu la « carte d'identité » d'une victime ou d'un survivant, la fille de l'union d'une Rosenberg et d'un Schwartz affirme avec fierté avoir emmené tous ses enfants et amis de passage. Arrivée dans la partie de l'exposition qui, annonce-t-elle, la bouleverse le plus, une pièce bordée du sol au plafond de centaines de clichés de scènes de la vie quotidienne – mariages, pique-niques, manifestations sportives, etc. – saisies par un photographe dans l'avant-guerre, Anne Sinclair confie l'émotion la saisissant chaque fois à l'idée que tous ces juifs d'un village polonais aient terminé leur vie dans les chambres à gaz. Lors d'aucune de ses visites précédentes, elle n'a donc fait attention au panneau précisant qu'il s'agit en réalité d'un village lituanien. Et que les juifs de cette localité, la quasi-totalité des trois mille cinq cents habitants, ont en fait été exécutés sur place par balles. À l'étage suivant, dans une salle similaire, la *MD's Wife* croit avoir enfin trouvé son village polonais. Mais il s'agit toujours du même village lituanien. La Tour des visages du musée de Washington, symbole de cette « Shoah par balles » qui précéda la Solution finale des camps d'extermination, s'élève effectivement sur trois étages du bâtiment.

Elle est ainsi, Anne Sinclair. Habitée par les épreuves et souffrances traversées par ses parents et grands-parents, très soucieuse

1. « Du président Bartlet au président DSK ! »

du devoir de mémoire envers ses enfants, mais peu curieuse d'approfondir des sujets qu'elle revendique pourtant comme essentiels pour elle. Et encore moins désireuse d'entendre une opinion qui la dérange. Sur les marches de l'escalier massif en marbre menant à la sortie du musée de l'Holocauste, elle s'enflamme à l'idée que les folies exterminatrices d'Hitler et Staline puissent être même évoquées dans la même phrase. Pour vous regarder d'un air sévère, puis interloqué quand vous lui faites remarquer que, dans le cas de sa famille, la déportation aurait été programmée par les deux régimes : en raison de la « race » pour les nazis ; de la « classe » pour les staliniens. Elle convient alors du bout des lèvres que vous n'avez finalement peut-être pas totalement tort...

Le peu de propension de l'ex-journaliste de TF1 à réactualiser son socle d'informations et d'opinions forgé pour l'essentiel dans les années quatre-vingt – avant, par exemple, que les travaux des historiens sur l'ampleur de la « Shoah par balles » et des déportations et exterminations « de classe » staliniennes n'aient été vulgarisés pour le grand public – se retrouve également dans le regard qu'elle porte sur les États-Unis actuels.

Il suffit, pour le constater, de consulter son blog, baptisé *Deux ou trois choses vues d'Amérique*, qu'elle a créé en juin 2008 et n'a fermé – provisoirement ? – qu'à la suite de l'arrestation de DSK à New York, à la mi-mai 2011. Comme beaucoup de ses confrères désœuvrés l'ont fait avant elle, l'ancienne journaliste de TF1 a été attirée par ce « phénomène amusant et intéressant » qui permet, sans engager de frais importants ou posséder d'expertise technique, de créer un site Internet et de tenir son journal. Et donc de ne dépendre de personne pour informer et commenter l'actualité. Vu sous un autre angle, cela ressemble aussi à un jogging journalistique pour se maintenir en forme.

À partir de l'élection de Barack Obama, le 4 novembre 2008, qui tournait la page de huit années de présidence de George W. Bush, Anne Sinclair s'impose – sauf quand elle est en vacances ou en voyage – l'exercice astreignant de rédiger presque chaque jour un « post[1] » pour son blog. « Je voudrais, vivant désormais aux États-Unis depuis plusieurs mois, faire partager mes impres-

1. Article ou billet rédigé par un blogueur.

sions et recevoir les vôtres sur ce pays qui n'est pas forcément celui qu'on croit et qui, en tout cas, après le 4 novembre, ne sera plus comme avant », écrivait-elle en guise de préambule.

Il y avait audace et modestie, pour l'ancienne icône de l'audiovisuel, à se lancer dans le journalisme écrit sur Internet sans aucune autre forme de soutien que la notoriété de son nom. D'aucuns n'auraient pas osé le faire sans adosser leur blog à un média reconnu qui leur aurait assuré *ipso facto* un public important et une visibilité valorisante. Néanmoins, une communauté qui dépassera un millier de fidèles lecteurs va la suivre dans cette aventure. Chaque billet qu'elle écrira suscitera des dizaines de commentaires qu'elle mettra en ligne à la suite de son propre texte, comme le veut l'usage des blogs. Rien de déshonorant. Rien d'exaltant non plus.

Mais ce qui étonne, à la lecture du site Internet d'Anne Sinclair, c'est de constater qu'en guise de « choses vues d'Amérique », la journaliste n'a guère la curiosité de s'éloigner des boiseries du bureau de sa maison de Georgetown. Pour s'informer, elle lit les deux quotidiens de référence de l'intelligentsia de la côte Est, le *New York Times* et le *Washington Post*. Elle regarde aussi les chaînes d'information en continu CNN et MSNBC, réputées libérales (de gauche) aux États-Unis. Rarement la conservatrice Fox News. « Sauf si je veux me mettre en colère », dit-elle. Elle a beau être passionnée de politique, elle n'a pas la tentation de quitter la grande table carrée qu'elle partage, écran d'ordinateur adossé à écran d'ordinateur, avec DSK pour rencontrer des journalistes américains ou français de Washington, sans parler, dans la ville du Congrès des États-Unis, d'élus ou d'universitaires.

Appliquer une grille de lecture politique française à la société américaine ne fonctionne pas. Les deux sociétés ont des fondations trop différentes ; leurs citoyens, des conceptions divergentes sur trop de sujets. Or le blog d'Anne Sinclair ne se fait pas l'écho d'échappées dans le pays profond des campagnes et des villes moyennes, de rencontres avec des familles américaines banales autour d'un barbecue ou d'un match de base-ball lycéen, de visites de quartiers pauvres de Blancs ou de Noirs comme il en existe pourtant à quelques kilomètres de chez elle. L'ex-star de TF1 n'a définitivement pas l'âme d'un reporter. Ce qui la prive d'opportunités de remettre en cause le regard sur l'Amérique qu'elle avait en débarquant.

Du coup, les « deux ou trois choses » sur lesquelles elle écrit tournent pour l'essentiel autour d'un affrontement qui opposerait des bons – Barack Obama et les démocrates – à des méchants – les républicains –, couvant eux-mêmes en leur sein un encore plus méchant, une sorte de Front national à l'américaine, le mouvement populiste Tea Party. Sur ce dernier, né en 2009, les journalistes et commentateurs politiques d'outre-Atlantique restent pourtant perplexes et prudents dans leurs analyses, tant il s'agit d'une mouvance hétéroclite. Aller à la rencontre des Américains aurait sans doute permis à Anne Sinclair de dépasser sa vision un peu manichéenne et, pour tout dire, assez « rive gauche parisienne » de la vie politique aux États-Unis.

Anne Sinclair ne s'est fait qu'une amie dans la capitale américaine : Christel Petermann, professeur de français. À l'automne 2007, cette dernière, qui désirait changer de métier, tentait sa chance dans l'immobilier. Et fit visiter aux Strauss-Kahn la maison qu'ils allaient acheter à Georgetown. « Je crois qu'elle n'en a pas vendu d'autres », dit Anne Sinclair. La crise des *subprimes* (prêts hypothécaires à risque) avait en effet éclaté en juillet 2007, et Christel Petermann prit la sage décision de retourner à son métier d'origine. Elles déjeunent régulièrement ensemble. « À Washington, je vois effectivement très peu de monde, reconnaît l'ex-star de TF1. Par tempérament, je ne me lie pas facilement. Christel, je l'ai trouvée vraie, loin des petits milieux français de Washington. J'aime ses histoires de lycée et de jeunes. »

Par contre, la *MD's Wife* reste en permanence branchée à son réseau parisien d'amis. Elle échange quotidiennement par courrier électronique et téléphone avec Daniela Frydman. Et fréquemment aussi avec ses autres « sœurs » d'élection. « Nous sommes en contact permanent, confirme Rachel Kahn. Elle me raconte Washington ; je lui raconte Paris. On sait exactement ce qui se passe dans nos vies respectives. Et puis, quand elle est à Paris, on se voit. On parle de politique, de nos enfants, de nos physiques… Je lui dis : “Ma chérie, tu es toujours aussi belle !” Elle me répond : “Non, c'est toi qui ne fais pas ton âge !” »

C'est aussi Anne Sinclair qui assure la fluidité des relations familiales. Son mari n'appelle pas régulièrement ses enfants. Elle, oui. « Depuis qu'ils sont à Washington, je dois avoir Anne au téléphone deux fois par semaine, témoigne Marine Strauss-Kahn.

C'est elle qui me donne des nouvelles de mon père, ainsi que de mes frères et sœurs vivant à l'étranger. Et, moi, je lui donne des nouvelles des Parisiens de la famille que j'ai vus récemment. Anne, elle fait le lien. Mon père est moins disponible et plus difficile à joindre. Mais je suis toujours au courant de ses faits et gestes parce qu'elle me dit : "Il est là, il fait ci, il fait ça…" Elle me dit comment il va et je lui dis comment je vais pour qu'elle transmette à mon père. Ce qui n'empêche pas que je l'aie tout de même parfois au téléphone… »

Depuis 2007, Marrakech a remplacé Paris comme point de rassemblement de la tribu. « Noël, c'est le moment où on essaie vraiment de tous se retrouver ensemble, poursuit la fille de DSK. Mais, malheureusement, il y en a toujours qui ne peuvent pas. À Washington, David n'a que deux semaines de vacances par an. Donc, il ne peut pas forcément venir. Et quand ce n'est pas lui, c'est un autre qui ne peut pas. »

Celle que ses petits-enfants appellent « mamita » laisse rarement passer un mois sans venir les embrasser à Paris. Samuel, Étienne, Mathias, Lucie et Émilie sont en fait les enfants des deux filles aînées de Dominique Strauss-Kahn. « Anne nous dit souvent que, pour elle, le plus difficile dans sa vie à Washington, c'est de ne plus nous voir au quotidien, de ne pas voir nos enfants grandir, rapporte encore Marine Strauss-Kahn. Parce qu'elle est vraiment leur grand-mère. Ma fille me dit souvent : "Moi, j'ai trois grands-mères !" C'est vrai. »

Si, dès qu'elle peut, Anne Sinclair revient à son port d'attache, c'est également pour voir ses « sœurs » et, de manière plus large, cultiver les relations avec le deuxième cercle amical. « Paris, c'est les amis, résume-t-elle, et je suis très proche de mes amis ! Ils comptent beaucoup pour moi, dans tous les moments de la vie. De Washington, c'est plus difficile d'entretenir ces liens-là. »

Traverser l'Atlantique, c'est aussi l'occasion de faire un vrai shopping parisien. « J'aime la mode, je suis typiquement féminine, c'est mon côté futile », avoue-t-elle. Or, à Washington, la *MD's Wife* ne trouve pas vraiment son bonheur. Il y a bien Ralph Lauren qu'elle trouve « joli », mais qui « ne vaut pas son prix élevé ». Et Levis, où elle achète ses jeans, « comme tout le monde ». Elle assortit volontiers un denim à un T-shirt ou à un pull, surtout depuis qu'elle vit en Amérique, car « le sportswear s'y porte plus facilement ». Ses goûts personnels la portent toutefois plutôt vers le « côté élégant, raffiné ». Et, pour cela, rien n'égale Paris et ses boutiques.

Quand les heures sont comptées, ce qui est habituel lors de ses passages dans la capitale française, elle se limite aux « incontournables » : « Pour commencer, Apostrophe – un prêt-à-porter moderne et sympa – où je m'habille essentiellement ; ensuite, Chanel, pour l'élégance, ainsi que pour le noir et le blanc que j'aime beaucoup ; enfin, Zara, dont j'ai mis une veste, par exemple, lors de mon passage au *Grand Journal* de Michel Denisot[1]. » Mais, dès qu'elle peut, elle entre aussi chez Dior. Et il lui arrive de faire « une petite folie pour une robe ou une veste Saint Laurent. »

Tant qu'on parle de faire des folies, qu'en est-il des sacs et des chaussures, péchés mignons féminins s'il en est ? Apparemment, du côté des premiers, cela reste raisonnable. Car elle déteste transférer le contenu d'un sac à un autre. Raisonnable pour le nombre, s'entend ; les prix étant inaccessibles au commun des mortels. Mais, les chaussures, oui. De Jimmy Choo à Louboutin, elle confesse être « assez chaussures ». Prophète en sa famille, elle pourrait d'ailleurs voir bientôt l'importance de sa collection dépassée par celle de sa belle-fille Marine. « Je lui ai dit que j'allais l'appeler Imelda », s'amuse-t-elle en faisant référence au prénom de l'épouse aux trois mille paires de chaussures de l'ancien dictateur philippin Ferdinand Marcos.

Quand elle dispose de plus de temps, la virée shopping prend de l'ampleur géographiquement et devient excursion amicale – avec Daniela Frydman – ou familiale. « J'ai l'avantage d'avoir des belles-filles toujours prêtes à m'accompagner, se félicite-t-elle, car elles aussi aiment cela, c'est un moment de complicité et de confidences entre filles et elles savent que cela se termine souvent par un petit achat pour elles... » Depuis qu'elle habite place des Vosges, elles ont arpenté ensemble plusieurs fois la rue des Francs-Bourgeois dans les deux sens, poussant les portes de Zadig, Sandro ou Et vous. « Vraiment comme tout le monde », insiste Anne Sinclair.

Vivant à Washington, elle est aussi un peu frustrée de rater les défilés de Chanel et Dior. Des événements très exclusifs, où elle est systématiquement invitée par les deux maisons de haute cou-

1. Canal +, 10 novembre 2010.

ture. En tant que bonne cliente, ex-star, moitié d'un couple *people*, potentielle première dame ? Certainement une pincée de chacun de ces ingrédients. Quand elle vivait à Paris, elle était assidue. « Je trouve cela amusant comme une création, un spectacle. Depuis notre départ, c'est extrêmement rare que je sois à Paris au moment d'une collection. Mais, si le hasard du calendrier me le permet, je m'y rends avec bonheur. »

Retour à Washington, à la mi-février 2010. Dans une impasse tranquille de Georgetown, au 2613 nord-est, avenue Dumbarton, la maison en brique rouge des Strauss-Kahn donne sur la berge boisée d'un bras du fleuve Potomac. L'Audi A4 Quattro du couple est garée devant le perron.

Les dominantes de la décoration intérieure sont le blanc et le brun-noir, le cuir et le bois exotique. Les meubles viennent d'Italie et de Scandinavie. Dans le grand séjour, d'immenses canapés blancs encadrent une vaste table basse en bois sombre, sur laquelle sont posés quelques livres d'art et de photographie, dont *Les Américains* de Robert Frank, avec l'introduction de Jack Kerouac. Sur un mur, un tableau de Mark Rothko à dominante bleue. Dans un coin, une création de l'architecte d'intérieur : un poteau en aluminium autour duquel pivote un large panneau avec, sur l'une des faces, un Picasso, et, sur l'autre, un écran plat de télévision d'une diagonale de cent trente centimètres surmonté par une enceinte horizontale. « Culture d'un côté, média de l'autre », s'amuse-t-elle. Et les peintures sont annoncées comme des copies.

DSK se balade dans ce décor, légèrement voûté, son téléphone portable à la main et les oreillettes branchées. Il parle avec un de ses directeurs qui lui fait un résumé d'un dîner à Monrovia, la capitale du Liberia.

Ce soir, Mme Strauss-Kahn a prévu que « Dominique » s'explique avec nous sur son infidélité avec Piroska Nagy, une haute fonctionnaire du FMI. Les faits remontent à janvier 2008, leur révélation à octobre de la même année. Éprouve-t-elle un sentiment de douce revanche à le livrer ainsi aux journalistes, alors qu'elle-même avait dû, après que l'affaire a éclaté, ravaler sa rancœur de femme bafouée aux yeux du monde entier pour mettre en ligne, sur son blog, un billet public d'amour et de pardon, et cela uniquement à des fins de communication politique ?

Toujours est-il que le scénario de la soirée a été écrit à l'évidence à l'avance. Elle débutera par l'entretien avec le mari volage, dans le petit séjour qui donne sur le jardin. Sur une grande bibliothèque, au milieu des livres et des photos, l'œil est attiré par un portrait noir et blanc d'un Dominique Strauss-Kahn inattendu parce que barbu, tel Sean Connery en père d'Harrison Ford dans *Indiana Jones et la dernière croisade* de Steven Spielberg. Les intervieweurs sont invités à s'asseoir dans le canapé à deux places en cuir chocolat. L'hôte leur propose une bière, une blonde mexicaine ou une blanche belge. Il porte un polo gris en laine et un pantalon en velours côtelé sombre. Et tient à la main une pipe en écume blanche qu'il bourre et fume de manière intermittente. Il prend place, de l'autre côté d'une table basse en verre, dans un des deux fauteuils placés devant la bibliothèque. Anne Sinclair, elle, a disparu.

L'entretien débute et suit, logiquement, l'ordre chronologique de l'histoire de leur couple. Les questions – et donc les réponses – se succèdent sur leur rencontre, le développement de leur idylle, la rencontre avec les enfants de l'autre, les défis d'une famille recomposée, la manière dont ils ont affronté ensemble les hauts et les bas de leurs carrières respectives… L'étape de sa nomination à la tête du FMI n'a pas encore été abordée quand, soudain, DSK s'impatiente.

« On passe beaucoup plus de temps ensemble que la plupart des couples, mais, bien sûr, il y a eu l'accroc. Vous voulez certainement m'en parler. Alors, on ne va pas tourner autour du pot ! Vous avez sûrement des questions…

– De quoi parlez-vous ? De l'affaire récente ?

– Oui, enfin, c'était il y a deux ans…

– Quelle leçon en avez-vous tiré ?

– Rien ne vaut le mal qu'on fait… Tout ça parce que j'ai croisé une bonne femme !

– Diriez-vous, comme votre épouse l'a écrit à l'époque sur son blog, que vous vous aimez comme au premier jour ?

– Oui, sûrement. »

Dominique Strauss-Kahn se lève et s'absente deux ou trois minutes.

« En fait, la formule n'est pas vraiment bonne. Au premier jour, on est tout excités. Après vingt ans, on ne s'aime plus comme au premier jour, on s'aime différemment. En tout cas, je ne conçois pas de vivre sans elle.

– Votre réputation de séducteur serait donc exagérée ?

– Anne me le dit souvent : dans les dîners, je *stare*[1]. J'ai une aptitude à montrer à une femme que je la trouve jolie. Je ne dis pas que c'est malin, mais c'est ainsi. Et, comme j'ai été marié trois fois, les femmes et moi, c'est une chronique facile à faire fleurir… »

L'arrivée d'Anne Sinclair dans la pièce met fin à la conversation. Mme Strauss-Kahn estime qu'il est l'heure de dîner. Ce soir, dans sa grande cuisine américaine blanche – avec îlot central, hotte aspirante, cave à vins et, dans le coin salle à manger, table ronde avec plateau –, DSK cuisine des coquilles Saint-Jacques flambées au cognac. Sous l'œil attentif du Lénine d'Andy Warhol, une reproduction offerte au patron du FMI par sa femme.

Le lendemain, installée dans un des canapés blancs de son grand séjour, Anne Sinclair revient à son tour sur l'infidélité de « Dominique ». Elle aussi utilise le terme « accroc ». Mais également « accident » ou « brève rencontre », comme pour minimiser à tout prix la liaison entre DSK et Piroska Nagy. « Cela m'a blessée, mais, assure-t-elle, dans la mesure où il n'y avait pas d'attache sentimentale entre eux, et bien que j'aie eu du mal, j'ai tourné la page. » Pour elle, « il était tellement malheureux du mal qu'il avait fait, à moi et aux enfants, qu'il s'est puni tout seul… » Anne Sinclair lui a fait comprendre qu'elle ne digérerait toutefois pas un nouveau coup de canif. Dominique est toute sa vie. Mais elle ne pourrait vivre sans confiance.

Au final, Anne Sinclair a le sentiment que surmonter l'incident les a rapprochés. Dans la foulée, « Dominique » lui a d'ailleurs fait un « somptueux cadeau » : pour ses 60 ans, il a réuni sa famille et ses amis à Marrakech en juillet. « J'aime infiniment cet homme, conclut-elle, et je crois qu'il m'aime de la même manière. »

Comme Washington le fera très vite de sa tempête de neige historique, le couple Strauss-Kahn se serait-il donc déjà remis de l'« accroc » de « Dominique » ? Revivifié par l'épreuve, va-t-il écrire une nouvelle page de son bonheur ? À n'accepter comme

1. *To stare* : dévisager.

indices des trahisons de DSK que les bombes qui lui explosent au visage, Anne Sinclair se prépare des lendemains sordides. Pourtant, à la lumière de l'affaire Piroska Nagy, la journaliste qu'elle reste aurait pu se poser beaucoup plus de questions qu'elle ne l'a fait. Mais, une fois de plus, pour découvrir la réalité, il faut accepter de remettre en cause sa vision du monde…

Chapitre 15

Les amis d'Anne Sinclair ne sont pas près de l'oublier, cet anniversaire surprise que lui organisa, pour ses 60 ans, Dominique Strauss-Kahn, en plein de mois de juillet 2008 à Marrakech. Une si grande générosité dans l'accueil, une aussi belle fête, un tel témoignage d'amour, et par quarante degrés à l'ombre en prime, cela marque les esprits. Surtout quand, trois mois plus tard, vous réalisez que l'événement avait pour raison principale de se faire pardonner un vulgaire adultère.

L'honnêteté veut de dire que tout le monde ne l'a pas mal pris. Catherine Levaï, la troisième épouse du premier mari d'Anne Sinclair, se réjouit simplement d'avoir été associée à ce moment exceptionnel. « Nous étions tous très excités, en robe longue et smoking par cette chaleur, raconte-t-elle. Dominique lui avait dit qu'ils allaient déjeuner chez je ne sais plus qui et qu'elle devait mettre une robe longue. Puis il lui a dit qu'il avait oublié quelque chose et ils sont rentrés au riad. Et, là, elle nous a tous trouvés. C'était un pur moment de bonheur ! Il y avait les enfants, les petits-enfants, les amis, tout le monde, quoi ! »

Des amies très proches d'Anne Sinclair, comme Micheline Pelletier-Decaux, ont beaucoup moins apprécié. « On était une quarantaine, les intimes étaient tous là, se souvient-elle. Dominique avait très bien préparé les choses. Et il lui a fait une déclaration d'amour extraordinaire ! Anne s'est mise à côté de moi et m'a dit : "Mais, dis donc, il se lâche !" J'ai trouvé cela terrible à la lumière de ce qu'on a appris ensuite. Vous vous rendez compte ? Il avait convoqué les meilleurs amis d'Anne, ainsi que les siens, pour faire une déclaration sur le thème : *C'est la femme de ma vie, etc.* ! Plus tard, on comprend qu'il avait tout calculé parce qu'il devinait que l'affaire allait être rendue publique. C'est dingue, non ? Je peux vous dire que les invités de Marrakech, quand ils se sont croisés un peu moins d'un an plus tard, aux 60 ans de Dominique à Paris, dans une assemblée beaucoup plus importante, ils se sont regardés et se sont dit : "Mais qu'est-ce qu'il nous a fait ? Il nous a pris à témoin !" »

L'aventure de DSK avec Piroska Nagy, 42 ans, une haute responsable hongroise du département Afrique du FMI, s'était déroulée lors du Forum économique mondial, entre le 23 et le 27 janvier 2008, dans la station de ski suisse de Davos.

Lors de l'anniversaire surprise de l'été suivant, ni les amis ni les enfants ne sont au courant. L'auraient-ils d'ailleurs jamais été si l'affaire n'avait été rendue publique par le quotidien américain *The Wall Street Journal* ? Mais, en fait, si, une poignée d'amis ont bien été informés depuis plusieurs mois. Parce qu'ils ont pour particularité d'avoir aussi Dominique Strauss-Kahn pour client. Il s'agit d'abord de l'avocat Jean Veil. « À Marrakech, j'avais le mode d'emploi, dit-il. Mais je n'avais même pas mis ma femme au courant. » Sont aussi déjà au parfum, prêts à agir, ceux qui constituent, depuis les primaires socialistes de 2006, le quarteron de conseillers en communication de DSK : Stéphane Fouks, P-DG d'Euro RSCG, et trois consultants de cette agence – Ramzi Khiroun, qui travaille aussi pour le groupe Lagardère, Gilles Finchelstein, spécialiste des enquêtes d'opinion, et Anne Hommel, attachée de presse – qu'Anne Sinclair présente toujours autant comme des « amis » et des « intimes » que comme des professionnels travaillant pour son mari et pour elle.

« Dominique m'a appelé pour m'informer en février ou mars, dès les premières menaces, précise maître Veil. Il venait de le dire à Anne. J'ai recommandé le nom d'un avocat américain. » Des rumeurs commençaient en effet à circuler dans les couloirs du FMI. Son directeur général décida alors d'anticiper le potentiel scandale public en avouant son incartade de Davos à sa femme. Et en mettant en place son dispositif de défense. Dominique Strauss-Kahn et ses conseils sont donc aussi prêts que possible quand l'affaire éclate, le 18 octobre 2008, même s'ils ne s'y attendaient plus. À sa une, *The Wall Street Journal* révèle que le FMI a ouvert une enquête sur une liaison « inappropriée » de son DG avec une subordonnée. Les investigations sont menées, depuis la fin du mois d'août, par un cabinet extérieur et indépendant du Fonds pour déterminer si DSK se serait rendu coupable de « harcèlement sexuel », « abus de pouvoir » et « favoritisme ».

« En pleine tempête boursière, Dominique Strauss-Kahn, le directeur du Fonds monétaire international, va-t-il être emporté par une affaire de cul[1] ? » s'interroge sur son blog, dans la foulée, Jean Quatremer, le correspondant du quotidien *Libération* auprès des institutions européennes de Bruxelles.

Lorsque la candidature de DSK à la tête du FMI avait été rendue publique par Nicolas Sarkozy et Jean-Claude Juncker, le 9 juillet 2007, il avait été le premier et quasiment le seul journaliste français à s'inquiéter, sur son site *Coulisses de Bruxelles*, d'un potentiel dérapage du socialiste français… « Le seul vrai problème de Strauss-Kahn est son rapport aux femmes, avertissait-il dans un article que son propre journal se refusa à publier. Trop pressant, il frôle souvent le harcèlement. Un travers connu des médias, mais dont personne ne parle (on est en France). Or, le FMI est une institution internationale où les mœurs sont anglo-saxonnes. Un geste déplacé, une allusion trop précise, et c'est la curée médiatique[2]. »

Si les confrères de Jean Quatremer s'étaient pincé le nez, voire l'avaient vertement critiqué de venir troubler un de ces moments de cocorico général dont la France a le secret quand l'un des siens brille sur la scène internationale, il faut reconnaître qu'il ne s'était pas trompé. Jusque-là, à l'exception du livre *Sexus Politicus*[3] dont le mari d'Anne Sinclair présentait, selon les auteurs, le « profil type » par son obsession de séduire et ses tendances libertines, personne n'avait osé l'écrire noir sur blanc. Mais Jean Quatremer, correspondant auprès de l'Union européenne depuis 1990, avait eu l'occasion d'observer le futur DG du FMI en « *French Lover* lourdingue[4] », quand ce dernier venait à Bruxelles dans le cadre de ses activités de ministre français. Et, sur l'affaire Piroska Nagy, dans son article du 18 octobre, il se révèle, une fois de plus, très bien informé.

1. *Coulisses de Bruxelles*, 18 octobre 2008.
2. *Coulisses de Bruxelles*, 9 juillet 2007.
3. Christophe Deloire et Christophe Dubois, Albin Michel, 2006
4. *Coulisses de Bruxelles*, 10 juillet 2007.

« L'affaire est banale, du moins pour DSK, écrit-il. À peine arrivé à Washington, il tombe sous le charme d'une responsable du département Afrique du FMI, Piroska Nagy, une Hongroise mariée à un économiste argentin réputé, Mario Blejer, lui-même ancien employé du Fonds, de la Banque centrale argentine et de la Banque d'Angleterre. L'ancien ministre des Finances socialiste est connu pour ses très nombreuses aventures et ses méthodes de drague lourde qui confinent parfois au harcèlement. Il se montre particulièrement pressant, multipliant les mails et les appels téléphoniques à partir de décembre 2007. Finalement, la dame cède à ses avances en janvier 2008, à l'occasion d'une conférence en Europe. Le mari découvre l'affaire et la relation cesse. En août 2008, Piroska Nagy quitte le FMI, avec indemnités, pour la BERD[1], à Londres. »

« Je connaissais cette affaire depuis huit mois. Une source proche du couple m'en a informé, mais je n'ai jamais pu leur parler, celui-ci refusant toute publicité, ce qui rendait difficile une publication sur le sujet. D'après cette source, le couple et surtout la femme ont été particulièrement atteints par cette affaire. L'enquête devra donc déterminer si DSK a abusé de sa position vis-à-vis de sa subordonnée et s'il l'a ensuite poussée vers la sortie. De même, ses indemnités de départ ont-elles été plus élevées que la normale afin de s'assurer de son silence ? Selon l'avocat de Nagy, cité par le WSJ *[Wall Street Journal]*, elle n'aurait subi aucune pression pour quitter le FMI et n'aurait touché que son dû. »

« DSK, intelligemment, ne nie pas l'affaire, dans un pays où le mensonge est presque pire que l'adultère : "L'incident qui s'est produit dans ma vie privée a eu lieu en janvier 2008, déclare-t-il dans un communiqué. À aucun moment, je n'ai abusé de ma position de directeur du Fonds[2]." »

Dominique Strauss-Kahn se livrera aussi, deux jours plus tard, à l'exercice de la contrition, tout aussi indispensable, outre-Atlantique, que l'aveu. Le 20 octobre, dans un courrier électronique au personnel du FMI, il lui présente ses excuses pour son « erreur de jugement ». Il exprime ses regrets à Piroska Nagy, « pour la situation difficile que cela lui a créé », ainsi qu'à Anne Sinclair et à sa famille.

1. Banque européenne pour la reconstruction et le développement.
2. *Coulisses de Bruxelles*, 18 octobre 2008.

En termes de relations publiques, DSK qui, par ailleurs, collabore avec les enquêteurs, déclarant s'en remettre à leurs conclusions et à la sagesse du conseil d'administration du FMI, fait un sans-faute. « Dominique et son avocat américain m'ont tenu au courant de l'évolution du dossier, explique Jean Veil. Quand c'était nécessaire, j'ai essayé de faire la traduction entre les réflexes anglo-saxons et les réflexes français. Ce n'est pas toujours la même chose. Il y avait à la fois un problème juridique et un problème de communication. Un certain nombre de journalistes ont écrit que Dominique avait rapidement compris que ce n'était pas les faits eux-mêmes qui pouvaient lui être reprochés mais, le cas échéant, un mensonge. Je pense que cet élément-là, ce sont à la fois les communicants, les avocats et son tempérament personnel qui lui ont permis de le déterminer, de s'en convaincre et de s'y tenir. »

Dans les jours qui suivent la publication de l'article du *Wall Street Journal* et jusqu'à aujourd'hui, Anne Sinclair a affiché, auprès de ses proches apparemment, en public de manière certaine, un total contrôle de soi en évoquant l'épisode Piroska Nagy. Mais comment a-t-elle réagi le jour où Dominique Strauss-Kahn, dans l'intimité de leur domicile de Georgetown, lui a avoué, en février ou mars 2008, l'avoir trompée avec Piroska Nagy quelques semaines auparavant ? Mal, très mal, évidemment. Et, sa propension à s'emporter avec violence quand un proche lui « manque », comme elle dit, étant notoire, sa colère n'a pu qu'être décuplée dans le cas de son époux. Mme Strauss-Kahn lave le linge sale en famille. Autant par éducation que par tempérament. Mais elle a dû faire passer plus qu'un mauvais quart d'heure à l'ex-amant de la Hongroise de Davos. Combien de jours a-t-elle manifesté son courroux ? Combien de semaines l'a-t-elle battu froid ? Cela reste leur secret. Une fois la paix revenue dans le foyer, a-t-elle ensuite imaginé que la leçon porterait et qu'on n'y reprendrait plus ce mari qui faisait étalage d'une finalement si convaincante mortification d'avoir fait souffrir sa femme ? Certainement, au regard de l'attitude digne et solidaire qu'elle affiche, à partir du 18 octobre 2008, quand son statut de femme bafouée éclate à la face du monde entier.

Si, pendant une semaine encore, Dominique Strauss-Kahn vivra dans la crainte que les conclusions de l'enquête interne du FMI le poussent à la démission, Anne Sinclair, elle, s'inquiète immédiatement de l'effet de souffle dévastateur que la révélation de l'infidélité de « Dominique » provoque, à Paris, dans la famille et chez les proches. « Ma première préoccupation a été de parler aux enfants, dit la journaliste. Ils ont réagi de manière formidable. Ceux de Dominique, à l'image des miens, se sont inquiétés de savoir comment j'allais… »

Marine Strauss-Kahn, la deuxième fille de DSK, se souvient parfaitement du moment où elle a appris la nouvelle. Enceinte de cinq mois, elle était allongée sur son canapé, dans son appartement du XXe arrondissement, avec instruction de bouger le moins possible. « Je regardais la télé, dit-elle. Tout d'un coup, j'ai vu le truc de la *nana* du FMI qui explosait, comme ça, aux infos. Ma première pensée a été : "Mon Dieu, Anne !" J'ai décroché tout de suite mon téléphone : "Mais qu'est-ce que… ? Comment vas-tu ?" Et, là, elle m'a répondu : "Ne t'inquiète pas, c'est une vieille histoire, on a déjà réglé ça avec ton père." Du coup, je me suis dit assez rapidement : *Fin du problème, cela ne me regarde pas.* Après tout, même dans un couple qui fonctionne bien – et ils s'aiment énormément tous les deux –, il peut y avoir une échappée, une erreur… Je n'ai pas à juger mon père, ça ne regarde qu'eux deux. »

Rassurée par la réaction des enfants, Anne Sinclair fait ensuite passer un message similaire aux amis : « Tout va bien ! » Persuadée qu'ayant prononcé cette formule magique, tout son petit monde va prendre son désir pour la réalité, elle n'imagine pas combien cette affaire va, à terme, bouleverser son entourage.

Mme Strauss-Kahn n'a d'ailleurs apparemment pas vécu elle-même la mise sur la place publique de l'infidélité de son mari aussi stoïquement qu'elle aimerait le faire croire. « Quand Anne a surfé sur Internet au moment de l'affaire du FMI, elle a eu un soudain haut-le-cœur, assure Micheline Pelletier. Puis elle a fermé Internet. »

Sans commune mesure avec la manière dont ils le feront après l'arrestation de DSK à New York, en mai 2011, les médias français commencent en effet à multiplier les allusions à sa réputation de séducteur invétéré. Ils rappellent l'avertissement de Jean Quatremer qu'ils avaient ignoré ou stigmatisé en 2007. Ils évoquent *Sexus Politicus*[1] qui vient de sortir en livre de poche. Plusieurs sites Inter-

1. J'ai lu, 14 mai 2008.

net mettent en ligne la vidéo d'une émission de télévision[1], datant du 5 février 2007, durant laquelle une jeune journaliste et écrivain de 27 ans, Tristane Banon, accusait Dominique Strauss-Kahn, qualifié de « chimpanzé en rut », d'avoir tenté de la violer, lors d'une interview dans une garçonnière, quatre ans auparavant. Est-ce le ton du récit de la jeune femme qui paraît trop léger pour être tout à fait honnête aux grands médias ? Seul le site Internet de *L'Express* s'en fait l'écho. L'affaire Banon n'éclatera vraiment à la une qu'après celle du Sofitel de Manhattan. Par contre, DSK devient instantanément un des chouchous des humoristes qui s'en donnent à cœur joie.

Le jour même où l'affaire est sortie dans la presse, de son côté, Stéphane Fouks a dépêché, à Washington, Ramzi Khiroun, Gilles Finchelstein et Anne Hommel. Leur mission est d'éteindre l'incendie médiatique. Ils doivent épauler DSK pour sa communication sur place. Mais, à partir de la capitale fédérale américaine, ils doivent aussi, à travers leurs nombreux contacts dans les médias de l'Hexagone, influer sur le récit de ces derniers sur l'affaire Piroska Nagy pour limiter au maximum les dégâts à l'image du potentiel candidat à l'élection présidentielle de 2012.

« Quand la crise a éclaté, le paradoxe, c'était que cela faisait des mois et des mois que l'affaire pouvait sortir, mais qu'elle n'a été rendue publique qu'une semaine avant la conclusion de l'enquête du FMI, raconte Gilles Finchelstein. Entre Dominique et Anne, c'était réglé depuis longtemps. Donc, quand nous sommes arrivés à Georgetown, il n'y avait plus qu'une crise externe, et nous pouvions l'affronter unis. Le sujet, ce n'était plus le couple, le sujet, c'était le reste du monde. Et nous avons géré cette crise collectivement, avec une double dimension amicale et professionnelle. Nous étions installés chez eux. Ce qui permettait des moments entre nous trois, d'autres avec eux, de vrais échanges où nous pouvions partager des impressions, des regards. Après, dans l'exécution, à trois, quand il faut passer des coups de fil, la démultiplication est importante. Or, dans ce genre de crise, vous avez toujours dix mille imprévus. Et on a beaucoup géré Paris de Washington. »

1. *93, faubourg Saint-Honoré*, présentée par Thierry Ardisson sur la chaîne Paris Première.

Avant de démultiplier leur talent à destination des médias français, les trois pompiers d'Euro RSCG ont toutefois une urgence quand ils se retrouvent face au couple Strauss-Kahn : Anne Sinclair doit s'exprimer publiquement. « Nous nous disions qu'il fallait couper court aux rumeurs qui allaient se développer sur une crise de couple, témoigne Gilles Finchelstein. Une prise de parole préventive d'Anne était donc indispensable. » La *MD's Wife* affirme qu'elle était pour sa part déjà convaincue qu'elle se devait de communiquer. Et elle dément les versions qui l'ont décrite réticente à pardonner publiquement à son mari.

« Nous étions à la maison avec Gilles, Ramzi et Anne, raconte-t-elle. Et Gilles a suggéré que je donne une interview quelque part. Dans la discussion qui a suivi, je ne sais plus qui a rebondi... moi, peut-être... en évoquant l'idée d'un billet sur mon blog. Cela nous a finalement semblé plus naturel comme démarche que d'aller susciter une interview. Je l'ai ensuite rédigé. Les autres m'avaient dit : "Laisse parler ton cœur, écris ce que tu as envie d'exprimer !" J'ai accouché du texte assez facilement parce que c'était une histoire digérée depuis un an déjà, même si là, elle devenait publique. »

Le 19 octobre, Anne Sinclair, après avoir intégré quelques corrections de ses communicants, met donc en ligne le billet par lequel elle affirme avoir « tourné la page », après cette « aventure d'un soir », car « chacun sait que ce sont des choses qui peuvent arriver dans la vie de tous les couples ». Et elle termine par une phrase qui peut faire sourire par son côté fleur bleue : « Puis-je ajouter, pour conclure, que nous nous aimons comme au premier jour ? » Elle est consciente que, dans le contexte de l'époque, cette conclusion a pu sembler surprenante. « Mais je me foutais complètement de l'opinion des autres sur ma cucuterie, ma connerie ou mon dévouement de Mère Teresa », assure-t-elle.

Au bout de deux jours et cent mille connections au blog, le billet est retiré. Toute la presse l'ayant cité, il a effectivement rempli son office. Les communicants se félicitent du succès de l'opération. « Le blog a permis à la fois une maîtrise totale du message et sa diffusion maximale, conclut Gilles Finchelstein. Franchement, on a assuré... » La vraie raison de ce retrait un peu rapide est peut-être à chercher ailleurs. « J'avais fait référence à une *histoire d'un soir* et nous avions appris que Mme Nagy avait été outragée par l'expression, parce qu'en anglais, elle est insultante », ajoute Anne Sinclair qui ne peut s'empêcher d'afficher un sourire narquois à l'évocation de ce souvenir. Mais, à l'époque, dans cette semaine cruciale pour l'avenir du DG du FMI, le mouvement d'humeur de la Hongroise ne fait sans doute pas du tout sourire les Strauss-Kahn et leurs conseils. Les conclusions du cabinet mandaté par le FMI n'ont pas encore été rendues à son conseil d'administration et, dans un courrier daté du 20 octobre, révélé quatre mois plus tard par *L'Express*[1], Piroska Nagy tente effectivement, à la dernière minute, de convaincre les enquêteurs que DSK s'est bien rendu coupable d'un « abus de pouvoir » à son égard...

En attendant le verdict, la communication continue. Après le message du blog, arrive le reportage de *Paris Match*. « Anne, l'épaule dans la tempête » titre, dans les jours qui suivent, l'hebdomadaire qui publie une photo du couple affichant airs graves et lunettes noires dans les rues de Washington. « Main dans la main, commence l'article, ils font face à une période de turbulences[2]... » Enfin, le 25 octobre, une semaine après les révélations du *Wall Street Journal*, DSK est blanchi par l'enquête interne du FMI. Il a droit à un blâme de ses vingt-quatre administrateurs pour sa « sérieuse erreur de jugement », mais il ne peut que se féliciter d'avoir réussi à sauver sa fonction et son couple, ce qui préserve en même temps son avenir politique.

Si, pour Dominique Strauss-Kahn, l'épisode de Davos se termine donc bien, il ébranle durablement ses propres enfants. Deux ans plus tard, ses filles aînées, qui témoignent de la manière plus ou moins douloureuse dont elles ont vécu l'affaire Piroska, aboutissent à la même conclusion : une candidature paternelle à l'élection présidentielle de 2012 mettrait en danger l'équilibre familial.

Si, dans un premier temps, une fois rassurée par Anne Sinclair, Marine Strauss-Kahn s'était convaincue que l'infidélité de son père ne la regardait pas, l'ampleur médiatique prise par le scandale lui est vite devenue insupportable. « Pour un enfant, aussi grand soit-il, c'était un peu comme se retrouver à regarder par le trou de la serrure, se plaint-elle. Je l'ai très mal vécu parce que je me disais :

1. 17 février 2009.
2. 22 octobre 2008.

Je n'ai pas à savoir ça ! J'en ai voulu aux médias. Et, ce qui était également extrêmement douloureux, c'était de voir Anne se dégrader au fur et à mesure. Je me souviens d'une fois – elle était à Paris – où elle est arrivée pour dîner chez moi dans un état pas possible. Elle venait de chez son coiffeur, où il y avait *Gala* ou un autre truc dans le genre. En ouvrant le magazine, elle était tombée sur un grand article titré « Les plus belles cocues du monde » ! Elle y était associée avec Hillary Clinton et Victoria Beckham... Dans cette affaire, le plus dur a sans doute été le doute que cela a instillé en moi. Je me disais : *Oui, il l'a trompée !* Mais, après, la presse racontait qu'il la trompait à tout bout de champ. Vrai ou pas vrai ? Je ne voulais pas le croire, mais, après tout, c'est un homme... C'était la question qu'on m'obligeait à me poser, alors que je n'aurais jamais dû devoir me la poser. À partir de là, j'ai eu peur qu'il se porte candidat à la présidentielle de 2012, j'ai eu peur de la campagne électorale... tant pour Anne que pour nous. »

Sa sœur aînée, Vanessa, affirme que la couverture médiatique de l'affaire ne lui a fait ni chaud ni froid. Par contre, le comportement de son père l'a apparemment beaucoup blessée. « J'ai trouvé qu'il était con, c'est tout, lance-t-elle. Quand on est directeur général du FMI, on ne va pas se taper..., c'était juste débile ! Après, il s'est fait prendre, et c'est tant pis pour lui ! J'ai eu du mal à prendre son parti ou à trouver terrible ce qui lui arrivait. Si les médias l'ont traité de cochon, il n'avait qu'à s'en prendre à lui-même. Car, non seulement ce n'était pas malin, mais les mecs qui trompent leur femme, je ne trouve pas ça sympathique. Ma seule vraie préoccupation, c'était Anne. Car, pour elle, la dimension publique que, moi, je n'avais pas connue, était particulièrement désagréable. Rentrer en France, affronter le regard des gens : c'était une deuxième claque pour Anne. Tandis que lui, il s'en fichait ! Alors, des femmes qui affirmeront avoir eu une histoire avec papa, il y en aura encore. Ce sera peut-être vrai pour certaines. En tout cas, il y aura d'autres révélations, vraies ou fausses. Si cela n'a pas d'impact sur les sondages électoraux, cela en aura sur Anne et sur nous. Est-ce que, du coup, il doit renoncer à se présenter à la présidentielle ? Eh bien, peut-être, oui... »

À son premier passage à Paris après l'affaire Piroska Nagy, Anne Sinclair déjeune en tête à tête avec chacune de ses meilleures amies, Élisabeth Badinter, Rachel Kahn et Micheline Pelletier.

Daniela Frydman, elle, se trouve à ce moment-là au Canada, dans son ranch de l'Ontario. Mais a-t-elle vraiment besoin de ce rendez-vous un peu cérémonial avec celle qui, au fil des années, est devenue la plus proche des quatre « sœurs » ? Toujours est-il qu'à chacun des trois déjeuners parisiens, Dominique Strauss-Kahn arrive tout souriant, « juste pour prendre l'apéro ». Les trois amies, qui en ont gros sur le cœur, se retrouvent obligées de l'embrasser, de lui sourire, d'être témoins du couple tellement uni qu'il forme avec Anne. Un remake de l'anniversaire de Marrakech, en quelque sorte. Est-ce lors du déjeuner avec Élisabeth Badinter de ce séjour parisien qu'Anne Sinclair s'est durablement distancée de la philosophe, celle-ci lui ayant dit le fond de sa pensée sur le comportement de DSK et la façon dont elle y réagissait ? Plus d'un ami l'a pensé.

Chez ces trois amies d'Anne Sinclair, la notoriété publique de l'infidélité de DSK a fait son travail de sape. D'autant plus que l'ancienne star de TF1 a eu ensuite, selon l'une d'entre elles, de sérieux problèmes de santé. Au point de nécessiter un soutien psychologique. Si Anne est bafouée, ses « sœurs » se sentent, elles aussi, un peu bafouées. Même si chacune en parle avec son tempérament.

Élisabeth Badinter, avec désillusion :

« Je suis comme tout le monde dans un certain milieu : l'infidélité de Dominique n'a pas été une découverte. Mais j'ai eu le sentiment qu'Anne, elle, ne le savait pas. C'est sûrement très douloureux pour une personne comme elle, parce que cela signifie qu'elle n'a plus son destin entre ses mains. Je crois que le pire malheur qui pourrait lui arriver, serait de perdre Dominique. Donc elle s'ajuste, elle ajuste sa vie.

« Aujourd'hui, c'est une femme docile, passive et soumise. C'est renversant, parce qu'il y a vingt-cinq ans, Anne était le contraire. Et elle est la dernière à laquelle j'aurais pensé pour un tel renversement. Anne était tellement sensible à ce qui se passait dans le monde, tellement intéressée par tout. Maintenant, elle trouve intéressant de décorer ses intérieurs. C'est antithétique. Mais c'est un rôle d'adaptation. Et le moteur de cette adaptation, c'est sa passion pour lui.

« Elle est passée de la passion à la passivité. J'ai connu Anne en position de décideuse, sur tout et tout le temps. C'était son tempérament. Maintenant, je la vois attendre, elle ne sait pas ce qu'elle va faire dans les six mois ou dans les années qui viennent. Elle ne décidera pas de sa vie. Mais je ne la juge pas, car elle ne peut pas faire autrement… »

Rachel Kahn, avec espérance :

« Élisabeth a fait le procès de Dominique et carrément dit à Anne qu'elle devait le quitter. Anne ne l'a pas supporté et s'est éloignée d'elle très longtemps. Élisabeth joue toujours la statue du Commandeur. Pour ma part, je préfère accompagner Anne. Quand elle est dans le déni, nous n'en parlons pas parce que c'est inutile. Quand elle veut aborder le sujet, on en discute. Et elle le fait beaucoup plus facilement depuis l'épisode du FMI. Elle aime cet homme. Qui suis-je pour juger ? Je lui ai dit : "Si tu veux rester avec lui, en dépit de tout ce qui se raconte à son sujet, tu as raison, c'est toi qui choisis ta vie !"

« En tout cas, je vois ce que Dominique a apporté à Anne, je vois comment il l'a stabilisée. Cette famille, cette tribu lui a apporté énormément. Elle se sent utile. Elle a besoin de se sentir utile. Dès qu'un de ses enfants ou de ses petits-enfants a un souci, elle est là. Et les enfants sont là aussi quand elle en a besoin. Un vrai lien s'est créé, c'est miraculeux ! Je pense que ça, Anne, elle n'est pas près de le laisser. Alors, j'espère…

« Vous savez, il s'est dit tellement de choses, j'ai entendu tellement d'histoires. Si le quart de ce que j'ai entendu est vrai, cela veut dire qu'il est malade et que, s'il ne se fait pas soigner, il recommencera ! Maintenant, depuis l'épisode du FMI, il ne s'est rien passé… ou du moins, je l'espère ! »

Micheline Pelletier, avec dramatisation :

« Anne a beau ne pas vouloir entendre, elle est quand même au courant de quelques-unes de ses infidélités. Elle réagit en disant : "Qu'est-ce qu'il a besoin d'aller baiser ailleurs s'il m'aime ?" Il l'aime, mais il est malade. Et Anne ne sait pas tout ce que nous, ses amies, nous savons. Si on lui met tout sur la table, on la tue. Ce serait comme prendre un poignard et le lui enfoncer dans le cœur. Ou alors, elle décide de ne jamais savoir et de dire qu'on ment. Donc, tout ce qu'on peut faire, c'est semer des petits cailloux blancs pour dire : "On est au courant et on est là." Pour qu'elle sache qu'elle peut venir nous parler. Pour lui ouvrir la porte. Pour qu'elle ne s'enferme pas.

« Ne pas savoir permet à Anne de garder son honneur. Si elle veut survivre, son amour doit être aveugle. Car sa décision d'imposer le divorce d'avec Ivan Levaï à sa mère et à ses enfants fut un vrai tourment et un vrai tournant. Pour elle, c'était pour la vie et elle ne pouvait pas se tromper. Or, si elle acceptait de savoir, cela voudrait dire qu'elle s'est trompée. Mais, un jour, elle va peut-être devoir considérer la réalité et mettre les valises de Dominique sur le palier. Ce jour-là, ce sera une défaite totale des valeurs d'Anne. Et se séparer de Dominique la détruira… »

Anne Sinclair ne se résume évidemment ni à l'image qu'elle veut donner d'elle-même ni à celle qu'ont d'elle ses meilleures amies. Bafouée, blessée, humiliée par l'affaire Piroska Nagy – et d'autant plus que « Dominique » l'a trompée à peine quelques mois après sa difficile décision de le suivre à Washington –, l'ancienne présentatrice de *7 sur 7* n'a pourtant pas craqué, ne s'est pas effondrée.

En 2009, 2010, début 2011, elle a, au contraire, fièrement et pleinement assumé son rôle de *MD's Wife*, de « femme de », d'épouse du favori socialiste à l'élection de 2012. Mais a-t-elle personnellement envie que son mari se lance dans la course à l'Élysée ? Se voit-elle en « première dame » ? Rien n'est alors moins certain.

Chapitre 16

Au fur et à mesure que l'onde de choc de l'affaire Piroska Nagy s'éloigne, vivre à Washington offre à Anne Sinclair l'immense avantage de pouvoir y panser ses plaies dans la tranquillité de sa retraite de Georgetown. Dans un anonymat dont elle est désagréablement privée à Paris, où regards apitoyés et inquisiteurs lui pèsent quand elle y séjourne. Son quotidien reprend le rythme du train-train de la capitale américaine. Son blog. Les échanges à distance quotidiens avec les amis. Les soirées avec « Dominique ». Les week-ends avec « Dominique ». Les déplacements avec « Dominique » – elle préfère tout de même le laisser le moins souvent possible voyager seul. Les visites des enfants. Celles des amis. Les vacances de la tribu à Marrakech. Bref, la *MD's Wife* se félicite d'avoir tenu bon dans la tempête. Et son existence a retrouvé un cours normal.

Les proches commencent eux aussi à se convaincre que vivre outre Atlantique offre aux Strauss Kahn une opportunité de renforcer un lien conjugal mis à rude épreuve. « Washington protège le couple, veut croire Élisabeth Badinter. Quand il est là, elle l'a pour elle. » Gilles Finchelstein pense même qu'auparavant, le couple n'a jamais expérimenté une vie commune de cette qualité. « Ils ont passé plus de temps ensemble à Washington que durant les seize années précédentes de leur mariage », assure-t-il. « Là-bas, ils ont retrouvé une relation vraie, ajoute Rachel Kahn. Il n'y a pas moyen de tricher, de s'échapper sous prétexte d'une mondanité ou d'une réunion. » Le district de Columbia, tel un bain de jouvence pour couple à la recherche d'un nouveau souffle ? Une sorte de « nouvelle frontière » ou de « rêve américain » matrimonial. Et pourquoi pas ?

Évidemment, l'année 2008 n'a pas donné l'impression d'emblée que le chemin de Georgetown était pavé de roses. Mais, après l'épisode de Davos et ses suites, la quiétude des années 2009 et 2010 fait raisonnablement naître l'espoir chez ceux qui aiment « Anne » – avec un minimum d'optimisme, s'entend – que, corset américain aidant, DSK s'est racheté une conduite après avoir senti le vent du boulet. D'autant que les plus proches de la *MD's Wife* peuvent, eux, comparer avec la vie antérieure du couple à Paris et ses moments de tension.

Moments de tension ? Personne n'en dira plus. Ou alors si peu. Un exemple ? Un couple d'amis intimes des Strauss-Kahn va dîner au restaurant et, à sa grande gêne et stupéfaction, aperçoit « Dominique », à quelques tables de la sienne, se livrant à un numéro de charme dont il a le secret avec une jolie jeune femme. « Je ne dis pas que c'est malin, mais c'est ainsi », commenterait sans doute le principal intéressé...

Par contre, un épisode a secoué la maison Strauss-Kahn dans les années qui ont précédé l'installation à Washington. Pendant plusieurs mois, DSK a quitté le domicile conjugal pour s'installer d'abord à l'hôtel quelques jours, puis dans un studio. Une séparation provisoire qui n'a pas pu rester longtemps cachée aux intimes du couple. Pour l'ami qui révèle cette histoire, inconnue jusque-là, le plus étonnant reste le motif du départ de « Dominique ».

« Il est parti parce qu'il soupçonnait Anne de le tromper, raconte ce proche. Il avait découvert, en fouillant dans ses papiers ou son ordinateur à elle, une lettre ambiguë adressée à un homme. Et il a saisi ce prétexte pour s'en aller. C'est un peu gonflé quand vous savez comment lui se conduit avec les femmes. Franchement débile. » L'homme que DSK suspecte d'avoir eu une liaison avec son épouse est une figure connue du Tout-Paris. Et l'ami des Strauss-Kahn ajoute que, début 2011 encore, DSK réagissait avec humeur quand le nom de la personne en question était prononcé devant lui.

Anne Sinclair a-t-elle trompé DSK ? Ce dernier l'a-t-il sincèrement pensé, alors que sa femme ne lui avait pas été infidèle ? Interrogée, elle refuse de répondre à ces questions. Mais la version de l'ami indiscret ne lui déplaît visiblement pas. Elle ne la dément à aucun moment. Et reconnaît l'existence d'une séparation : « Nous avions tous les deux besoin de prendre l'air. » Elle précise que cette « période de froid » a duré neuf mois, à cheval sur 2002 et 2003. Et que son mari avait loué un studio entre les Invalides et Sèvres-Babylone, dans le VIe arrondissement parisien.

« C'est drôle, cette histoire, et c'est bien, car ça rétablit les choses ! » conclut, en moraliste de la fable, l'écrivain Dan Franck, autre ami du couple.

En remettant ainsi la décennie 2000 du couple en perspective, Georgetown, à partir de 2010, apparaît comme un havre de sérénité conjugale retrouvée. Et qui pourrait le rester encore un bon moment. Car le mandat de Dominique Strauss-Kahn à la tête du FMI court jusqu'au 31 octobre 2012. Sa gestion de la crise économique et financière mondiale depuis 2008, unanimement saluée dans le monde, lui assure, sauf accident, un second mandat de cinq ans, s'il le sollicite. Avoir rang de chef d'État et parler d'égal à égal avec tous les gouvernants de la planète jusqu'à la fin 2017 – il aura alors 68 ans – en satisferait plus d'un !

Mais DSK veut-il de cette belle fin de carrière programmée ? Ou rêve-t-il de prendre sa revanche sur les humiliations qu'ont constitué sa démission forcée du ministère de l'Économie, des Finances et de l'Industrie, en 1999, et sa défaite aux primaires socialistes, en 2006 ? Va-t-il briguer l'Élysée en 2012 pour tenter de démontrer une bonne fois pour toutes qu'il est le meilleur de sa génération à gauche ? Et pas que sur le papier. On le dit à des hauteurs stratosphériques de ce genre de considération. « Dominique » ne regarderait jamais derrière lui. Il n'a pas l'esprit revanchard. Ni l'ambition mal placée. Soit. Mais peut-on vraiment imaginer qu'un homme politique de profession et de tempérament, auquel les sondages laissent augurer toutes les chances d'entrer à l'Élysée en 2012, conçoive de prendre sa retraite en ayant été seulement maire et député de la banlieue parisienne, ainsi que deux fois ministre pendant à peine deux ans ?

Et Anne Sinclair, qu'en pense-t-elle ? Washington ou Paris ? Le FMI ou une candidature présidentielle ? *MD's Wife* ou première dame de France ?

Dès février 2010, l'ex-star de TF1 sous-entend qu'elle n'a pas très envie de rester aux États-Unis au-delà de fin 2012. « Nous avions passé un pacte au terme duquel si, au bout de deux ans, je ne supportais plus la vie là-bas, je le disais, explique-t-elle. Pour l'instant, ça va. Mais je ne me vois pas forcément souhaiter qu'il fasse un mandat de plus. » Et quand Mme Strauss-Kahn dit « pas forcément », traduisez « pas un instant ». Car, mariée à un homme politique et entourée par leurs amis les communicants depuis de longues années, elle a assimilé toutes leurs manies. D'autant qu'elle déteste se livrer par nature. Elle sait donc « parler vrai » sans s'exprimer clairement. Dire une chose et presque son contraire avec une apparente logique. Manier la langue de bois avec le ton de la sincérité. Multiplier les euphémismes, les litotes, les digressions et les ellipses avec maestria. Lancer des leurres et des nuages de fumée. Et on n'oserait pas jurer qu'elle s'interdit toujours et en toutes circonstances une petite contrevérité. En clair : Anne Sinclair sait balader ses interlocuteurs.

« Je suis certain qu'Anne n'a pas envie de rester à Washington », confirme sans détour, trois mois plus tard, son ami et confident Dan Franck. Vanessa Strauss-Kahn assure aussi, à la fin de la même année, que tel est le désir de sa belle-mère.

Anne Sinclair veut donc rentrer à Paris. Les amis, les enfants – à l'exception de David qui travaille à Washington – et les petits-enfants lui manquent. Elle le répète à l'envi. Mais elle est aussi une authentique Parisienne. Elle souffre avant tout d'être séparée de « sa » ville. Au fond, elle ne se sent vraiment chez elle que dans la capitale française. Pour elle, Georgetown et son calme un peu provincial ne peuvent qu'être un entre-deux, un intermède, un temps de latence. Aussi agréables et reposants soient-ils. Son Paris, de la rive droite à la rive gauche, de la place des Vosges à Saint-Germain-des-Prés, de *Ma Bourgogne* au *Café de Flore*, des dîners mondains du XVIe à ceux du VIe, de la gastronomie à la polémique à la française, de Chanel à Louboutin, tout cela, et tant d'autres choses, lui font cruellement défaut outre-Atlantique.

Game over, donc, pour Washington et le FMI ? Et en avant pour Paris et 2012 ? Pas si vite ! Interrogés séparément, Anne Sinclair et Dominique Strauss-Kahn qui, selon elle, ont décidé de ne pas encore aborder le sujet entre eux, offrent pourtant un sacré numéro de duettiste :

« Le job de patron du FMI est passionnant, celui de président pourrait l'être moins. Quant à celui de femme du président, je ne vous raconte pas... Mais au bout du compte, je sais que Dominique fera ce qu'il doit.

– Mon job serait moins intéressant : vous traitez des problèmes du monde et il faudrait revenir à la révision des tarifs de la SNCF.

– La campagne sera hideuse.

– La campagne sera sale.

– Personne n'a envie que Dominique soit candidat, ni moi ni surtout les enfants.

– Ma femme est partagée, nos gosses sont contre. »

Une troisième alternative à un deuxième mandat au FMI ou à une candidature en 2012 ? « Oui, il y a la retraite, ou même mille autres choses passionnantes à faire ! » répond Anne Sinclair. « Je suis un universitaire rentré, relève DSK. Je me verrais bien refaire de la recherche en économie, écrire des livres et avoir un mode de vie un peu plus cool… »

Les Strauss-Kahn ont-ils vraiment envisagé sérieusement, dans leur refuge de Marrakech, le retrait du grand homme de la vie politique et publique ? Le cocon de Georgetown a-t-il pu donner naissance à ce genre de songerie ? Au regard de la suite des événements, c'est évidemment difficile à imaginer. Car le directeur général du FMI ne manifestera jamais publiquement le moindre désintérêt pour le « job de président », comme il a pu le faire en privé. Jusqu'à la mi-mai 2011 et son arrestation à New York, tout laissera même penser qu'il va se déclarer candidat.

Dès mars 2010, Rachel Kahn ne doute pas un instant que DSK entrera dans la course à l'Élysée. Et que son amie suivra. Elle le lui a d'ailleurs dit sans détour. « Je ne vois pas comment Dominique pourrait ne pas se présenter, estime-t-elle. Quand Anne me dit qu'elle est contre, je lui réponds : "Alors tu aurais dû rester avec un journaliste. Un homme politique de premier plan, tu ne peux pas lui interdire de tenter d'atteindre son objectif naturel !" Comme elle aime Dominique, elle fera ce qu'il faut. Et, s'il est élu, je la vois tout à fait à l'Élysée : elle n'aimera pas être première dame, mais elle sera parfaite. »

Au fond d'elle-même, Anne Sinclair sait que son amie a raison. Si cela ne tenait qu'à elle, ce serait ni FMI ni Élysée. Et une vie de retraités heureux entre Paris et Marrakech. Mais elle ne fera pas obstacle à l'ambition de « Dominique ». Jamais. Elle ne l'a pas fait pour Bercy. Elle ne l'a pas fait pour le FMI. Elle ne le fera pas pour 2012. « Son désir sera celui de son mari, estime Bernard-Henri Lévy. Elle suivra. Mais le pouvoir ne la fascine pas, il est désenchanté à ses yeux depuis longtemps parce qu'elle a côtoyé les plus grands. Elle est plus fascinée par le monde des idées que par le pouvoir. Mais elle ferait une bonne première dame. Évidemment. »

Pourtant, au printemps 2010, son dévouement va de nouveau être soumis à rude épreuve. Un livre, *DSK. Les secrets d'un présidentiable*[1], la déstabilise à nouveau. Sous le pseudonyme de Cassandre, l'auteur ne révèle pourtant aucun scandale. Mais celle qui prétend être une collaboratrice de Dominique Strauss-Kahn dresse à nouveau un portrait de ce dernier en séducteur et libertin dont l'obsession pour les femmes risque de ruiner ses chances pour la présidentielle. Les quatre communicants d'Euro RSCG s'emploient avec efficacité à discréditer la supposée collaboratrice de DSK en arrosant les rédactions d'une note de onze pages qui pointent les erreurs factuelles, mais aussi les plagiats et les copier-coller de l'ouvrage. Mais, en ce qui concerne Anne Sinclair, le mal est fait.

Dans les semaines qui suivent la sortie du livre, ses proches constatent les dégâts. « Le bouquin de Cassandre, il n'y a peut-être rien de nouveau dedans, mais il reste quand même à la une pendant quatre jours ! constate Vanessa Strauss-Kahn. Et pour Anne, c'était dur… » Dan Franck, qui dîne avec elle en tête à tête à l'époque, est catégorique : « Anne ne veut pas que Dominique soit candidat, elle ne veut pas ! Je les ai vus ensemble en avril. Ils balançaient entre *Nous n'allons pas pouvoir faire autrement* et *Nous n'avons pas envie d'y aller !* Mais le livre de Cassandre, j'ai l'impression qu'il a cassé Anne. Car elle se dit : *Si c'est ça, franchement, pourquoi on irait ?* Je l'ai vue hier, et c'était *non.* » Jean Veil voit aussi le résultat. « Je pense qu'Anne en avait plus envie il y a un mois qu'aujourd'hui, dit-il. Elle prend des coups et elle sait qu'elle prend des coups parce que Dominique pourrait être candidat. Elle lit tout sur Internet. Elle est au courant avant nous. Dominique, non. »

Le rappel de cuti que constitue le « Cassandre » sur la tournure que pourrait prendre la campagne électorale, une année et demie après l'affaire Piroska Nagy, jette évidemment également le trouble chez les enfants du couple.

1. Plon, 2010.

« Je veux qu'ils reviennent en France, dit Marine Strauss-Kahn. Mais est-ce que je veux que mon père soit candidat ? J'ai été élevée par un homme de gauche et la France de Sarkozy, je trouve que c'est une catastrophe. Je suis convaincue qu'il a de vraies idées et qu'il pourrait faire du bien au pays. D'un autre côté, je me dis que la campagne va être monstrueuse. Tous les moyens seront bons pour le discréditer. Il y aura forcément des trucs sordides, des nénettes payées pour dire qu'il les a séduites dans des bars. J'ai peur, j'ai très peur pour Anne qui sera en première ligne. S'il y va, il faudra que nous soyons attentifs à elle. En tout cas, quoi que mon père décide, je serai derrière lui. Il n'a pas peur de ce qui va sortir, mais de comment nous allons le supporter. Sa faille, ce sont sa femme et ses enfants. »

David Levaï, lui, s'affirme contre la candidature de son beau-père. À ce stade. Mais son avis n'est pas définitif. « Ce sera à la fois une décision personnelle de Dominique et une décision de couple qui tiendra compte de nos avis. Sans parler de conseil de famille, nous sommes une tribu où on débat. »

La fille aînée de DSK, Vanessa, espère même que son père va baisser dans les sondages. Ou que Martine Aubry va le prendre de vitesse en se déclarant candidate avant lui. « Je connais papa, il y a dû avoir des histoires, craint-elle. À un moment ou à un autre, ça sortira. Or Anne a donné. Cela fera du mal dans le couple. J'ai vécu des choses un peu similaires. Je sais combien on est sensible, combien on réagit de façon épidermique. » Elle espère qu'il renoncera même si les enquêtes d'opinion restent au beau fixe. « Je trouve que ce serait beaucoup plus courageux de la part de papa, avec les sondages qu'il a, de ne pas y aller, ose-t-elle. En partie en raison de la campagne comme elle s'annonce, en partie pour notre vie après, s'il est élu. Cela va nous amuser une fois d'emmener les enfants pour un goûter à l'Élysée. C'est purement égoïste, mais j'aimerais qu'il soit plus disponible pour sa famille… »

Le « brave petit soldat » Anne Sinclair, toujours, se relève et reprend courage. Avec l'été à Marrakech et l'automne à Washington, le désagréable souvenir du livre de Cassandre s'éloigne, comme celui de l'affaire Piroska Nagy avant lui. Durant les fêtes de fin d'année 2010-2011, la tribu se retrouve dans le riad de la capitale touristique marocaine.

Pour Dominique Strauss-Kahn, l'heure de la décision approche. Des amis passent. Dan Franck crée le « club des *si* » pour les expressions « Si tu y vas… » et « Si tu n'y vas pas… » qui parsèment les discussions. Des camarades du PS sont aussi invités à dîner de temps à autre. « Dominique semblait encore douter de la décision qu'il allait prendre, de sa capacité à prendre en charge la France actuelle et de répondre à ses problèmes, témoigne Jean-Paul Huchon, président du conseil régional d'Ile-de-France. Anne, elle, n'avait aucun doute là-dessus. Par contre, elle s'inquiétait de la dureté de la campagne qu'allaient mener Sarkozy et ses amis. De la médiocrité du PS aussi. Elle estimait que les primaires étaient une merde infâme. Mais elle voulait qu'il devienne président de la République parce qu'elle pensait que, pour lui, c'était très important… » DSK doute-t-il encore vraiment ou est-ce une posture ? A-t-il pris une décision et l'a-t-il communiquée à sa femme ? L'ex-star de TF1 participe en tout cas, par petites touches, à ce qui ressemble à des travaux d'approche soigneusement calibrés pour une entrée dans l'arène des primaires socialistes.

« J'ai lu dans plusieurs journaux français que la réélection de Dominique serait assurée à la tête du FMI. Pour ce qui me concerne, je ne souhaite pas qu'il fasse un second mandat. »

Ces deux phrases par lesquelles Anne Sinclair, citée dans un article de l'hebdomadaire *Le Point* du 10 février 2011, fait savoir publiquement ce que tout son entourage privé sait depuis longtemps, reçoivent d'autant plus d'écho dans les médias français que le devoir de réserve imposé par le FMI à son directeur général lui interdit de poser les jalons classiques qui mènent à une déclaration de candidature à la présidentielle. Les règles du Fonds ne lui interdiraient pas d'informer les Français – et avant tout les socialistes – de sa décision de ne pas entrer dans la course à l'Élysée. Mais il n'a visiblement pas l'intention de leur parler dans ce sens. Le « non-souhait » de la *MD's Wife* est tout de suite élevé au rang de « petit caillou blanc » et de « signal très fort » par deux des lieutenants de DSK, Jean-Christophe Cambadélis et Pierre Moscovici. « Personne ne peut penser que cette phrase n'a pas été travaillée, pensée », déclare ce dernier, sans doute à l'intention de ceux qui pourraient imaginer que la « femme de » parle en son nom propre, sans avoir ciselé ses phrases avec son mari et ses communicants avant de la livrer au *Point*.

Déjà, trois mois auparavant, le 10 novembre 2010, Anne Sinclair était invitée au *Grand Journal* de Canal +. Officiellement, pour écouter son avis sur le bilan d'Obama, deux ans après son élection. L'équipe de Denisot n'en a cure et l'épouse de DSK n'est pas dupe. Pas plus que l'entourage du potentiel candidat. « Je sais que vous voulez que je parle de Dominique, mais, moi, je n'ai pas envie d'en parler », assure-t-elle de manière convenue. « Je ne suis pas son porte-parole », ajoute-t-elle ensuite pour ceux qui n'auraient pas compris. Par contre, si on attaque « Dominique », elle assume pleinement le rôle de garde du corps. Certains ont osé se demander tout haut si DSK – devenu le docteur FMI aux recettes amères pour les pays en crise – était encore vraiment de gauche ? « Qu'on puisse en douter me sidère ! » et « Il faut vraiment être tordu ! » rétorque-t-elle en brandissant ses états de service : trente-cinq ans au Parti socialiste, ministre de Mitterrand, candidat à la primaire socialiste pour la présidentielle de 2007. Anne Sinclair ne quittera pas le plateau de Canal + sans avoir prononcé une phrase que d'aucuns auraient qualifiée de « travaillée, pensée » et que son modèle Pierre Mendès France n'aurait à l'évidence pas récusée : « Les hommes politiques de demain, ce seront les hommes politiques qui diront la vérité. »

Au final, Anne Sinclair n'aura porté que deux fois la parole de son potentiel candidat de mari. Sans enthousiasme particulier. « Honnêtement, ce n'est ni un rôle que je joue ni un rôle que je veux jouer, promet-elle. Ce sont les circonstances qui m'ont amenée à m'exprimer. » Par contre, elle se réserve le rôle – naturel pour l'ancienne animatrice de *7 sur 7* – de conseillère audiovisuelle. Le 20 février, à l'occasion d'une réunion des ministres du G20 à Paris, Dominique Strauss-Kahn est l'invité du 20 heures de France 2. Dan Franck, invité à dîner place des Vosges, assiste à sa prestation en compagnie d'Anne Sinclair, totalement silencieuse. « Après son retour, c'était génial d'assister au débriefing de la formidable intervieweuse qui lui faisait ses critiques pendant qu'il cuisinait les pâtes, raconte-t-il. Elle l'avait trouvé bien mais regrettait qu'il se soit laissé interrompre aussi souvent par Laurent Delahousse. On sentait la professionnelle, tendre mais qui ne lui passe rien. »

L'atout principal que représenterait toutefois Anne Sinclair pour Dominique Strauss-Kahn dans le cadre d'une future campagne électorale serait, avant toute autre chose, sa popularité. Début février 2011, un sondage de l'institut Ifop révèle ainsi que 65 % des Français la préfèrent à Carla Bruni[1]. « Si Dominique se présente, Anne, avec sa beauté, sa chaleur, sa popularité, sera un atout majeur pour lui », ne doute pas un instant Claire Chazal, son ancienne complice des dimanches soirs à TF1.

Marine Strauss-Kahn, elle, voit déjà plus facilement sa belle-mère en première dame que son père en président. « Elle est parfaite pour le rôle : elle a l'aisance, le charme, l'attention aux autres », s'émerveille-t-elle. Le fils aîné d'Anne Sinclair, lui, pense aussi que sa mère ferait une « formidable première dame ». Mais David Levaï doute qu'elle puisse être épanouie et heureuse au palais de l'Élysée.

Au lendemain d'un long week-end de Pâques de quatre jours avec son mari à Agadir, Anne Sinclair retrouve, fin avril 2011, son appartement de la place des Vosges. Dominique Strauss-Kahn rencontre tous les principaux dirigeants du Parti socialiste ces jours-là. L'ancienne vedette du petit écran s'exprime toujours au conditionnel, mais elle sait évidemment que le dénouement est proche. Et ne doute pas de l'issue. DSK sera candidat. Dans tous les sondages, il apparaît en effet comme le seul socialiste assuré de se qualifier pour le second tour de la présidentielle, tandis que les scores de Marine Le Pen flirtent avec ceux de Nicolas Sarkozy dans les scénarios où François Hollande ou Martine Aubry porteraient les couleurs du PS. Et, au deuxième tour, DSK écrase le président sortant. L'ancienne journaliste politique sait combien l'ambition des hommes de pouvoir se décuple quand elle s'habille des atours du sens du devoir.

« Pour Dominique comme pour mes enfants, je crois qu'ils doivent aller au bout de leurs envies et, moi, tout faire pour qu'ils réussissent, dit-elle. Que, pour lui, ce soit un beau combat, exaltant, je le conçois. Pour moi, ça l'est moins. Mais je le mènerai s'il le faut. Je ne peux pas faire mieux que de dire : “Quoi que tu décides, je te suis !” Une vie tranquille aurait ma préférence. J'ai

1. *Paris Match*, 14 février 2011.

toutefois choisi de dire à Dominique : "Tu es face à ton miroir et tu prends ta décision." Plutôt que : "N'y va pas !" Je pense qu'il a toutes les qualités pour être un grand président. Je ne veux pas qu'il renonce à cause de moi et qu'il le regrette ensuite éventuellement pour le restant de ses jours. »

Dans la future bataille électorale qu'elle imagine toujours « atroce, ignoble », l'épouse du futur candidat craint un angle d'attaque particulier contre DSK – les femmes – et deux contre le couple : l'argent et la judaïté.

« L'argent hérité de ma mère sera un handicap pour Dominique », prédit-elle.

À l'entendre, pourtant, il serait largement surévalué, voire fantasmé. Pour des raisons de caractère familial sur lesquelles elle refuse de s'étendre, la fabuleuse collection de tableaux de son grand-père Paul Rosenberg se serait réduite à peau de chagrin entre son décès, en 1959, et celui de la mère d'Anne Sinclair, en 2006. « Il me reste quatre beaux tableaux : deux Léger et deux Picasso[1], assure-t-elle. Un Léger s'appelle *Le Triangle rouge*, l'autre je n'ai jamais su son nom. Pas plus que celui d'un des deux Picasso, l'autre étant une nature morte. À part cela, j'ai des petits Marie Laurencin de valeur modeste. À une époque, ils étaient très appréciés des Japonais, mais beaucoup moins aujourd'hui... Mon patrimoine, ce sont ces tableaux, et de l'immobilier : l'appartement de la place des Vosges, le riad de Marrakech et la maison de Georgetown que nous mettrons en vente en quittant Washington, sans oublier mon ancien appartement parisien de l'avenue du Maréchal-Maunoury. »

Selon une enquête de *L'Express*[2], la seule réalisée de manière approfondie sur le patrimoine des Strauss-Kahn, l'appartement de la place des Vosges a été acheté par le couple, en 2007, pour 4 millions d'euros (auxquels il faudrait ajouter le coût des importants travaux qui ont duré un an). La répartition des parts entre les époux, à travers la société civile immobilière créée pour l'occasion, n'est pas connue. Par contre, Mme Strauss-Kahn possède neuf dixièmes de celles du riad de Marrakech, acquis, en 2000, pour moins de 500 000 euros (les travaux ont ensuite duré dix-huit

1. Des copies de ces deux tableaux sont accrochés aux murs de la maison de Georgetown.
2. 11 mai 2011.

mois). Un bien équivalent vaut pas moins de 3 millions d'euros avant rénovation aux prix actuels du marché. La maison de Georgetown a été payée 4 millions de dollars par Anne Sinclair en 2007. Quant au *penthouse* de l'avenue du Maréchal-Maunoury qui lui appartenait aussi, il lui avait été acheté par sa mère, en 1990, pour 17 millions de francs (2,59 millions d'euros). Tous ces achats immobiliers ont été payés comptant, donc sans recours à des emprunts bancaires.

Si Anne Sinclair ne possède que quatre tableaux de Léger et Picasso, sa mère Micheline et la veuve de son oncle, Élaine, avaient néanmoins récupéré, entre 1999 et 2003, toujours selon l'enquête de *L'Express*, trois chefs-d'œuvre de la collection Rosenberg que les nazis s'étaient appropriés pendant la Seconde Guerre mondiale. Des *Nymphéas* de Monet, rendus à la famille par le musée des Beaux-Arts de Caen, auraient trouvé un acquéreur privé pour une vingtaine de millions de dollars, au début des années 2000. Le Centre Pompidou de Paris a rétrocédé *La Femme en rouge et vert* de Fernand Léger. Mis aux enchères chez Christie's, à New York, en 2003, il a été adjugé pour 22,4 millions de dollars. Le musée de Seattle, quant à lui, a restitué *L'Odalisque, harmonie bleue* de Matisse. Vendu au même endroit, il est parti, en 2007, pour la somme record de 33,6 millions de dollars, en présence de la petite-fille unique de Paul Rosenberg.

Place des Vosges, mercredi 11 mai 2011. C'est notre dernier rendez-vous avec Anne Sinclair avant le tremblement de terre que va représenter pour elle, dans trois jours, l'arrestation de Dominique Strauss-Kahn, à New York.

Inconsciente du tsunami médiatique qui va déferler sur la France dans la foulée, elle enrage précisément contre ce dossier de *L'Express* titré « Train de vie. DSK dans le viseur » et consacré au patrimoine du couple, au sien en particulier. Car elle soupçonne qu'on vise « Dominique » en s'en prenant à sa fortune. Et puis cette publication fait suite au miniscandale de la photo qui les a montrés, DSK et elle, montant dans la Porsche de Ramzi Khiroun. Décidément, cette campagne électorale s'annonce mal. Pourtant la décision est maintenant prise. Le 19 juin prochain, jour de la fête des Pères, est même envisagé comme date possible d'annonce de la candidature.

Dominique Strauss-Kahn est retourné à Washington et doit revenir dimanche matin. Elle est restée à Paris pour participer, samedi soir, à l'anniversaire de son ami Patrick Bruel. Et passer du temps avec son fils David et sa femme Célia, de retour en France, qui vont bientôt avoir leur bébé. Mais là voilà qui déjà repart, elle a rendez-vous avec une amie pour déjeuner…

Chapitre 17

27 juillet 2011. Sous un soleil de plomb, un reporter d'images monte la garde, accompagné de sa seule caméra sur pied, devant le 153, rue Franklin, la « prison dorée » des Strauss-Kahn sur l'île de Manhattan. Il tue le temps au téléphone. Pas un rideau ne bouge aux huit fenêtres du petit immeuble en brique de trois étages. L'intérêt des New-Yorkais pour les démêlés de DSK avec la justice est retombé. Même la meute de journalistes n'est plus là pour distraire Anne Sinclair des conséquences, pour son couple et sa famille, de l'arrestation de Dominique Strauss-Kahn, le 14 mai précédent.

Douloureux destin que celui de la fille de Robert Schwartz et Micheline Rosenberg, acculée, dans la ville qui l'a vu naître, à fuir la lumière qui l'éclairait si majestueusement du temps de sa gloire à TF1. Comment aurait-elle pu imaginer se retrouver ainsi recluse – même dans une demeure de nabab – à moins de quatre kilomètres du trois-pièces où elle grandit et fêta ses 3 ans, le 15 juillet 1951, avec ses parents, avant leur retour en France, il y a exactement soixante ans ?

16 heures. Nous avons rendez-vous avec Anne Sinclair au premier étage de l'hôtel *Holiday Inn Downtown*, dans un décor impersonnel de marbre et de bois rose. Elle arrive, seule, par l'Escalator qui relie le hall d'entrée au lobby. Elle enlève ses lunettes de soleil, passe devant les deux réceptionnistes noires et jette à peine un coup d'œil aux touristes chinois endormis sur les canapés beiges face aux ascenseurs. Une femme de ménage passe

au moment où elle s'assied à la table carrée que nous avons choisie dans le bar totalement désert à cette heure.

Élégante comme à l'accoutumée dans un chemisier noir et une robe blanche, la femme la plus scrutée de France ne nous apparaît ni franchement différente ni vraiment la même que lors de notre dernier rendez-vous, place des Vosges, trois jours avant la déflagration de l'hôtel Sofitel. Mais elle ne rayonne plus tout à fait avec la même force. Ses yeux bleus légendaires trahissent sa fébrilité. L'épreuve l'a aussi ébranlée physiquement. Cela se devine toutefois plus que cela ne se voit de manière flagrante. Elle accorde sans doute un peu moins d'importance – mais juste un peu – à son apparence.

La nervosité d'Anne Sinclair est palpable au début de notre conversation. Ce qui s'explique par le fait qu'elle n'a plus parlé hors de son cercle familial et amical depuis le 14 mai. Elle apparaît même un temps sur la défensive. Puis, au fil de l'entretien, elle se détend et retrouve sa verve coutumière.

Il n'est toutefois pas question pour la femme de Dominique Strauss-Kahn d'évoquer les procédures judiciaires dont son mari est l'objet. Ni celle de New York, concernant les accusations d'agression sexuelle et de tentative de viol de la femme de chambre Nafissatou Diallo. Ni celle de Paris, où, début juillet, l'écrivain Tristane Banon a porté plainte à son tour contre DSK pour tentative de viol. Anne Sinclair n'a certainement nulle envie d'aborder ces sujets. Et les avocats de l'ex-patron du FMI le lui déconseillent fortement. Elle ne le fera pas directement.

Au détour d'un échange, elle réaffirme toutefois n'avoir jamais douté, même un seul instant, de l'innocence de « Dominique ». Sa démonstration a déjà été communiquée par voie de presse : il n'est pas violent, il n'a même jamais été capable de donner une gifle à un de ses propres enfants ; c'est elle qui devait s'en charger, point à la ligne. La suite du raisonnement coule de source : pas d'homme violent, pas de violence faite à une femme. CQFD. Devant nous, elle ne trahit d'ailleurs jamais la moindre prise en considération des supposées ou au moins « possibles » victimes. Bien au contraire. Elle accueille avec un regard glacial l'apparition de Nafissatou Diallo sur un des écrans de télévision du bar, suite à son audition du jour par le procureur new-yorkais Cyrus Vance. Et quand nous évoquons le cas de Tristane Banon, ses propos – *off* – sont durs, expéditifs.

Anne Sinclair réserve plutôt sa verve pour les médias et leur couverture de l'affaire du Sofitel. L'ancienne journaliste vedette ne tient plus sa profession en très haute estime. Dans un premier temps, après le 14 mai, elle affirme n'avoir pas lu les journaux ou regardé Internet. Pendant six semaines. Pour la première fois de sa vie. « L'affaire Nagy m'avait appris à me protéger, explique-t-elle. J'avais lu la presse et en avais eu la nausée. Cette fois-ci, j'ai décidé de ne pas recommencer. Les journalistes croient savoir, brodent et écrivent n'importe quoi sur la dernière rumeur qui circule. Il y a une sorte d'auto-alimentation du système. Si je voulais tenir, je ne pouvais pas lire ces tombereaux d'horreurs – fausses – qui vous atteignent et vous dégoûtent. Pour moi, la seule chose qui comptait, ce n'était pas ce qui était écrit, mais ce qui était réellement. »

Après le tournant qu'a représenté la remise en cause de la crédibilité de Nafissatou Diallo comme témoin par le procureur, le 1er juillet, Mme Strauss-Kahn s'est à nouveau intéressée aux médias. Son jugement est sévère concernant ce qui a été publié sur le huis clos du 153, Franklin Street : « Il n'y a pas eu un seul récit qui soit exact. Pas un. Pour une bonne raison : nous n'avons parlé à personne. À part à nos amis. Et nos amis, nos vrais amis, ont été prudents, voire silencieux. Les gens qui nous aiment n'ont rien dit ou ce qu'ils savaient, c'est-à-dire que nous ne vivions pas dans la joie, mais que nous tenions le coup. Mais je n'accepte pas de lire des récits totalement inventés sur nous. On a écrit des articles – et même des livres – pour le moins romancés et largement inventés. » Les journalistes, bienvenus dans le bonheur, malvenus dans le malheur, une histoire vieille comme la presse…

28 juillet, 11 heures. Aujourd'hui, Anne Sinclair fait son apparition dans le lobby du *Holiday Inn* en robe blanche. Avec une bouteille d'eau pour la chaleur extérieure et un lainage beige pour la fraîcheur intérieure due à la climatisation. Comme la veille, elle est venue à pied en dix minutes de la rue Franklin. À la sortie de son domicile, quelques photographes l'ont suivie sur une centaine de mètres, puis l'ont laissée aller.

Installés à la même table que la veille, nous demandons d'abord à la femme de DSK où elle a puisé la force d'affronter ce qui constitue incontestablement la plus terrible épreuve de son existence. « On ne connaît pas ses propres limites, on ne sait pas ce qu'on est capable d'endurer, répond-elle avec un regard un peu las et incrédule. Je n'ai pas de recette. On réagit avec son instinct et ses tripes. Dans l'adversité, je me répète la devise de ma grand-mère paternelle : *On serre les dents, on serre les poings.* Et moi j'ajoute : *Après, si besoin, on en use !* » Car, elle ne s'en cache pas, elle en veut à plus d'un dans le Tout-Paris. Mais, par contre, aucun ami ne l'aurait déçue. « Là, personne, aucun ami n'a manqué à l'appel, assure-t-elle. C'était vraiment très important… »

Nous interrogeons ensuite la « chef de tribu » sur la manière dont les six enfants du couple vivent l'après-14 mai. « Ils trouvent forcément ça très pénible pour eux, surtout ceux qui ont été le plus exposés, comme Camille, répond-elle. Mais c'est elle qui l'a décidé. Je ne voulais pas qu'elle m'accompagne au palais de justice la première fois que je m'y suis rendue. Elle a insisté : "Je ne te laisse pas seule une seconde !" » Anne Sinclair constate aussi avec bonheur combien, au-delà du soutien qu'ils leur apportent, à « Dominique » et à elle, leurs enfants se serrent les coudes entre eux. Quant à leurs interrogations sur l'attitude de leur père ou beau-père, celles-ci lui sembleraient légitimes. Mais ce n'est ni le lieu ni le moment. S'ils souhaitent en discuter avec lui, ils le feront plus tard.

L'épouse de Dominique Strauss-Kahn refuse d'aborder le sujet de sa relation actuelle avec son mari. Mais elle réfute l'idée qu'elle ait été dans le déni par le passé. « C'est absurde, réagit-elle. Pour que je sois dans le déni, il aurait fallu que des gens bien ou mal intentionnés viennent me parler. Or personne n'est jamais rien venu me dire. » Avec le recul, le premier indice, pour Anne Sinclair, a été l'article écrit par Jean Quatremer, sur son blog en juillet 2007 après l'annonce de la candidature de DSK au FMI. « Mais je l'avais trouvé odieux et j'aurais aimé poursuivre ce journaliste pour diffamation, dit-elle. Les avocats étaient plutôt réticents, car ils savent combien c'est peu efficace… » Après l'indice Quatremer, suit la preuve Piroska Nagy. « Là, j'ai eu l'évidence d'une infidélité, poursuit-elle. Mais je savais que je n'étais pas exempte moi-même de reproches : il y avait eu la *période de froid* en 2002-2003 entre Dominique et moi. Je me suis donc dit qu'il se passait des choses dans la vie des couples qui ne regardaient qu'eux et que j'allais surmonter cette épreuve. » Quant aux accusations de Tristane Banon dans l'émission de Thierry Ardisson, elle se souvient en avoir pris connaissance à l'occasion de l'affaire Nagy. Mais elle ne les a pas prises au sérieux.

Depuis, l'affaire de la suite 2806 de l'hôtel Sofitel et l'une ou l'autre liaison passée de « Dominique », révélée par voie de presse, sont passées par là. Au final, aurait-elle été aveugle, complaisante ou dans le déni ? Peut-être. Elle ne sait pas et, de toute façon, remet cet examen de conscience à plus tard. Si l'esprit de sacrifice ne l'aura pas à nouveau emporté.

Quand nous lui demandons, en conclusion, si la fameuse phrase écrite sur son blog en 2008 – « Nous nous aimons comme au premier jour » – reste toujours d'actualité, Anne Sinclair nous répète simplement qu'elle n'entend pas nous parler de l'état de sa relation avec son mari. Suit un long silence...

Épilogue

Pour l'ex-directeur général du Fonds monétaire international et l'ex-star de TF1, l'année 2011 aura été celle d'un cauchemar, d'une épreuve vécue comme « terrible et injuste », selon les termes mêmes de Dominique Strauss-Kahn, quelques minutes après qu'il s'est entendu signifier, par le juge Michael Obus de la Cour suprême de l'État de New York, l'abandon des charges contre lui, le 23 août.

La mémoire collective retiendra surtout la chute brutale d'un homme, sous les yeux du monde entier témoin, par médias planétaires interposés, un scénario hallucinant et totalement imprévisible, à mi-chemin de la série américaine, du *thriller* et du théâtre de boulevard français. Un homme à qui tout semblait pourtant sourire avant le 14 mai 2011, et dont les ombres, dès lors surgies de partout tels des fantômes réclamant justice, ont soudain pris le pas sur les lumières, entachant sans nul doute durablement son image et hypothéquant un avenir que tous imaginaient pourtant radieux. 2011 s'annonçait pour DSK comme l'année d'une ambition enfin clairement affirmée, d'une candidature assumée et peut-être le début d'une route triomphale vers l'Élysée. Même si les pronostics étaient sans doute trop beaux. Et le chemin semé de trop de roses pour ne pas également l'imaginer parsemé d'innombrables épines, certaines empoisonnées et politiquement mortelles.

C'est en présidentiable favori des sondages que DSK aurait dû en novembre célébrer avec sa femme Anne Sinclair le vingtième anniversaire de leur mariage. Un mariage qui aura pris devant des millions de spectateurs et trois mois durant, les allures d'une mauvaise émission de télé-réalité sur fond de *loft* new-yorkais à loyer immodéré. Vingt ans de mariage à l'épreuve de cent jours de confinement, de peine, de honte, de colères et d'humiliations. Dans un tel contexte, et à l'heure où la tornade s'éloigne, comment imaginer que cet anniversaire ne rende inévitables le bilan des dégâts, l'examen de conscience, le questionnement, les clarifications, dans l'intimité d'un couple hier promis à tous les honneurs publics et qui se retrouve désormais face à face à l'heure des comptes ? L'amour d'une dame de cœur peut-il avoir résisté, ainsi maltraité, sonné, blessé ? L'orgueil d'une femme de tête peut-il subitement être passé par pertes et profits sans dommages pour l'état de son union ? L'unité et la solidarité d'un couple peuvent-elles aujourd'hui redevenir celles du premier jour, sans ces projets et ces ambitions qui le cimentaient et qui, pour ne pas avoir été totalement communs, étaient cependant devenus l'objet d'un consensus ?

Anne Sinclair respectait la décision qu'avait prise son mari de se présenter à l'élection présidentielle. Même si elle n'en avait pas envie. L'épouse de celui qui dirigeait alors le Fonds monétaire international savait que son avis aurait été déterminant si elle l'avait exprimé et n'entendait pas être celle qui aurait forcé l'abandon. Elle pensait que « Dominique » avait toutes les qualités pour être un grand président. Et elle aurait accepté la mission si le vote des électeurs avait fait d'elle une première dame. En dépit du fait que cette simple expression l'indispose, elle aurait sans doute parfaitement tenu le rôle. Bien mieux que d'autres dans le passé. Elle en aurait même sans doute surpris ou agacé beaucoup dans son rôle de gardienne du temple, fût-il doré pour ce qui la concerne. Mais il n'y a décidément qu'une faible distance entre la roche Tarpéienne et le Capitole. Et Anne Sinclair risque maintenant d'avoir à gérer le vide après avoir imaginé les sommets. Cette perspective-là pourrait s'avérer plus compliquée que la précédente. À moins qu'elle ne se construise une ambition pour elle… ou qu'elle ne souhaite, plus simplement, plus tranquillement, s'en tenir à la citation du philosophe allemand Friedrich Nietzsche, tirée de l'œuvre *Le Crépuscule des idoles* publiée en 1889 et qui lui semble adaptée à la situation présente : « Ce qui ne me tue pas me rend plus fort. »

Formule qu'elle affectionne et qu'elle aime à appliquer spontanément aux êtres, aux couples et de manière générale... aux blessures de la vie.

Lorsqu'il fut demandé à Anne Sinclair d'esquisser un autoportrait, ce que nous avons fait lors de notre dernier entretien à New York, quelques mots simples furent alors prononcés. Ceux qui caractérisent la femme telle qu'elle espère apparaître aux yeux de ses proches : authentique, sensible, humaine, aimante, femme de devoir, fidèle en amitié. Celle qu'elle regrette parfois d'être : anxieuse, angoissée, indécise, excessive, parfois sans nuances. Celle qui se juge : banale, sans opinion flatteuse sur elle-même, trop compréhensive parfois avec les gens qu'elle aime, trop hostile avec ceux qui semblent la menacer. Celle enfin qui ne souhaite retenir qu'une ambition : être perçue, avec ses doutes et ses faiblesses, comme quelqu'un de bien. *A decent woman*... Aux lecteurs d'apprécier.

Post scriptum

Marrakech. 23 septembre 2011. Anne Sinclair et son mari ont retrouvé le calme de leur riad.

Un mois s'est écoulé depuis la fin de leur cauchemar new-yorkais.

« Le retour en France a été médiatiquement violent », nous écrit-elle de son refuge marocain. DSK s'est exprimé sur TF1 il y a quelques jours. Elle-même a été sollicitée tant par les médias américains que français. Mais elle n'a pas apprécié d'être presque sommée de s'expliquer : « Je suis une femme libre, je ne dois de comptes à personne, je parlerai si et quand je le veux. »

En revanche, elle a été sensible aux réactions des simples anonymes dans les rues. La gentillesse de beaucoup d'entre eux, la haine de quelques-uns. « Mais c'est leur problème, pas le mien, je suis immunisée, nous assure Anne Sinclair. Nous sommes vivants après le tremblement de terre. On ne peut plus nous atteindre. »

À Valérie et Éric,
tous nos remerciements pour leur hospitalité
sur l'île de Beauté.

Crédits photographiques des hors-texte

1er cahier

Collection personnelle de l'auteur : page 1, page 2 bas.
Portrait de Madame Rosenberg et sa fille, Pablo Picasso, © Succession Picasso 2011, Paris, Musée Picasso © RMN/Thierry Le Mage : page 2 haut
© Tourte et Petitin : page 3 haut
© Micheline Pelletier : page 3 bas
© Europe 1/DR : page 4 haut DR : page 4 bas
© Gérard Letellier/T7J/Abacapress.com : page 5 haut
© Jean Lenoir/T7J/Abacapress.com : page 5 bas
© Michel Ristroph/T7J/Abacapress.com : page 6 haut
© SIPA Press : page 6 bas
© Nivière/SIPA : page 7
© Micheline Pelletier/Sygma/Corbis : page 8

2e cahier

© Patrick Durand : page 1 haut
© Micheline Pelletier/Sygma/Corbis : page 1 bas, page 4, page 6 haut gauche, page 8 haut et bas
© Ginies/SIPA : page 2 haut gauche et droite
© Sureau/TF1/SIPA : page 2 milieu gauche et droite
© Sureau/Roca/TF1/SIPA : page 2 bas gauche
© SIPA Press : page 2 bas droite, page 3 milieu droite
© Witt/SIPA : page 3 haut droite
© TF1/Bedeau/SIPA : page 3 milieu gauche
© Grujard/TF1/SIPA : page 3 bas
© Micheline Pelletier : page 5
© Pierre Hounsfield/Abacapress.com : page 6 haut droite
© Fayolle Pascal/SIPA : page 6 bas
© Haley/SIPA : page 7 haut (meeting DSK)
© Laurent Zabulon/Abacapress.com : page 7 bas (manifestation)

Photocomposition Nord Compo

Impression réalisée par
CPI Brodard et Taupin
La Flèche

pour le compte des Éditions-Calmann-Lévy
31, rue de Fleurus, 75006 Paris
en novembre 2011

N° d'éditeur : 15162/04
N° d'imprimeur : 66791
Dépôt légal : novembre 2011
Imprimé en France